지속가능한 공정경제

지속가능한 공정경제

이한주 외 지음

시공사

공정하고 지속가능한 사회를 기대하며

경기도지사 이재명

세상을 살면서 애써 강조하지 않아도 될 기본이 되는 가치가 있다. 이들 가치는 우리 사회를 정상적으로 유지하기 위해 요구되는 틀이자 전제이다. 공정성과 지속가능성은 그런 가치다. 인류 역사는 공동체가 위태로울 때마다 기본이 되는 가치를 되새기고 다시 세우고자 했다. 『도덕경』에서는, 큰 도가 사라지면 인의(人義)를 강조하게 되고, 거짓과 위선이 난무하면 지혜(智慧)를 구하게 되며, 국가 질서가 무너지면 충신이 나선다고 했다. 코로나19 위기를 극복하고 사회 패러다임의 대전환을 모색하는 지금이야말로 공정성을 회복하고 지속가능한 사회의 기틀을 마련하는 일이 무엇보다 절실하다.

공정성 회복과 지속가능성 구축을 최우선 과제로 꼽는 배경에는 갈수록 더해가는 우리 사회 불평등과 격차, 그리고 생태 위기가 있다. 저출생과 고령화, 저성장, 소득과 자산 양극화, 세대 갈등, 기후변화 위기, 한반도 긴장 등 지금 우리 사회가 마주한 고질적인 문제들은 우리 공동체의 모든 구성원에게 기회와 자원이 골고루 미치지 않는 데서 비롯한다는 공통점이 있다.

우리나라는 급격한 산업화를 바탕으로 선진국 반열에 올랐고, 외형상 눈부신 성과를 거두었다. 그러나 물질적으로 풍요로워졌지만, 과연 우리 모두 행복한가를 물어야 하고, 이러한 물음에 답하며 지금까지 그래왔던 것만큼 앞으로도 지속적으로 성장할 수 있는가를 가늠해보아야 한다. 모든 사회 구성원들은 당장의 현실이 어렵더라도 앞으로 더 나아질 것이라는 희망이 있어야 한다. 불과 50년 전에는 지금과 비교할 수 없을 만큼 경제 수준이 낮았지만, 모두가 노력하면 나라가 살기 좋아지고 개인도 행복해질 것이라는 기대가 있었다. 무엇보다 가난과 시련을 함께 극복한다는 동질감은 절대적 빈곤을 극복하는 큰 동력이었다. 우리나라는 1인당 국민소득 3만 달러를 넘어섰지만, 더 이상 함께 행복하다고 여기기 어려울 만큼 상대적 박탈감을 겪고 있다. 우리 사회가 갈수록 고되고 우울한 것은 지금까지 이룬 성과가 부족해서가 아니라 모두가 함께 누릴 수 없기 때문이다. 일부에게 그리고 현세대에게 자원과 기회가 편중되지 않고 불평등과 격차를 줄이도록 노력할 때, 우리는 행복한 미래를 꿈꿀 수 있다.

선택의 기회가 주어지고 노력을 다한다고 해서 반드시 원하는 결과가 보장되는 것은 아니지만, 건전한 사회라면 세대를 막론하고 모두에게 기회가 열려 있어야 한다. 지금 우리 사회에서 공정성 회복과 지속가능성 기반을 강조하는 것은 사람들 간 격차가 돌이키기 어려울 만큼 커지고, 기회가 골고루 주어지지 않고, 인간 사회와 자연이 조화를 이루며 발전하지 않기 때문이다.

이번에 선보이는 『공정과 지속가능 프로젝트』는 사회, 경제, 복지, 도시·부동산, 민주주의, 한반도 평화 등 여러 영역에서, 우리 사회가 지향해야 할 공정하고 지속가능한 사회에 관한 담론을 다양한 시각에서 다루고 있다. 이 프로젝트의 연속 출간을 계기로 공정과 정의, 환경과 지속가능성, 평화 등 우리 시대의 가치에 대해 더욱 치열한 논의가 이루어지길 기대한다.

지속가능한 공정경제

　지금 우리 사회는 일대 전환기에 서 있다. 코로나19라는 전대미문의 사회·경제적 충격은 그동안 누적되어 온 한국 경제의 구조적 문제를 수면 위로 그대로 드러냈다. 코로나19 확산이 수요와 공급을 잇는 거의 모든 경제순환 고리를 단절시키자 우리 사회에서 가장 취약한 부문이 가장 먼저 고개를 내밀었고 가장 혹독한 고통을 받았다.

　코로나19 확산 직후 정규직 노동자는 그나마 고용을 유지한 반면, 비정규직 노동자는 10% 이상 일자리를 잃었다. 가혹한 경쟁 속에서 살아남기 위해 부단히 노력하던 많은 영세자영업자는 비대면 확산으로 가게 문을 닫아야만 했다. 저소득가구(하위 40%)의 근로소득은 10% 이상 감소하여 중위소득·고소득가구보다 감소율이 2배 이상이었다. 많은 현금보유 등 위기대응력이 높은 대기업은 위기를 버텨냈지만, 근근이 버텨오던 중소기업은 판로가 막히자 휘청거렸다. 일부 대기업은 코로나19 충격에서 벗어나 사상 최대의 이익을 기록했으나 그 온기는 중소기업으로 번지지 않았다. 위기의 불평등이 현재 경제활동을 하는 세대에만 국한된 것은 아니었다. 소득 불평등의 심화는 곧바로 교육격차 심화로 이어져 불평등의 대물림이 고착화할 가능성이 커졌다. 이런 불평등의 심화는 기회와 분배의 공정성에 대한 시민들의 민감한 반응으로 나타나고 있다.

다른 한편으로, 여러 분야의 전문가들은 코로나19 팬데믹을 계기로 우리 사회의 가치관과 인식이 변화하고 있으며, 새로운 경제 패러다임으로의 대전환이 촉진될 것으로 예상한다. 4차 산업혁명으로 일컬어지는 새로운 기술의 부상과 이에 기초한 사회·경제구조 변화는 이미 예견되었지만, 코로나19 확산은 이를 앞당기는 상황이다. 비대면 경제(untact economy)의 급격한 팽창은 국민들의 소비 행태를 변화시키고, 노동자를 대체하는 자동화의 촉진과 함께 재택근무·단축근무를 확산시키고 있다. 또한 배달 종사자 등 플랫폼 노동자가 대거 늘어나면서 고용불안이 커지고 이들의 노동권 보장과 사회안전망 확충이 중요한 사회적 과제로 대두되고 있다. 아울러 전례 없는 경제위기에 대응하기 위해 지역화폐로 지급한 보편적 재난지원금·재난기본소득은 완전히 새로운 정책을 모든 사람이 경험할 수 있게 했다.

　이처럼 코로나19 확산 이후 길지 않은 시간 내에 많은 변화가 압축적으로, 그리고 복합적으로 나타나고 있다. 우리가 사는 세상은 코로나19 이전 시대와 이후 시대로 나뉠 것이라고 한다. 그리고 코로나19 이후 우리가 살아갈 사회·경제구조는 국민적 합의에 따라 전혀 다른 양상으로 전개될 수 있다. 그렇다면 포스트-코로나 시대에 새로운 경제 패러다임이 지향해야 할 시대적 가치는 무엇인가? 새로운 경제질서는 어떤 모습이고 기존 경제질서는 어떻게 재구조화되어야 하는가? 미래지향적 경제질서를 구현하기 위한 정부의 역할과 정책 기준은 무엇이어야 하는가?

　이 책은 포스트-코로나 시대에 우리 사회가 나아가야 할 새로운 경제질서를 탐색하기 위해 기획되었다. 코로나19 위기가 한창이던 2020년 5월에 경기연구원은 사회, 경제, 복지, 도시·부동산, 민주주의, 한반도 평화 등 다양한 분야에 걸쳐 『공정과 지속가능 프로젝트』를 추진했고, 그중 경제 분야의 연구 결과물을 정리하여 이 책으로 묶은 것이다. 이 연구는 저출생·고령화로 인한 인구구조 변화, 사회·경제·환경에 대한 국민 인식 변화, 기술혁신에 따른 산업구조 변화, 경제 거버넌스 변화 등 '뉴노멀(New Normal) 시대'를 어떻게 준비하고 대응해야 하는지에 대한 다양한 담론적 논의에서 출발하여 새로운 정책 방향을 탐색하는 방식으로 진행했다. 이 프로젝트에 참여한 연구진은 그동안 수차례에 걸친 토론과 세미나를 통해 코로나19로 촉발된 총체적 위기에 내재한 우리 경제의 근원적 문제에 대한 규명, 경제발전의 궁극적인 목적에 부합하는 새로운 경제질서, 그리고 우리 시대의 가치를 실현하기 위한 경제정책의 기준을 마련하고자 고민했다.

이 책은 총 4부 17장으로 구성된다. 먼저, 제1부는 우리 시대의 경제가치와 한국 경제를 둘러싼 여건의 변화를 다룬다. 제1장은 포스트-코로나 시대에 우리 사회가 지향해야 할 경제적 가치로서 공정성과 지속가능성에 관해 논의한다. 여기서 경제의 공정성과 지속가능성은 상호 전제조건이자 상호 강화하는 관계임을 밝히고, 새로운 경제 패러다임으로의 대전환을 위해서는 정부의 역할이 중요하다는 점을 강조한다.

제2장은 오래전부터 누적되어 온 글로벌 불균등발전과 불평등 확대, 그리고 금융화라는 모순이 코로나19 확산을 기점으로 더욱 심화하고 있음을 살펴본다. 이 모순은 단기 처방만으로는 해결하

기 어려우며, 전 세계적 차원에서 장기적으로 대응해야 함을 제기한다.

제3장은 2008년 글로벌 금융위기 이후 우리 경제가 3저 현상(저성장, 저물가, 저금리)과 고용 없는 성장으로 대표되는 뉴노멀 시대에 본격적으로 진입했으며, 이런 구조적 변화 속에서 전통적으로 취약계층인 비정규직 노동자, 자영업자, 저소득 계층이 코로나19 위기로 인한 타격을 훨씬 심각하게 받고 있음을 밝힌다. 코로나19 위기는 새로운 시장지배력 형성과 취약계층 확산이라는 도전인 동시에 자연환경과 공공부문의 중요성에 대한 인식전환의 계기를 제공한다는 점을 강조한다.

제2부는 지속가능한 번영을 위한 새로운 담론을 다룬다. 제4장은 전 지구적 기후 위기가 점차 심각해지는 상황에서 기존 경제성장구조로는 탄소중립 사회의 달성이 어렵다는 사실을 지적하고, 환경을 고려한 지속가능발전을 위해 자원순환형 경제구조로의 전환이 시급함을 역설한다. 그리고 생태경제, 공유경제, 순환경제로 전환하기 위해 자연재화 이용 시 그 가치에 상응하는 비용의 지불을 제안한다.

제5장은 사회적 고용의 확대와 보다 공정하고 지속가능한 성장체제를 구축하기 위한 사회연대경제와 고용보장제의 결합 가능성에 대해 논의한다. 지속가능한 공정경제를 위해서는 노동시장의 완전고용이 아닌 '사회적' 완전고용을 추구해야 한다는 내용을 담고 있다.

제6장에서는 한국 경제의 구조적 불균형과 4차 산업혁명에 따른 불평등 심화의 문제 해소를 위한 방안으로 사회공유부(Common

Wealth)에 기초한 기본소득제의 도입 필요성을 논의한다. 그리고 기본소득제의 현실적인 도입방안에 대한 제언을 담고 있다.

제7장은 실질적 남북관계 개선을 위해 기존의 평화협력 정책을 남북 동반성장을 지향하는 '평화성장경제'로 전환할 것을 제안한다. 이를 위한 현실적 구상이자 장기적 발전방안으로 한반도 메가리전이라는 비전을 제시한다.

제8장은 경제번영을 위한 정부 재정정책의 역할에 대해 논의한다. 여기서 조세에 기초하여 정부지출이 결정되어야 한다는 기존 사고방식은 틀렸고 오히려 정부지출이 원인이고 조세가 결과라는 사실을 논리적으로 규명한다. 정부의 확장적 재정정책은 국민소득, 민간저축, 조세가 함께 늘어나는 좋은 경제 상태로의 이행을 위한 필요조건이라는 점을 강조한다.

제3부는 공정한 경제질서에 관해 논의한다. 제9장은 잠재성장률의 하락, 산업생태계와 혁신역량의 양극화, 기술·경제 패러다임의 전환이라는 도전에 대응하기 위해 생산시스템의 개념에 기초하여 신기술의 잠재력이 산업의 모든 영역에서 고르게 실현되도록 해야 한다는 내용을 담고 있다. 그리고 생산적 지식 스톡에 대한 접근성의 개선을 위해 업-스킬(up-skill) 혁명과 엑셀러레이션 플랫폼 정책을 펴고 생산적 지식의 공공성 강화를 위해 산업별 전략위원회 구성을 주장한다.

제10장에서는 디지털화, 글로벌화, 인구 변화, 문화·가치 변화 등으로 인해 일자리 위기와 고용관계의 유연화가 가속화할 것으로 예상하며, 미래 인간적 노동세계의 실현을 위해 보편적 교섭권, 적정 소득 보장, 노동시간 주권, 안전하고 건강하게 일할 권리 등을

적극적으로 추진할 것을 제안한다.

제11장은 빈곤·불평등을 역사적 맥락에서 살펴본다. 이 장에서는 국정목표(행복)−경제성장 패러다임(소득주도 성장)−노동시장 이중구조 개선−복지정책(포용적 복지)으로 이어지는 일관된 정책흐름이 필요하고, 특히 노동시장 이중구조의 해결 없이는 사회복지체계 개혁이 어렵다고 주장한다.

제12장은 부동산투기와 이 과정에서 출현한 도시 기생지주의 형성이 불평등한 재분배를 심화시키고 있음을 밝히고, 이로 인한 과소소비와 경제의 중간지대 몰락은 경제공황의 요인이 될 수 있음을 경고한다. 따라서 중간적 경제영역과 중산층을 확대하고 지역자본 축적을 위한 선순환 구조의 정착이 중요한 과제이며, 이를 위해서는 근본적인 부동산 개혁, 공기업 구조조정, 개발이익의 공공환원 등 전향적인 정책이 적극적으로 검토되어야 한다고 주장한다.

제13장에서는 1980년대 이후 주요 국가에서 금융자산 가격 부양 중심의 금융정책을 펴왔으나, 이 정책 기조가 자산 불평등 확대와 금융 불안정을 심화시키는 주요 요인임을 보인다. 공정하고 지속가능한 금융을 위해서는 생산적 금융으로의 재전환을 유도하는 정책을 추진해야 한다고 제안한다.

제14장은 지역 간, 지역 내 불균등을 완화할 주요 수단으로서 지역화폐의 역할에 관해 다룬다. 지역화폐의 다양한 화폐적 기능을 통해 불균등발전을 완화하고, 지역 특성을 고려한 다양한 유형의 활용 가능성을 제시한다. 특히 남북 간 분단 상황에서 한반도 메가리전에 통일지역화폐를 도입하여 남북공동체에 기반한 교류의 가능성을 높이자고 제안한다.

제4부는 한국 경제가 지향해야 할 지속가능한 공정경제 패러다임에 관해 논의한다. 제15장에서는 우리 사회의 불평등과 양극화가 빠르게 진행되었고, 특히 교육격차와 기회 불평등이 지속성장의 인적 기반을 약화시키고 있다는 사실을 보여준다. 이 문제를 해결하기 위해 정부의 재분배 기능과 사회안전망을 대폭 강화하고 교육과 시장의 계층사다리 기능 회복을 위한 교육정책과 청년 일자리 및 금융지원 정책을 제안한다.

제16장은 독일의 경제민주주의 발전 개요와 한국의 경제민주주의 방향을 살펴본다. 한국에서는 헌법에 규정된 경제민주화가 그동안의 논쟁과 정책실행을 거치면서 재벌개혁으로 전환했지만, 실효성 있는 변화를 가져오지 못했다는 점을 지적하고, 헌법에 보장된 사회적 시장경제의 원칙에 부합하는 다층적인 정책의 실행방안을 제시한다.

제17장은 지속가능한 공정경제를 위한 뉴딜정책에 관해 논의한다. 현재 정부는 코로나19 대응과 미래 경제구조 재편을 위해 '한국판 뉴딜'이라는 대전환을 표방했지만, 그 목표와 수단이 뚜렷하지 않아 기대한 성과를 보이기 어렵다는 견해를 제시한다. 공정경제 실현을 위해서는 심각한 자산 불평등, 특히 부동산 소유의 문제를 해결해야 하며, 이를 위해 종합부동산세(종부세)를 상당한 수준까지 올려야 한다고 주장한다. 또한 '2050년 탄소중립'을 달성하기 위해서는 탄소세를 도입하고 온실가스감축 중간 목표에 연계하여 적정 수준까지 계속 인상해야 한다고 제안한다.

이 책은 하나의 완결된 체계로 새로운 경제질서를 제시하지 않는다. 우리 사회가 지향해야 할 새로운 경제질서의 방향을 찾아가기 위해서는 오히려 현실에 대한 다양한 시각과 미래 사회에 대한 과감한 상상이 필요하고 사회적으로 풍부한 논의가 있어야 한다. 이런 사고에 기초하여 우리는 여러 경제 분야에 걸쳐 대안적 담론을 제시하는 데 중점을 두었다. 이 책에서 다루는 각 분야의 담론적 논의가 지속가능한 공정경제로의 전환을 성공적으로 이루는 데 이바지하기를 바란다.

2021년 8월
필자들을 대신하여 이한주

Contents

제1부 시대적 경제가치와 경제환경 변화

제2부 지속가능한 번영

제3부 공정한 경제질서

제4부 지속가능한 공정경제 패러다임

제1부
·
시대적 경제가치와 경제환경 변화

제1장

우리 시대의 경제가치, 공정성과 지속가능성

이한주 · 김정훈(경기연구원)

- 포스트-코로나 시대에 우리 사회가 지향해야 할 시대적 가치와 그에 부합하는 경제정책 기준을 마련해야 함
- 경제적 시대 가치는 실질적 기회를 보장하는 공정성과 사회 및 생태와 조화를 이루는 지속가능성임
- 경제의 공정성과 지속가능성은 상호 전제조건이자 상호 강화하는 관계이며, 새로운 경제 패러다임으로의 대전환을 위해 정부의 역할이 중요함

2020년 들어 전 세계에서 코로나19가 발생하면서 역사상 유례없는 사회·경제적 충격이 발생했다. 코로나19는 그 자체가 미치는 심각한 영향뿐만 아니라 지금까지 누적되어 온 우리 사회의 구조적

문제를 그대로 드러낸 일대 사건이다.

인류 역사에서 강력한 사회충격은 새로운 사회적 가치를 정립하고 사회 변화를 촉진하는 계기를 제공했다. 장티푸스, 홍역, 페스트, 천연두, 스페인독감 등 역사적으로 대유행한 전염병은 대규모 인명 피해를 유발하는 데 그치지 않았다. 사람들의 사고방식, 생활양식, 경제적 행동 등을 변화시켜 새로운 사회를 추동하는 주요 요인 중 하나였다.

그런데 새로운 사회는 외부 충격에 의해 수동적으로만 구성되는 것이 아니다. 1930년대 세계대공황 시기에 자본주의 경제가 큰 위기에 처했을 때, 미국 루스벨트 정부의 뉴딜(New Deal)정책은 경제위기 극복과 새로운 경제·사회질서 재편을 위한 토대가 됐다. 정부의 적극적이고 과감한 정책 시도는 제2차 세계대전 이후 전 세계 호황을 이끈 밑거름이었던 것으로 평가받는다.

더욱이 총체적 위기를 어떻게 극복하는지에 따라 한 사회의 미래 경로가 결정된다. 실제 대공황과 제2차 세계대전을 경험하면서 서구 국가들은 서로 다른 발전경로를 선택했고, 그 경로에서 만들어진 사회적 합의와 제도 안에서 발전해왔다.

많은 전문가는 우리 사회가 코로나19 이전과 이후의 시대로 구분될 것으로 전망한다. 코로나19 이전으로 온전히 돌아갈 수 없다는 의미이다. 그렇다면 우리는 어떤 사회를 지향해야 하는가? 그 사회에서 경제질서는 어떤 모습이어야 하는가? 지속가능한 경제를 위한 새로운 패러다임은 어떤 경제가치 위에서 구축되어야 하는가? 여기서 정부는 어떤 역할을 담당해야 하는가?

이 장에서 우리는 새로운 경제질서에 관한 담론적 논의가 내포해

야 하는 시대적 가치로서 공정성과 지속가능성을 제시한다. '지속
가능한 공정경제'는 모든 국민이 행복한 삶을 영위할 기회를 보장
받고 현재와 미래 세대를 아우르는 경제번영을 이루기 위한 경제정
책의 방향이어야 한다.

1. 우리 시대의 가치

시장에서 수요와 공급이 만나는 지점에서 거래가 이루어지고,
여기서 가격과 생산량이 결정된다는 정도는 경제학 전공자가 아니
라도 알고 있다. 현대 경제학 교과서에서는 소비자의 욕망(수요)과
생산자의 욕망(공급)이라는 서로 다른 두 욕망이 시장에서 만나 모
두가 만족스럽게 충족된다는 점을 강조한다.

그런데 경제학 교과서에서 그려진 경제 세상은 우리가 사는 실제
세상과는 사뭇 다르다. 경제학 교과서는 정부가 개입하지 않고 시
장이 경쟁적이라면 '보이지 않는 손'에 의해 이중적 욕망이 실현된다
고 서술한다. 그러나 한 사회의 제도로부터 자유로운 시장은 존재
하지 않는다. 더욱이 수많은 사회·경제 제도가 자유로운 시장거래
를 제약하는 이유는 시장이라는 것이 어느 정도 통제되어야만 제
기능을 유지할 수 있기 때문이다.

지금까지 역사를 보면 경쟁시장은 효율성 측면에서 (적어도 단기적
으로) 확실히 탁월한 면모를 보인다. 하지만 경쟁은 승자와 패자를
가르고 덩치가 커진 승자는 다른 패자를 양산하며 더욱 커진다. 한
기업이 시장을 독차지하는 독점(monopoly)이나 몇몇 기업이 시장을

나누어 차지하는 과점(oligopoly)은 하늘에서 뚝 떨어진 무엇이 아니라 바로 경쟁의 결과이다. 경쟁을 저해하는 독점은 경쟁 과정에서 비롯되므로, 역설적이게도 시장에서의 경쟁조차 사회제도를 통한 공적 규율이 개입되어야만 유지될 수 있다.

경제는 사회와 동떨어진 외딴섬이 아니다. 시장은 사회 속에 존재하고, 사회는 시장 밖에 놓여 있는 경제(가정경제, 공동체경제 등)도 포괄한다. 따라서 우리 경제가 어떤 모습이어야 하는지는 우리 사회가 지향하는 가치에 대한 사회구성원의 합의에 달려 있다. 여기서 우리 사회가 지향하는 가치는 다시 시대적 제약을 받는다. 결국 한 시대의 경제적 가치는 그 시대의 사회적 가치와 맥락을 같이한다.

그렇다면 현재 시대에 우리 사회가 지향해야 하는 가치는 무엇인가? 최근 발생한 주요 사건들은 우리가 추구해야 할 시대적 가치에 대한 윤곽을 보여준다.

2016년 말 박근혜 정부의 몰락은 최순실 씨의 국정농단에서 비롯됐고, 최순실 씨의 딸 정유라 씨의 부정 입학과 그녀에 대한 어떤 재벌의 특혜는 아래로부터의 촛불항쟁을 불러일으킨 요인 중 하나였다. 부정 입학에 대한 비판에 맞서 정유라 씨가 SNS에 올린 "능력 없으면 니네 부모를 원망해… 돈도 실력이야"라는 글이 알려지면서 전 국민적 공분을 촉발했다. 부모, 돈, 능력, 실력… 부와 사회적 지위의 대물림을 정당화하는 그녀의 인식은 '누구에게나 공정한 기회'가 부여되고 '공정한 경쟁을 통해 자신의 노력에 상응하는 정당한 결과'를 얻기를 바라는 일반 국민의 믿음과 희망을 허물었다. 현 정부 들어서 사회적으로 큰 논쟁을 불러일으킨 조국 법무부 장관의 딸 입학 관련 논란, 인천국제공항공사 비정규직 직원의 정규직 직원 전환 논란 등도 '공정성'과 관련한 사건들이다. 최근 한 언론사의 여론조사에 따르면,[1] 우리 사회가 불공정하다고 응답한 비율이 59%에 달하는 것으로 나타났다. 현 정부 이후 공정해졌다는 응답자는 35%에 그쳤고, 별다른 차이가 없거나 오히려 불공정해졌다는 응답이 59%(각각 30%, 29%)에 이른다. 이처럼 공정성을 둘러싼 논쟁은 우리 사회가 지향해야 할 보편적 가치가 공정성이라는 사실을 새삼 일깨우고 있다.

다른 한편으로, 코로나19의 확산을 계기로 안전, 안정, 환경과 관련한 국민의 관심이 크게 높아지고 있다. 그동안 우리 사회는 국민 삶의 질 향상을 위해 경제성장을 우선적 목표로 삼아왔다. 그런데 삶의 질은 소득 등 경제적 요건뿐만 아니라 여가, 평온한 가정, 사회활동 등 다양한 요인에 의해 영향을 받는다. 코로나19와 같은 전염병이 상시화할 우려가 커지면서 안전에 대한 중요성이 높아졌고, 고용 불안정성의 증가로 인해 소득 안정과 사회안전망 확대의 요구가 커지고 있다. 또한 코로나19는 인간 세계와 환경 간의 관계를 다시 생각하는 계기를 제공했고, 전 지구적 위기가 먼 미래의 문제가 아님을 상기시키고 있다. 실제 여성환경연대가 2020년 9월에 10~50대 여성을 대상으로 설문조사를 한 결과(복수 응답), 코로나19 이후 중요해진 가치로서 건강과 안전(76.8%), 의료체계 안정화(67.4%), 환경보호(56.1%), 복지안전망(55.3%), 사회적 연대(43.2%), 경제성장·개발(28.9%) 순으로 응답했다.[2] 가치의 중요도에 대한 인식이 크게 변한 상황을 보여주는 결과이다. 사회, 경제, 환경은 독립된 세계가 아니라 상호 영향을 미치는 하나의 거대한 체계라는 사고가 확산하는 것으로 볼 수 있으며, 이는 우리 사회의 전반적인 지속가능성이 중요한 가치로 부각하고 있음을 보여준다.

이상에서 살펴본 바와 같이 공정성과 지속가능성은 우리가 추구해야 할 시대적 가치이고, 경제질서도 이들 가치를 체현하는 방향으로 전환해나가야 한다. 1997년 IMF 외환위기와 2008년 글로벌 금융위기를 거치면서 누적되어 온 여러 경제구조적 문제의 해결과 새로운 경제 패러다임으로의 대전환은 '지속가능한 공정경제'라는 기치 아래 추진되어야 한다.

2. 공정한 경제

문재인 대통령은 취임사에서 "기회는 평등하고, 과정은 공정하고, 결과는 정의로울 것"이라는 포부를 밝혔다. 우리 사회의 시대적 가치인 공정성을 국정운영 방향으로 명확히 제시한 것이다. 이재명 경기도지사 역시 취임사에서 "기회는 모두에게 공평하고, 공정한 경쟁이 보장되며, 기여한 만큼의 정당한 몫이 보장되는 경기도"를 도정운영 방향으로 제시했다.

그런데 공정성(fairness) 혹은 정의(justice)는 하나의 개념으로 정립되어 있지 않다. 고대 아리스토텔레스 이래 수많은 철학자는 정의의 개념을 다르게 정립하고 있다. 모든 시기에 누구나 동의하는 정의의 절대적 기준은 주어지지 않으므로, 정의의 기준도 사회적 맥락이나 합의에 따라 결정될 수밖에 없고 시대적 상황에 따라 변할 수 있다. 따라서 우리는 '공정성' 혹은 '정의'에 대한 조작적 정의(operational definition)를 통해 경제 패러다임의 전환 방향을 탐색할 필요가 있다.

존 롤스(John Rawls)는 정의의 원칙을 제시한 가장 저명한 학자 중한 명이다. 롤스는 『정의론』에서 정의는 사회구조의 변화 방향을 결정하는 데 가장 중요한 기준이라고 주장한다.[3] 여기서 그는 두 가지 정의의 원칙을 제시한다. 정의의 제1원칙은 '평등한 자유의 원칙(principle of equal liberty)'으로, "각 개인은 다른 사람의 유사한 자유 체계와 양립할 수 있는 범위 내에서 가장 광범위한 기본적 자유[4]를 누릴 평등한 권리를 가져야 한다"는 원칙이다. 이 원칙은 존엄한 인간으로서 누려야 할 자유를 최대한 평등하게 누려야 한다는 것으로, 다른 어떤 정의의 원칙보다 우선한다.

정의의 제2원칙은 '차등의 원칙(difference principle)'으로, 다시 두 가지 원칙으로 나누어진다. 첫 번째는 최소 수혜자에게 최대의 이익이 되는 경우에 한해 불평등을 용인할 수 있다는 원칙[5]이다. 두 번째는 모든 사람에게 개방된 직책·지위에 대해서는 공정한 기회의 균등이 보장되어야 한다는 원칙이다. 여기서 기회의 균등은 형식적인 지원의 기회를 보장하는 것을 넘어 경쟁에 필요한 능력을 갖출 수 있도록 모든 사람에게 '사회적 기본재(social primary goods)'[6]의 분배를 보장하는 것을 포함한다. 제2원칙의 두 번째가 첫 번째에 우선하며, 첫 번째 원칙은 (경제적) 효율성에 우선한다.

롤스에 따르면, 천부적 능력 등 '자연적 운(natural luck)'이나 좋은 부모 등 '사회적 운(social luck)'은 각 개인의 노력이나 선택에 의해 결정되지 않으므로 도덕적으로 정당성을 얻기 힘들다. 따라서 그는 정의의 관점에서 운의 요소를 제거, 즉 중립화(neutralization)한다면 '차등의 원칙'이 정당화된다고 본다.

롤스의 정의론을 비판적으로 계승한 경제철학자인 아르마티아 센(Armatya Sen)은 모든 사람에게 '사회적 기본재'를 동등하게 분배하는 것만으로는 기회의 균등을 이루기 어려우므로, 단지 기본재를 보장하는 것을 넘어 실제 이를 활용하여 기회로 삼을 수 있는 각 개인의 능력을 기준으로 분배를 고려해야 한다는 점을 강조한다.[7] 이와 같은 센의 정의론을 '역량 접근법(capability approach)'이라 부른다. 예를 들어 장애인은 더 많은 기본재를 갖고 있어도 더 적은 기본재를 가진 비장애인보다 자신의 삶을 영위할 기회가 적을 수 있으므로, 이들이 역량을 확충하기 위해서는 훨씬 많은 기본재를 분배받아야 한다는 것이다.

이 글에서는 롤스와 센의 정의론을 따라, '존엄한 인간으로서 누구나 누려야 할 정치적 자유의 보장을 전제로 실질적 기회의 균등을 보장'하는 것을 정의의 원칙으로 개념화한다. 아울러 우리는 이를 공정성의 기준으로 삼고자 한다.

그렇다면 경제적 측면에서 '실질적 기회의 공정성'을 어떻게 이해할 수 있는가? 경제영역에서 강조되는 공정성은 '기회의 공정성'과 '분배의 공정성'이다. 기회의 공정성(혹은 절차의 공정성)은 모든 사람이 경제생활에 참여하고 경제적 목표를 실현하는 데 동등한 기회를 얻어야 한다는 것이다.[8] 이는 롤스의 정의론에서 제2의 원칙 중 두 번째 원칙, 그리로 센의 역량 접근법에 해당하는 것으로, 경제적 공정성에서 가장 기본이 되는 원칙이라고 할 수 있다. 다른 한편으로 분배의 공정성(혹은 결과의 공정성)은 보상, 지위, 권력 등 사회 자원의 분배가 각 개인의 노력과 기여에 따라 공정하게 이루어져야 한다는 것이다.[9] 이는 롤스의 정의론에서 제2원칙 중 첫 번째 원칙에 부합하는 것으로, 불평등을 용납하되 과도한 불평등이 발생하지 않도록 적절한 분배를 이루어야 한다는 의미이다.

그런데 경제적 기회의 공정성과 분배의 공정성은 긴밀히 연결되어 있다.[10] 앞서 논의한 바와 같이, 모든 사람에게 실질적으로 공정한 기회가 주어지기 위해서는 (각 개인의 특성과 능력에 따라) 경제적 여건에 해당하는 사회적 기본재의 제공을 보장해야만 한다.[11] 그리고 경제적 여건의 제공은 분배의 문제와 연결된다. 즉 사회안전망 확충을 위한 정부 재정 투입을 포함하여 사전적 분배(시장소득 분배)와 사후적 분배(소득 재분배)의 조정을 필요로 한다. 개인의 성과가 자신의 노력뿐만 아니라 운(luck)이나 사회적·역사적 산물(혹은 상호작용)로부터 영향을 받으므로, 그 일부분을 사회구성원과 나눈다는 점에서 소득분배의 조정은 정당화된다.

공정성 제고를 위한 소득분배의 개선이 사람들의 경제참여 동기를 약화시키고 경제성장 등 국민경제에 좋지 않은 영향을 미친다는 주장도 있다. 그러나 현실은 그렇지 않다. 소득분배의 개선은 경제적 기회의 공정성을 제고하여 인적 개발을 향상시키고, 사회적 계층이동성을 높여 근로 참여의 동기를 강화시킬 수 있다.[12] 그리고 좀 더 평등한 소득분배와 사회안전망의 강화는 경제주체 삶의 안정성을 높이고 개인의 실질적 자유가 확대되어 과감한 시도를 유도함으로써 기술혁신의 촉진에도 기여할 수 있다.[13] 또한 소득분배 개선은 소비 성향이 높은 저소득층의 소득을 늘려 수요 증가를 통한 성장에 도움이 된다. 더욱이 소득 불평등의 완화는 공동체 의식과 사회자본 형성을 위한 조건이 되고, 협력생산과 사회통합에 기여한다. 이상에서 열거한 소득분배 개선의 효과는 경제안정과 경제성장에 긍정적인 요소로 작용한다. 실제 여러 실증연구 결과들은 소득분배 개선이 경제성장을 높이는 효과가 있는 것으로 나타난다.[14]

결국 경제적 기회의 측면에서 공정성의 실현이 경제성장으로 이어지는 구조는 분배제도를 어떻게 효과적으로 설계하는가에 달려 있다.[15] 그리고 소득분배의 개선을 위한 구체적인 방안의 선택(사전적 분배인가 사후적 재분배인가)은 소득분배의 적정 수준을 정하는 것보다 덜 중요할지도 모른다.[16] 경제적 기회의 공정성을 보장하기 위한 사회적 기본재의 수준은 민주적 의사결정 과정을 통해 정립한 제도에 달려 있으며, 경제민주화는 보다 많고 보다 넓은 사회적 기본재의 배분을 가능하게 한다.[17]

3. 경제의 지속가능성

코로나19 감염병은 우리 삶이 추구해야 할 궁극적 가치에 대한 성찰과 함께 안전, 안정, 공생, 협력, 연대 등 지속가능성과 관련한 가치를 새롭게 조명하는 계기를 제공하였다. 지속가능성은 우리 사회가 '성장 중심 프레임'에서 벗어나 '안정 속 포용적 발전'이라는 사회·경제 패러다임으로 전환하기 위해 추구해야 할 시대적 가치이다.

UN의 브룬틀랜드 보고서(Brundtland Report)는 지속가능한 발전(sustainable development)을 "미래 세대의 능력을 제약하지 않고 현재 세대의 필요(needs)를 충족시키는" 발전으로 정의한다.[18] 경제활동은 현재의 사회적 제약과 환경적 제약을 받을 뿐만 아니라 미래의 제약까지 고려해야 한다는 의미이다.

일반적으로 지속가능성은 생태적 관점, 사회적 관점, 경제적 관점 등 세 가지 측면을 포괄한다.[19] 먼저, 생태적 관점에서의 지속가능성은 생태계의 지속적인 기능 유지와 종·생물의 다양성 보존을 의미한다. 다음으로, 사회적 관점에서의 지속가능성은 인간으로서 개인의 기본적 필요(basic needs)를 지속적으로 충족하는 것을 의미하며, 문화의 다양성, 제도의 지속가능성, 사회정의, 사회참여 등을 주요 고려 대상으로 삼는다. 마지막으로, 경제적 관점에서의 지속가능성은 인간 발전을 고양하는 지속가능한 경제적 활동을 의미하는 것으로, 빈곤 감소, 형평성 제고 등을 주요 목표로 제시한다. 이들 세 가지 지속가능성의 영역은 서로 독립적인 것이 아니라 긴밀히 연계되어 있으며, 상호 복잡한 작용을 통해 영향을 받는다.[20]

그동안 경제학은 생태계·환경과 사회·제도를 외부에 주어진 것으로 보고 주로 경제영역만을 분석의 대상으로 삼아왔다. 그러나 경제의 궁극적인 목적이 미래 세대를 포함한 모든 사람이 행복한 삶을 영위하도록 만드는 데 있다면, 그 목적에 부합하는 올바른 경제학을 찾아내야 한다.[21] 이를 위해서는 경제를 모형의 시공간적 틀 안에 가두는 것이 아니라 생태계·사회제도와 영속적으로 상호작용하면서 진화하는 복잡계(complex system)로 인식하는 것이 옳다.

케이트 레이워스(Kate Raworth)의 탁월한 통찰에 따르면, 사회·경제·생태적으로 지속가능한 영역은 도넛 모양으로 그려낼 수 있고, 이 도넛 공간은 두 개의 고리로 둘러싸여 있다(〈그림 1-1〉 참조).[22] 도넛의 안쪽 고리는 물, 식량, 보건, 교육, 소득, 일자리, 주거, 평화, 평등 등 경제·사회적 기초의 영역으로, 사회적으로 공급이 충분하

지 않거나 불평등으로 인해 사회계층 간 격차가 커져 사회적 지속
가능성과 경제적 지속가능성을 저해하는 경향을 보인다. 반면 도
넛의 바깥쪽 고리는 대기·수질 오염, 무분별한 토지개간, 생물 다
양성 손실, 기후변화 등 생태적 한계의 영역으로, 통제되지 않은
자본주의 생산과 소비로 인해 인류에게 허락된 한계를 넘어서면서
환경적 지속가능성에 위협을 가하고 있다. 따라서 현재 경제체제는
'과소'(구심력)와 '과잉'(원심력)이 공존하면서 인류를 위협하는 상황이
라고 할 수 있다.

레이워스는 우리 사회·경제가 '사회적 기초의 부족'과 '생태적 한
계를 넘는 과잉'이라는 양극단으로 벗어나지 않아야 하고, '생태적
으로 안전하면서도 사회적으로 정의로운 공간'에 놓이도록 해야 한

〈그림 1-1〉 21세기의 나침반이 되어줄 도넛

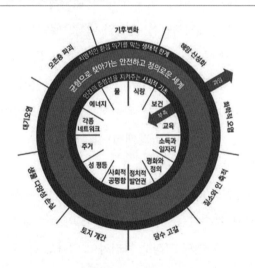

자료: Raworth, K., 홍기빈 옮김(2018). 『도넛 경제학』, 학고재, 59쪽(*Doughnut Economics: Seven Ways to Think Like a 21st-Century Economist*, Chelsea Green Publishing, 2017).

다고 주장한다. 이를 위해서는 정부와 시민사회가 지속가능한 공공 이익에 기초하여 사적 이익 추구를 본질로 하는 자본주의를 적정 수준에서 통제해야만 한다. 즉 시장의 역동성 내에서 소극적으로 공공이익을 추구하는 것이 아니라 공공이익(사회적으로 정의로운 공간) 내에서 시장이 역동성을 발휘하는 방향으로 경제발전의 관점을 전환할 필요가 있다.

다른 한편으로, 국가 혹은 사회 단위로 좁히는 경우 지속가능성은 장기적 관점뿐만 아니라 그 국가·사회의 특성을 반영하여 재개념화된다. 한국은 급격한 인구구조 변화, 지역편중화 심화, 남북분단 지속 등 경제적 지속가능성을 위협하는 요인이 존재한다. 따라서 한국의 경우 UN의 지속가능발전목표(Sustainable Development Goals: SDGs)와 함께 지역균형발전, 한반도 공동체경제 실현 등을 동시에 고려해야 한다.

4. 공정경제와 지속가능경제 간 관계

이제 공정성과 지속가능성은 어떤 관계에 있는지 살펴보자. 한 사회의 지속가능한 균형(equilibrium)은 하나의 점(point)이나 선(line)이 아니라 안정적인 영역(range)으로 나타나고, 이 영역 내 우리 경제의 위치는 제도나 규범에 의해 영향을 받는다. 공정성은 지속가능한 영역의 상한(upper limit)과 하한(lower limit)에 대한 사회적 합의 기준을 제시하고 구체적인 제도로 발현한다. 여기서 공정성은 '협력을 유지하기 위한 장치'로서 상호 신뢰와 호혜성에 기초한 사회적

연대를 강화하고 사회·경제 구조개혁을 위한 기본 토대를 제공한다.[23]

이런 특성의 차이에도 불구하고, 지속가능성은 공정성 혹은 평등성의 확대와 동일선상에 있으며, 하나는 다른 하나에 대한 전제조건이기도 하다.[24] 공정하고 평등한 사회일수록 공공의식이 강하고 공동체 생활에 대한 지향성이 견고하여 지속가능한 사회에 대한 요구가 커진다. 그리고 경제적 지속가능성은 한 사회의 동태적 목표와 관련하므로[25] 사회적 자원을 어떻게 배분·분배하고 사회구성원에게 어떤 기회를 제공하는지에 대한 나침반 역할을 한다. 즉 지속가능성은 공정성의 범위를 확장하거나 때에 따라서는 이를 제약한다. 따라서 우리 시대의 경제가치인 공정성과 가속가능성은 양립하고 상호 강화하는 관계에 있다. 실제 〈그림 1-2〉에서 보는 바와 같이, 소득 불평등도가 낮은 국가일수록 환경규제 준수가 높은

〈그림 1-2〉 소득 불평등도와 환경규제 준수 점수 간 관계

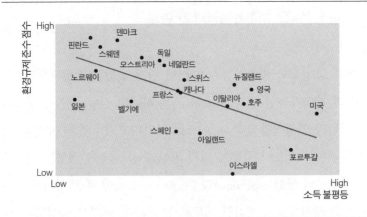

자료: Wilkinson, R., K. Pickett and R. De Vogli(2010). "Equality, sustainability, and quality of life", *British Medical Journal*, 341, c5816.

경향을 보여준다. 특히 핀란드, 스웨덴, 노르웨이, 덴마크 등 사회
보장제도가 잘 갖추어져 실질적 기회의 평등을 구현하고 있는 국가
에서 생태적 지속가능성에 대한 관심도가 높고 환경규제를 잘하는
것으로 나타난다.

5. 지속가능한 공정경제를 향하여

공정성과 지속가능성은 현재 우리 사회의 시대적 요구이자 미래
세대를 아우르는 경제번영을 위한 핵심 가치이다. 코로나19라는 전
대미문의 위기는 사회·경제 패러다임의 대전환을 강제하고 있다.
이 전환의 시기에 '지속가능한 공정경제'는 새로운 경제체제가 지향
해야 할 방향이고, 건강한 경제구조를 판단하는 기준이다.

그런데 우리 시대의 경제가치 실현은 저절로 이루어지는 게 아
니다. 새로운 경제 패러다임으로의 전환은 민의 수렴과 올바른 방
향 수립에 기초하여 과감하게 변화를 추동하는 정부의 의지에 달
려 있다. 코로나19 위기는 모두에게 고통을 주고 있지만, 그 고통은
저소득 계층에게 집중되는 양상이다.[26] 1970년대 이후 발생한 다른
경제위기와 마찬가지로 사회 불평등의 확대로 이어질 우려가 커지
고 있다. 그러나 자본주의 역사를 되돌아볼 때 경제위기가 항상 사
회 불평등을 강요하지는 않았다. 자본주의 최대 위기였던 1930년
대 대공황을 극복하는 과정에서 근대 사회복지체제의 근간이 마
련됐고, 사회 불평등 완화와 경제성장이 촉진되는 '자본주의 황금
기'[27]가 뒤를 이었다. 여기에 바로 정부의 지대한 역할이 있었다. 경

제체제의 대전환기에 서 있는 지금, 우리 정부는 '지속가능한 공정경제'라는 시대적 가치를 분명히 하고, 이를 구현하기 위해 대담한 시도를 해야 한다. 한 세기 전, 존 메이나드 케인스(John Maynard Keynes)가 우리에게 한 조언을 되새겨야 할 때이다.

"정부에게 중요한 것은 개인들이 이미 하는 일을 하는 것이 아니라, 그리고 그 일을 좀 더 잘하거나 좀 더 잘하지 못하는 것이 아니라, 현재 전혀 하고 있지 않은 일을 하는 것이다."[28]

제2장

·······

세계자본주의의 혼돈과 무질서

장시복(목포대학교)

- 오늘날 세계자본주의는 1980년대 이후 변하지 않는 구조와 변하는 국면이 만들어낸 모순과 무질서를 양산
- 코로나19 사태로 인해 글로벌 불균등발전과 금융화, 그리고 불평등 확대라는 모순이 더욱 심화
- 이 모순은 단기 처방만으로는 해결하기 어려우므로 전 세계 차원의 대응이 필요

우리가 살고 있는 자본주의는 오늘날에도 변하지 않았다. 자본-노동의 관계도, 이윤 추구라는 목적도, 엄청난 생산활동과 눈부신 금융운동도…. 그렇지만 자본주의는 늘 변했다. 1921년과 2021년

의 자본주의를 견줘보라. 그때나 지금이나 자본주의지만 다르다. 자본주의에는 변하지 않는 구조에도 다른 국면이 있었다.[1]

다른 한편, 자본주의는 늘 세계체제였다. 자본주의는 태어나 줄곧 한 나라에 닫힌 구조가 아니라 한 나라를 넘어서는 열린 구조로 자랐다. 그럼에도 자라는 방향은 국면에 따라 달랐다. 곧 어떤 국면에서는 생산과 금융이 한 나라에서 주로 이루어졌다. 그런데 다른 어떤 국면에서는 한 나라를 벗어난 활동이 늘어났다. 자본주의에서 세계체제라는 구조는 변하지 않았지만, 국면에 따라 발전의 규모와 속도와 강도는 달랐다.[2]

그렇다면 오늘날 세계자본주의의 변하지 않은 구조와 변하는 국면의 관계는 어떻게 이해할 수 있을까? 그리고 이 관계 속에서 발전하는 세계자본주의는 어떤 혼돈과 무질서를 낳고 있을까? '코로나19 팬데믹'이 촉발한 경제위축이 세계자본주의의 앞날에 어떤 영향을 끼칠까?

1. 세계자본주의의 불균등발전, 금융화와 글로벌 불균형

1) 생산의 불균등발전

자본은 세계 시장으로 나가려 한다. 이에 따라 세계자본주의는 전면화, 동질화, 균등화 경향을 띤다. 그렇지만 자본은 서로 다른 수준의 강도, 속도, 순서, 공간에서 운동하므로, 세계자본주의는 복합적이고 중층적이며 불균등하다.[3]

이 균등화와 불균등화라는 모순 경향이 세계자본주의의 '불균등발전'(uneven development)을 강화하는 바탕 힘이다. 사전을 찾아보면, 불균등발전은 기업과 기업, 산업과 산업, 공업과 농업, 도시와 농촌에서, 그리고 국가나 국가 사이에서도 나타난다.[4]

세계자본주의에서 불균등발전은 여러 층위에서 나타난다. 특히 세계화가 빠르게 진행된 1980년대 이후에, 세계무역이나 초국적기업과 초국적 금융자본의 활동에서 불균등발전이 더 심화하고 있다. 예를 들어 초국적기업의 활동을 나타내는 해외직접투자에서 선진국이 차지하는 비중은 1980년 57.99퍼센트, 2000년 78.34퍼센트, 2019년 66.59퍼센트였다.[5]

이런 생산이나 금융에서 나타난 불균등발전은 국가 간 경제 격차를 유발하여 전반적인 불균등발전을 강화하는 중요 요인이다. 자본운동이나 국내경제의 불균등발전은 한 나라 내 경제활동의 총합으로 나타나며, 이는 경제규모의 격차를 낳는다. 또한 경제발전의 속도가 나라마다 다르므로 이에 따른 발전의 누적은 국가 사이에 불균등발전을 강화한다.

국가 간 불균등발전 양상은 〈표 2-1〉과 〈표 2-2〉에 정리했다. 〈표 2-1〉은 전 세계를 7개 지역으로 나누고, 1981년에서 2019년까지 각 지역의 실질경제성장률을 10년 단위로 평균한 것이다. 먼저, 〈표 2-1〉은 1981년 이후 세계자본주의의 장기하락 추세를 보여준다. 1981~1990년대의 전 세계의 실질경제성장률은 3.13퍼센트였다. 그렇지만 이 값은 2001~2010년 2.86퍼센트, 2011~2019년 2.82퍼센트로 줄곧 떨어졌다. 이런 경제성장률의 장기하락 추세를 세계자본주의의 활력이 갈수록 약화하고 있다는 점을 드러내준다.[6]

둘째, 〈표 2-1〉에서 7개 지역의 실질경제성장률은 서로 달랐다. 예를 들어 2011~2019년의 실질경제성장률을 보자. '남아시아'는 6.30퍼센트, '동아시아·태평양 지역'은 4.36퍼센트, '사하라 이남 아프리카'는 3.30퍼센트를 기록했다. 이와 달리 '북아메리카'는 2.21퍼센트, '유럽·중앙아시아'는 1.77퍼센트, '남아메리카·캐리비언 지역'은 1.65퍼센트였다. 이런 국가 간 경제성장률 격차는 세계자본주의의 불균등발전을 잘 보여준다.

셋째, 〈표 2-2〉는 1981년 이후 주요 선진국에서 경제성장률의 장기하락 추세를 보여준다. 예를 들어 미국은 1981~1990년 동안 실질경제성장률이 3.35퍼센트였지만 2011~2019년 동안에는 2.27퍼센트까지 떨어졌다. 이런 추세는 중국을 예외로 한다면 일

〈표 2-1〉 1981년 이후 전 세계와 주요 지역의 실질경제성장률

(단위: %)

	1981~1990	1991~2000	2001~2010	2011~2019
동아시아·태평양 지역	5.19	3.69	4.48	4.36
유럽·중앙아시아	2.47	1.66	1.87	1.77
남아메리카·캐리비언 지역	1.55	3.07	3.20	1.65
중동·북아프리카	1.52	3.76	4.26	2.94
북아메리카	3.27	3.37	1.86	2.21
남아시아	5.49	5.33	6.38	6.30
사하라 이남 아프리카	1.41	2.05	5.41	3.30
전 세계	3.13	2.80	2.86	2.82

주: 지역은 세계은행의 기준에 따라 구분했다.
자료: 세계은행, 세계발전지표(https://www.worldbank.org/).

<표 2-2> 1981년 이후 주요 선진국의 실질경제성장률

(단위: %)

	1981~1990	1991~2000	2001~2010	2011~2019
미국	3.35	3.45	1.77	2.27
중국	9.34	10.45	10.55	7.45
일본	4.53	1.30	0.67	0.97
독일	2.34	1.93	0.90	1.68
프랑스	2.47	2.11	1.25	1.32
영국	2.94	2.49	1.68	1.86
한국	9.92	7.04	4.69	2.90

자료: 한국은행 경제통계시스템(http://ecos.bok.or.kr/).

본, 독일, 프랑스 등에서도 비슷하게 나타난다.

넷째, 〈표 2-2〉에서 주요 선진국의 경제성장률은 1981년 이후 큰 차이를 보였다. 예를 들어 2011~2019년의 평균경제성장률을 보면, 중국이 7.45퍼센트로 매우 높고, 미국 2.77퍼센트, 영국 1.86퍼센트를 기록했으며, 일본이 0.97퍼센트로 가장 낮았다. 이런 경제 속도의 차이는 주요 선진국에서도 불균등발전이 나타나고 있다는 사실을 알려준다.

이상에서 살펴본 바와 같이 오늘날 세계자본주의에서는 국가 사이의 불균등발전이 심화하고 있으며, 이는 선진국과 선진국, 그리고 선진국과 후진국에서도 나타나고 있다. 결국 오늘날 세계자본주의는 '세계적 수렴'이 아니라 '세계적 분기'를 하고 있다.[7]

2) 금융화

금융자본은 전통적으로 생산신용, 상업신용, 소비자신용 등을 생산영역에 제공하고 이자수익을 얻는 금융 중개를 주로 맡았다. 그런데 1980년대 이후 세계자본주의의 발전 과정에서 금융기술이 발전하고, 새로운 금융상품이 나타나고, 금융규제가 완화하면서 금융자본은 새로운 수익원을 찾아 나섰다. 이에 따라 금융부문이 빠르게 성장했고, 주식시장이나 부동산시장 등에서 자산가격이 급등했으며, 금융자본의 이익도 크게 증가했다.

이런 현상은 '금융화(financialization)'라는 낱말로 표현한다. 금융화는 세 가지 현상을 함께 담은 개념이다. 첫 번째, 금융화는 '금융의 자립화'를 뜻한다. 금융의 자립화란 금융자본이 생산영역에서 수익을 얻는 이외의 활동을 강화하는 것을 말한다. 바꿔 말해 금융자본은 '가공금융'[8]을 통해 비생산의 금융활동을 강화해 이윤을 늘린다.[9]

두 번째, 금융화는 '비금융기업의 금융화'이다. 크로티(Crotty)는 이를 이렇게 설명한다.[10] "첫째, 비금융기업은 투자자금의 증가분을 금융자산을 얻는 데 사용했다. 둘째, 기업은 금융자회사를 설립하거나 구매하고, 이미 있는 금융자회사를 확장했다." 한마디로 말하면, 비금융기업의 금융화는 생산에 참여하는 비금융자본이 금융영역에서 수익을 얻는 현상을 말한다.[11]

세 번째, 금융화는 '소비자 금융의 확대'를 뜻한다. 소비자는 전통적으로 은행에 예금을 하고 경제 전체에 자금을 공급했다. 그런데 주택담보대출, 신용카드론 등 소비자 금융이 증대하고 연금, 자

〈표 2-3〉 1980년대 이후 미국 경제의 금융화

(단위: 10억 달러/퍼센트)

	국내총생산 (A)	총신용시장 부채(B)	B/A	금융부문 부채	금융부문 부채/총부채	비금융부문 부채/총부채
1973	1,382.7	2,172.7	140.0	209.8	9.7	90.3
1979	2,563.3	4,276.4	166.8	504.9	11.8	88.2
1989	5,484.4	12,838.7	234.1	2,399.3	18.7	81.3
2000	9,187.0	27,019.6	294.1	8,130.3	30.1	69.9
2005	12,455.8	40,926.0	328.6	12,905.2	31.5	68.5

자료: Palley, T.(2007). "Financialization: What It Is and Why It Matters", Working Paper No.525. Levy Economics Institute.

산관리 등이 중요해지면서 소비자는 금융활동에 깊이 개입하고, 금융자본은 이를 활용해 수익을 늘린다.[12]

〈표 2-3〉은 1970년대 이후 미국 경제의 금융화를 보여준다. 이 표에서 국내총생산(A)은 생산의 증가를, 총신용시장부채(B)는 금융의 성장을 나타낸다. 이 두 변수의 비율(B/A)이 금융화의 정도를 나타내는데, 이 비율은 1973년 140퍼센트에서 1989년 234.1퍼센트로, 그리고 2005년 328.6퍼센트까지 2배 이상 커졌다.

다른 한편, 이 표는 금융부채의 증가 규모를 보여준다. 1973년 금융부문의 부채는 2,098억 달러였으나, 2005년 12조 9,052억 달러로 60배가량 늘었다. 이에 따라 총신용시장부채에서 금융부문의 부채가 차지하는 비중은 1973년 9.7퍼센트에서 2005년 31.5퍼센트까지 커졌다. 이 결과는 금융자본이 전통적인 금융 중개를 통한 수익 창출에서 벗어나 점차 자립해 금융수익을 창출하고 있는 금융화 현상을 잘 드러내준다.

사실 금융화라는 현상만을 강조한다면, 오늘날 세계자본주의는 금융주도 자본주의로 보일 수도 있다. 금융자본이 생산에서 벗어나 자립하며 금융활동을 크게 강화했고, 생산과 금융의 경계가 모호해졌으며, 심지어 생산이 금융에 종속된 듯 보이기 때문이다. 그렇지만 금융자본의 운동은 생산과 따로 떨어질 수 없다. 곧 금융없는 생산도, 생산 없는 금융도 있을 수 없는 것이다. 게다가 금융이 생산과 멀어질수록 경제 전체의 불확실과 불안정이 커지며, 이는 세계자본주의에 중대한 위협 요인이 된다.

3) 글로벌 불균형

생산의 불균등발전과 금융의 자립화는 세계 경제의 불균형으로 집약되었다. 바꿔 말해 생산의 불균등발전에 따른 국제수지의 불균형으로 막대한 글로벌 유동성이 발생했고, 이는 진정한 축적과 관련 없이 금융부문을 급격하게 팽창시켰다. 메이슨(Mason)의 연구에서 정확하게 지적하듯, "글로벌 불균형이라는 문제와 거듭되는 금융거품은 동전의 양면과 같다".[13]

글로벌 불균형은 미국과 그 이외 나라들의 경상수지와 자본수지의 불균형으로 나타난다. 〈그림 2-1〉과 〈그림 2-2〉는 1981년 이후 미국의 경상수지와 순자본유입의 추이를 보여준다. 먼저 〈그림 2-1〉은 1981년 이후 미국의 경상수지 적자가 매우 큰 폭으로 늘어났고, 2019년까지 지속되고 있음을 보여준다. 비유하자면, 미국은 다른 나라, 특히 중국의 상품과 서비스를 빨아들이는 블랙홀과 같다고 할 수 있다. 물론 이 블랙홀에 상품을 제공해준 미국 이외의

〈그림 2-1〉 1981년 이후 미국 경제의 경상수지와 상품-서비스수지

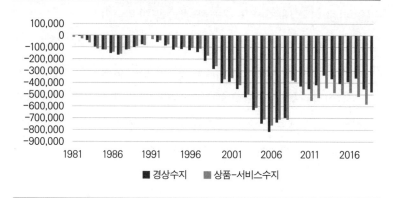

자료: U.S. Bureau of Economic Analysis(http://www.bea.gov/).

〈그림 2-2〉 1981년 이후 미국 경제의 순자본유입

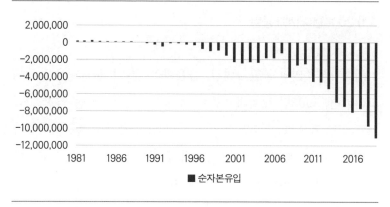

자료: U.S. Bureau of Economic Analysis(http://www.bea.gov/).

나라들은 경상수지 흑자를 기록했다.

다른 한편 〈그림 2-2〉는 미국의 순자본유입(= 미국 소유 해외자산 - 미국 내 해외 소유자의 자산)을 보여준다. 이 그림을 보면, 미국 소유 해외자산보다 미국 내 해외 소유자의 자산이 매우 크다. 이런 현상은 대규모 경상수지의 흑자를 기록한 미국 이외 나라들이 '달러 재활용'을 위해 미국 내 자산을 구매한 결과라 할 수 있다.

결국 글로벌 불균형은 미국 경상수지 적자와 자본수지 흑자, 그리고 미국 이외의 다른 나라들, 특히 중국의 경상수지 흑자와 자본수지 적자라는 불균형으로 나타났다. 그리고 글로벌 불균형은 오늘날 세계자본주의에서 생산의 불균등발전과 금융화의 발전이라는 모순을 전 세계의 차원에서 드러내주고 있다.

2. 2008년 세계대공황과 신자유주의의 전환

1) 2008년 세계대공황

세계자본주의의 불균등발전, 금융화와 글로벌 불균형을 동시에 고려하면, 2008년 세계대공황은 세계자본주의의 가장 약한 고리가 폭발한 것으로 이해할 수 있다. 바꿔 말해 생산의 불균등발전과 막대한 유동성에 기반을 둔 금융화와 이들을 세계적으로 표현하는 글로벌 불균형은 2008년 대공황의 구조 요인의 핵심을 이루며, 세계자본주의의 구조 모순을 극명하게 드러내준다.[14]

이 관점에서 공황의 직접 요인이라 할 수 있는 서브프라임 모기지 사태는 세계자본주의의 구조 요인이 미국 경제에서 발현된 하나의 형태다. 중국의 대규모 경상수지 흑자로 발생한 유동성은 미국으로 재환류했고, 이 과정에서 미국 이자율은 억지로 낮아졌으며, 미국의 주택담보 대출자들에게 많은 혜택을 주었다.[15]

그런데 2006년 서브프라임 모기지 사태가 발생하자 상황은 달라졌다. 2000년 들어 연준은 기준금리를 인상했고 이는 모기지대출을 받아 집을 산 사람들의 이자 부담을 증대시켰다. 그 뒤 주택가격이 떨어졌고, 저소득층이 주로 대출 받은 서브프라임 모기지에서 연체가 늘어나고 주택 압류도 증대해 모기지 시장을 타격했다.

설상가상으로 금융자립화를 강화하고 파생금융상품을 판매해 고수익을 누리던 금융자본은 모기지를 바탕으로 만들어 판매한 금융상품의 가치가 대폭락하면서 막대한 손실을 입게 되었고, 미국 경제는 신용공황과 은행공황을 겪었다. 급기야 2008년 9월 중순이 지나서는 골드만삭스, 모건스탠리, 리먼브라더스 등 5대 투자은행이 모두 사라질 정도의 금융시스템이 붕괴 직전까지 몰렸다.[16]

금융영역에서 발생한 막대한 손실과 함께 실물 영역에서도 침체가 이어졌다. 2006년 미국의 실질경제성장률은 2.9퍼센트였으나, 2007년 1.9퍼센트, 2008년 −0.1퍼센트, 2009년 −2.5퍼센트를 기록했다. 2006년 독일의 실질경제성장률은 3.8퍼센트였으나, 2009년 −5.6퍼센트로 떨어졌다. 프랑스는 같은 기간 각각 2.4퍼센트와 −2.9퍼센트를 급락했다.

게다가 미국발 공황이 전 세계로 퍼지면서 주요 나라들은 재정위기와 국가채무위기를 겪었다. 2009년 미국의 재정적자가 국내총생산(GDP)에서 차지하는 비중은 9.9퍼센트로 증가했다. 미국뿐 아니라 유로 지역 국가들에서도 재정적자가 갈수록 커졌다. 또한 재정적자가 확대되면서 국가부채도 크게 늘어 2009년 국가부채 대비 GDP의 비중은 미국이 90.4퍼센트, 영국이 68퍼센트, 독일이 73퍼센트, 프랑스가 77퍼센트였다. 급기야 2008년 10월 14일 아이슬란

드가 국제통화기금에 구제금융을 신청했으며, 2010년 4월 13일 그리스도 이 대열에 합류하며 국가부도사태가 나기도 했다.

지금까지 살펴보았듯이, 2008년 세계대공황은 불균등발전에 따른 국가 간의 경제 격차와 글로벌 불균형의 심화, 그리고 이에 기반을 둔 막대한 유동성을 활용한 금융화라는 세계자본주의 구조의 특징에서 발현한 것이다. 바꿔 말해 2008년 세계대공황은 1980년대 이후 변하지 않는 구조의 모순이 특정 국면에서 드러난 약한 고리를 타고 한꺼번에 폭발한 사태라 할 수 있다.

2) 신자유주의 국가개입의 전환

2008년 세계대공황은 역사상 유례없는 국가의 대응을 낳았다. 2008년 세계대공황 시기 국가의 경제개입은 무엇보다도 응급처지의 속도와 규모에서 혀를 내두를 수밖에 없다. 이 당시의 경제개입의 규모를 쉽게 설명해보자. 중앙은행인 연준이 투입한 구제금융자금은 29,000,000,000,000달러, 곧 29조 달러였다. 29조 달러를 우리 돈으로 환산하면(계산을 편리하게 하려 1달러는 1,000원으로 환율을 정한다) 29,000,000,000,000,000, 곧 2경 9,000조 원이다. 이 막대한 돈은 1,000만 명에게 29억 원 정도씩 줄 수 있는 돈이다.[17]

막대한 돈을 쓸 수밖에 없는 상황에서 연준은 '비관행의 통화정책'이라는 초유의 수단을 썼다. 처음에 연준은 2007년 8월 17일, 5.25퍼센트였던 기준금리를 2008년 9월 금융시스템 붕괴 직전에 이른 상황에서 0~0.25퍼센트까지 계속 낮췄다. 그럼에도 사태가 점차 악화하면서 연준은 기준금리를 조절하는 통화정책만으로는 금융공황을 진정시킬 수 없었다.

이에 연준은 비관행의 통화정책을 단행할 수밖에 없었다. 먼저 연준은 '양적 완화정책'을 추진했다. 연준은 지급준비금과 재무성 예치금 증대를 바탕으로 다양한 유동성과 신용의 공급정책을 펼쳤다. 또한 연준은 '신용정책'을 추진했다. 연준은 단기에서 장기로 재무성채권의 만기를 조정했다. 게다가 연준은 '기간부국채대출제도', '프라이머리딜러신용공급제도', '기간자산유동화증권대출', '기간입찰창구' 등 새로운 신용공급장치를 통해 자금을 직접 공급했다. 그리고 연준은 다른 나라의 중앙은행과 화폐를 교환하는 통화스왑협정을 맺었고, 이에 따라 전 세계에 유동성을 공급했다.

이런 연준의 비관행의 통화정책은 막대한 유동성과 신용을 공급하는 데 필요한 모든 수단을 동원한 극약처방이라 할 수 있다. 바꿔 말해 연준은 비관행의 통화정책까지 사용해 경제 전체의 붕괴를 막으려 총력전을 전개한 것이다. 그런데 이 정책으로 세계자본주의는 붕괴하지 않았지만, 혼돈과 무질서에 갈수록 빠져들었다.

다른 한편, 2008년 세계대공황은 신자유주의 국가개입의 한계도 들춰냈다. 이 폭로는 그동안 신자유주의를 옹호하던 사람들의 입에서 줄줄이 나왔다. 영국의 재무장관이었던 고든 브라운(Gordon Brown)은 "워싱턴 컨센서스로 대표되는 신자유주의의 신념은 종말을 맞이했다"고 고백했다. 『워싱턴포스트』의 로버트 새뮤얼슨(Robert Samuelson)은 서브프라임 모기지 투자로 큰 손실을 보았는데도, 고액의 퇴직금을 받고 물러난 메릴린치 회장을 두고 "자본주의의 가장 위험한 적은 자본가"라 지적했다.

그렇지만 이런 폭로와 달리, 2008년 세계대공황을 수습하는 과정에서 연준이 활용한 비관행의 통화정책은 모순되게도 신자유주의 국가개입의 처방에 지나지 않았다. 흔히 경제의 국가개입은 케인스주의가 강조하는 것으로 알려져 있다. 그렇지만 '시장에 모든 것을 맡겨라'라는 구호로 요약되는 신자유주의에서도 시장질서를 재편하려 경제의 국가개입은 반드시 필요하다. 이런 관점에서 보면 2008년 세계대공황에 대한 응급처방은 신자유주의 이론에 기댄 것이었다. 루카스(Lucas)의 다음의 말을 들어보자.

"도대체 케인스주의 정책이란 무엇을 말하는가? 경기가 침체되고 민간이 소비를 하지 않을 때 공공부문이 그것을 하는 것, 돈을 집어넣는 것이 케인스주의인가? 그렇다면 그건 통화주의기도 한 것이다. 버냉키 의장이 시중 은행들에 계속 돈을 쏟아붓는 것도 그런 맥락에서 본다면 케인스 경제학에 입각했다고 할 수 있을 것이다. 사람들이 돈을 침대 밑에 깔아두고 쓰지 않는다면 중앙은행이 돈을 풀어야 한다. 이 점을 강조한 밀턴 프리드먼 역시 케인스와 차이가 없다고 할 수 있다."[18]

이 인용문은 2008년 세계대공황의 국가개입 성격을 가장 솔직하면서도 적나라하게 드러낸 것이다. 곧 신자유주의를 통한 국가개입으로 위기를 해소하려한 역설을 은연중에 보여준 것이다. 2008년 세계대공황 시기 연준의 비관행의 통화정책은 신자유주의 이론의 대부인 밀턴 프리드먼(Milton Friedman)의 주장처럼 디플레이션을 막으려 "정부가 헬기에서 돈을 뿌린 것"과 같기 때문이다.

이런 역설을 보면, 국가개입의 성격과 관련해 신자유주의냐 케인스주의냐라는 전통적인 구분은 모호해졌고, 2008년 세계대공황으로 신자유주의가 은폐되고 마치 새로운 국가개입 형태가 나타난 것처럼 착각을 일으키고 있다고 평가할 수 있을 것이다. 비유하자면 폐기된 신자유주의가 아니라 '투명 망토를 쓴 신자유주의'라 불러도 무방하지 않을까?

3. '코로나19 팬데믹'이후 세계자본주의

2008년 세계대공황 이후 오늘날 세계자본주의는 무질서를 해결하고 안정 상태로 들어선 것 같지는 않다. 오히려 2008년 세계대공황 이후 세계자본주의는 더 어려운 상황에 빠지고 있다. 이 상황을 압축해 표현해주는 말이 '뉴노멀(New Normal)'이다. '뉴노멀'은 2008년 세계대공황 이후 낮은 성장, 낮은 금리, 낮은 물가가 나타나는 상황에서 국가채무와 가계부채의 증가, 소득과 부의 불평등으로 불안정이 지속될 수밖에 없다는 것을 경고한다. 이런 뜻에서 '뉴노멀'은 과거의 정상 상태에서는 없었던 현상의 조합이 정상이 된 것을 말한다. 비정상의 정상화 말이다.[19]

따라서 '뉴노멀'이란 표현은 2008년 세계대공황 이후 세계자본주의 장기하락 추세와 불균등발전, 금융화의 모순이 낳은 금융 불안정, 부채 증가, 소득 및 부의 불평등이라는 변하지 않는 구조 모순이 더 악화하고 있으며, 심지어 이 비정상의 상황이 이제는 정상이 되었음을 선언한 것이라 할 수 있다.

그런데 2008년 세계대공황 이후 '뉴노멀'이 줄곧 이어지는 상황에서 2020년 초부터 전 세계로 퍼지고 있는 '코로나19 팬데믹'은 세계자본주의의 새로운 골칫거리로 떠오르고 있다. 2020년 2월 발생한 코로나19 팬데믹은 현재까지 수많은 감염환자와 사망자를 낳고 있다. 2021년 7월 27일 현재 전 세계 코로나 바이러스 감염환자 수는 1억 9,464만 7,766명이다. 미국이 3,453만 1,694명으로 가장 많고, 인도 3,141만 1,262명, 브라질 1,970만 7,662명, 러시아 607만 1,893명, 프랑스 606만 1,695명으로 뒤를 이었다. 또한 전 세계 사망자도 416만 6,258명에 이르렀고, 미국 61만 947명, 브라질 55만 502명, 인도 42만 967명, 멕시코 23만 8,424명 등이었다.[20]

현재 백신이 개발되어 접종이 진행되고 있지만 인류는 여전히 속수무책으로 코로나 바이러스에 당하고 있다. 게다가 문제는 코로나19 팬데믹이 경제성장과 상극이라는 점이다. 곧 코로나19 팬데믹과 경제발전은 '두 마리 토끼를 한 번에 잡을 수 없다'는 뜻의 상충관계를 잘 보여준다. 바꿔 말해 백신 접종에 따른 집단면역이 이루어지기 전까지 코로나 바이러스의 확산을 막을 방법은 사회적 거리두기와 봉쇄뿐이다. 그렇지만 이 방식은 경제를 위축시킨다. 바꿔 말해 경제회복을 위해 사회적 거리두기와 봉쇄를 완화하면 코로나 바이러스 감염환자가 급증하게 된다. 이와 반대로 방역을 위해 사회적 거리두기와 봉쇄를 강화하면 경제활동이 위축될 수밖에 없다.

실제로 코로나19 팬데믹이 발생한 뒤 주요국의 경제성장률은 마이너스를 기록했다. 예를 들어 미국의 경제성장률은 2019년 4사분기 0.6퍼센트에서 2020년 1사분기 −1.3퍼센트, 2사분기 −9.0퍼센트까지 급락했다. 프랑스도 같은 기간 각각 −0.2퍼센트, −5.9퍼센트, −13.5퍼센트까지 경제성장률이 떨어졌다. 전체적으로 대부분의 나라가 코로나19 팬데믹이 시작된 2020년 1사분기부터 마이너스 성장률을 보였고 2사분기에는 훨씬 더 급락했다.[21]

그렇다면 '코로나19 팬데믹'이 경제에 부정적인 영향을 끼친 경로는 어떻게 설명할 수 있을까? 먼저, 코로나 바이러스로 인한 사회적 거리두기와 봉쇄로 소비가 감소했다. 기업도 수요둔화에 따라 투자지출을 줄였고, 방역조치와 경기침체로 인해 일자리가 줄었다. 게다가 광범위한 여행 제한 조치와 국경 폐쇄 등으로 전 세계의 교역이 크게 줄며 세계무역도 축소되었다.[22]

그런데 심각한 문제는 코로나19 팬데믹에 따른 경기위축이 가난한 나라와 가난한 사람들에게 더 가혹하다는 것이다. 한편으로 비공식부문과 저임금부문 노동자의 비중이 더 높은 저소득 국가는 '코로나19 팬데믹'의 경제 충격이 더 컸고, 이에 따라 고소득 국가와 소득격차가 확대되고 있다. 다른 한편으로 코로나19 팬데믹은 청년층·저학력·여성·이민자 계층이 주로 일하는 저임금 노동에 부정적인 영향을 끼치고 있다.

또한 도소매업이나 숙박업 등을 하는 자영업자들은 사회적 거리두기와 봉쇄조치로 소득이 급격히 줄고 있다. 게다가 사회안전망의 혜택을 보지 못하는 취약계층도 심대한 타격을 입고 있다. 금융부문에서는 실물 경제가 부진해지자 생계활동을 할 수 없는 사람들이 부채를 늘리고 있다. 그리고 코로나 바이러스 팬데믹이 극심해지는 상황에서 각국의 중앙은행은 비관행의 통화정책을 취하고 있기 때문에 막대한 글로벌 유동성이 전 세계 자산시장에서 변동성과 불확실성을 강화하고 있다.

지금까지 상황을 보면 인류는 오랜 기간 코로나와 함께 살아가야 할 것이다. 현재 초국적 제약회사들이 백신이나 치료제를 개발했고 주요 선진국을 중심으로 백신 접종이 이루어지고 있다. 그렇지만 백신 접종에 따른 집단면역이 이루어지기까지는 긴 시간일 걸릴 것이다. 게다가 개발도상국과 후진국은 백신조차 확보하기 어려운 상황이다. 이런 상황에서 설령 백신을 확보한 선진국에서 집단면역이 이루어진다 하더라도, 전 세계 차원에서 코로나를 퇴치하기에는 힘들 것이다. 게다가 백신 접종의 속도보다 빨리 코로나 변이 바이러스가 확산되면서 상황은 더 악화될 것으로 보인다.

결국 오늘날 세계자본주의는 1980년대 이후의 변하지 않는 구조와 변하는 국면이 만들어낸 혼돈과 무질서로 갈팡질팡하고 있다. 게다가 지금의 국면에서는 코로나19 팬데믹이라는 복병이 세계자본주의 혼돈과 무질서를 강화하고 있고 그 여파는 훨씬 오래갈 것이다. 이 상황에서 코로나19 팬데믹을 억제할 뿐 아니라 세계자본주의의 모순과 무질서를 해결하려는 대응이 절실해 보인다. 더 창조적이고 더 혁신적으로.

제3장

한국 경제의 뉴노멀 그리고 도전

박원익(경기연구원)

- 2008년 글로벌 금융위기 이후 3저 현상(저성장, 저물가, 저금리)과 고용 없는 성장으로 대표되는 뉴노멀 시대가 도래
- 전통적 취약계층인 비정규직 노동자, 자영업자, 저소득층은 코로나19 위기로부터 더 큰 타격
- 코로나19 위기는 새로운 시장지배력 형성과 취약계층 확산이라는 도전을 안겨주는 동시에 자연환경과 공공부문의 중요성에 대한 인식 전환의 계기를 제공

코로나19는 우리 사회에 커다란 도전을 안겨준 동시에 어떤 사회를 앞으로 만들어가야 할지에 대한 고민을 안겨주었다. 이러한 전

환기 속에서 과연 우리에게 '행복한 삶'이란 무엇인지, 나아가 '좋은 사회'란 무엇인지를 진지하게 재검토할 시점이 왔다. 고대 그리스 철학자 아리스토텔레스는 행복한 삶과 좋은 정치는 불가분의 관계에 있다고 보았다. 복잡한 사회 속에서 행복한 삶에 대한 정의를 찾기 쉽지 않을지 모른다. 하지만 적어도 '공정성'과 '지속가능성'에 기초한 사회경제적 대안을 모색하는 과정 속에서 답의 실마리를 구할 수 있지 않을까?

이 장에서는 글로벌 금융위기 이후부터 우리가 직면한 도전은 무엇인지를 살펴보고자 한다. 다음으로 코로나19 위기 속에서 새롭게 대두한 불평등 문제는 무엇인지, 코로나19가 변화시키고 있는 사회구조·가치관·생활양식이 무엇인지를 논의한다. 마지막으로 공정하고 지속가능한 경제질서를 확립하기 위해 나아가야 할 방향이 무엇인지에 대해 간략히 다루기로 한다.

1. 글로벌 금융위기 이후 뉴노멀 경제

코로나19 유행이 본격화한 이후 '뉴노멀'이라는 단어가 다시 회자되기 시작했다.[1] 노멀(Normal)이란 말 그대로 보통, 평범, 정상을 의미한다. 또한 통계학이나 경제학 등 학문적으로 깊이 파고들어 가면 (정규분포와 같은 확률분포 아래) 어떤 현상이 예측 범위 안에 놓여 있다는 것을 의미하기도 한다. 따라서 뉴노멀이란 현재를 진단하고 미래를 예측하는 기준이 새롭게 바뀌었다는 것을 의미한다. 실제로 2008년 글로벌 금융위기 이후 우리는 저성장, 저물가, 저금리가

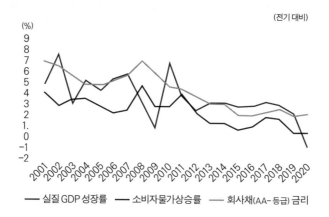

〈그림 3-1〉 한국 경제의 3저 현상

(전기 대비)

실질 GDP 성장률 —— 소비자물가상승률 —— 회사채(AA-등급) 금리

자료: 한국은행 경제통계시스템

일상이 된 사회를 살고 있으며, 그러한 국면이 지속될 것이라 당연
시하면서 여러 의사결정을 하고 있다. 이는 2008년 이전에는 예상
하지 못한 경제환경이었다.

한국도 '저성장', '저물가', '저금리'로 특징지어지는 뉴노멀의 여파
를 피하지 못했다. 가령 2001~2010년 기간 동안 연평균 경제성장
률은 4.7%를 기록한 반면 2011~2020년의 연평균 경제성장률은
2.6%로 절반 가까이 하락했다. 두 기간 동안 소비자물가상승률은
연평균 3.2%에서 연평균 1.5%로 역시 절반 수준으로 하락했으며,
회사채(AA-등급) 금리도 연평균 5.7%에서 연평균 2.7%로 절반 이상
떨어졌다.

뉴노멀의 특징 중 하나는 '고용 없는 성장'이다. 여기서 고용탄력
성이라는 개념을 먼저 알아보자. 고용탄력성이란 일정 기간 동안의
취업자 증감률을 실질 GDP 성장률로 나눈 값으로, 경제가 1% 성

장할 때 취업자 수가 얼마만큼 증가하는지를 보여주는 지표이다. 한국의 '정규직 임금근로자'를 기준으로 측정한 고용탄력성은 글로 벌 금융위기 이후 2012년에 1.17로 고점을 기록한 뒤 2019년에는 마이너스를 기록하는 등 지속적인 하락세를 보였다. 글로벌 금융위 기 이후 경기회복기에도 경제 전반에 걸쳐 질 좋은 일자리의 창출 능력이 크게 떨어졌다는 신호이다.

이처럼 '고용 없는 성장'은 전통적 사회안전망의 사각지대를 늘린 다. 이 중 정부가 고용주 및 노동자와 각종 사회복지 비용을 분담 하는 형태의 사회보험제도는 참여자들이 안정적인 고용관계에 있 다는 전제에서 설계됐다. 가령 우리나라의 대표적 사회보험제도인 국민연금과 고용보험의 경우 취업자의 큰 비중을 차지하며 안전망 이 절대적으로 필요한 계층인 비정규직 노동자와 자영업자 등은 상 당수 소외되어 있다. 2020년 8월을 기준으로 보면 정규직 노동자의 88.0%와 89.2%가 각각 국민연금과 고용보험에 가입한 반면, 비정규

〈그림 3-2〉 정규직 고용탄력성

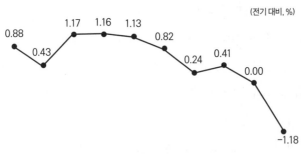

주: 정규직 고용 탄력성 = (정규직 임금근로자 증감률)/(실질 GDP 성장률)
자료: 통계청. 「경제활동인구조사」, 근로형태별 부가조사

직의 국민연금 및 고용보험 가입률은 각각 37.8%와 46.1%에 그쳤다.

결국 글로벌 금융위기 이후 뉴노멀은 일자리의 양과 질을 제고하고 사회안전망과 연대의식을 새롭게 복원해야 한다는 이중의 과제를 우리에게 안긴 셈이다.

뉴노멀 시대는 공공부문의 적극적인 개입을 요구한다. 그런데 주류경제 교과서 이론대로라면 적극적인 정부개입, 가령 확장적인 통화정책과 재정정책은 물가상승을 유발하지 않을까? 반드시 그렇지는 않다. 저물가-저성장 국면은 오히려 적극적 재정정책의 여력을 늘린다. 저물가-저성장은 흔히 고용과 물가상승 간의 상충관계(trade-off)를 함축한다고 알려진 필립스 곡선(Phillips curve)의 평탄화(수평화)를 불러온다. 필립스 곡선이 평평해지면 고용이 늘어나거나 성장률을 늘려도 물가는 상승하지 않는다. 적어도 선진국에서는

〈그림 3-3〉 한국의 필립스 곡선 기울기 추정

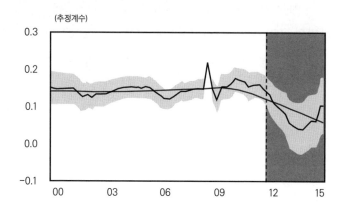

주: 근원인플레이션율을 이전기(1~3기) 근원인플레이션율, GDP 갭률, 농림수산품 가격상승률(생산자물가지수), 수입물가 상승률로 회귀분석.
자료: 박성하 외(2016). 「물가지수 구성항목별 경기민감도 분석」, 『BOK 이슈노트』, 한국은행.

정부개입에 따른 물가불안과 경제불안정 공포는 기우이다.

최근 미국 연방준비위원회뿐만 아니라 국제통화기구(IMF) 등 여러 국제기구에서 필립스 곡선이 더 이상 예전처럼 작동하지 않는다는 목소리가 나오고 있다.[2] 한국은 어떨까? 최근 한국은행 역시 저물가−저성장 기조가 지속되면서 과거보다 GDP 갭[3]과 물가상승률의 상충관계가 약화되었을 가능성에 주목하기 시작했다.[4]

따라서 코로나19 속 다양한 도전을 맞이한 지금 정부는 예전보다 더 적극적·선제적으로 불평등과 민생경제 악화를 방지하기 위해 자신의 역할과 책임을 다해야 할 것이다.

2. 코로나19 위기에서 드러난 불평등

코로나19 위기는 모두에게 평등하게 다가오지 않았다. 한국은 전통적으로 해외 선진국에 비해 사회복지지출 비중이 낮은 국가이다. 우리나라의 GDP 대비 사회복지지출 비중은 12.2%로 OECD 평균인 20.0%에 한참 미달한다. 이러한 사회안전망의 사각지대에 놓여 있는 취약계층에게 코로나19 위기는 더욱 고통스럽게 다가올 수밖에 없다. 특히 자영업자, 비정규직, 저소득층에게 그 충격은 더욱 가혹했다.

먼저 중소기업과 소상공인, 그리고 자영업자의 피해가 상대적으로 심각했다. 코로나19 위기 여파가 지속된 2020년 1분기부터 2021년 1분기까지 서비스업 및 제조업 생산지수를 보면 심각성이 여실히 드러난다. 중소기업[5] 제조업체의 생산지수는 해당 기간 내

<그림 3-4> 주요 OECD 국가의 GDP 대비 사회지출 비율

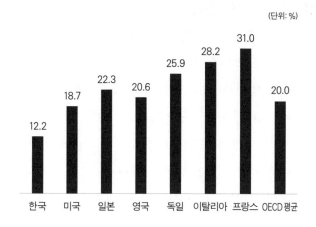

(단위: %)

주: 2019년 기준. 일본은 2017년 기준.
자료: OECD Statistics

<그림 3-5> 산업별 대기업 및 중소기업 생산지수 증감률

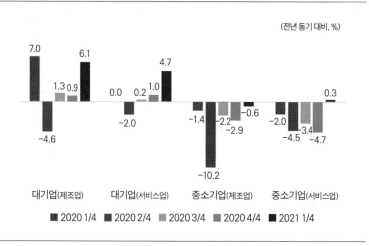

(전년 동기 대비, %)

■ 2020 1/4 ■ 2020 2/4 ■ 2020 3/4 ■ 2020 4/4 ■ 2021 1/4

자료: 통계청. 「광업제조업동향조사」; 「서비스업동향조사」

내 전년 대비 마이너스 증감률을 기록했다. 서비스업체 중소기업도 2021년 1분기 들어서 겨우 0.3% 상승에 그쳤다. 이는 대기업의 경우 코로나19 팬데믹 선언 직후인 2020년 2분기에 잠깐 생산지수 감소세를 보였다가 그 이후 증가세를 회복한 것과 대조적이다.

소상공인과 영세자영업자도 각종 영업규제에 노출된 업종에서 피해가 더욱 심각했다. 소상공인 연합회가 2020년 말에 공개한 자료에 따르면, 대부분의 업종이 전년 대비 큰 매출액 피해(평균 37.4%)를 입은 가운데 각종 영업제한의 직격탄을 받은 여가서비스업과 숙박음식점업, 그리고 교육서비스업의 매출액은 각각 전년 대비 -43.9%, -39.5%, -40.4% 감소를 기록했다.

코로나19 위기는 상용직 근로자에 비해 임시·일용직 근로자와 자영업자에게 더 심각한 일자리 위기를 불러왔다. 취업자 수 추이

〈그림 3-6〉 종사자 지위별 취업자 수 증감률

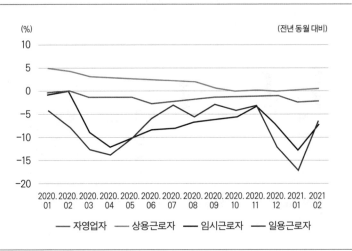

자료: 통계청. 「경제활동인구조사」

를 살펴보면, 자영업자 취업자 수는 코로나19 팬데믹 선언 이후 현재까지 전년 대비 감소세를 꾸준히 기록하고 있다. 임시·일용직 근로자도 마찬가지로 지속적인 감소세를 보였으며, 감소폭은 더욱 크게 나타났다. 위기가 본격화된 2020년 3월에 임시직과 일용직은 각각 −8.9%와 −12.5% 감소를 기록했다. 그뿐만 아니라 2020년 4~5월 기간과 2020년 12월~2021년 1월 기간에도 두 자릿수 감소세를 보였다.

코로나19로 인한 일자리 위기는 저소득층의 가계소득 위기로 반영되었다. 「가계동향조사」에서 지난 2020년 2분기와 3분기의 전년 동 분기 대비 가계소득 증감 추이를 살펴보자. 이 중 하위 20% 저소득층의 실질 근로소득은 각각 −23.4%, −16.6% 감소한 것을 볼 수 있다. 앞서 본 임시직·일용직 일자리가 대부분 저소득층에 집중

〈그림 3-7〉 소득분위별 실질 가계근로소득 증감률

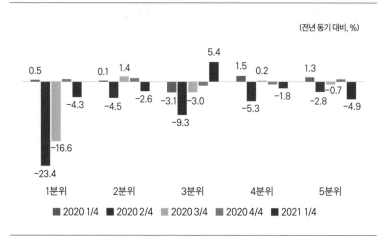

주: 전국 1인 이상 가구 대상
자료: 통계청. 「가계동향조사」

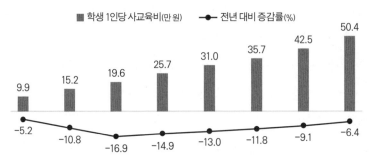

자료: 교육부·통계청(2021). 「2020년 초중고 사교육비 조사 결과」

되어 있음을 감안한다면 저소득층의 고용위기가 고스란히 소득위기로 이어진 것을 알 수 있다.

마지막으로, 코로나19 위기는 교육 불평등을 심화시켰다. 과거에도 한국사회는 소득계층별로 큰 사교육비 격차를 보였다. 그리고 이것이 소득계층별 학력격차와 계급대물림으로 이어진다는 문제의식이 꾸준히 제기되었다. 이러한 사교육 격차는 코로나19 위기 속에서 더욱 벌어질 가능성이 크다. 코로나19 위기 전후로 사교육비는 전반적으로 감소했지만 (고액과외 등을 감당할 수 있는) 월 700만 원 이상 고소득층 가구의 사교육비 감소폭은 그 이하 대부분의 계층에 비해 더 적은 것으로 나타났다. 이에 따라 상위계층과 하위계층의 상대적 교육 격차는 더욱 커질 수 있다.

3. 포스트-코로나와 뉴노멀

코로나19 위기는 많은 사람의 가치관과 생활양식을 바꾸고 있다. 우선 코로나19 위기는 온라인 소비를 활성화시켰다. 유통서비스업의 지각변동이 이미 일어났다. 온라인 쇼핑에 익숙하지 않았던 중장년과 노년층이 크게 유입됨에 따라 온라인 플랫폼 유통시장이 전례 없는 활황세를 보이고 있다. 일례로 코로나19 위기가 터진 이후 서비스업 판매액지수가 전년 대비 정체하거나 감소하는 동안에도 무점포 소매업체[6]와 인터넷 쇼핑업체의 판매액지수는 줄곧 두 자릿수의 증가율을 기록했다.

이런 추세가 지속될 경우 앞으로 대규모 인터넷 플랫폼업체가 유통시장을 장악할 가능성이 크다. 더 나아가 구글이나 아마존과 같은 대규모 ICT 기술 기반 플랫폼기업이 거대자본으로 성장해 유통

〈그림 3-9〉 소매 업태별 판매액지수 증감률

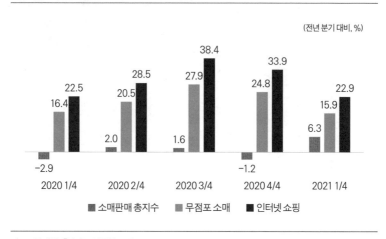

자료: 통계청. 「서비스업동향조사」

시장을 넘어서 생산부문과 자본시장 전반에 걸쳐 시장지배력을 행사할 수도 있다. 따라서 과도한 부의 집중에서 생겨날 부작용에 대비하지 않으면 안 된다.

코로나19 이후 비대면 경제활동이 늘어남에 따라 플랫폼경제는 우리의 일상 가까이 한 발짝 더 다가왔다. 이미 많은 기존 서비스업 종사자들이 부업 등의 형태로 플랫폼경제에 공급자로 참여한 경험이 있는 것으로 나타났다. 한국고용정보원에 따르면 대리운전, 음식배달, 퀵서비스 업종의 경우 절반 이상의 수입을 플랫폼경제 부문에 의존하는 것으로 나타났다. 플랫폼 서비스 진입에 보수적이었던 택시운전 종사자의 경우에도 이미 23.6%의 수입을 플랫폼 앱을 통해 벌어들이는 실정이다. 그러나 플랫폼 종사자의 사회보험 가입률을 보면 고용보험은 34.4%, 국민연금은 53.6%에 불과하다. 향후

〈그림 3-10〉 플랫폼 경제 참여 노동자의 수입원

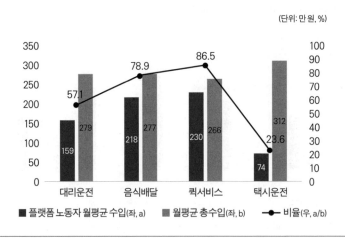

(단위: 만원, %)

자료: 한국고용정보원(2019). "「플랫폼경제종사자 고용 및 근로실태 진단과 개선방안 모색」 정책토론회 개최", 보도자료.

플랫폼경제가 성장할수록 전통적 불안정 노동계층이었던 영세자영업자, 비정규직 노동자와 더불어 사회안전망의 사각지대에 놓인 신종 불안정(프레카리아트) 계층은 더욱 늘어날 전망이다.

코로나19는 공적 부문의 필요성과 효율성에 대한 국민적 인식을 고취시켰다. 우선 해외 선진국에 비교해도 상당히 성공적이었던 K−방역의 주역 중 하나는 코로나19 전담병원으로 지정된 공공병원이었다. 국립중앙의료원에 따르면, 코로나19 이후 '의료서비스는 공적 자원'이라는 동의 비율이 22.2%에서 67.4%까지 치솟아 올랐다. 그럼에도 한국은 여전히 공공의료기관과 공공병상 비율이 미진한 형편이다.[7]

한번 공적 서비스의 효능감을 느낀 국민들은 향후 보건의료 부문을 비롯해 기본적인 안전·치안·생명과 직결된 부분에서 보다 더 적극적인 국가의 역할을 주문할 가능성이 높다. 해외에서도 미국 바이든 행정부가 취임 직후인 2021년 3월경 1.9조 달러가량의 '역대급' 경기부양법안을 통과시켰듯이, 각국은 경쟁적으로 민생경제 관련 재정지출 규모를 늘리고 있다. 앞으로도 전 세계적 차원에서 '크고 유능한 정부'에 대한 지향이 당분간 지속될 것으로 보인다.

코로나19 위기 이후 지급한 재난지원금과 각종 민생지원 정책도 그간 보수적 시장주의의 관점 아래 폄하되곤 했던 복지와 사회안전망의 효용을 국민적으로 체감하게 했다. 정부가 지금까지 지급한 1~4차 재난지원금 규모도 약 50조 9,000억 원가량으로 추산되는 등 적지 않은 규모이다. 이외에도 각종 소상공인지원, 고용안정지원, 금융지원 등이 단행되었다. 국가의 재난지원이 전 국민적으로 적시적소에 이뤄질 경우, 공적 부문의 필요성 인식과 사회적 연대

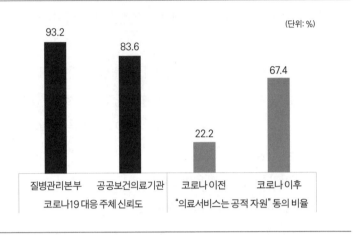

자료: 국립중앙의료원(2020). "코로나19로 '의료는 공공자원' 인식 확산", 보도자료.

의식의 고양으로 이어질 수 있다. 코로나19 위기와 직접 관련은 없지만 여전히 시사적인 사례가 있다. 경기연구원의 조사[8]에 따르면, 청년기본소득을 지급받은 후 청년들의 삶의 태도에 큰 변화가 일어났다. 대표적인 것이 사회적 이슈에 대한 관심도와 관련한 긍정적 인식 변화이다. 가령 청년기본소득 지급 이후 약 64.2%가 '사회 불평등 해소에 대한 관심이 높아졌다'고 응답했다. 마찬가지로 코로나19 위기를 기해 부위정경(扶危定傾)[9]의 자세로 국가적 민생위기 극복에 노력을 기울인다면, 향후 사회안전망과 복지에 대한 긍정적 인식도 커지리라 전망한다.

또한 코로나19는 생태환경의 중요성에 대한 인식을 불러왔다. 코로나19의 최초 발생경로는 아직 확정되지 않았지만, 다른 많은 변이 바이러스와 마찬가지로 야생동물과 인간 사이의 접촉에서 발생했을 가능성이 유력하다. 코로나19는 인간사회의 생태계 교란과 개

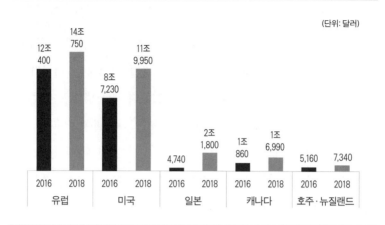

자료: GSIA(2018). 『2018 Global Sustainable Investment Review』.

입이 불러온 환경재앙이기도 하다. 코로나19 이후 인간이 자연 생태계뿐만 아니라 기후 등 환경변화에 끼치는 영향력에 대한 자성이 확산됐다. 그뿐만 아니라 사람이 자연환경을 착취(exploit)하는 구조를 바꾸기 위해서는 사람과 사람 사이의 경쟁적이고 착취적인 구조를 변화시키지 않으면 안 된다는 인식 또한 자라나고 있다. 이에 따라 선진국은 이미 ESG(환경·사회·기업지배구조) 투자의 규모를 늘리기 위해 부단히 노력 중이다.[10] 이와 더불어 에너지 전환과 자연환경 보전을 위한 지출은 더 이상 비용이 아닌 미래 세대를 위한 투자로 인식되기 시작했다. 성공적 방역에 힘입어 코로나19 경제위기 회복 이후 세계 10대 경제강국에 진입할 것으로 예상되는 대한민국도 이러한 비용분담에 더 적극적인 역할을 요구받을 가능성이 크다.

4. 뉴노멀 시대의 정책 방향

　요약으로 결론을 갈음하자면 다음과 같다. 우선 글로벌 금융위기 이후 우리나라도 해외 선진국과 마찬가지로 저성장, 저물가, 저금리로 특징지어지는 뉴노멀 시대에 진입했다. 뉴노멀의 또 다른 특징 중 하나는 '고용 없는 (저)성장'이다. 또한 뉴노멀은 고용에 기반을 둔 사회보장 시스템의 위기를 초래한다. 하지만 위기 속에 기회가 있다. 저성장―저물가 시대일수록 (교과서적 통념과 반대로) 통화·재정정책의 확장과 인플레이션 사이의 상충관계는 약화되었고 정부 개입의 여력은 그만큼 증대했다. 따라서 정부는 민생경제 회복과 복지확충을 위한 국가적 책무를 소홀히 해서는 안 된다.

　글로벌 금융위기 이후 새로 맞닥뜨린 코로나19 위기는 전통적 사회 취약계층이었던 영세자영업자·비정규직·저소득가구에 더욱 큰 고통을 안겨주었다. 또한 코로나19를 계기로 부의 집중과 사회적 지위의 대물림 문제가 더 심화할 것으로 보인다. 코로나19 재난은 모두에게 평등하지 않다. 감염병 재난을 통해 압축적으로 드러난 불평등 문제를 해결하기 위해 지혜를 모아야 할 때이다.

　마지막으로 코로나19는 사회경제적 질서, 공적개입에 대한 인식, 자연생태계에 대한 관점을 깊이 바꾸었다. 비대면 플랫폼 경제가 확산되는 가운데 앞으로 ICT 기반의 플랫폼 대기업 시장지배력이 커질 것으로 예상된다. 또한 플랫폼경제에 종사하는 노동자 규모가 늘어남에 따라 사회안전망 사각지대에 있는 불안정 노동의 규모는 더 커질 것이다. 한편 코로나19 재난지원금과 효과적인 방역활동은 공적부문에 대한 중요성을 국민적으로 환기시키는 계기가 되었다.

특히 코로나19의 확산은 환경 및 생태문제의 중요성을 일깨웠다.

코로나19 이후 지속가능하고 공정한 경제를 만들기 위한 방향은 어떤 것인가? 우선 지속가능한 경제질서를 만들기 위해서는 국민의 기본적인 생명, 안전, 건강을 확보하기 위한 사회적 투자와 공공의 역할을 늘리는 것이 필수이다. 그리고 탄탄한 공적 인프라를 기반으로 우리 사회의 구조적 불평등을 해소해야 한다. 더불어 진정으로 공정한 사회라면 구성원들이 마땅히 권리로서 보편적으로 보장받고 또 누릴 수 있는 '좋은 삶'이 무엇인지에 대한 논의를 병행해야 한다. 이것이 포스트-코로나 시대에 한국 사회가 지향해야 할 방향이다.

제2부
•
지속가능한 번영

제4장

인간과 환경의 공생경제

김정인(중앙대학교)

- 전 지구적으로 기후변화에 따른 재난이 심각하고 발생 빈도도 빈번하게 일어나서 기후위기가 점점 심각해짐
- 기존 경제성장 구조로는 탈탄소화를 통한 탄소중립 달성에 어려움이 존재함
- 환경을 고려한 지속가능발전을 수립하기 위해서는 녹색경제와 탈탄소경제를 통한 자원순환형 경제구조로의 전환 필요

 현대사회는 이른바 '기록적인', '사상 최대'의 환경위기에 처해 있다. 2020년 여름 한국은 전례 없는 54일의 장마가 이어지며 많은 국민이 피해를 입었다. 지구온난화로 인해 북극의 빙하가 녹고, 높은 기온으로 인해 약해진 북태평양 고기압이 중위도인 한국 상공

에 머무르며 장마가 길어졌기 때문이다. 한국의 많은 지역에서 장마로 인한 막대한 금전적·물리적 손해가 발생했다. 최근 10년간 기상재해와 관련된 경제적 손실은 10조 7,000억 원으로 발표되었으며[1] 온실가스 배출 증가율은 OECD 국가 중 2위를 차지하였다. 한국은 지난 106년간 평균기온은 1.8℃가 상승하였다. 세계 평균은 약 0.75도 정도이다.

지구온난화로 이상기후 현상이 빈번하게 발생하는 가운데 불확실성이 커져 경제사회 전반에 영향과 피해가 증가하고 있다.

그 밖에 미세먼지, 수질·수생태계 오염, 해양 오염, 사막화, 황사, 폐기물, 오존층 파괴, 생물 다양성, 자원 고갈 문제 등 다양한 환경문제가 양산되면서 환경위기가 나타나고 있다.

Box 1: 한국의 다양한 환경문제 현황

1. 미세먼지

기후변화에 따른 기온상승, 자동차 등록대수의 증가 등으로 대기질 개선이 더딘 상황이며, 미세먼지 오염도가 선진국에 비해 높은 수준이며, 2013년부터 기상 및 국외 영향으로 다시 정체하는 추세를 보이고 있다. 고농도 미세먼지는 주변국의 오염물질 배출량의 영향으로 단기간 줄이기 어려우며, 대기정체 등으로 당분간 자주 발생할 가능성이 높을 것으로 예상된다.

2. 수질·수생태계 오염

다양한 대책의 추진효과로 공공수역의 BOD(생화학적 산소요구량) 농도와 총인 오염도는 전반적으로 감소하는 추세이다. 주요 상수원 및 호소에서 사람의 건강보호 기준항목(17개)를 초과하지 않고 있으나, 화학물질 사용 증가, 비점오염원 등 난분해성 오염물질이 유입되고 있어 사람의 건강보호 기준항목 확대 등 지속적인 노력이 필요하다.

3. 폐기물

생활폐기물 발생량은 종량제 시행으로 감소하여 1997년부터 소폭 증감을 반복하고 있다. 2018년 발생량은 1.06kg/일인으로, 2017년 대비 약 5% 증가하였으며 OECD 국가 평균 발생량과 비교하여 낮은 수준을 유지하고 있다. 반면 사업장 폐기물을 지속적으로 증가하는 경향을 보이고 있다.

4. 해양오염

1995년 씨프린스호, 2007년 허베이스피리트호 사고 등 초대형 오염사고로 인해 발생한 피해가 대표적이며, 현재도 매년 250여 건의 해양오염사고가 지속적으로 발생하고 있다.

자료: 환경부(2020). 『2020 환경백서』

우리나라의 환경위기 시각은 2019년 현재 오후 9시 46분으로 발표되었으며, 특히 기후변화, 소비습관, 생물다양성 부문에서 심각함을 보이고 있다. '세계 환경위기 시각'은 2019년 세계를 기준으로 오후 9시 45분으로 아프리카를 제외한 모든 대륙에서 9시를 넘어 '위험' 단계에 도달해 있다고 한다.

산업혁명 이후 산업화, 도시화 등의 경제성장 방식은 효용의 극대화를 최상의 가치로 삼으면서 소비가 미덕인 삶의 방식을 추구하는 것이었다. 그러나 도시화, 대량생산 및 소비, 인구증가 등 윤택한 삶을 가져왔던 경제성장의 이면에는 무분별한 자연자원의 개발로 인한 자원의 고갈, 기후변화와 생물 다양성 훼손, 사막화 등의 오염이 발생하여 심각한 자연환경 위기를 불러일으켰다.

이러한 현상이 점차 확대되자 인간이 환경에 어떻게 상호작용을 했는지, 그리고 앞으로 어떻게 상호작용을 할 것인지에 대한 통합적인 과정을 중요하게 여기게 되면서 생태계와 경제시스템 간의 상호 의존 관계에 대한 영역으로 확대하고자 하는 논의가 시작하였다.[2] 이러한 논의는 개인의 삶의 질을 향상하는 기존의 경제성장 방식에서 벗어나 환경재의 사회적 가치를 증대시켜 공공의 이익과 전체 사회, 나아가 국제사회도 발전시킬 수 있도록 하는 논의가 시작한 것이다.

현대사회는 누적되어 왔던 환경문제로 인해 심각한 위기에 놓여 있다. 환경자원은 개인의 삶을 윤택하게 만드는 사적재로 보아 무분별하게 사용되어 왔으나 이제는 환경재의 사회적 가치를 증대시켜 공공의 이익과 전체 사회의 발전을 지향하는 시도가 이루어지고 있다. MDGs, SDGs 등과 같은 지속가능한 발전목표에서도 언급된 바와 같이 전 세계적으로 지향하는 목표가 환경보호, 자연재해 대응, 그리고 기후변화를 포함하여 지속가능한 지구를 위한 목표가 담겨 있다. 지속가능한 발전을 위해 과거의 흑색경제(black economy)에서 녹색경제(green economy)로 가야 한다는 것이다.

1. 자연과 인간의 공존형 생태경제

1) 생태경제의 이론적 소개와 세계적 추이

인간이 환경에 어떻게 상호작용을 했는지, 그리고 앞으로 어떻게 상호작용을 할 것인지에 대한 통합적인 과정을 중요시 여기며, 생태계와 경제시스템 간의 관계에 대해 상호 유기적이고 공생하는 영역을 확대하고자 하는 것이 생태경제학이다. 생태경제학은 생태계

와 경제체제의 관계에 대한 연구를 하는 학문으로 정의한다.[3]

생태경제학은 학제 간, 초학문적 성향을 가져 다양한 방법론을 선택할 수 있게 한다. 경제활동과 생태계의 상호작용을 모두 고려하여 사회과학 및 자연과학적 방법을 동시에 고려하는, 즉 생태계와 경제계 간의 전 범위에 걸친 상호 관계를 연구하게 된다. 이러한 방법론을 통해 다양한 국가에서는 환경정책 사례 연구 등에 이용하고 있다.

2) 생태경제와 녹색경제의 연계성

인간이 환경에 어떻게 상호작용을 했는지, 그리고 앞으로 어떻게 상호작용을 할 것인지에 대한 통합적인 과정을 중요시하고 생태계와 경제시스템 간의 관계를 상호 공생적으로 인식하고 있는 생태경제학의 정의를 고려할 때 녹색경제는 인간의 복지 또는 웰빙(well-being)과 사회적 형평(social equity)을 향상하고, 환경적 위험과 생태적 희소성을 감소하는 것을 주 목적으로 한다는 점에서 생태계와 경제시스템을 원활하게 하는 윤활유 역할을 하는 방식을 의미한다.[4, 5] 성장과 웰빙, 자연자원 활용의 효율성과 위험 감소 등 경제활동의 부작용을 최소화할 수 있는 생활양식을 접목하는 것이다.

3) 자연과 인간의 공생경제 사례 및 의의

자연과 인간의 공생을 고려하여 시도한 사례는 몇 가지가 있다. 우선 생태발자국은 생물학적 기반의 생태경제학을 개발하기 위한 하나의 시도로서 인간이 지구에 살며 생태계에 남긴 영향을 측정하는 것을 말한다. 1996년에 캐나다의 경제학자인 마티스 웨커나겔(Mathis Wackernagel)과 윌리엄 리스(William Rees)가 공동으로 발표한 개념이다. 이는 인간이 살아가는 데 필요한 의식주를 위해 자원의 생산 및 폐기 과정에서 사용되는 비용을 토지로 환산한 값이다.

UNEP에 따르면, 세계 인구의 20%를 차지하는 선진국에서 전체 온실가스 중 75%가 배출되고 있으며, 한국의 생태발자국은 한국인 1인당 5.7ha로 세계 20위였다. 또한 중국보다 한국의 생태환경에 대한 훼손이 심각한 것으로 분석되었다. 지구의 생태계 자생력으로 회복할 수 있는 생태발자국의 용량은 일인당 1.8ha로 보고 있지만, 세계 평균치는 2.7ha, 한국은 5.7ha나 된다.[6]

이와 같은 개념은 우리가 생활 방식에서 생태계에 미치는 영향을 체감할 수 있는 형태의 양식으로 표현하여 이해를 높이는 데 도움을 줄 수 있다. 생태발자국을 고려한 개발 방식의 적용, 기존 개발 방식의 문제점 확인 등 생활방식의 전환을 가져올 수 있는 사례라고 볼 수 있다.

일부 도시에서는 생태경제의 관점을 도입하여 도시를 구성하고 있다. 독일 프라이부르크는 1992년 환경수도에 선정되었으며, 면적의 43%가 산림, 산림의 90%가 경관보호구역으로 구성되어 있다. 의학, 바이오 기술과 함께 환경산업, 환경 관련 학문이 발달되어 있는 도시이며, 1만 여명의 고용인력이 환경산업 관련 분야에 종사하고 있다. 일본 기타큐슈의 에코타운은 모든 폐기물을 타 산업 분야의 원료를 활용하여 최종 폐기물을 제로화(0)하는 것을 목표로 하는 재활용 종합 환경산업단지를 만들었다. 지난 2017년 기준

1,000명의 고용 창출, 매년 10만여 명 이상의 방문객이 찾고 있다. 이곳에서는 폐기물 처리에 대한 연구, 사업화 등의 종합적인 운영을 하고 있으며, 저탄소 경제를 활성화하는 거점 역할을 수행하고 있다.

정부에서는 유통, 수출, 가공, 생산을 연계한 친환경농업 지구를 조성하고, 친환경, 저투입 농업을 개발하고 기술 보급체계를 구축하기 위해 지원하고 있으며, 유통구조의 조직화 및 규모화, 다양한 채널 확충을 통해 수요를 충족할 수 있고, 생산을 견인하기 위한 선순환 형태의 구조를 만들기 위해 노력 중이다.

친환경 무상급식 또한 이를 적용한 사례에 포함된다. 사회적으로 농업이 단순한 생산의 기능만을 가지는 것이 아니라 다원적인 기능과 공익적 가치를 가지고 있다는 인식이 확산되고 있으며, 재배된 농산물의 친환경농업이 가지는 지역 및 환경에 미치는 경제적 효과가 증대되고 있다. 2018년 서울시의 친환경 무상급식사업에 따라 온실가스 감축효과는 약 1만 730톤, 162만 그루의 소나무를 심는 것과 같은 성과가 나타났으며, 이는 학생 1인당 4.29평, 여의도 면적의 약 3.53배 넓이의 숲을 조성하는 효과와 같다. 이로 인한 연평균 취업유발효과는 2만 5,500명, 고용유발효과는 8,900명에 달했다.[7]

생태관광지는 생태계 보전과 지역경제 및 사회 발전에 기여하는 지속가능한 관광 형태로, 새로운 성장동력으로 인식하고 전략적으로 육성을 추진하고 있다.[8]

4) Nexus(물-식량-에너지의 상호 공생관계)

「WEF(세계경제포럼) 2012 Global Risks Report」에 의하면, 빠르게 증가하는 전 세계 인구 증가와 급격한 경제성장으로 여러 분야 간의 초연결에 의해 자원에 지속가능하지 못한 압력이 가해지고 있으며, 이로 인해 세계적인 위험과 재앙 수준의 위협이 될 것이라고 경고한 바 있다.[9]

'Water-Food-Energy Nexus'는 Water-Food-Energy가 생산 및 소비 차원에서 서로 강한 연결 관계를 가지고 있으며, 이러한 세 가지 물질은 개별적으로 다룰 것이 아니라 서로 연관 지어 이해하고 다루어야 한다는 뜻이다.

2. 지속가능성과 녹색경제

1) 지속가능성의 개념과 대두 이유

지속가능성의 개념은 1987년에 발간된 브룬틀랜드 보고서에 의하면 "미래 세대의 가능성을 제약하는 바 없이, 현세대의 필요와 미래 세대의 필요가 조우하는 것"이라고 했다. 산업혁명 이후 가속화되어 발생한 대량생산-소비-폐기로 인해 과도한 지구 자원 소비와 생태계의 파괴가 가속화되고 있는 시점에서, 지속가능성의 개념이 확장되기 시작하였다.[10] 지속가능성이란 생태작용·기능·생물다양성·생산에 있어 생태계가 유지할 수 있도록 하는 능력을 의미한다.[11]

지속가능발전의 이념을 실현하기 위해 지속가능발전목표(SDGs)를 설립하고, 2015년에 개최된 제70차 UN총회에서 결의한 2030년 목표 의제인 SDGs(Sustainable Development Goals)를 통해 지속가능한 발전이라는 이념을 실행하기 위한 전 세계 공동의 17개 목표를 수립했다.[12]

지속가능발전목표(SDGs)는 '2030 지속가능발전 의제'로도 불리며 지구, 번영, 인간, 파트너십, 평화라는 5개의 영역에서 인간이 나아가야 하는 방향성에 대해 17개 목표를 제시하였으며, 169개 세부목표도 제시하고 있다. 이 중 SDGs의 목표 7, 12, 13, 14, 15는 지속가능성에 관한 것으로 생태계를 보호하기 위해 지속가능한 지구를 위한 목표가 포함되어 있다.[13]

2) SDG에서 한국의 위치

한국은 2000년 환경의 날에 '새천년 국가 환경비전' 발표와 함께 지속가능발전 원칙을 국정운영 기조로 삼고 지속가능발전위원회를 설치하여 지속가능발전목표를 정책 방향과 목표 이행을 위해 노력하였다. 지속가능발전위원회를 통해 한국의 실정에 적합한 국가 지속가능발전 지표를 선정하고, 지난 2010년 저탄소녹색성장기본법의 제정에 따라 범정부 기본계획인 지속가능발전 기본계획을 5년마다 수행하고 있다.[14]

지속가능발전해법네트워크(SDSN)[15]는 UN의 자문기구로 SDG 지수를 정의하고 국가별 이행 정도를 평가하고 순위를 산정하여 지난 2016년부터 지속가능발전 보고서를 통해 공개하고 있다.[16, 17]

〈그림 5-1〉 한국의 지속가능발전목표 이행 지수

지표 점수

78.3

지역 평균 점수

77.3

최근의 성과 – SDG DASHBOARD

1. 빈곤층 감소와 사회안전망 강화	10. 모든 종류의 불평등 해소
2. 식량안보와 지속가능한 농업	11. 지속가능한 도시와 주거지
3. 건강하고 행복한 삶	12. 지속가능한 생산과 소비
4. 모두를 위한 양질의 교육	13. 기후변화 대응
5. 성평등 보장	14. 해양생태계 보전
6. 건강하고 안전한 물관리	15. 육상생태계 보전
7. 에너지의 친환경적 생산과 소비	16. 인권정의평화
8. 좋은 일자리 확대와 경제성장	17. 지구촌 협력 확대
9. 산업혁신과 사회기반시설 확충	

한국의 성과

한국의 SDG 세계 순위 20위(160개 국가 중)

자료: SDSN(2020). *Sustainable development Report 2020*.

SDSN의 지속가능발전보고서에 따르면 한국의 SDGs 지수는 2016년 72.7로 149개국 중 27위였으나, 2020년 78.3으로 166개국 중 20위를 기록했다.[18]

위 〈그림 5-1〉은 SDG와 관련하여 전체적인 성과를 보여주는 것인데 17개 SDG별 평균 달성도, 17 SDG의 대시보드 및 추세, 개별 지표 평가가 표시된 것이다. OECD 권역의 평균 SDG 지수는 2020년 77.3으로 나타났으며, 한국은 78.3으로 나타나 OECD 권역 평균보다 약간 높은 지수를 기록했다.[19]

3) 한국의 녹색경제 문제점

한국 녹색경제의 근본적인 문제점은 환경에 대한 철학을 가지고 접근하지 못하고 짧은 시간 안에 성과를 내기 위해 추진되었다는 점이다. 우선 국민 공감대 형성을 이루기 위해 충분한 시간을 가지고 진행되지 못했던 정책 방향성은 결국 환경에 대한 인식전환의 부족, 인류의 보편적 가치에 대한 고민이 고려되지 않은 채 진행되었다고 할 수 있다.

이러한 정책추진에 따라 지방자치단체는 주어진 매뉴얼에 맞춘 정책을 추진하기 급급하였으며, 이에 따라 각 시민들의 인식 전환이나 기업 경영인들의 자발적인 친환경 경영이 이루어지기 힘든 상황이 지속되었다.

기업의 경우 시장원리에 기반을 둔 경제·산업·환경 정책의 미비로 시장이 조성되기 어려운 상황이었으며 친환경 세제의 도입이나 환경재 및 서비스에 대한 가격 조정이 적절하게 이루어지지 못한 탓에 중화학공업 중심의 산업구조가 상당 기간 고착화되고 말았다. 또한 정부의 지속적인 교육이나 홍보, 그리고 도덕적 설득에 의한 시민사회의 의식 전환이 아직 미흡한 것으로 보이며 그런 결과 시민과 밀접한 그린 라벨링(Green Lael, 녹색 라벨) 제도, 녹색구매 제도, 탄소 포인트(Carbon Point) 등의 제도들이 제대로 활력을 갖추지 못했다.

3. 경제발전의 패러다임 변화와 미래

1) 미래 사회 메가트렌드와 환경부문 핵심 어젠다(Agenda)

한국은 2008년 이명박 정부의 녹색성장 정책 이후 지난 10년 동안 저성장 시대의 장기화, 인구 감소와 고령화 등을 해소하기 위해 '규제 완화'와 '성장 우선주의'에 밀려 환경정책의 추진동력과 위상을 많이 상실하고 말았다.

현대사회는 급격히 변화되는 지식기반형 사회로 기존의 미래 사회 트렌드 예측 방법에는 한계가 존재하며, 불확실성이 높기 때문에 다양한 복수 시나리오들을 적용하는데 두 가지 매트릭스에 의해 평가하는 방법인 윌슨매트릭스(Wilson Matrix) 방법이 활용되고 있다.

한국농촌경제연구원은 2019년 농업 전망 보고서에서 STEEP 분류 방법[20]을 활용한 윌슨매트릭스 분석을 통해 우리사회의 메가트렌드를 도출하였는데 기술융복합화, 고령화, 기후변화 및 에너지자원 고갈 등이 가장 중요한 것으로 나타났다.

도출된 메가트렌드를 통해 우리의 경제발전이 나아가야 할 것은 명확하다. 기후변화, 에너지자원 고갈, 기술융복합 등에 따라 사회 구조를 탈탄소화해야 한다는 것, 네트워크 사회, 개인화, 인구구조의 변화에 따라 공유경제 혹은 사회적 가치를 중시하는 사회적 경제로의 전환이 필요하다는 것, 마지막으로 부족한 에너지 자원의 고갈을 해결하기 위해 다양한 분야의 기술을 융복합화하여 자원 순환 사회로의 전환이 필요하다는 점이다.

2) 탈탄소사회로의 전환

2015년 12월 파리협정을 통해 맺어진 지구온도 1.5℃ 상승에 대한 합의는 변화하는 기후에 '감축(mitigation)과 적응(Adaptation)'을 하기 위한 다양한 노력을 요구하는 것이다. 우리나라는 이러한 국제사회의 약속을 이행하기 위해 2030년까지 BAU 대비 37% 저감 목표를 제시하였다. 이를 절대량으로 환산하면 약 23% 정도 된다.

다만 이러한 감축 및 적응과 관련된 기후변화 대응에 대한 접근을 위기로만 인식하지 않고 기회로 보는 시각이 필요하다. 현재 기후변화 대응 분야는 2030년에 1,800조 달러까지 성장할 것으로 전망되고 있으며, 도전적인 온실가스 감축목표를 달성하는 과정에서 혁신적인 기후변화 대응 기술의 개발을 통해 관련 산업을 육성하고, 경쟁력을 갖춘 기술 및 서비스를 해외에 수출하기 위한 노력이 절실히 요구된다.

한편 4차 산업혁명 시대에 들어서면서 빅데이터(Big Data), IoT, 인공지능(AI), 환경정보 등에 대한 신기술을 활용한 환경문제의 해결이 가능해질 것으로 판단된다.

우리나라는 2019년부터 '저탄소 사회 비전 포럼'을 구성하고 다양한 국가 온실가스 감축목표와 비전을 검토하였으며, 기후변화 대응을 위한 국제사회 노력에 적극 동조, 지속가능한 선순환 탄소중립 사회 기반 마련, 국민 모두의 공동노력 추진을 기본원칙으로 우리나라의 장기 저탄소 발전 전략 LEDS(Long-term low greenhouse gas, Emission Development Strategies)를 설정하였다.

3) 공유경제와 자원순환의 필요성

공유경제는 1인 가구의 증가, 합리적 소비 개념 확산 등으로 인해 소비 방식이 기존의 '소유'의 개념에서 '공유'로 전환되며, 자산·서비스 플랫폼 등을 활용해 다른 사람과 함께 사용하며 효율성을 높이는 경제 모델이다.

4차 산업혁명에 따라 다양한 기술들이 급격히 융·복합이 되어 공유경제는 더욱 발전하게 되었다. 일례로 스마트폰을 활용한 'Air

〈그림 5-2〉 공유경제 기업의 성장

중국 공유경제 일자리 창출 실적(명)

	2015년	2016년
서비스 이용자	5억	6억(+1억)
서비스 제공자	5,000만	6,000만(+1,000만)
공유경제 기업 취업자	500만	585만(+85만)

상위 10개 유니콘기업 중 공유경제기업

순위	기업	분야	기업가치
1	우버	교통	720억 달러
2	디디추싱	교통	560억 달러
3	에어비앤비	숙박	293억 달러
6	위워크	공간	200억 달러

자료: 중국 공유 경제발전보고서(중국 정부, 2017)   자료: CB Insights(2018)

Box 2: 공유경제 관련 사업의 유형

최근에는 요리라는 공통의 관심사를 가진 다른 이들과 경험을 공유하는 공유주방 사업이 추진되고 있으며, 최근 급격히 증가한 스마트폰 사용에 따라 보조 배터리 공유 서비스도 등장하였으며, 이제는 친숙해진 자전거 대여 역시 공유경제의 대표적인 사업이다.

B&B' 사업, 1인 가구의 증가로 인해 본인의 차량을 공유할 수 있도록 변화된 '우버' 등이 바로 공유경제의 대표적인 모델이다.

최근에는 공유경제의 분야도 점차 넓어져 다양한 부분에서 협업소비가 이루어지고 있다.

한편 경제성장은 자원의 활용 여부에 맞게 다양하게 변화되어 왔다. 과거 성장 중심 사회에서는 '채취–제조–소비–폐기'의 선형경제(Linear Economy) 구조였다면, 최근에는 악화된 환경질에 대한 의식 변화 등으로 재활용은 하지만 일정 수준의 재활용이 이루어진 뒤 결국 자원을 폐기하는 형태의 재활용경제(Recycling Economy) 구조를 가지고 있다. 그러나 향후 자원의 고갈, 기후변화의 위협, 생산가능 인력의 부족 등의 문제가 심각해질 것이다. 이러한 문제들을 해결하기 위해 제시된 것이 순환경제(Circular Economy) 구조이다. 순환경제는 신규로 투입되는 천연자원의 양과 폐기물이 되는 물질의 양은 최소화하고 경제체계상에서 순환되는 물질의 양은 극대화한 경제체계를 의미한다.

순환경제는 기존의 재활용경제와 유사한 개념이나 인식의 전환과 사회적 가치를 포괄하고 인간의 행동 패턴에 실질적인 변화를 추구한다는 차이가 있다. 최근 국제사회에서는 다양한 기업들이 산업경쟁력 확보를 위해 자율실천 선언을 통해 경쟁적으로 순환경제 구조를 구축하고 있다. 정부 및 기업 역시 순환경제 구조로의 전환을 위한 적극적인 대응이 필요하다.

2015년 발간된 피터 레이시(Peter lacy), 제이콥 럭비스츠(Jakob Rutqvist)의 보고서 "Waste to Wealth: The Circular Economy Advantage"에서는 세계 120개의 사례 분석을 통해 폐기물에서 부

<그림 5-3> 순환경제의 주요 모델

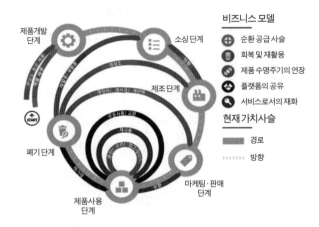

자료: Lacy, P. and Rutqvist, J.(2015). *Waste to Wealth: The Circular Economy Advantage*, Accenture Strategy.

를 창출하는 영업 이슈를 분석하였으며, 이를 통해 순환경제 실행 방법을 제시하였다.

4. 결론 및 요약

산업혁명 이후 산업화, 도시화 그리고 무분별한 자연자원의 개발은 기후변화와 각종 환경오염과 같은 심각한 자연환경의 위기를 불러일으켰다. 이런 상황에 이른 것은 효용의 극대화를 최상의 기준으로 삼는 주류경제학의 이론이 인간들의 삶에 지배적인 역할을 하였고, 또 기준으로 삼아진 것이 주된 원인 중 하나일 것이다.

그러나 앞으로의 한정된 자원 상황 속에서 환경과 지속가능성을 담보로 성장하기 위해서는 지금의 선형경제구조에서 벗어나 생태경제 및 공유경제로 전환이 필요한 시점이다. 이를 위해 기존에 우리가 무료로 누렸던 다양한 자연재화에 대한 가치를 설정하고 이들을 이용함에 따라 비용을 지불하는 방법도 하나의 대안이 될 수 있다.[21]

한국은 2020년 10월 28일 '2050 탄소중립(Net Zero)'을 선언하였다. 그러나 최근 코로나19 사태와 언택트 사회로의 전환으로 인한 재활용 폐기물 1년 전보다 9.7%가 상승한 것으로 조사되었다. 통계청의 「한국의 사회동향 2020」을 살펴보면 코로나19로 인한 외출 자제와 배달음식 및 택배가 급증하였고, 이에 따라 재활용 쓰레기 등의 배출량이 전년보다 훨씬 증가한 것으로 나타났다. 일반적으로 플라스틱 폐기물은 토양과 해양 환경을 오염시키는 주범으로 알려져 있다. 그러나 이러한 플라스틱류 제품이 사용 및 재활용 과정에서 온실가스를 다량으로 배출해 기후변화에 영향을 준다는 사실은 널리 알려지지 않았다. 한국의 이산화탄소 배출량은 2018년 기준으로 세계 8위이며, 석탄발전의 비중 역시 전체 전원믹스에서 40%를 차지하고 있다. 그러므로 미래는 탈탄소 사회로 나아간다는 점을 인식하고 점진적으로 탈석탄, 탈원전, 탈디젤로 향하는 사회를 만들어야 할 것이다.

그러기 위해서는 탄소중립을 달성하고 인간과 자연이 공생하기 위해 이제부터라도 순환경제로의 전환 노력이 필요할 것이다. 특히 자원효율성을 높이기 위해 폐자원의 발생을 억제하고 폐자재의 경우 재사용 및 재활용 등을 통해 순환경제로의 전환을 유도해야 할 것이다.

제5장

사회연대경제와
결합한 완전고용 보장

홍기빈(경기연구원)

- 사회연대경제와 고용보장제의 결합을 통해 사회적 고용의 확대와 보다 공정하고 지속가능한 성장체제를 구축할 필요가 있음
- 지속가능한 공정경제를 위해서는 노동시장의 완전고용이 아닌 '사회적' 완전고용을 추구해야 함
- 객관적인 사회적 가치평가를 위해 독자적 거버넌스의 틀을 마련해야 하고 국민–사회적 계정 방식의 도입이 필요함

코로나 사태는 우리의 삶 전체에 충격을 가져왔지만, 특히 지난 30년간 작동해왔던 이른바 '지구적 금융자본주의 체제'에 근본적인 교란을 가져왔다. 각국의 노동시장에서는 실업률이 치솟고 또 경기

후퇴, 아니 '마이너스 성장'으로 인해 무수한 자영업자들이 생계를 잃는 지경에 이르고 있음에도 불구하고, 주식과 부동산 등의 각종 자산시장은 오히려 코로나 사태 이전보다 더 높은 수준으로 끓어오르는 이른바 'K자 회복'이라는 기현상을 보이고 있다. 더욱 암울한 사실은 이러한 경향이 코로나 사태 때문에 유발된 우발적인 것이 아니라는 점이다. 코로나 위기는 단순히 거들었을 뿐, 이는 이미 2019년 이전의 상황에서도 뚜렷하게 오랫동안 지속된 만성적 경향이었기 때문이다. 따라서 설령 백신과 치료제 등에서 비약적인 발전을 보아 2021년 안에 사태가 종식된다고 해도 바로 개선될 것이라고 전망할 수는 없는 일이다.

이러한 상황은 '시장의 실패'라는 것 말고 다른 이름으로 부르기 어렵다. 현재의 현실은 '공급은 수요를 창출하고, 수요는 공급을 창출한다'는 이른바 '세의 법칙'과는 거리가 먼 상황이다.[1] 노동시장에서는 일자리를 찾는 실업자들의 상황이 개선될 조짐이 보이지 않고 있으며, 얼마 되지 않는 재산을 털어 자기의 노동과 섞어 넣은 자영업자들도 폐업의 위기에 내몰리고 있다. 그런데 많은 이들이 이 일자리와 소득의 감소라는 문제를 지적해왔지만, 거의 완전히 묵살되어 왔다. 하지만 그 이상으로 심각한 '시장의 실패'가 또 하나 있다. '충족되지 못하는 사회적 필요의 폭증'이라는 것이다. 코로나 사태로 인한 일상의 변화로 인해 그 전에는 없었던 또는 심각하지 않았던 사회적 필요가 사방에서 출현하고 또 늘어나고 있지만, 시장경제는 이를 해결할 수 있는 아무런 상품도 내놓고 있지 못하다. 학교교육의 파행으로 늘어나게 된 '교육 격차'의 문제는 어떻게 해결할 것인가? 도서관이나 미술관 등 공공시설의 사용이 간헐적으로 중단됨에 따라 생겨나는 욕구와 필요의 좌절은 어떻게 할 것인가? 헬스장도 에어로빅도 제대로 하지 못하여 생겨나는 건강의 악화는 어떻게 할 것인가?

이글은 사회연대경제와 고용보장제의 결합을 통해 이러한 '시장의 실패'를 해결하고, 일자리와 소득을 창출함과 동시에 충족되지 못하고 있는 여러 사회적 필요도 만족스럽게 충족할 수 있는 새로운 제도를 제안하고자 한다. 이는 단순히 코로나 사태에 대한 대응이라는 단기적 처방을 넘어서서 2019년 이전의 사회경제체제를 보다 근본적으로 바꾸어나갈 새로운 방향의 길잡이가 될 수 있다. 불평등과 생태적 파국이라는 이중의 위기에 휩싸인 21세기의 지구적 산업문명이 보다 공정하고 지속가능한 방향으로 나아가는 데 반드시 필요한 제도가 될 것이라고 생각한다.

1. 사회연대경제: '사회적 필요'를 찾아 조달하는 장치

먼저 '사회적 필요'의 개념에 천착할 필요가 있다. 로빈슨 크루소는 어디까지나 허구 속의 인물일 뿐, 인류는 태곳적부터 항상 집단을 이루어 생활해왔다. 그래서 인간의 '좋은 삶'에 필요한 것이 무엇인지, 그리고 그것을 어떻게 조달할 것인지는 항상 집단을 이루는 모든 사람들의 공통된 생각과 조직된 행동을 통해 이루어져 왔다. 그렇다면 그 집단에 속하는 개개인들의 '좋은 삶' 그리고 이와는 구별되는 집단의 '좋은 삶'에 필요한 것은 어떤 것들이 있을까? 이에 대해서는 집단마다 다른 합의가 있을 것이다. 어느 원시 부락에서는 붉은 콩을 대단히 소중한 것으로 여겨 필수적인 혼수품으로 여기며, 현대인들은 자기가 쓰는 변기를 남과 공유하지 않는 것을 '좋은 삶'의 중요한 요건으로 생각한다. 이렇게 개인과 집단의 '좋은 삶'에 필요한 것들의 목록은 유형적인 것과 무형적인 것, 정신적인 것과 물질적인 것을 넘나들며 무수히 늘어나게 되어 있다. 그 목록에서 사회 성원 대다수의 인정을 받은 것들의 목록을 추려본다면, 이것을 '사회적 필요'라고 할 수 있다.[2]

그다음에는 이러한 '사회적 필요'의 목록에 들어 있는 항목 하나하나를 어떻게 조달할 것인가의 문제이다. 말할 것도 없이 이는 인간들의 협업과 분업을 어떻게 조직할 것의 문제가 된다. 현대 산업사회에서 유력하게 활용되는 두 개의 주된 방법은 말할 것도 없이 시장경제와 국가·공공부문이다. 온갖 가전제품, 식료품, 자동차 등의 무수한 재화 및 서비스가 시장경제를 통해 조달되고 있다. 그리고 치안, 행정, 대중교통, 제도 교육, 의료, 에너지 및 기간 시설 등의 품목들이 국가·공공부문에 의해 조달되고 있다. 하지만 이 두 가지 조직 방식은 각각 뚜렷한 특징과 강점을 가지고 있으며, 따라서 그와 마찬가지로 뚜렷한 단점과 한계를 가지고 있다. 이에 우리의 '좋은 삶'에는 너무나 절실한 사회적 필요이지만 이 두 가지의 조달 방식만으로는 만족스럽게 조달되지 못하는 것들이 무수히 남게 된다.

시장경제는 재화 및 서비스의 생산과 유통과 소비의 전 과정을 상품 거래의 연쇄로 조직한다는 원리에 입각해 있다. 따라서 어떤 사회적 필요를 충족하기 위한 수단이 시장경제를 통해 조달되기 위해서는 다음의 두 가지 조건을 충족시켜야만 한다. 첫째, 그러한 수단이 거래를 통해 온전히 소유권이 양도 이전될 수 있는 '상품'의 형태를 띠어야만 할 것. 둘째, 그러한 상품 거래를 통해 공급자가 원하는 만큼의 이윤이 보장될 것.[3] 하지만 무수히 많은 사회적 필요의 목록 중에서 이 두 가지 조건에 해당되는 것은 생각보다 터무니없이 적다. 저소득층의 자녀들 중에서는 '영어포기자' 및 '수학포기자'들이 많이 나오고 있으며, 누구도 이것이 우리 사회의 '좋은 삶'에 있어서 만족스러운 상태라고 생각하지 않을 것이다. 하지만 저소득층의 '영어포기자' 및 '수학포기자' 학생들을 위한 교육 프로그램이 교육 상품을 판매하여 영리를 추구하는 사설 학원에 의해 조달될 것을 기대할 수는 없는 일이다.

국가·공공부문은 국민들의 세금을 그 재원으로 삼아 각급 의회의 결의를 통해 관공서 및 공기업 등의 관료 조직의 작동에 기초한다는 원리로 조직된다. 따라서 어떤 종류의 사회적 필요가 국가·공공부문을 통해 충족되려면 다음의 조건이 충족되어야 한다. 첫째, 각급 의회의 승인과 결의를 얻어낼 수 있을 것. 둘째, 관료 조직의 활동 대상으로 적합할 것. 군대 및 경찰을 조직한다든가, 항만 및 도로를 건설하는 것과 같은 종류의 활동이 이러한 조건을 쉽게 충족할 수 있는 전형적인 예이다.[4] 하지만 동네 곳곳의 잘 보이지 않는 불량 주택에서 빈곤과 질병에 시달리며 근근이 살아가는 독거노인들의 삶을 돌보는 문제는 어떠한가? 이 문제가 사회의 '좋은 삶'을 위협하는 심각한 문제라는 것을 누구도 부인하지 않을 것이다. 하지만 이 문제가 국가·공공부문으로 들어가면 우선 '예산 부족 및 삭감'이라는 문턱에 걸리기 일쑤이다. 또한 설령 일정한 예산을 받아낸다고 해도, 이 노인들의 여러 문제를 곰살궂게 살피는 과제가 관료 조직에 의해 만족스럽게 수행될 것을 기대하는 것은 무리이다.

여기에서 사회연대경제의 필연성이 생겨난다.[5] 사회연대경제란, "나와 우리의 '좋은 삶'에 꼭 필요한 것들이지만 시장경제로도 국가·공공부문으로도 만족스럽게 조달될 것을 기대하기 힘들 때, 그것의 조달을 원하는 이들 스스로가 연대하여 조달을 벌이는 조직들과 그 활동"이라고 정의할 수 있다.[6] 농업 생산자들에게 생산자의 존엄과 위치를 최대한 보장하면서도 농산물 소비자들에게 건강하고 믿을 수 있는 식자재를 공급하는 일이 기존의 식료품 시장에서는 불가능하다고 생각한 이들이 뭉쳐서 생활협동조합을 결성한다. 민간 어린이집을 통해서도, 또 공공 어린이집을 통해서도 만족스러운 육아 및 보육을 기대하기 힘들다고 생각하는 이들은 스스로 뭉쳐 공동육아 협동조합을 만들어 보육교사들을 스스로 고용하고 터전을 마련하며 교육 프로그램과 어린이집 운영을 함께 만들어나간다. 노동시장에서 항상 불리한 위치에 있을 수밖에 없는 장애인들과 이주노동자들에게 더 나은 고용의 기회를 제공하기 위해 뜻있는 기업가들이 여러 형태의 사회적 기업을 만들어서 활동 중이다. 너무 가난하여 대출 융자는커녕 민간 의료보험 가입도 불가능한 이들은 스스로 돈을 모아 공제회를 만들고 의료 지원도 수행한다. 즉 시장경제로도 국가·공공부문으로도 제대로 조달되지 못하고, 심지어 '발견'조차 되지 않는 여러 사회적 필요가 항존할 수밖에 없으므로, 이를 발견하고 또 이를 충족하기 위해 사람들이 연대하여 스스로를 조직한다는 것에 사회연대경제 혹은 사회적 경제의 정체성과 필연성이 존재한다.

하지만 사회연대경제에도 뚜렷한 약점과 한계가 존재한다. 무엇보다도 '재원의 영세성'이 심각한 문제이다. 큰 규모로 활발하게 사람과 자원을 조직하여 조달활동을 벌이기 위해서는 다시 그를 위한 재원이 필요하다. 시장경제는 이윤의 보장을 내세워서 투자자들을 모아 자본을 조달하는 방법을 취하며, 국가·공공부문은 국가권력을 통해 안정적으로 생겨나는 재원을 그 바탕으로 삼는다. 하지만 사회연대경제는 어떤 사회적 필요를 발견하고 그 만족스런 조달을 염원하는 개개인들의 의지와 열망을 기초로 삼기는 하지만, 이것이 그 의지와 열망을 현실화할 수 있는 재원의 조달을 필연적으로 가져오는 것은 결코 아니다. 게다가 이렇게 해서 설령 조달 활동이 벌어진다고 해도, 그것이 영리 활동의 경우처럼 높은 이윤을 보장할 수 있는 가격으로 팔리기 힘든 경우가 너무나 많을 수밖에 없기 때문에(생각해보라. 그렇지 않다면 이미 다른 영리 기업들이 투자하여 사업을 벌이고 있을 것이다), 이 재원의 영세성은 풀리지 않는 숙제로 사회연대경제의 영역을 계속 떠돌게 된다.

물론 사회연대경제 조직들 중에서는 이러한 난관을 조직원들과 이해관계자들의 의지와 열망으로 또 놀라운 혁신과 아이디어로 돌파하여 성공을 이룬 사례가 적지 않다. 하지만 이는 결코 쉬운 일이 아니므로 많은 조직들은 재원 부족이라는 문제를 만성적으로 안게 되며 국가·공공부문, 나아가 영리 기업과의 협업을 통해 도움을 얻고자 하는 경우가 많다. 이는 불가피할 뿐만 아니라 바람직하고 필연적인 경우도 많은 것이 사실이다. 하지만 그 과정에서 사회연대경제 조직들이 국가·공공부문, 그리고 시장경제의 영리 기업들의 순탄한 작동을 도와주는 '부수물'로 왜소화하게 되는 경우도 대단히 많은 것이 사실이다.[7] 사회연대경제는 그 스스로 다른 두 영역이 만족스럽게 조달하지도 아예 발견조차 하지 못하는 사회적 필요를 발견하고 조달하는 강력한 잠재력을 가지고 있지만, 그러한 정체성이 사장되어 버리는 안타까운 일이 벌어지는 것이다.

2. 고용보장제: '최종 고용자'로서의 정부

각도를 달리하여 이번에는 고용보장제라는 제도의 제안에 대해 알아보자. 한마디로 말하자면, '일할 의지가 있으나 노동시장에서 일자리를 찾지 못한 모든 이들을 정부가 최저임금에 일정한 수당 패키지를 더하여 고용하는 제도'라고 말할 수 있다. 노동시장에서의 고용량을 결정하는 노동수요는 투자자 및 고용주의 의지로 결정되며, 이는 다시 그들이 고용을 통해 생산활동이 팽창하였을 경우 그것이 어느 만큼의 이윤을 가져올 것인가의 전망에 의해 결정된다. 이들의 '전망'이 비관적일 경우 노동 수요는 정체를 면치 못하며, 노동시장에서 일자리를 원하는 이들이 실업자로 남아도는 노동 공급초과 상태가 계속된다.

이때 투자자들의 마음을 돌리기 위해 이런저런 경기부양책을 펴는 대신, 그 재원으로 그 초과 공급의 노동을 정부가 직접 고용하는 제도인 것이다.[8] 쉬운 비유를 들자면, 우리나라의 쌀 시장을 생각할 수 있다. 쌀에 대한 수요는 매년 조금씩 변하며 또 장기적으로는 감소해온 추세이지만, 이로 인해 농민들이 생산하여 쌀 시장에 나온 물량이 팔리지 않거나 값이 폭락하는 일이 벌어질 경우 농민들의 삶은 큰 타격을 입게 되고 사회 전체에도 여러 문제가 발생하게 된다. 따라서 정부는 일정한 가격으로 쌀처럼 예민한 곡물 시장에서는 '전량 수매'를 원칙으로 하는 정책을 계속해왔으며, 이는 우리나라뿐만 아니라 거의 모든 나라에서 이루어지고 있는 바이기도 하다. 다수 국민의 경제적 타격과 그로 야기되는 각종 사회 문제라는 점에서 볼 때, 곡물시장에서 행하는 정책을 노동시장에서 행하지 않을 이유가 없다는 것이 이러한 제안의 기본적 관점이다.

또한 금융시장의 경우와도 비교해볼 수 있다. 금융시장에서의 전망 변화에 따라 현금에 대한 수요가 압도적으로 높아질 경우, 금융시스템 전체에 유동성 위기가 발생하여 신용 경색은 물론 심하면 은행 쇄도(bank run)까지 벌어지면서 시스템 전체가 붕괴할 수 있다. 이러한 사태를 막기 위해 정부의 중앙은행은 금융시장에서 발생한 현금에 대한 초과 수요를 소화하기 위해 '모두에게 유동성 공급을' 약속하는 이른바 '최종 대부자(lender of last resort)' 역할을 하게 된다.9 고용보장제 또한 이와 동일한 논리를 노동시장에 적용한 것이라고 할 수 있으며, 따라서 정부가 '최종 고용주' 역할을 맡는 것으로 설명되기도 한다.

전통 주류경제학의 사고방식에 익숙한 이들은 당장에 몇 개의 반론을 내놓을 것이다. 첫째, 이것이 '자연실업률'을 무시한 노동시장의 과열을 가져와 인플레이션을 야기하지 않을 것인가?10 이 제도를 주장하는 이들은 그렇지 않다고 답한다. 우선 임금 수준이 최저임금이므로 고용주들은 거기에 이론적으로는 10원만 더 웃돈을 얹어서 지급한다면 얼마든지 실업자들을 자기 쪽으로 끌어갈 수 있으므로 노동시장의 작동을 교란하는 것이 아니라는 것이다. 또한 만약 투자자/고용주들의 경기 전망이 좋아져서 노동시장의 수요가 늘어나게 되면(이는 인플레이션 압력으로 작용하게 된다) 고용보장제 프로그램의 크기는 저절로 수축하며, 반대가 될 경우(이는 디플레이션 압력으로 작용한다) 그 크기가 저절로 늘어나게 된다. 이렇게 이 고용보장제 프로그램의 크기는 경기 변동을 강화하는 것이 아니라 그것을 억누르는(anti-cycling) 경향을 가지고 있으므로, 오히려 경기 변동의 안정자로 기능하게 된다는 것이다.

둘째, 그 재원을 어떻게 마련한다는 것인가? 이미 실업자들을 위해 지급되고 있는 여러 프로그램들이 거액으로 존재하고 있으니 이 프로그램들을 통합 정리하면 상당한 재원이 마련된다. 또한 전체 실업자들 중 이 프로그램에 스스로 지원하는 이들의 숫자는 결코 대다수에 이르지 않는다(미국의 경우 800만 명에서 1,200만 명 사이로 추산). 또한 앞에서 말한 대로 이 프로그램은 호황기에는 축소 그리고 불황기에는 확장이라는 순환을 가지게 되므로 이 두 국면 사이에 조세와 지출을 통해 적절한 '기능적 재정(functional finance)'을[11] 정부가 행하면 된다는 것이다. 이 제도의 가능성을 연구한 이들은 (미국의 경우) 재원 전체가 전체 GDP의 1%를 넘지 않을 것으로 보며, 이를 우리나라에 대입한다면 16조 정도가 될 것이다. 이는 큰 액수라고 할 수도 있으나, 이를 통해 입게 되는 사회적 편익을 생각한다면 의외로 작은 액수라고 보는 것이 더 옳다고 보인다. 특히 오늘날처럼 기술 발전의 속도가 빠는 상황에서는 노동시장에서 배제된 이들의 '인적 자본의 잠식'이라는[12] 심각한 문제가 있는바, 일할 의지가 있는 이들을 계속 고용 상태로 유지하는 것이 이 문제를 해결하는 데에 있어서 차지하는 역할은 결코 무시할 수 없는 것이다.

사실 이 제도는 이미 1930년대 미국의 뉴딜에서 비슷한 형태로 시작된 바 있으며, 60년대 마틴 루터 킹 목사 등의 민권운동 지도자들에 의해 열렬히 주창된 바도 있는 오랜 연혁을 가진 제안이기도 하다. 그리고 특히 2020년 들어 코로나 위기로 대부분 국가의 노동시장이 심각한 기능 부전에 빠지게 되면서 급격히 각광을 받고 있으며 지난 10월에는 오스트리아 등에서 시범적으로 시작되기도 하였다. 코로나 위기가 길어질수록, 또 그 이후에도 노동시장이 침체를 면치 못할수록 이에 대한 대안적 정책으로 각국에서 요구의 목소리가 높아질 것으로 전망된다.

하지만 이 제도에도 아직 중요한 결함이 있다. 설령 정부가 재원을 마련하여 고용을 보장한다고 해도, 그렇게 많은 인원에게 무슨 일을 시킬 것이며 또 그들의 노동 과정을 조직하고 관리하는 문제는 어떻게 해결할 것인가? 이는 이미 기존의 공공근로제도에서도 계속 따라왔던 문제이다. 1930년대의 경우처럼 산업 패러다임의 단계가 2차 산업혁명에 머물러 있을 때에는 테네시 댐 건설과 같은 대규모 고정 자본 조성 사업이나 토목 사업처럼 비교적 그 공정이 투명하고 단선적인 노동을 조직할 수 있었을 것이다. 하지만 이른바 '4차 산업혁명'으로 이야기되는 오늘날의 기술 및 산업 환경은 그때와는 전혀 다르다. 첫째, 기술적 산업적으로 유용한 부가가치를 창출하는 데에 유의미한 활동을 찾아내는 것이 1930년대처럼 단순하지 않으며, 산업과 경제를 넘어서 사회적 필요를 충족하는 사회적 가치를 찾아내는 활동 또한 결코 쉽게 발견되지 않는다. 둘째, 이렇게 해서 대규모로 창출되는 고용 인력의 노동을 효율적으로 조직하고 관리하는 과제는 실로 어렵고도 복잡한 일이다. 이러한 두 가지의 큰 숙제를 오로지 현존하는 정부와 공공부문에만 맡겨서 해결한다는 것은 난망한 일이 아닐 수 없다. 앞에서 이야기한 대로, 이 부문은 관료제의 원리로 조직되고 기능하는 부문이므로 이렇게 섬세한 작업을 해나가는 것이 과연 가능한가라는 의문이 나오지 않을 수 없다. 이미 오래전 일이지만, 공산주의 계획경제나 여러 '관치경제'의 실패라는 것은 누누이 지적된 바가 있다는 점을 기억해야 한다.

3. 사회적인 완전고용: 사회연대경제와 고용보장제가 만났을 때

사회연대경제와 고용보장제는 따라서 상호보완 관계에 있으며, 그 둘이 만난다면 큰 시너지를 일으키면서 지난 30년간의 세계 경제에서 사실상 거의 포기된 이상이라 할 '완전고용'을 달성하고 새로운 유형의 경제성장을 가능케 할 수 있다는 전망을 얻을 수 있다. 여기에서 먼저 지적해야 할 것은 '완전고용'이라는 말의 의미이다. 전통적으로 '완전고용'은 곧 '노동시장에서의 완전고용'이라는 의미로 사용되어 왔다. 하지만 이는 '사회적인 완전고용'이라는 의미로 확장 혹은 복원될 필요가 있다.

본래 '고용(employment)'이라는 말은 자본 임노동의 근로계약과 같은 특정한 사회적인 형태를 지칭하는 말이 아니라 '특정한 목적에 소용이 될 수 있도록 사람과 사물을 사용하는 상태'를 일컫는 말이었고, 따라서 1930년대까지만 해도 사람에게만 적용되는 것이 아니라 원자재와 기계 시설 등에 보편적으로 적용되는 말이었다. 즉 놀고 있는 유휴자원이 (사람이든 물질이든) 최소한이 된다면, 곧 그 사회가 달성하고자 하는 사회적 필요도 최대한 충족이 되므로 가장 만족스런 상태로 도달한다는 것을 암시하는 말이었다.[13] 하지만 제2차 세계대전 이후부터 이 말은 곧 '노동시장'에서의 취업 상태를 따지는 말로 의미가 축소되었다. 즉 투자자·고용주의 목표인 이윤 창출에 복무하는 데에 유의미하다고 인정되어 취업을 얻어낸 사람들을 세는 개념으로 변질된 것이다. 하지만 우리가 앞에서 보았듯이, 영리 기업의 목표인 이윤 창출에 적용되지 않는 사회적 가치는 무궁무진하게 존재하며, 그 충족을 위한 조달 활동은 모두 사회적 가치를 창출하는 행위이다. 어째서 '고용'이라는 것이 노동시장의 인정을 받은 활동으로 국한되어야 하는가? 설령 특정한 영리 기업에 고용되어 한 활동이 아니라 해도, 분명히 사회적 가치를 창출하여 사회의 '좋은 삶'에 이바지한 활동이라면 마땅히 '고용'이라고 불러야 옳지 않은가? 그리고 그 활동이 없었을 경우 분명히 발생할 수밖에 없는 사회적 비용을 미연에 방지하고 막았다면, 그 활동은 마땅히 그 사회적 비용에 해당하는 만큼의 보수를 얻는 것이 옳지 않은가?[14]

이를 노동시장의 완전고용이 아닌 사회적 완전고용이라고 부른다면, 사회연대경제와 고용보장제가 결합될 경우 후자를 달성할 수 있는 강력한 도구가 될 것은 분명하다. 사회연대경제는 국가·공공 부문과 시장경제의 방법으로 제대로 충족되지 못한 사회적 필요를 발견하고 그 조달 활동을 조달하는 것을 본래의 임무로 삼지만, 이를 위해 사람과 자원을 동원할 재원의 부족이라는 만성적 문제를 안게 된다. 고용보장제는 시행될 경우 재원은 국가의 재정에서 얻을 수 있고 이를 통해 큰 사회적 편익을 창출할 수 있지만, 막상 어떠한 사회적 필요를 충족하기 위해 어떠한 방식으로 노동을 조직할 것인가의 문제에 답하기 힘든 한계를 안고 있다. 만약 이 두 가지가 결합된다면, 서로의 결함을 보충할 수 있으며 앞에서 말한 의미에서 사회적 완전고용을 달성하는 강력한 도구가 될 것이다.

몇 가지 예를 들어 생각해보자. 이런저런 이유로 청소년 범죄율이 높은 지역이 있다고 하자. 이 지역의 청소년들의 여러 욕구와 필요를 찾아내어 그들이 우범자가 되지 않도록 그것을 잘 발전시키는 활동이 절실하다. 예를 들어 록 밴드나 힙합 댄스 등을 제대로 가르치고 거기에서 실력 있는 예술가를 길러내는 학원이나 학교가 있다면 큰 도움이 될 수 있다. 이는 누구나 인정하는 사회적 필요이며, 이에 호응하여 돕고자 하는 이들도 많을 것이다. 하지만 이러한 학원을 운영하는 것은 몇 번의 금전 및 재능 기부로는 불가능하다. 다른 기업과 마찬가지로 정규적으로 교육 및 운영 인원을 고용하고 교습 시설을 갖춘 사회적 기업의 꼴을 갖추어야만 한다. 그런데 이를 위한 재원을 마련하는 것은 결코 쉬운 일이 아니다. 반면 이 청소년들에게 교사가 되어줄 실력 있는 예술인들 중에 소득원이 부족하여 실질적인 실업 상태에 있는 이들의 수가 적지 않다. 그렇다면 고용보장제를 활용하여 이들을 고용하고, 이들이 이 지역의 음악 학원 교사로 일한다면 어떠한가? 이는 분명히 일반 음악 교습소처럼 수익을 내는 영리 기업은 아니라고 해도, 분명히 그 지역과 거기의 청소년 개개인들의 '좋은 삶'에 이바지하는 사회적 가치를 창출하는 행위가 된다.

이러한 사회연대경제와 고용보장제의 결합은 '위에서 아래(top-down)'가 아닌 '아래에서 위(bottom-up)' 혹은 두 방향의 혼종으로 조직하는 것이 좋으며, '위에서 아래'의 방법은 되도록 피하는 것이 옳을 것이다. 사회적 가치의 발견 및 그에 합당한 직종 및 분업의 조직 방식이 그러한 논리를 요구하기 때문이다. 정부에서 재원을 확보하고 제도를 시작하면 다양한 수준과 크기에서 여러 사회적 가치 창출의 프로젝트를 지원하도록 장려하는 방식을 취하는 것이 옳다고 보인다. 또 이러한 여러 프로젝트가 과연 소정의 사회적 가치를 창출하였는지, 그리고 그 과정에서 일하는 이들의 인간 발전과 마을 주민들 등의 이해관계자 등의 역량이 강화되었는지 등에 대해 평가할 수 있는 단위가 필요하거니와, 이 단위는 반드시 독자적으로 마련되고 운영되어야 할 것이다.

또한 이러한 조직 과정 전체가 인터넷과 플랫폼 등에 최대한 세부 사항까지 투명하게 공개되어 누구나 열람하고 또 의견을 개진할 수 있도록 하는 것이 바람직할 것이다. 노동시장과 시장경제가 담보하지 못하는 사회적 가치를 창출하는 사회연대경제의 정체성을 분명히 하고 그를 통해 사회적 완전고용을 달성하는 고용보장제가 시행되려면 사회 전체가 납득할 수 있도록 해야 하기 때문이다. 중장기적으로는 이러한 과정이 좀 더 체계적으로 평가될 수 있도록 국민 계정이 아닌 국민-사회적 계정(nationa-social account)를 마련하는 것이 바람직할 것이다.[15]

4. 코로나 이후의 사회경제체제를 향하여

2020년 한해에 걸쳐 전 지구에 걸쳐 숨 막히게 전개된 코로나 위기는 우리에게 2019년으로 되돌아갈 수 없으며, 또 그래서도 안 된다는 교훈을 분명히 하였다. 코로나 이후의 사회경제체제는 보다 공정하고 또 지속가능한 체제로 전환해야 함이 분명하며, 코로나 사태는 그러한 전환을 촉발하는 메시지로 받아들였어야 했다. 하지만 2020년의 세계 주요 산업국가들이 보여주었던 대응의 태도는 대략 두 가지였다.

첫째, 봉쇄 및 사회적 거리두기를 강화하였다가, 또 경제를 살리기 위해 이를 완화하였다가를 반복하는 '냉온탕' 모델이다. 이는 필연적으로 사회 전체의 피로(fatigue)를 가져올 수밖에 없기에 장기적으로 버텨낼 수 있는지에 대해 많은 의구심을 자아냈고, 또 이러한 나라 대부분이 심각한 사회적 분열과 불신에 휩싸인 상태이다. 둘째, 이러한 이유에서 봉쇄나 사회적 거리두기를 멀리하면서 2019년과 같은 생활방식을 고수하는 '살던 대로 살자' 모델이다. 스웨덴의 경우에서 적나라하게 드러나듯이, 이는 이루 말로 다할 수 없는 비극을 낳았고 경제를 살리는 목표에서도 처절하게 실패하였다.[16] 우리에게는 과연 이 두 가지 선택지뿐일까? 이 두 가지가 공통적으로 공유하는 전제가 '사회경제체제를 변화시킬 수는 없다'는 점임을 주목하라. 이 전제를 버리기만 한다면, 즉 우리가 코로나 위기 상태에 최대한 적응할 수 있도록 새로운 사회경제체제로 진화해나갈 수 있고, 그래야 한다는 전제를 받아들이기만 한다면 결코 그럴 필요가 없다는 것을 알 수 있다.

사회연대경제를 경제활동 조직의 전면에 주요한 행위자로서 세운다는 것은, 시장경제 유일주의에 절어 있는 기존의 경제적 사고방식을 근본적으로 바꾸어야 한다는 큰 숙제를 남긴다. 또 고용보장제를 시행한다는 것은 균형재정의 신화, 그리고 가치 있는 일자리는 오로지 시장경제와 영리 기업만이 창출할 수 있다는 사고방식을 완전히 깨야만 한다는 숙제를 남긴다.[17] 이 두 가지 숙제 모두 강력한 저항과 현실의 여러 장애를 안고 있는 어려운 과제이다. 하지만 이를 뚫고 나가기 위한 사회 전체의 강력한 합의와 이를 관철시킬 수 있는 강력한 정치적 지도력이 있다면 결코 불가능한 일은 아니다. 이미 1930년대에 미국인들은 뉴딜의 이름으로, 또 스웨덴 사람들은 사회민주당의 지도 아래에 그러한 과제를 성공적으로 수행하여 20세기 후반의 모범적인 산업 사회의 표준을 만들어낸 바 있다. 그래서 미국 뉴딜 정책이 시작될 때에 루스벨트 대통령이 남겼던 명언을 기억해볼 필요가 있다.

　　"지금 우리가 두려워해야 할 것은 오직 두려움 그 자체뿐입니다."

제6장

새로운 경제·사회체제의 기반, 기본소득

유영성(경기연구원)

- 한국 경제는 경제성장 정체와 불균형 문제를 벗어나기 위한 노력에도 불구하고 아직 큰 성과를 내지 못하고 있음
- 한국의 구조적 문제 해소를 위한 방안으로 사회공유부(Commonwealth)에 기초한 기본소득제의 도입이 필요함
- 기본소득이 새로운 경제사회체제의 기반 역할을 해내도록 정치적 실현 가능성을 높이는 전략을 추진해야 함

한국 경제는 성장이 정체되고 더 나아가 아예 저성장 국면에 고착된 상황이다. 코로나19로 경제 피해는 비록 항시적으로 보긴 어렵지만 이러한 저성장 흐름을 강화시키는 데 일조하고 있다고 볼

수 있다. 저성장도 문제지만 불균형(불균등, 불평등) 문제는 매우 심각한 상태이다. 경제적 불균형의 확대는 1980년대 이후 신자유주의가 발흥하면서부터 일관되게 관찰되는 현상이다. 김낙년의 연구에 의하면 우리나라의 경우 상위 1%의 소득점유율이 7.2~8.2%대를 유지하다가 2016년 들어서면서 12.1~14.4%대로 증가하였다.[1]

이러한 저성장과 불균형 문제는 다분히 구조적이고 한국 경제의 발전 패러다임과 맞물려 나타난 현상이라 할 수 있다. 성장만을 절대시하며, 그것도 불균형 성장을 기본 철학으로 삼았던 지난 역사의 산물인 것이다. 그런 만큼 이제 이를 극복하기 위해서는 근본적으로 새로운 패러다임의 구축이 필요하다. 경제영역에서의 불균형 현상은 사회영역의 문제와 맞닿아 있다. 그리고 우리 경제의 지속가능성에 대한 문제 제기이기도 하다. 그런 만큼 새로운 패러다임은 지속가능발전이라는 개념적 틀 속에서 찾아야 할 것으로 보인다. 이는 우리 사회의 일부 문제에 대한 한시적 해답에 국한되지 않고 사회 전반의 혁신과 관련되고 새로운 경제질서 형성과 관련된 문제이기도 하다. 이러한 문제의식에 직결되는 주제로 '기본소득'을 거론해볼 수 있다.

기본소득은 경제적(실질적) 자유와 평등, 그리고 정의를 그 철학적 기초로 삼고 있는 이념이자 정책수단이다. 이 기본소득이 말하고자 하는 바는 누구에게나 조건 따지지 말고 기본 수준의 소득을 지속적으로 보장해주자는 것이다. 이렇게 단순한 정책적 제안에 해당하는 기본소득이 최근 우리 경제사회 문제의 해결을 위한 대안으로 주목받는다는 점이 놀라운 일이다.

그런데 과연 이 기본소득이 우리 사회의 대안적 역할을 할 수 있을까? 기본소득이 이 질문에 대한 답이 되려면 그것이 지닌 정책적 의미가 경제, 사회, 환경 등 여러 영역에 걸쳐 폭넓게 존재해야 하며 또 강력해야만 할 것이다. 기본소득은 일단 이런 측면에서 긍정적 신호를 보내는 것으로 보인다. 그러면서 사회혁신적 관점에서 새로운 패러다임의 한 축을 형성하는 개념으로 보이기도 한다. 지금 한국 경제가 처한 문제를 해결하는 데 새로운 경제 패러다임이 요구되는 실정이고, 이러한 패러다임은 전 영역에 걸쳐 중요한 기능을 하는 혁신시스템을 포함한다는 점에서 기본소득과 일정 정도 맥이 닿아 있다고 할 것이다.

본고는 이러한 인식 하에 지속가능발전의 수단이면서 새로운 경제사회 혁신정책으로서 기본소득이 어떤 가능성을 지니는지 살펴보고자 한다.

1. 한국 경제가 봉착한 문제

한국 경제는 경제성장의 정체에 3중의 불균형(기업소득과 가계소득의 불균형, 생산물시장에서 기업소득 불균형, 노동시장에서 임금소득 불균형) 문제가 한데 어우러진 상태에 있으며, 이를 벗어나기 위한 노력에도 불구하고 아직 큰 성과를 내지 못하고 있다. 이들을 구체적으로 살펴보면 다음과 같다.

한국 경제는 그동안 대기업의 수출과 투자 확대에 의존하는 불균형 성장 패러다임을 견지해왔다. 이는 당시 상황에서 우리가 취할 수밖에 없었던 전략적 입장인 추격형 압축성장과 일맥상통한 것이었고, 그 효과를 상당 부분 보았다고 할 수 있다. 그런데 이러한 대기업의 수출·투자에 대한 과도한 의존성 압축성장은 2000년대 이후 수명을 다하였다. 한국은행 자료에 의하면 우리나라 실제 성장률은 2000년 이래 줄곧 하락하고 있으며, 2015년부터는 3% 이하를 보인다. OECD 자료(2018. 7) 또한 한국의 장기성장률은 2021~2030년 동안 2.5%를 보이다가 2031~2040년 기간에는 1.8%로 하락할 것이라고 말한다.[2] 잠재성장률의 경우도 IMF(2018)에 의하면 2020~2030년 동안 2.2%이다가 2050~2060년 동안에는 1.2%로 떨어진다. 사실 한국 경제는 2012년 이후 구조적 장기침체 양상을 보이고 있는 것이 맞다. 2018년에는 한국 경제의 성장률(2.9%)은 세계 경제성장률(3.9%)보다 1.0%나 낮은 수치를 보일 만큼 최근 들어 그 심각성이 커지는 상태이다.[3]

이러한 성장 정체 문제와 별도로 대기업 위주의 압축성장으로 인한 양극화와 불균등 심화가 문제라 할 수 있다. 우리나라는 1997년 외환위기 이후 급격한 사회경제적 구조 변화를 거치면서 소득, 산업, 고용, 사회복지 등 다양한 영역에서 양극화[4]가 확대되는 상황이다. 먼저 소득 차원의 불균등 심화를 살펴보자. 통계청 자료에 의하면 개인소득 상위 10%와 하위 10% 간 차이가 2012~2018년에 걸쳐 약 1.23배 증가하였으며, 2015년부터 지속적 증가 추세를 보인다. 2018년(3분기) 기준 월평균 소득이 소득상위 10%는 1,180만 114원인 데 반해 소득 하위 10%는 85만 7,396원에 불과하다.[5] OECD 자료조차 우리나라의 경우 1분위 대비 10분위 배율이 1990년 이후 확대되고 있다고(1990년 3.9배 → 2016년 4.5배) 말한다. OECD 평균이 3.5에서 3.4배로 줄어드는 것과는 정반대의 추세라

〈그림 6-1〉 1분위 대비 10분위 배율(OECD 주요국)

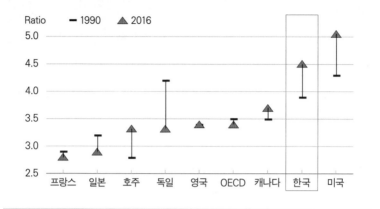

자료: OECD(2018). *Economic Survey of Korea*.

〈표 6-1〉 Wolfson 양극화 지수 적용 결과(시장소득 기준)

연도	2012	2013	2014	2015	2016	2017	2018
W지수	0.393	0.383	0.377	0.383	0.387	0.399	0.401

는 점이 더 문제라 할 것이다(《그림 6-1》).

김진욱 외의 연구에 따르면 울프슨 양극화 지수(W지수)[6]가 2014년 0.377에서 2018년 0.401까지 쭉 증가 추세를 보여준다(《표 6-1》).[7]

자산 양극화 내지 불균등은 더 심하다고 할 수 있다. 예를 들어 토지의 경우, 2018년 기준 가장 많이 소유한 최상위 세대 10%는 가액 기준으로 68.7%를, 상위 20%는 83.4%를, 상위 30%는 91.5%를 소유하고 있다. 반면 하위 40%는 토지를 전혀 소유하고 있지 않으며, 하위 50%는 전체의 0.9%의 토지만 소유하고 있다. 요컨대

상위 50% 세대가 99.1%를, 하위 50%는 0.9%만 소유하고 있다는 것이다.

토지 소유세대의 지니계수는 토지를 소유하지 않은 세대까지 포함하면 2018년 현재 0.809이다. 2018년 가구소득의 지니계수가 0.345[8]이고 순자산 지니계수가 0.588[9]인 것에 비하면 0.809는 대단히 불평등한 수준이다.

다음으로 대기업과 중소기업 간 불균형을 살펴보자. 대기업 재벌 위주의 성장은 자본 축적의 불평등과 자산 불평등을 야기하며, 대기업과 중소기업 간의 교섭력이 불균등한 산업생태계를 형성시킨다. 뒤이어 노동시장에서의 양극화를 초래하게 되는데, 이는 중소기업의 취약한 지불능력 등으로 대기업과 중소기업 간 임금 격차를 확대시킨다. 구체적으로 대기업 임금 대비 중소기업 임금수준(제조업)이 1993년 73.5%에서 2017년 56.2%로 떨어졌다는 것이 좋은 증거이다. 종합해서 말하자면 대기업 재벌 위주의 성장은 생산과 노동의 유연화, 노동의 양극화, 불안전노동의 증대, 일자리와 소득의 탈동조 등을 동반하게 된다. 연이어 정규·비정규직, 성별 격차와 같은 사회문제들조차 꼬리를 물고 생기게 된다. 한편 이러한 대기업 재벌 중심의 불균형 성장은 일자리 창출 측면에서도 그 효과를 기대하기 어렵다. 대기업의 수출·투자가 일자리 창출을 유발하는 효과는 지난 2000년 이래 지속적으로 감소하고 있기 때문이다.[10]

요는 이러한 시장 실패 성격의 문제들을 우리가 극복해낼 수 있느냐이다. 이는 정부의 효과적인 정책개입에 달린 문제이기도 하다. 그동안 재벌 대기업 수출 중심의 압축성장으로 낙수효과를 누릴 수 있다고 보던 패러다임을 버리고 새로운 패러다임에 입각해 한국 경제의 활로를 열고자 하는 노력이 없었던 것은 아니다. 현 정부는 '포용적 성장'으로 주장되는 정책적 가치를 내걸고 한국 경제의 걸림돌이 되는 제반 요소들을 제거하려고 하고 있다. 이러한 정책 기조가 실행된 지 채 몇 년이 안 된 만큼 지금 한국 경제가 지속가능발전으로 전환하고 있는지를 판단하기는 이르다. 그리고 이러한 새로운 경제 패러다임에 하자가 없다고 단정할 수도 없다. 2020년 현재 우리 눈에 보이는 수많은 지표들은 저성장, 불균형, 재벌주도 경제라는 한국 경제의 3대 허들이 아직 견고하게 버티고 있다고 말해준다. 이를 시장 실패 현상의 일환으로 인식한다면 이에 대한 해법으로서 정부의 개입이 아직 미진한 것일 수 있다. 따라서 더 강력한 조치를 동반해야 할지도 모른다. 그러면서도 자칫 정부 실패로 남을 여지를 키우지 않아야 하는 문제가 남는다.

2. 지속가능경제를 위한 균형·공정·혁신 성장 및 배분 체계 구축

오랜 기간 한국 경제의 경제 패러다임의 특징은 '불균형'이었다고 할 수 있다. 성장도 불균형에 입각해 이루려 하였고, 그로 인해 파생된 다양한 경제·사회 문제도 불균형 양태를 보일 수밖에 없었다. 이제는 성장은 그 자체가 안 되거나 저성장이 노멀이 된 상황인데 기존의 불균형적 경제·사회 문제들은 여전히 그대로 남아 있는 상태라 할 것이다. 더군다나 불균형적 경제·사회 문제들은 그 발생기저에 불공정을 깔고 있기 마련이다. 그런 관점에서 보면 한국 경제의 3종 불균형 문제는 바로 불공정 문제이기도 하다. 지금 한국 경제는 저성장 극복과 기존 3종 불균형과 불공정의 해결이라는 난제에 봉착해 있다. 이러한 문제의 해결은 경제 패러다임의 대전환을 전제한 상태에서 찾을 수 있을 것으로 보인다. 이는 먼저 경제 운용의 기조를 불균형 및 불공정의 탈피와 균형 및 공정의 회복으로 가져가야 하는 것을 의미한다.

그런데 경제영역에서 균형 및 공정 가치의 회복은 사회영역 내지 사회시스템의 뒷받침이 없이는 이루기 어렵다. 경제적 문제의 이면에는 수많은 사회적 갈등과 대립이 자리 잡고 있기 때문이다. 그런 만큼 새로운 경제 패러다임은 경제영역과 사회영역을 모두 아우른 상태에서 균형·공정을 기반으로 한 성장과 분배(및 재분배) 시스템의 구축을 포함하고 있어야만 한다. 다만 분배 측면에서 효과적일 수 있는 균형·공정 원리와 가치가 성장 측면에서도 잘 작동할 수 있을지는 의문이다. 그렇다고 과거 경제 패러다임처럼 불균형을 중심에 둔 성장을 앞으로도 계속 추구할 수는 없는 노릇이다.

공정경제를 기반으로 한 균형성장이 지속가능할 수 있기 위해서는 경제 내에 새로운 성장동력을 창출하는 동인이 필요하다고 보인다. 4차 산업혁명을 일으키는 혁신적 기술 발전 요소를 적극 활용하되 균형 잡힌 경제시스템을 운용하면 보다 발전적인 지속가능경제 혹은 지속가능성장을 이룰 수 있을 것이다. 그런 만큼 '균형'과 '공정'에 '혁신'이 하나 더 추가될 필요가 있다. 이는 지속가능발전과 그 이념적 지향을 공유한다.

지속가능발전은 경제, 사회, 환경이라는 세 영역 간 균형 상태를 달성하자는 규범적 개념이다. 이를 달리 말하면 포용성장과 녹색 성장의 결합이라고 할 수 있다. 포용성장[11]은 달리 말하면 '분배 친화적 성장'이라고 할 수 있다. 이는 사회구성원 전체를 위해 기회를 창출하고 증대된(금전적 및 비금전적) 과실을 사회 전체적으로 공정하게 분배하는 경제성장을 의미한다.[12] 이에 의하면 포용성장은 성장과 분배에 '공정경제'가 가미된다. 성경륭에 의하면 포용적 성장은 소득분배 개선(빈곤 개선, 불평등 축소), 인적자본을 위한 투자 증진·교육, 일자리 창출, 차별 금지, 사회적 포용과 참여, 구조조정(부가가치, 생산성 고용잠재력, 경쟁력이 더 높은 분야로의 전환), 누진적 조세체계, 사회보장 확충 등을 말한다.[13] 너무 다양한 분야에 걸쳐 언급하고 있으나, 간단히 말해 경제와 사회가 균형 및 공정한 상태에서 성장·발전하는 것을 의미한다고 할 수 있다. 다만 명시적으로 '혁신'을 다루고 있지는 않아 보인다.

이러한 포용적 성장의 국내 실제 적용의 예는 문재인 정부가 기치로 내건 '혁신적 포용국가'에 담긴 '포용적 사회정책'에서 찾을 수 있다. 이는 충실한 사회정책을 통해 높은 포용성을 유지함으로써 기존의 대기업 위주 수출주도형 성장 중심의 경제가 파생시킨 불균형 문제를 해결하겠다는 의미를 담고 있다. 이런 맥락에서 볼 때 포용적 사회정책은 사회를 포괄하는 경제로서의 뜻을 살려 그냥 '포용성장'이라고 해도 될 것으로 보인다. 다만 현 정부에서의 '포용성장'은 성장을 보다 적극적으로 추구한다는 점에서 포용적 사회정책에 공정경제뿐만 아니라 혁신성장을 가미한 개념인 만큼 '균형·공정'에서 좀 더 세분해서 '균형·공정·혁신'을 통한 적정한 '성장과 분배'를 이루어가겠다는 것으로 해석할 수 있다.[14]

그런데 이러한 균형·공정·혁신 성장 패러다임에 입각하여 추진하는 포용적 성장정책이 과연 현실에서 소기의 성과를 낼 수 있을까? 이 물음에 대한 긍정적 답을 극히 일부이지만 현실에서 찾을 수 있다. 현 정부가 추진한 포용국가 정책이 그 사례이다. 2017년부터 새로운 경제 패러다임이 적용되었다고 볼 때 비록 변화의 정도는 약하다고 할 수 있지만 2019년 현재 몇몇 주요 지표들에서 플러스적인 변화를 보인다는 점은 고무적이다. 단, 녹색성장은 영역이 다르므로 여기서 다루지 않는다.[15]

첫째, 일자리 영역에서의 변화이다. 고용률이 개선되고 있음을 알 수 있다. 구체적으로 경제활동인구(15~64세)의 고용률과 15세 이상 고용률이 감소하지 않고 일정한 플러스 수준을 유지하고 있으며,[16] 청년(15~29세) 고용률의 경우 뚜렷한 개선효과(2016년 41.7% → 2019년 43.5%: +1.8%p)를 보이고 있다. 다음으로 저임금근로자의 비중이 2년 연속 20% 이하로 낮아졌으며, 임금 5분위 배율은 5배 이하로 하락하였다.[17]

둘째, 소득분배가 개선되었다. 처분가능소득 기준 소득 5분위 배율과 지니계수 등 분배 관련 지표가 2017년, 2018년 연속 개선되고 있다. 처분가능소득 기준 상대적 빈곤율(%)도 2015년 17.5% → 2016년 17.6% → 2017년 17.3% → 2018년 16.7%로 2017년을 기점으로 하락하는 모습을 보인다.[18]

심지어 한국 경제가 위기에 처했을 때 소득 5분위 배율이 어떻게 변화했는지 살펴보면 최근이 확연히 나아진 모습을 보인다는 것을 알 수 있다. 소득 5분위 배율을 시장소득 기준과 처분가능소득 기준으로 구별하여 보았을 때 IMF 외환위기 때 +0.81/+0.75이었으며, 글로벌 금융위기 때는 +0.81/+0.09로 둘 기간에 별 차이 없이 소득개선의 모습을 보이지 못했던 데 반해 코로나 위기 때는 +1.38/−0.35로 큰 폭으로 개선된 모습을 보이고 있다.[19] 이는 과거와 달리 2017년부터 새로운 경제 패러다임에 입각해 균형성장을 안배한 대책, 즉 고용 유지, 가계소득 보전 등을 추진한 결과로 해석될 수 있다.

셋째, 노동소득분배율이 개선되었다. 2015년 이래 하향세를 보이던 것이 2017년부터 상향으로 전환되고 있고, 상승폭이 제법 가파른 추이를 보인다(2017년 62.0% → 2018년 63.5% → 65.5%). 2019년 65.5%는 역대 최고 수준이다.[20]

넷째, 성장률 하락을 소비(민간소비+정부소비) 증대로 방어하고 있다. 물론 저성장 또는 성장정체를 회복시키기엔 역부족인 것은 사실이다. 하지만 그나마 수출주도 성장 패러다임에 입각해 경제를 운용해오던 다른 나라들과 비교할 때(홍콩 −5.0, 독일 −1.9, 싱가포르 −3.6) 2017년 이래 한국의 경제성장률 하락폭(−1.2)은 그나마 적은 편이란 점이 고무적이다.[21] 이는 새로운 경제 패러다임을 추구하여 얻은 결과의 일부라고 할 수 있을 것이다.

3. 새로운 경제 패러다임조차 보완이 필요

앞에서 본 경제 패러다임은 포용이라는 핵심 개념 하에 경제영역을 사회영역과 결합시켜 현 우리 경제·사회 문제를 함께 해결하겠다는 의지의 발로로 보인다. 실제 그 성과를 일부 보이기도 하였다.

그런 만큼 이 경제 패러다임의 정책적 기조를 수용하는 것은 바람직하다는 생각이 든다. 그렇다 하더라도 현실에서 이러한 패러다임이 제대로 작동하고 있는지는 단언하기 아직 이르다. 우리경제가 직면한 구조적 문제, 즉 저성장+3종 불균형 문제를 온전히 해결해 내기엔 여전히 미진해 보이고, 심지어 성과로 제시하는 것들조차 극히 일부에 해당하며 상대적으로 짧은 기간의 것들이기 때문이다.

이뿐만 아니라 4차 산업혁명이라 불리는 기술의 발전을 감안할 필요가 있다. 인공지능(AI)·빅데이터·초연결성·블록체인 등의 변화가 무섭게 나타나고 있다. 이로 인해 산업, 경제체제, 더 나아가 사회 전체가 근본적으로 변화하는 중이다. 이러한 상황에 부합하지 않는 경제 패러다임은 무력하기 짝이 없을 것이다. 특히 지난 20세기에 한국의 대기업 수출 중심의 압축성장을 이끌었던 발전 패러다임이나 단순한 수준의 포용적 성장을 추구하는 경제 패러다임은 효과적으로 작동하기 어렵다고 할 것이다. 현재 우리에게 필요한 경제 패러다임은 혁신적이면서 세상을 근본적으로 바꾸어놓는 기술 발전에 부합하는 새로운 발전 패러다임이어야만 한다.

이제 앞에서 언급한 '포용'이라는 핵심 가치 속에서 구현하려는 균형·공정·혁신에 대해 보완적 관점에서 고찰해보도록 하겠다. 먼저 혁신의 경우를 살펴본다. 혁신은 기존의 것을 변화시키고, 또 새롭게 창조하는 것을 말한다. 그런데 이는 동시에 더 이상 변화가 안 일어나는 것들을 적극적으로 소멸시키거나 사라지게 만드는 일을 동반한다. 혁신은 어떤 이에게는 편익을 가져다주지만 다른 이에게는 비용을 안겨다 준다. 사람들은 편익은 누리고자 하지만 비용은 감수하려 들지 않는 법이다. 비용을 부담하는 사람들은 강력하게 저항하게 마련이다. 그러니 대체로 혁신이 일어나기 어렵다. 그것이 기술적으로나 경제적으로 가능하다고 하더라도 사회적으로 용납이 안 되기 때문이다. 이러한 상황에서 혁신이 일어날 수 있도록 하기 위해선 특별한 동기부여가 있거나 혁신주체로 나설 때 치러야 할 비용을 작게 해주는 제도적 장치가 있어야 한다. 또 이를 뒷받침하는 새로운 사회구조가 형성되어 있어야 한다. 새로운 사회구조의 형성은 쉬운 일이 아니다. 경제체제, 복지제도, 조세재정정책 등등의 변화를 수반하게 되고, 더 나아가 정치적으로 강력한 지지를 얻어야 하기 때문이다. 결국 혁신은 사회구성원들의 사회적 타협과 신뢰의 문제로 귀결된다. 혁신을 경제 패러다임으로 삼을 경우 사회적 타협과 신뢰의 조성에 치중하지 않을 수 없는 것이다.

한편 혁신은 주로 기술과 산업에서 이루어지는 만큼 정부의 정책 영향을 받기도 하지만 궁극에 가서는 시장에서 기업들이 구현하는 영역에 해당된다. 그런데 우리경제에서 이러한 혁신은 시장에서만큼은 대기업 재벌을 빼고서 얘기하기가 어렵다. 그동안 재벌 중심의 수직계열화, 일감 몰아주기, 기술탈취 때문에 혁신 기회와 유인이 없어졌다는 것이 일반 상식으로 받아들여진다. 그 결과 우리 경제가 진화를 멈추고 더 이상의 성장을 보이지 못하는 것이다. 이런 맥락에서 보면 혁신이 가능할 수 있느냐는 재벌체제 극복 여부에 달린 문제가 된다. 재벌개혁은 공정경제의 문제라 할 수 있다. 결국 저성장 극복은 혁신에 달려 있고, 혁신은 공정경제의 문제인 만큼 성장을 통상 투자의 문제로 보는 우리 시각을 공정의 문제로 돌릴 필요가 있게 된다. 재벌개혁이 우리 경제에서 성장을 이루느냐의 관건인 것이다. 그런데 현 정부의 경제 패러다임은 공정경제와 혁신성장을 각각 독립적인 위치에서 상호 보완관계로 설정하고 있다. 이는 기본적으로 합당한 구도라 할 것이나 공정, 특히 재벌개혁을 성장의 근본 원인으로 설정하고 정책적 중심을 여기에 두는 대대적인 인식전환이 수반되어야 한다.

다음은 기술 발전에 의한 사회변화에 대해 살펴본다. 한국 경제에서 불균형과 불공정은 디지털화, 스마트화, 플랫폼화 등의 추세로 인해 갈수록 심화될 수밖에 없다. 전 세계적인 추세이기도 한 디지털화·스마트화·플랫폼화는 혁신적 기술 발전에 의해 일어나는 현상으로 이를 되돌리는 것은 불가능하다. 이로 인해 경제적 불균형, 불평등, 불안정 노동 문제는 계속 커질 수밖에 없다. 우리나라의 경우 2018년 8월 경제활동인구조사 결과에 근거해 추정한 불안정노동자의 규모는 1,692만 명으로 확장경제활동인구(취업자+사실상 실업자-중복제거) 2,976만 명의 대략 60%에 달하고 있다.[22] 이러한 불안정노동자들이 많아진다는 것은 우리 사회의 경제적 불평등이 심화된다는 것을 의미한다. 사회안전망 이슈가 갈수록 정치적으로 큰 쟁점적 주제가 될 수밖에 없는 구조인 것이다. 문제는 단순히 사회안전망과 고용안전망의 확대 내지 강화와 같은 소극적 대응이 이러한 불균형, 불평등, 불안정 문제를 해결해줄 수 없다는 것이다. 플랫폼 경제의 어두운 측면에 대응해 가는 차원에서 포용적 사회정책도 필요한 것은 맞지만 이를 통해 이루어가려는 균형·공정이 자칫 미미한 수준에 그칠 수 있다. 기존의 포용적 사회정책과는 범위나 내용에서도 다르고, 개념에서도 혁신적인 정책이 필요한 이유이다.

4. 혁신·균형·공정 원칙과 사회공동부 나눔 기제로서 기본소득

지금까지 한국 경제가 당면한 난제를 해결하고 한 차원 업그레이드된 지속가능한 경제구조를 창출해낼 수 있는 경제 패러다임을 찾기 위한 논의를 하였다. 이 패러다임은 과거의 것과 다른 새로운 것이기도 하겠지만 시대적 변화 흐름과 미래의 가치를 반영하여야 한다는 점이 주안점이 된다. 잠정적이지만 지금까지의 논의에서 발견한 미래 경제 패러다임은 혁신·균형·공정 원칙에 입각해서 성장과 분배를 해가는 것이었다. 이는 경제영역과 동시에 사회영역에도 그대로 적용된다는 점에서 경제적 토대만이 아니라 튼튼한 사회적 인프라의 구축을 융합적으로 포괄하는 것에 해당한다. 기존의 '포용적 성장'은 동일한 가치를 담고 있지만 '분배 중심'의 뉘앙스를 강하게 풍긴다고 할 때 미래 경제 패러다임은 이를 더 크게 포용한다고 할 수 있다. 성장도 균형 있게 추구하기 때문이다. 그런 맥락에서 혁신·균형·공정은 그 자체로서 유의미한 사회적 인프라로서 작용하겠지만 성장을 위한 것이라고도 할 수 있다. 사회적 인프라가 성장의 기반이 되고 동력이 될 수 있다는 점은 대단히 고무적인 내용이다.

혁신·균형·공정이라는 사회적 인프라가 새로운 경제 패러다임을 구성하는 핵심 요소가 된다는 것이 곧 이들이 온전히 작동하는 것을 보장하지는 않는다. 작동 면에서 이들 핵심 요소들이 온전히 역할을 하려면 보다 심층적 차원에서 이를 뒷받침하는 사회적 기반 요소가 갖춰져야만 하는 것이다. 그것은 타협과 신뢰 등과 같은 사회적 자산을 말한다. 여기서 강조하고자 하는 점은 이러한 사회적

자산은 사회공동부(Common Wealth)의 고른 나눔이라는 경제적 기제도 포함한다는 것이다.

사회공동부는 사회구성원 전부의 것임에도 불구하고 특정인들에 의해 사유화되고, 그러면서도 그에 대한 합당한 대가를 사회구성원 전부에게 돌려주지 않는다는 문제의식에서 출발한다. 사회적 공동부는 그것이 유형의 것이든 무형의 것이든 엄청난 사회적 가치를 창출하여 사회공동체 전체를 이롭게 하는 것인데도 불구하고 자본주의 시장경제에서 사유화되고 지대소득, 즉 불로소득 형태로 탈취당하는 구조 하에 있기 쉽다. 이러한 상태에서 혁신, 균형, 포용(공정)과 같은 사회적 인프라가 형성되기는 어려운 법이다. 따라서 이러한 인프라를 형성하는 것은 근본적으로 사회적 공동부 나눔이라는 기제가 기본적으로 밑바탕에 깔려 있어야만 하는 것을 요구한다. 사회공동부가 사회구성원 전체의 것인 만큼 이의 전체 구성원에 대한 합당한 나눔의 기제가 우리 경제에 배태되면, 이것은 사회적 인프라인 공정과 균형을 강화시키는 데 직접적인 작용을 하게 된다. 다른 한편에서 사회구성원들의 신뢰와 타협도 키워주게 될 것이다.

사회가 생산한 부에서 특정한 경제주체의 노력에 배타적으로 귀속시킬 수 없는 것은 모두의 몫으로 돌려야 하는 것은 당연하다고 할 것이다. 여기서 모두의 몫이란 모두의 것으로부터 나온 수익을 말한다. 모두의 것은 다르게 표현하면 바로 사회공동부가 된다. 이러한 사회공동부 또는 그 수익의 일부를 사회구성원 모두에게 이전하는 기제로 대표적인 것이 바로 기본소득이다. 기본소득은 사회공동부의 고른 나눔을 실천하는 것인 만큼 '무조건적·보편적·개별적 이전(배당)의 원칙'을 지키게끔 되어 있다. 그런 만큼 기본소득은 단순히 사회복지적 차원의 시혜나 국가예산 기반 조세재정정책의 일환으로 한정될 수 없다. 하나의 권리 차원에서 접근하기 때문이다.

자기의 몫을 정당하게 받을 수 없는 세상은 공정할 수 없고, 또한 이러한 세상에서 제대로 된 혁신이 일어난다는 것은 어불성설이다. 더 나아가 끊임없는 불균형과 불공유도 파생시킬 것이다. 애초에 신뢰와 타협도 온전하게 성립하기 힘든 세상인 것이다. 이것이 기본소득이 새로운 경제 패러다임을 구성하는 심층 차원의 사회적 자산 및 인프라(근본 동력)로서 중요한 위치를 차지하는 이유이다.

기본소득은 경제 패러다임 구성 차원의 사회적 인프라로서 의의가 있는 것만은 아니다. 사회적 영역 자체에서도 중요한 기능론적 의의를 지니기도 한다. 기본소득은 사회 '중범위 효과'를 보이고, '기본바닥 제공에 의한 사회적 기울기 교정'도 하기 때문이다. 토니 피츠패트릭(Tony Fitzpatrick)에 의하면 기본소득이 각각의 바람직한 사회적 목표를 홀로(in isolation) 바라볼 때에는 낮은 점수를 얻지만 전 범위의 목표들을 고려할 때에는 좋은 점수를 얻게 된다는 소위 '중범위 효과'를 보인다고 한다.[23] 한편 사회역학자인 리처드 윌킨슨(Richard Wilkinson)과 케이트 피킷(Kate Picket)은 사회적 기울기(social gradients)를 갖는 변수들이 있으며 소득 불평등도가 낮은 사회가 소득 불평등도가 높은 사회보다 이러한 변수들에서의 소득계층별 사회적 기울기가 더 낮고 심지어 고소득층의 경우에도 더 나은 사회적 성과를 낳는다는 증거를 제시한다.[24] 이 이론에 입각해서 보면 충분한 액수의, 또는 유의미한 액수의 기본소득이 소득 불평등도를 줄일 것이므로 다양한 건강 문제 및 사회문제의 개선, 여러 변

수들에서의 소득계층별 사회적 기울기가 더 낮아질 것이라고 예측할 수 있다.[25]

5. 심층 사회적 인프라로서의 기본소득과 이의 현실 실행

결론적으로 저성장, 경제적 불평등 등 한국 경제의 경제적 난제를 해소하는 새로운 경제 패러다임은 심층 사회적 인프라 구축 차원에서 사회공동부 나눔 기제인 '기본소득'을 한 축으로 하고, 또 다른 축으로서 '신뢰와 타협'을 삼고, 그 토대 위에 '혁신·균형·공정'을 탑재한 성장과 분배시스템을 작동시키는 것이라고 할 것이다.

문제는 이러한 기본소득을 현실에서의 실현하는 일이 쉽지 않을 것이라는 데 있다. 특히 이상적인 모형의 기본소득 실현은 우리 삶의 현장에서 얼마든지 왜곡될 수 있다. 현실에서 엄청난 저항이 뒤따르기 때문이다.

일차적으로 이를 극복하는 방안은 그것이 세금 형태이든 다른 형태이든 기본소득 기여금으로 내는 금액과 기본소득으로 받는 금액의 차이가 플러스이거나, 최소한 영(零)인 사람들이 국민의 대다수를 차지하도록 설계하는 데서 찾을 수 있을 것이다. 하지만 현실에서 실질적으로 기본소득의 재원을 부담해야만 하는 사람들은 비록 그들이 사회공동부의 사익화 과정을 통해 막대한 사적 부와 수익을 누려왔고 마땅히 모두의 몫의 일부를 사회구성원 전부에게 되돌려줘야 하지만 이러한 기제를 거부하려 들 것이고, 또한 이들이 비록 소수가 되어 중위 투표자 이론대로 선거에서 이길 수 없게 된다손 치더라도 이들은 엄청난 사회적 영향력을 발휘할 수 있다는 것을 간과할 수 없다. 이들의 영향력을 순치하여 사회적 합의와 정치적 타협의 공동선으로 이끄는 일 자체가 자칫 우리 사회의 정치·경제·사회·문화 전반에 걸쳐 엄청난 난제일 수 있다. 우리 사회의 내적 역량 부족으로 종국에 가서 좌절로 끝날 수도 있고, 설혹 성공한다고 하더라도 너무도 큰 대가를 치러야 할지도 모른다.

그런 만큼 이러한 대가를 최소화하는 배려가 기본소득을 현실에서 안착시키는 모든 과정에 스며들도록 하여야만 한다. 현실 이행 전략 차원에서 몇 가지 방안을 제시해볼 수 있다. 첫째, 사회공동부의 가치와 수익 규모를 경제학적으로 규명하는 것이다. 기본소득의 지급 재원이 사회공동부의 수익에서 나오는 것이어야 하는 만큼 사회공동부에 대한 규명 작업이 무엇보다 우선이라고 할 것이다. 여기에 더해 기본소득이 우리 사회에서 경제적으로 얼마나 큰 가치를 지니는지를 규명해 제시하는 것이다. 둘째, 기본소득 관련 대대적인 국민 공론화 사업을 실시하는 것이다. 이와 함께 해볼 만한 것이 바로 실행에 앞서 작은 규모이나마 실험이나 시범사업을 실시이다. 국민적 설득력 제고에 큰 도움이 될 것으로 보인다. 실제 경기도의 공론화 사업 사례는 놀라운 결과를 보여준다. 셋째, 실제 실행의 경우 기본소득의 수준과 지급 대상의 규모를 정하는 것만큼은 점진적·단계적 확대 방식을 따르는 것이다. 이러한 방안을 실천하는 데 그 무엇보다도 기본소득의 정신을 구현하고자 하는 지도자의 결단력과 의지가 중요하다고 할 것이다.

제7장

경제통합을 지향하는 한반도공동체

정유석(IBK기업은행 경제연구소)

- 한반도 평화를 위한 여정이 순탄치만은 않지만, 오히려 이러한 교착 국면에서 변화된 국내외 환경과 새로운 시대에 부합하는 전략 마련이 요구
- 국제사회의 대북제재를 준수하면서도 남북 동반성장을 지향하는 지속가능한 '평화성장경제'로 전환이 필요
- '한반도 메가리전' 구상을 남북이 함께 설계하고 이를 추진해가면서 경제통합을 지향하는 한반도공동체 구상이 필요한 시점

평창올림픽 개막을 불과 몇 달 앞둔 시점까지도 한반도에서는 남·북·미의 긴장감이 최고조에 달하며 전쟁의 가능성까지 언급되는 최악의 상황이 이어졌다. 하지만 북한의 김정은 위원장이

2018년 신년사를 통해 유화적인 메시지를 전하면서 상황은 급반전되었다. 남북은 발 빠르게 번갈아 특사를 파견하며 양 정상의 만남을 주선하였다. 그 결과 역사적인 남북 정상회담이 세 차례나 성사되었으며, 이를 통해 평화와 협력의 의지를 재차 확인하였다. 또한 70여 년 이상 적대관계를 지속하였던 북한과 미국도 두 차례의 정상회담을 가졌다. 비록 양 국은 비핵화와 이에 상응하는 조치에 대한 입장차를 확인하며 최종적인 합의에는 도달하지 못하였지만, 역사상 첫 만남 그 자체에 큰 의미가 있다고 하겠다.[1]

하지만 이후의 한반도 평화를 향한 여정이 순탄치만은 않다. 2019년 북·미 하노이 회담 이후에 긴 교착 국면이 이어지고 있으며, 그사이 미국에는 바이든 정부가 새로 들어섰다. 북한도 대북제재와 코로나19로 경제 사정이 더욱 악화되면서 새로운 길을 모색하고 나서 한반도 문제 해결에 새로운 모멘텀이 필요한 상황이다. 우리에게는 새롭게 변화된 한반도 정세를 거시적인 관점에서 면밀히 분석하여 지속가능한 정책을 마련해내야 하는 과제가 주어졌다.

작금의 한반도 상황이 희망적이지 않다. 하지만 이럴 때일수록 3년 전처럼 예고 없이 갑자기 찾아올지도 모르는 대화의 기회를 대비한 철저한 준비가 필요하다. 대북제재의 완전한 해제까지 상당한 시간이 소요될 것으로 예상되는바, 서둘러 실효성이 없는 정책을 쏟아내기보다는 긴 호흡과 안목을 견지하는 접근이 필요하다. 냉엄한 국제사회의 대북제재를 준수하면서도 새로운 시대를 맞이하기 위한 중장기 측면에서의 한반도공동체 추진전략 수립이 더욱 필요한 시점이라고 하겠다.

이를 위해 남북관계에 대한 근본적으로 새로운 접근을 고민해보고 한반도 공동체를 위한 추진 원칙과 전략을 모색해보고자 한다. 그간의 한반도 정책을 살펴보고 이에 기초하여 경제통합을 지향하는 한반도 공동체 형성을 위한 방안으로 '한반도 메가리전'을 제안한다.

1. 남북 공동번영과 한반도공동체

1) 남북관계의 재정립 필요성

남북한은 분단 이래 서로가 한 민족임을 내세우지만, 서로 다른 각자의 다른 논리로 통일을 염원한다고 주창해오고 있다. 하지만 국제적인 관점에서 살펴보면 남과 북은 엄연한 두 개의 국가이다. 1991년 남북은 「남북기본합의서」를 마련하여 서로를 '나라와 나라 사이의 관계가 아닌 통일을 지향하는 중간 과정의 특수관계'로 규정했지만,[2] 같은 해 UN에 두 개의 회원국가로 동시 가입한 사건은 복잡한 남북관계의 방증이다.

역대 우리 정부는 급변하는 남북관계 속에서도 '특수관계론'에 기초한 획일화된 통일방안을 일관되게 유지하고 있으며, 이에 기초하여 지속적으로 북한과의 대화를 시도해오고 있다. 우리의 공식적인 통일방안은 민족공동체통일방안(1994년)의 '화해협력–남북연합–단일국가 3단계'인데, 이는 발표된 지 30년이 훌쩍 지난 한민족공동체통일방안(1989년)에 뿌리를 두고 있다.[3] 북한의 경우 고려민주연방공화국을 공식적인 통일방안으로 설정하고 '1민족 1국가 2제도 2정부'의 통일 상태를 지향하고 있다. 하지만 '우리 민족끼리'를 강조하며 당사자인 우리와의 협력을 외치다가도 북핵 협상 등 평화를 위한 필수 전제조건에 대해서는 이른바 '통미봉남(通美封南)'을 내세우며 우리와의 대화를 의도적으로 피해 혼란을 가중시키고 있다. 그동안 남북 간에는 폭넓은 의제를 다룬 크고 작은 총 667회의 공식회담과 258건의 합의가 있었고, 네 차례의 정상회담을 통해 이산가족 상봉 등을 성사시켰으나, 아직까지는 첫 단계인 '화해협력'을 넘어섰다고 평가하기에 무리가 따른 것이 현실이다.

과거 우리 정부들의 대북 정책은 모두 '한민족공동체통일방안'을 계승한 가운데 나름대로의 비전과 해법을 제시하였지만, 궁극적으로 분단체제 극복에는 실패하였다. 노태우 정부는 북방정책을 통해 기존의 공산권 국가들에 대한 적대정책을 획기적으로 전환하는 계기를 마련하여 소련, 중국 및 동구권 국가들과 외교 관계가 수립되었다. 김영삼 정부도 이러한 기조를 이어가며 대북 화해협력의 의지를 표명하였으나, 북핵 문제가 본격화되어 결과적으로는 남북관계에서 큰 진전을 이루지 못하였다. 김대중·노무현 정부는 '평화와 번영의 새로운 남북관계'를 목표로 하였다. '햇볕정책'을 앞세워 남북관계가 획기적으로 도약할 수 있는 발판을 마련하는 데 성공하였지만 교류와 안보의 불균형 문제를 극복하지 못한 한계가 있다. 이명박 정부의 '비핵 개방 3000'은 자원 중심의 세계전략을 제시하면서 북한의 개혁개방을 유도하려는 시도가 있었다. 박근혜 정부도 '한반도 신뢰 프로세스' 구상을 통해 동북아평화구상, 유라시아 이니셔티브 등 한반도의 공간 확장의 비전을 제시하였다. 하지만 북한의 호응을 얻는 데 실패하여 결과적으로 남북관계 단절과 갈등이 고착되는 결과를 낳았다.[4] 문재인 정부가 들어서고 남북관계의 큰 전환이 있었다. 세 차례 정상회담 합의에 따라 비무장지대 (DMZ)에서 실질적인 이행이 있었으며, 중단되었던 남북협력 사업들에 대한 재개의 분위기를 마련하였다. 하지만 북·미 협상이 난항을 겪고, 코로나19라는 전 세계적인 위협과 맞닥뜨리게 되며 기대보다는 큰 성과를 거두지 못하고 있다.

이제 변화된 환경과 새로운 시대에 맞는 한반도의 미래에 대한 설계가 필요하다. 남북 문제는 비단 한반도 차원이 아니라 동북아와 국제질서와도 연동되어 있으므로 이에 부합하는 고차방정식을 풀어내야 한다. 더 이상 남북이 특수관계만을 고집하기보다는 국제사회의 기준과 원칙이 적용될 수 있는 보편적이고 유연한 자세를 가져야 한다. 그간의 획일화된 남북관계에서 벗어나 규범상의 한민족, 사실상 두 국가의 상태를 인정하는 새로운 인식이 필요하다. 단일국가 형태의 획일화된 통일 논의 보다는 '남북연합', '남북연방' 등을 포함하는 현실적이고 유동적인 과감한 의식 전환이 필요하다. 또한 경직되어 있는 진부한 사상적 논쟁이 아닌 평화주의에 입각한 실제적인 한반도 미래에 대한 청사진을 제시해내야 할 것이다. 더 이상 민족주의와 남북한 특수관계만을 내세워 예외를 인정받기 고집할 것이 아니라, 국제적인 규범과 평화원칙에 입각하여 한반도의 근본적인 화합과 번영을 추구할 새로운 비전을 제시하여야 한다.

북한도 한반도공동체 비전에 공감하고 이를 위해 적극적인 노력을 아끼지 말아야 할 것이다. 북한은 국제사회로 부터의 일방적이고 단기적이며 비연속적인 대북지원으로부터의 의존에서 벗어나 국제적 기준에 맞춰 투자 유치방안에 나서야 한다. 북한의 지속가능한 성장을 위해 가장 적극적이고 합리적인 협력 대상은 한국이라는 점을 명확히 인식하고 우리와의 건전한 관계를 돈독히 하여 함께 새 시대를 열어갈 준비에 호응해야 한다. 북한의 잠재력은 무한하여 충분히 발전할 수 있는 기회를 가질 수 있다. 그 선택은 전적으로 북한에 달려 있다.

2) 분단의 극복: 남북경제공동체

분단의 현실은 우리 경제발전에 가장 큰 걸림돌이다. 한반도에는 여전히 전쟁의 위협이 상존하고 있으며, 이로 인한 군사안보적 긴장이 계속되는 불안정한 평화가 유지되고 있다. 분단체제로 인해 지출되는 막대한 군사비가 국가재정에 부담으로 이어지는 악순환이 반복되고 있으며, 이는 우리 경제의 발전 속도를 저해하는 요인으로 지적된다. 한편 우리 사회에는 다양한 사회갈등이 만연해 있다. OECD 최고 수준의 자살률을 비롯하여 이혼율, 낮은 출산율 등이 사회적인 문제로 떠올랐으며, 남남갈등으로 인한 이념적 갈등과 국론 분열은 모두가 현재의 분단체제와 무관하다고 할 수 없다. 국제적으로도 한반도는 위험이 잠재되어 있는 지역으로 인식되고 있다. 북핵 문제의 상시적인 위협으로 인해 경쟁력이 저하되는 현상, 이른바 '코리아 디스카운트(Korea Discount)'[5]는 우리 기업의 세계적 성장을 가로막고 있어 이를 극복하기 위한 신성장동력의 확보가 절실한 상황이다.[6] 이러한 어려움을 타개하기 위해서는 분단체제를 극복하고 완전한 평화가 보장되는 새로운 한반도 비전이 필요하다.

북한을 공고한 한반도 평화에 기초한 남북 상생의 경제공동체 파트너로 인식하는 것이 중요하다. 제도적·구조적인 통일만 고수할 것이 아니라 평화를 촉진하고 지지하기 위한 체계적·단계적인 협력을 우선하여야 한다. 한민족으로의 당위적인 통일론은 새롭게 변화된 시대에 부합하지 않으며, 평화를 지향하는 남북공동체에 기초한 통일을 맞이하는 것이 바람직하다. 남북관계는 특수성뿐만 아니라 국제사회의 보편성도 함께 적용하는 노력이 병행되어야 한다. 나아가 주변국과도 상호 존중과 호혜평등의 정신에 입각하여 협력과 소통을 강화하고 한반도에서의 평화 증진을 위해 함께하는 노력이 필요하다. 기존의 '평화경제' 이론을 발전시킨 지속가능한 '평화성장경제' 정책 수립이 필요한 이유이다.

3) 지속가능한 평화성장경제

'평화경제'의 태동은 전쟁에서부터 시작되었다. Goodhand(2004)는 아프가니스탄의 개건 과정을 '평화경제'의 시각에서 살펴본 논문에서, '평화경제'는 '전쟁경제'와 밀접한 관계가 있으며 전후 이전 평화의 상태를 지향하려는 목적성을 갖는 데서 시작된다고 정의하였다.[7] 또한 '평화경제'는 갈등 해결에 목적이 있으며, 이를 위해 경제적 부분에서 각 주체들이 경제적 수단을 동원하여 마찰을 최소화하려는 수단과 정책을 위한 탐구라고 정의하는 Isard(1994)의 주장도 있다.[8] 평화와 관련한 대부분의 이론들은 모두 Johan Galtung이 제시한 '구조적 폭력'과 '평화'의 개념에 기초하고 있다.

한반도에서 '평화경제'는 '한민족공동체통일방안'에서 통일의 과

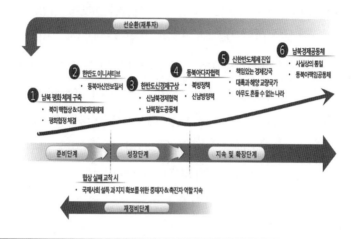

자료: 정유석(2019).「신한반도체제 구현을 위한 평화경제 단계별 추진전략」, 한국수출입은행.

도기적 단계로 설정한 '남북경제공동체'가 제시되면서 이에 관한 본격적인 논의가 시작되었다. 이에 관한 논의는 분단의 상황을 타개하기 위한 통일비용 측면에서의 경제학적 접근도 있었지만, 대부분이 정치적 맥락에서의 정책 이론에 가까웠다.[9] 또한 '남북경제공동체'에 대한 개념과 범위, 형태 및 추진전략 등이 구체적으로 제시되지 못하는 한계가 존재한다.

한편 유럽 통합의 대표적인 이론인 기능주의적 접근을 한반도에 직접적으로 적용하기는 무리가 따른다. 그 이유는 우선 유럽은 종교적인 문화적인 유대감 위에서 과거 전쟁 피해에 대한 공감에 기초하여 선진화된 민주주의라는 정치적 공통분모가 존재하기 때문이다. 또한 오랜 시간 경제협력으로 서로의 불신이 어느 정도 해소되어 그 불확실성이 대부분 예측 가능한 정도이다. 무엇보다도 전쟁 이후 공고한 국가 간 조약을 통해 안보적인 위협이 존재하지 않는다는 점이다. 반면 한반도의 상황은 처참한 전쟁을 겪었으며 아직까지 군사적인 대치 상황이 지속되고 있다. 과도한 군비 경쟁으로 다소 불균형적인 경제정책이 불가피하다. 남과 북의 상이한 정치·경제 시스템과 오랜 분단으로 인한 사회·문화적인 이질감이 한반도에서의 유대감을 저해하고 있는 실정이다. 이렇듯 유럽과 한반도의 역사적·정치적 배경의 차이는 분명히 존재하지만, 유럽의 모형이 '공동체'라는 목표를 추구하는 과정에서 '평화와 번영'의 선순환을 도입한 점과 가치적·사회적 통일을 통한 항구적 평화체제를 지향하였다는 점에서 한반도에 시사하는 바가 크다고 하겠다.

2018년 이후 남북관계의 전환기 이후 '평화경제'를 통한 '남북경제공동체'가 줄곧 추진되고 있다. 이 모델은 '유럽철강공동체'에서 착안되었는데, 제1·2차 세계대전 시 적대국이었던 프랑스와 독일이 1951년 석탄과 철강을 공동 관리하기 위한 국제기구인 '유럽철강공동체(ECSC)'를 창설한 것이 시작이었다.[10] 분쟁의 원인이 될 수 있었던 석탄과 철강의 전략물자를 공동으로 관리하여 경제협력을 통해 평화를 확보하는 전략이 주효한 것이다.[11] ECSC가 단계적으로 확대되는 과정에서 유럽 국가 간 협력 수준이 높아지면서 하나의 공동체(Community)로서의 유대감이 형성, 유럽경제공동체(EEC, 1951년)를 거쳐 유럽연합(EU, 1993년)으로 발전하여 전쟁과 대립의 역사로 점철된 유럽을 하나의 정치·경제 공동체로 통합하였다.[12]

결국 과거의 남북관계 속에서의 체득한 경험과 국제사회의 대북정책, 기존의 남북경제협력의 노하우가 접목된 지속가능한 한반도형 '평화성장경제'로의 수정이 필요하다. 이는 평화를 최우선적으로 추구한다는 공통분모가 있으나, 경제협력공동체 조성을 기초로 경제적 발전과 동시에 평화조성을 지향하고 있다는 점에서 경제협력의 기능적인 면이 강조된 기존의 '평화경제론'과 차이가 존재한다. 또한 '先평화 後경제'의 논리 속에서 순차적인 '평화와 경제의 선순환'만이 강조된 기존의 '평화경제' 정책과는 차별성을 가진다. 즉 평화와 경제는 순차적으로 선순환할 것이라는 막연한 기대와 추상적인 논리에서 벗어나 국제사회 대북제재의 장기화까지 고려한 현실적인 추진 전략을 마련하는 것이 핵심이다.

2. 남북경제공동체 추진 원칙과 전략

1) 추진원칙

남북경제통합을 위한 한반도 공동체로 나아가기 위해서는 먼저 이를 뒷받침할 공고한 정책이 마련되어야 한다. 지속가능한 한반도형 '평화성장경제' 정책을 수립하기 위해서는 우선적으로 국민적 공감대를 확보하는 것이 중요하다. '남북공동체'에 관한 개념을 정립하고 그 추진을 위한 다양한 의견 수렴을 위하기 위한 세미나 및 공청회·간담회를 개최하여 각계각층의 이해가 담긴 정책 제시하는 것이 필요하다.[13] 미래의 거시적인 비전과 목표를 제시함과 동시에 국민이 체감할 수 있는 구체적인 청사진을 제시하여야 한다. 또한 다양한 의견을 수렴하는 것은 매우 중요한 과정이다. 제기된 비판과 우려를 겸허히 수용하고 보완하여 국가 공식 정책으로의 인증을 받아 정부 교체와 무관하게 연속성과 일관성을 유지하는 것이 무엇보다 중요하다. 구체적인 실행방안이 수립되면 남북교류협력의 주체를 다양화하여 아래와 같은 원칙에서 단계적으로 추진해나가야 한다.

첫째, 북한 내부 경제성장을 고려한 개발협력을 추진하여야 한다. 북한의 자생력을 극대화하고, 우리의 내수시장 확대를 통한 경제구조 개편과 동반성장을 모색하여 남북동반성장의 플랫폼을 구축하여야 한다. '평화성장경제'는 반드시 남북 동반성장을 지향하여야 한다. 정책의 궁극적인 목표는 남북경제공동체의 구상에 있다. 북한 내부 경제성장을 고려한 개발협력을 추진하여 자생력을 극대화하고, 우리 내수시장의 확대를 통해 경제구조 개편이 동반되어야 한다.

둘째, '한반도 메가리전' 구상을 포함한 한반도 공동체 형성을 위한 다양한 정책 추진 시 반드시 대북제재를 고려하여야 한다. 국제사회의 동의가 없이 남북 양자 간 일방적인 추진은 주변국의 이해를 구하기가 쉽지 않은 상황이기 때문이다. 또한 미래의 남북경제협력은 임시적이고 실험적인 단순 투자 목적에서 벗어나, '지속가능한 개발'의 관점에서 접근하여야 한다. 그러기 위해선 먼저 북한의 수요를 파악한 후 그들에게 돌아갈 이익과 청사진도 동시에 제시하여야 수용가능성이 높아져 파급효과가 커진다는 것을 간과해서는 안 된다.

2) 추진전략

먼저 '평화성장경제' 추진 과정에서 북한과의 협의는 필수적이다. 북한의 수용성을 고려하지 않은 일방적인 개발협력 계획은 실패로 돌아갈 확률이 높다는 것은 기존 다수의 남북경협사업에서 경험적으로 확인한 바 있다. 대북제재가 해제된 이후에는 북한 지역에 관한 개발이 본격화될 것이 분명하다. 그런 시기에 도래하였을 때 아무런 준비 없이 개발의 주도권이 중국을 비롯한 다른 국가에 넘어가는 것을 미연에 방지하기 위해서라도 지금부터 철저한 준비가 필요하다. 이를 위한 북한과의 협의체를 구성하여 남북공동체를 위한 구상을 북한에 설명하고 충분한 교감을 가져야 한다.

한편 북한의 경제와 관련한 전반적인 지식을 전수하며, 금융과 회계, 무역 등에 관한 정보를 공유할 수 있는 공간의 조성도 함께 고려해야 한다. 우리 정부가 개발도상국을 대상으로 실시하고 있는 경제발전경험공유사업(Knowledge Sharing Program: KSP)[14]을 북한에 적용해볼 만하다고 판단된다. 이를 통해 북한에 대한 시장경제 교육 사업을 일회성이 아닌 정기적 사업으로, 그리고 사업의 효과성을 높이기 위해 단기연수보다는 장기연수의 형태로 사업을 설계함으로써 질적 성장을 도모하여야 한다. 북한의 역량 강화를 위해 주변국 정부 및 해외 NGO, 해외진출 국내기업 등과 협력해 북한의 경제특구·개발구 인력 양성을 지원하고, 국제기구와 공동컨설팅 사업을 하는 방안 등이 포함된다. 이는 현재의 대북제재의 틀 안에서도 가능한 사업으로 본격적인 협력의 시대를 대비해야 하는 측면에서의 접근이 중요하다.[15]

둘째, 북한 지역 내 투자자산에 대한 안정성을 보장하기 위한 확실한 조치가 필요하며, 기업의 경영 자율성 보장을 비롯한 시장경제 원리가 반영된 법제 마련이 요구된다. 이를 위해 국제규범(global standard)을 기초로 한 입법 조치 마련이 요구되며, 중장기적 관점에서 남북의 법제 통합까지 고려한 법제 정비가 필요하다. 물론 북한은 주변국들과의 관계 개선을 통해 국제사회의 일원이 되려는 노력을 경주하여 안정적인 대외 여건을 마련해야 한다.

국제사회의 대북 투자 여건이 개선되고 투자가 본격화될 경우에는 개성공단과 같이 우리의 배타적인 권한은 어렵다. 따라서 정부가 직간접적으로 개발 계획에 참여하고 일부 특정 기업이 주도해가는 협력 구조는 한계에 직면할 것으로 예상된다. 이에 남북경제협력을 추진하는 데 있어 어려움이 예상되는 제약 요인들을 줄여나가야 한다. 대표적인 제약 요인으로는 정보 부족, 낮은 사회간접자본, 법·제도에 대한 낮은 신뢰 수준을 들 수 있다. 지속적인 남북교류를 통해 이러한 요인들을 약화시키고 향후 남북경제 협력을 촉진시켜 나갈 수 있다. 이후 투자 여건 개선을 위해 생산요소 투입 여건, 사회간접자본, 내수 및 수출 시장 확보, 투자 보장 및 인센티브 등에 대한 협의가 이루어져야 할 것이다.

마지막으로 대북제재 해제 이후 북한과의 전면적인 개발 협력에 대비하는 작업도 이루어져야 할 것이다. 막대한 비용이 소요될 것으로 예상되는 북한 개발 재원에 대한 조달방안 마련을 위한 사전적 준비를 한다. 북한이 현재의 국제경제체제에 편입하여 국제사회 자금을 조달하기 위한 필수조건은 국제통화기금(IMF)과 세계은행(WB) 등의 국제기구에 가입하는 것이다. 이를 위해 우리 정부는 북한의 원활한 국제사회로의 편입을 위해서 국제기구 가입 조건의 충족을 위한 적극적인 지원을 해야 한다. 대북제재 국면에서 북한과의 본격적인 사업 추진은 사실상 불가능하며, 기존의 남북협력 사업들의 재개를 위해서도 선행해야 할 많은 과제가 상존해 있다. 이러한 상황에서 우리가 독자적으로 추진할 수 있는 사업을 개발하는 것은 매우 제한적일 것이다. 이에 한반도 공동개발협력을 위한 '남북공동협의체'를 구성하여 북한의 경제발전 전반에 대한 계획을 수립하고, 인력 교류와 투자 관련 법제 등을 정비하여 본격적인 개발 협력 시대를 대비할 수 있을 것이다.

3. 한반도 메가리전 구상

국제사회의 북한에 대한 촘촘한 대북제재 해제는 간단한 문제가 아니며, 상당한 시간이 소요될 것이 자명하다. 이러한 상황 속에서도 남북이 함께할 수 있는 것들을 고민하였다가 기회가 다시 왔을 때 북한에 제안하는 준비가 필요하다. 과서 수차례의 남북회담을 거치면서 합의하였으나, 아직까지 구체적인 논의나 실행에 이르지 못한 사업인 '한강하구 평화적 이용', '서해경제공동특구' 등을 포괄하는 '한반도 메가리전'에 대한 구체적인 비전이 필요한 이유이다.

역대 정부는 그동안 북한에 다양한 사업들을 제안했었다. 하지만 대표적인 성공 사례인 개성공단 사업조차 현재는 중단된 상태이다. 결국 관건은 북한의 '수용성'에 대한 고민이 중요하다. 우리의 이익만을 추구하고나 일방적이며 호혜적인 지원사업이 아닌 남과 북 모두의 번영을 위한 미래 구상이 필요하다. 그 비전의 중심에 '한강하구'와 '서해공동경제특구' 경기만을 중심으로 통합된 한반도 경제권의 새로운 발전 거점으로서 '한반도 메가리전'을 제안하고자 한다.[16]

1) 배경과 필요성

접경지역에 평화적 공간을 설정하여 남북협력을 도모하자는 구상은 1970년 이후 꾸준히 제기되어 왔다. 하지만 국내외의 정치적인 상황으로 인한 남북관계의 부침이 거듭되면서 번번이 그 추진에 어려움을 겪고 있다. 하지만 남북이 구체적인 합의에 이르진 못했어도 원칙적으로는 평화적 공간 설치에 대한 필요성을 공감하고 있는 의제이기도 하다.[17] 조금씩 이름을 달리하지만, 역대 정부에서 북한에 제안하였던 'DMZ 평화시', '통일특별시', 'DMZ 생태·평화공원', '나들섬 구상',[18] '통일경제특구' 등도 모두 비슷한 맥락이다.

북한에 제안되었던 많은 협력사업들이 제대로 추진되지 못했던 원인으로 북한의 수용성을 고려하지 못했다는 측면을 지적할 수 있다. 하지만 2018년 「평양공동선언」에서 남북의 정상은 서해경제특구를 공동으로 개발한다는 합의를 도출한 바 있다. 북한 역시 이 지역에서의 우리와의 협력사업을 염두에 두고 있다는 점에서 그 실현 가능성이 크다고 하겠다.

접경지역 중에서 한강하구와 경기만 연안은 분단 이후 각종 규제가 중첩되어 있어 상대적으로 발전이 더딘 곳이다. 북한의 경우에도 접경지역에 군사시설이 밀집되어 있어 산업이 발달되지 못하여

도시 발전이 저해되었다. 역사적으로 이 지역은 한반도의 지정학적 요충지였다. 대외 무역의 중심이자 해운과 물류의 주요 거점으로 기능을 담당하였다. 이 지역은 잘 보존된 자연과 생태환경에 인구와 산업의 성장 잠재력이 높아 꾸준히 개발 논의가 지속되었던 곳이다. 한반도 메가리전의 구축을 위해서는 이 지역에서부터 본연의 기능을 회복하는 것이 중요하며, 향후 한반도 경제권에서 중추적 거점으로 발전시켜 나가야 한다.[19]

2) 한반도 메가리전의 개념과 구상[20]

메가리전(Mega Region)이란 도시 간 결합을 통해 하나의 경제·문화·사회적 연대가 형성되는 지역을 일컫는다. 즉 도시 간에 교통망이 연결되어 물류 인프라 공유가 가능하며, 산업시설 유대성이 강화되어 동반성장이 가능하여 투자가 집중되고 인구가 밀집되는 네트워크 권역을 의미한다.

서울에서 평양의 거리는 불과 200km 정도로 '한반도 메가리전'을 구상하기에 적합하다. 이를 관통하는 지역 중에서 남한의 한강하구를 중심으로 하는 수도권 지역과 북한의 개성–해주–평양의 황해남북도를 아우르는 광범위한 지역으로 설정된다. 남한의 수도권과 북한의 평양권에 인구가 한반도의 절반 정도임을 감안했을 때 충분한 조건을 갖췄다고 하겠다.[21] 우선적으로 해당 도시 간 교통망을 개보수하여 인적·물적 유동성을 확보하고, 사업 타당성을 면밀히 분석하여 적합한 산업시설을 유치한다면 한반도의 신성장동력의 중추지대로서의 역할을 감당하게 될 것이다. 남북의 접경지역

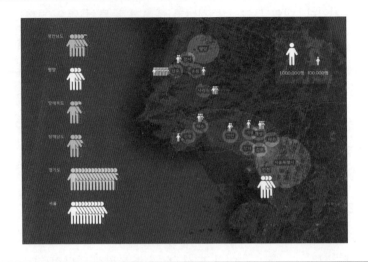

자료: 경기연구원(2020). 「남북통합 신성장엔진 한반도 메가리전」, 3쪽.

이 궁극적으로는 하나의 경제권으로 통합하여 이를 '한반도공동체'
의 초석으로 하는 남북 상생의 비전이라고 하겠다.

 한반도 메가리전은 '김포-개풍', '파주-개성', '강화-강령-해
주'의 3대축으로 구성된다. 먼저, 김포와 개풍을 잇는 'Green Tec
City'이다. 이 축은 33km²(1,000만 평) 규모의 부지에 IT, 바이오, 에너
지, 농업, 물류, 관광 산업을 유치하는 남북경협의 중심 거점이다.
다음으로, 파주와 개성으로 이어지는 'Future City'이다. 기존에 운
영되었던 개성공단이 포함된 곳으로 2·3단계 확장 계획이었던 부
지에 첨단 산업 시설을 유치하는 것이 골자이다. 제조업은 물론이
고 IT, 물류, 관광 기능이 복합된 스마트시티를 건설하는 것을 목
표로 한다. 마지막으로 강화-강령-해주 축 Marine Eco City 조성.

〈그림 7-3〉 한반도 메가리전 구상(안)

자료: 경기연구원(2020). 「남북통합 신성장엔진 한반도 메가리전」, 22쪽.

해양생태산업지대로 관광, 레저, 수산업을 육성하는 방안이다. 개
풍, 연안 일대에 신도시를 건설하고, 하항을 개발하여 연안물류와
관광 교류협력 기반을 강화하는 내용을 포함한다.[22] 한반도 메가리
전 구축을 위해서는 충분한 사전 준비가 필요하다. 우선적으로 경
의선과 경원선 복원 및 활용, TKR의 TSR·TCR 연결, 전철화 사업,
남북 도로 건설 및 확충에 대한 설계가 요구된다. 또한 북한 산업
전반에 대한 검토에 기초한 비교우위를 가려내어 거점별 산업단지
로 조성하는 구상이다.

4. 맺는말

큰 기대를 모았던 북·미 양국 정상 간 Top-Down 방식의 비핵화—대북제재 해제의 협상이 만족할 만한 성과를 거두지 못하였으며, 이후 협상의 교착 국면이 길어지는 동안 미국의 행정부가 교체되어 새판을 고민해야 하는 상황이다. 여기에 전 세계를 덮친 코로나19의 대유행으로 마치 온 세상이 멈춰 있는 듯하다. 작금의 남북 관계에 비추어봤을 때 한반도공동체는 매우 요원한 것이 틀림없는 사실이다. 남북의 정상이 만나 합의한 내용조차 실제 추진에 있어서는 대외적인 어려움을 겪으며 더디기만 한 것이 냉정한 현실이다.

이러한 상황에서 남북 경제통합의 방안으로 제시한 한반도 메가리전 구상 역시 그 실현을 위해서는 매우 긴 시간을 필요로 할 것이 우려된다. 하지만 3년 전 그랬듯 한반도 평화를 위한 대화의 순간은 급작스레 찾아올 수도 있다. 그러한 순간을 앞당기고 내실을 기하기 위한 철저한 대비가 요구된다. 특히 한강하구의 평화적 이용에서 출발하여 서해공동경제특구를 아우르는 청사진인 한반도 메가리전 구상은 남북 교착 국면을 돌파할 수 있는 충분한 대화 의제로 작동할 것이다. 북한이 원하는 남북협력 역시 단순한 분야에서의 제한적인 사업이 아니라 북한의 거시적인 경제 전반 계획할 수 있는 경쟁력 있는 첨단 산업이다.

이러한 측면에서 한반도 메가리전 구상은 북한이 적극적으로 수용할 가능성이 높다. 남북 정상의 만남을 통해 분단의 상징인 DMZ에서 확성기와 초소(GP)가 철거되었듯 한강하구의 평화적 이용의 제안을 통해 다시 한 번 남북의 협력 공간을 만들어내야만 한다. 이를 시발점으로 서해경제공동특구와 한반도 메가리전 구상의 비전을 남북이 함께 만들어간다면 한반도공동체는 아주 먼 미래의 이야기만은 아닐 것이다. 남북 인원들의 자유로운 출입이 보장되고, 한반도가 하나의 경제권역이 되는 'One Korea' 시대가 열려 '사실상의 통일'이 완성되는 그날을 기대해본다.

제8장

……

경제번영을 이끄는 재정의 역할

나원준(경북대학교)

- 정부 예산 제약은 정부지출이 소득을 창출하고 이로부터 조세수입이 결정되는 인과관계에 기초하여 해석할 필요
- 기능적 재정 관점은 건전성 기준에서 벗어나 경제 번영과 시민 존엄을 위해 적극적으로 복무하는 대안적 시각
- 확장적 재정정책은 국민소득, 민간저축, 조세가 함께 늘어나는 좋은 경제 상태로의 이행을 위한 필요조건

일찍이 존 메이너드 케인스(John Maynard Keynes)는 완전고용의 달성과 소득분배의 시정을 시대적인 과제로 제시했다. 시장원리에 모든 것을 맡겨두면 자동적으로 실업이 사라진다는 보수 경제학의

도그마가 틀렸음을 역설했다. 보수 경제학자들은 일자리 부족이 노동시장에서 시장원리가 제대로 작동하지 않는 '시장 실패' 때문이라고 주장한다. 시장원리의 관철을 방해하는 노동조합을 없애면 임금이 떨어져 누구나 일자리를 가질 수 있다는 것이다. 하지만 임금을 낮춘다고 고용이 늘어날 리는 없다. 임금 하락으로 가계의 구매력이 감소하면 기업의 생산물 판매가 줄어든다. 판매가 줄어드는데 일자리가 늘어나기를 기대하기는 어렵다.[1]

실제로는 일자리 부족은 시장 실패 때문이 아니다. 시장에 맡겨 놓으면 적지 않은 노동자들이 비자발적인 실업 상태를 벗어나기 어렵다. 기업은 생산물을 구매하려는 수요의 크기에 맞춰 생산하는데, 수요가 부족하면 고용을 충분히 늘려 높은 생산수준을 유지하기 어려운 때문이다.

일자리 부족은 빈곤과 함께 소득 불평등을 낳는다. 불평등은 기회의 불균등으로 이어진다. 빈곤층은 질 좋은 교육을 받을 권리, 일정 수준의 주거 서비스를 누릴 권리, 발전된 현대 금융제도를 이용할 권리로부터 체계적으로 배제된다. 그로 인해 부유층과 빈곤층에게는 좋은 일자리를 갖고 경제성장에 기여하며 성장의 과실을 누릴 수 있는 기회 자체가 달라진다. 기회의 불균등은 더 큰 불평등으로 이어진다.

경제가 성장해도 분배가 불평등하면 가계의 구매력이 정체되면서 수요가 충분히 늘어나지 못하는 수요 제약이 구조화된다. 빈곤층과 부유층을 비교해보면 벌어들인 소득 가운데 지출하는 비중이 빈곤층에서 훨씬 크게 나타난다. 따라서 빈곤층의 소득이 줄어들고 부유층의 소득이 늘어나면 경제 전체적으로 재화를 구매하려는 총수요가 줄어들기 마련이다. 오늘날 한국 경제는 이 수요 제약 때문에 성장이 정체되는 현상이 지속되고 있다. 그런데 성장의 정체는 다시 일자리 부족으로 이어진다. 일자리 부족은 재차 빈곤과 소득 불평등, 기회 불균등을 심화시킨다. 일자리 부족, 빈곤, 소득 불평등, 기회 불균등, 수요 제약, 성장 정체 사이에는 악순환이 도사리고 있다.

지속가능한 공정경제를 지향하는 정부라면 바로 그 악순환을 끊어내야 한다. 그런데 오늘 한국 경제에서 그와 같은 악순환을 끊어내는 일을 시장에 맡길 수는 없다. 정부가 나서서 경제 상황을 관리하고 공공부문을 중심으로 일자리를 창출하며 시민의 소득을 보장하려는 목적으로 재정을 본격적으로 투입하지 않으면 개선을 기대하기 어렵다. 공정경제로 나아가는 길에서는 국가가 모든 시민에게 일자리와 소득의 기회를 제공하는 것이 하나의 중요한 방편이며, 이를 위해서는 국가재정의 역할에 대한 변화된 인식이 요구된다.

1. 재정정책의 역할에 대한 전통적인 시각

기성의 경제학계에서는 전통적으로 정부의 적자 지출이 민간 경제의 성장에 방해가 된다는 시각이 우세했다. 보수 성향의 경제학자들이나 관료, 정치인, 주류 매체에서는 정부의 지출이 늘어나면 이는 이자율을 끌어올려 민간 투자를 위축시킨다는 '구축효과(crowding-out effect)'의 이론을 주장한다. 역사적으로 이는 1930년대 세계대공황 시기에 확장적 재정정책의 필요성을 역설했던 케인스에 맞서 영국 재무성이 제시한 견해(Treasury view)였다. 이 시각은 공공부문은 경쟁에 노출되지 않아 혁신에 둔감하며 이에 따라 공공부문이 확대되면 경제의 활력이 저해된다는 작은 정부 옹호론에 이데올로기적으로 기초해 있다.[2] 정부는 필수적인 공공재의 생산을 위한 지출 이상을 해서는 안 되며 규제 등 정부 활동은 최소한으로 제한해야 한다는 것이다.

동일한 지향은 재정과 관련해 감세와 민영화의 추진으로 등장한다. 하지만 경제상황과 시민사회의 요구에 따라 재정총량이 커지는 것을 막을 수는 없다. 그러자 이번에는 정부지출을 늘리더라도 주어진 세입의 범위 내로 제한해야 한다며 균형재정과 재정건전성이 강조된다. 재정은 정부가 상황에 따라 재량적으로 운영해서는 안 되며 재정 준칙이라는 이름의 규칙을 정해 준수를 강제해야 한다는 주장도 결국 비슷한 이야기이다.

실제로는 긴축 편향의 정책은 대체로 경제의 공정한 발전을 저해해왔다. 재정 긴축은 흔히 비생산적이라고 여겨지는 복지지출의 구조조정을 수반했다. 취약계층의 삶이 나락으로 떨어지며 소득 불평등과 기회 불균등의 확대로 이어졌다. 그 귀결은 반복되는 경제위기였다. 위기를 맞고도 작은 정부를 주장할 만큼 무모한 경제학자는 다행히 많지 않았다. 2008년 글로벌 금융위기에 이어 다시 2020~2021년 코로나19 경제위기를 맞으면서 세계 주요국에서는 재정의 역할을 바라보는 시각에 중요한 변화가 일어나고 있다. 대표적으로 기존에 재정 보수주의를 옹호해온 국제통화기금(IMF)은 긴축재정과 신자유주의의 과잉이 저성장과 불평등을 낳았음을 시인했다.[3]

2. 정부 예산 제약이라는 신화의 정체

지속가능한 공정경제에서는 총수요를 지원하며 경제의 역동성을 제고하는 정부 역할이 강화된다. 재정운영은 그와 같은 방향성을 담아야 한다. 그런데 이에 대한 하나의 비판은 돈이 없다는 것이다. 보수적인 경제학에서는 정부 예산 제약(government budget constraint)을 절대 진리로 여긴다. 정부도 가계처럼 쓸 수 있는 예산이 주어져 있다는 논리이다. 돈이 없다면 어떤 진지한 사회 개혁 프로그램도 좌절되기 쉽다. 재원조달 계획이 미비한 개혁 프로그램은 몽상가의 꿈처럼 여겨지며 현자로 둔갑한 보수파 재정학자의 엄정한 꾸짖음을 마주한다. 정부도 예산 제약이 있다는 사실을 아는 것이야말로 경제학을 다른 사회과학과 구분 짓는 것이라고도 이야기된다. 하지만 정말로 정부한테도 가계가 직면하는 것과 같은 예산 제약이 존재할까?

보수적인 경제학의 정설에 따르면 정부가 지출을 하려면 돈을 쓸 수 있도록 저축된 재원이 그 전에 주어져 있어야 한다. 정부가 생산물을 구매하든 공무원을 고용하든 복지급여를 지급하든 궁극적으로는 민간으로부터 세금을 거두거나, 아니면 민간이 저축한 돈을 국채 발행으로 빌려서 쓰는 것이다. 따라서 조세나 민간 저축이 미리 있지 않으면 정부지출이 불가능하며, 그 한도 내에서만 정부지출이 가능하다고 본다. 하지만 과연 그럴까?

1) 정부지출로 소득창출 과정이 시작되어야 조세수입이 발생하는 것

하지만 그런 설명은 사실과 다르다. 저축은 소비되지 않고 남은 소득이다. 따라서 저축이 존재하려면 소득이 먼저 만들어져 있어야 한다. 그런데 소득은 어떻게 만들어질까? 그것은 누군가가 지출을 해서 생산물을 구매했기 때문에 만들어진다. 인과관계를 따져보면 정부든 민간이든 지출(민간소비, 정부소비, 투자)을 한 결과로 소득이 만들어지고 그렇게 만들어진 소득의 일부가 저축되는 셈이다. 조세수입도 마찬가지다. 조세수입 역시 먼저 민간이든 정부든 지출을 하고 그 결과로 국민경제 내에서 소득이 창출된 다음에야 비로소 발생한다. 요컨대 사실은 정부와 민간의 지출이 조세수입과 민간저축을 만들어낸다. 재정활동을 기준으로 보면 정부의 지출이 원인에 해당한다.

이와 같이 지출이 저축이나 조세수입에 선행한다는 논리의 뿌리는 거시경제학 최고의 고전으로 누구나 인정하는 케인스의『고용, 이자 및 화폐에 관한 일반이론』(이하『일반이론』)이다. 이 고전은 경제학에 일종의 코페르니쿠스적 전환을 가져온 것으로 평가된다. 이른바 '케인스 혁명'의 기본적인 내용은, 마치 태양이 지구 주위를 도는 게 아니라 지구가 태양 주위를 도는 것처럼, 국민경제에서도 전통적인 믿음과는 반대로 수요가 공급을, 그리고 투자가 저축을 결정한다는 것이었다.[4]

독자로서는 이 대목에서 질문이 생길 것이다. 원인이 결과에 의존하지 않듯이 정부지출이 조세수입이나 민간저축에 의지하지 않는다면 애초에 정부는 무슨 돈으로 지출을 한다는 걸까? 정부는 지출의 최초 재원을 어떻게 마련할까? 이 질문에 대한 해답은 중앙은행을 포함한 현대적 은행 제도의 특성에 있다. 한국 정부는 정부의 당좌예금인 국고 계정의 잔액이 부족하면 지출을 못할까? 아니다. 한국은행으로부터의 차입으로 지출 재원을 우선 확보할 수 있기 때문이다. 다른 방식도 가능하다. 정부는 '재정증권'이라는 이름의 단기 국채를 발행하기도 한다.[5]

　나라마다 제도에 차이가 있지만 일반적으로 각국 정부는 지출을 개시할 때 조세수입이 없더라도 중앙은행이나 시중은행의 '신용창조'에 의지할 수 있다. 정부가 중앙은행 차입 등으로 자금을 마련해 지출을 하면 국민경제 내에서 소득이 만들어진다. 이 소득은 이후 '돈이 도는' 과정을 거치며 그 크기가 커진다. 조세수입이 국고로 이체되는 것은 그다음 단계의 일이다. 정부는 조세를 거두어들이면 이를 중앙은행에서 빌려온 돈을 갚는 데 쓴다. 그런데 조세수입만으로는 중앙은행 차입금을 못 갚을 수 있다. 그 경우 정부는 국채를 발행해 남은 빚을 갚는다. 정부지출과 조세, 국채 사이에 존재하는 이와 같은 인과관계를 분명히 해야 한다. 정부 예산 제약은 정부지출이 소득을 창출하고 그로 인해 조세수입이 정해진다는 인과관계에 기초해 그 의미를 해석해야 옳다. 정부가 돈이 없어 지출을 못한다는 항변은 결과를 원인의 자리에 가져다 놓으려는 것이다.

　기성의 보수적인 재정학에서는 국가 재정을 가계의 예산 제약과 다르지 않다고 잘못 해석한다. 혼동의 이유는, 회계연도 말에 정부의 세입과 세출을 결산하고 보면 마치 지출 전에 미리 조세를 걷고 국채를 발행해야 하는 것처럼 보이기 때문이다. 이는 현상적으로 해가 뜨고 지는 것에 근거해 천동설을 주장하는 만큼이나 잘못된 것이고 지출이 저축보다 선행한다는 케인스 경제학의 문법과는 정반대이다. 케인스 혁명에 의해 한때 극복되었으나 이후 되살아난 과거 경제학의 잘못된 문법인 것이다.

가계한테는 벌어들일 수 있는 소득이 대개 일정한 크기로 주어지며 그 한도 안에서 가계는 자금의 사용처를 정한다. 예산 제약이 선택의 한계가 된다. 하지만 정부한테는 세입의 크기를 스스로 조절할 여지가 있다. 정부가 지출을 어떻게 하는가에 따라, 즉 재정을 얼마나 그리고 어디에 쓰는가에 따라 민간의 경제활동 수준이 달라지고 이로 인해 거두어들일 수 있는 세금도 달라지기 때문이다. 정부 예산 제약은 적어도 정부의 지출 선택범위를 사전에 제한하는 것은 아니며 단지 사후적으로 성립하는 식일 뿐이다.

2) 구축효과는 잘못된 이론

그렇다면 앞에서 언급했던 구축효과는 어떻게 이해해야 할까? 정부지출이 이자율을 상승시켜 민간지출을 줄인다는 이 가설은 잘못된 이론이다. 예를 들어 정부가 민간 생산자로부터 사무용 볼펜을 구입한다고 하자. 이와 같은 조달 행위의 결과로 정부는 해당 생산자의 은행 계좌에 볼펜 구입대금을 입금한다. 구체적으로 정부를 대신해 국고를 관리하는 중앙은행은 ① 정부의 볼펜 구입대금만큼 국고 잔액을 줄이고 ② 볼펜·생산자의 거래 은행이 볼펜 생산자 계좌 잔액을 같은 액수만큼 늘리도록 하면서 동시에 ③ 중앙은행에 개설된 바로 그 거래 은행의 '지급준비금' 계좌의 잔액을 같은 액수만큼 늘려준다. 여기서 주목할 사실은 정부지출이 지급준비금을 증가시킨다는 것이다.

은행들은 일상적으로 서로 지급준비금을 빌려주고 빌려 쓴다. 대개 하루 동안 빌려서 쓴 다음 이튿날 바로 갚는다. 은행들 사이에서 지급준비금이 거래되는 초단기 자금시장이 콜 시장이다. 콜 시장에서 지급준비금을 빌리면서 치르는 이자율인 '콜 금리'는 지급준비금이 과잉 상태가 되면 떨어지고, 지급준비금이 부족해지면 오른다. 이제 정부지출이 늘어나면서 지급준비금이 증가하면 콜 금리에 어떤 영향이 있을까? 쉽게 예상할 수 있듯이 이자율은 떨어진다. 정부지출이 늘어나면 이자율이 오르는 것이 아니고 반대로 떨어지는 것이다. 경제학에서 잘 알려진 이자율 이론에 따르면, 돈을 하루 동안 빌리는 데에 적용되는 초단기 이자율이 떨어지면 결국 긴 만기에 걸쳐 자금을 빌리는 이자율인 장기 이자율도 떨어진다. 그렇다면 정부지출이 이자율을 상승시켜 구축효과를 유발한다는 주장은 성립하기 어려운 셈이다.

다른 각도에서도 생각해볼 수 있다. 앞에서 등장한 볼펜 생산자는 정부에 볼펜을 판매해 이윤을 획득한다. 정부지출이 없다면 그만큼의 이윤도 없을 터이다. 정부의 지출은 기업에 이윤 기회를 제공한다. 정부지출로 이윤 기회가 만들어지는데 어떻게 기업이 투자를 줄인다는 것일까? 그런 점에서 보더라도 정부지출이 기업의 투자를 줄인다는 주장은 설득력이 부족하다.

3. 거시경제 자금순환과 재정정책[6]

지금까지 제정의 역할에 대해 정부 예산 제약을 중심으로 논의했다면 이번에는 재정의 역할을 거시경제 자금순환의 맥락에서 살펴보자. 국민경제에 참여하는 부문 간 자금 이동을 고려해 이들의 자금 유출입을 모두 더하면 그 합계는 영(0)이 될 수밖에 없다. 누군가 돈을 쓰면 그만큼 다른 누군가는 돈이 늘어나기 때문이다. 경제부문을 크게 묶어 민간, 정부, 해외부문으로 구분하고 보면 이는 즉 민간의 자금수지, 정부의 자금수지, 해외부문의 자금수지를 더한 값이 영이 된다는 의미이다. 이 중 민간의 자금수지는 민간의 가처분소득에서 민간 지출을 뺀 것으로, 정부의 자금수지는 조세에서 정부지출을 뺀 재정수지로, 그리고 해외부문의 자금수지는 수입에서 수출을 뺀 것으로 볼 수 있다.[7] 이에 따라 다음과 같은 자금수지 관계식이 성립한다.

> 0 = 민간자금수지 + 재정수지 − 순수출

1) 정부 부채와 민간 부채의 관계

민간의 자금수지는 양의 값을 가져 흑자가 될 수도 있고 반대로 음의 값을 가져 적자가 될 수도 있다. 흑자인 경우 여유 자금이 생긴 것이므로 이를 정부에 빌려주고 반대급부로 국채를 인수할 수 있다. 그래서 민간의 자금수지 흑자는 재정수지 적자를 수반하는 경향이 있다. 국채는 재정적자 상황에서 발행하는 일이 많기 때문이다.

민간의 자금수지가 적자라면 그 반대이다. 이는 민간의 가처분소득이 민간 지출에 못 미쳐 민간이 빚을 내는 상황이다. 이때 재정수지는 흑자이기 쉽다. 가령 정부가 민간에 이전하는 복지지출을 줄이면 이는 재정수지를 흑자로 만들면서 민간은 적자 상태가 되게 하는 효과가 나타날 수 있다. 재정흑자는 말하자면 정부가 저축을 하는 것이다. 민간은 금융시장을 통해 정부의 저축을 빌려 쓸 수 있다.[8] 요컨대 순수출이 일정한 크기로 주어져 있다는 전제 하에서는 재정이 적자 방향으로 변하면 민간 자금수지는 반드시 흑자 방향으로 변한다. 반대로 순수출이 일정한 가운데 재정이 흑자 방향으로 변하면 민간의 자금수지는 반드시 적자 방향으로 변한다. 순수출이 일정하다는 전제 하에서 거시적인 자금순환을 따져 보면, 정부가 빚을 늘리면(재정적자) 민간은 가처분소득이 상대적으로 커져 빚을 줄일 수 있게 되는 반면, 정부가 빚을 줄이는 긴축을 실시하면(재정흑자) 민간의 자금수지가 적자가 되어 민간이 빚을 더 내게 되는 것이다.

[재정적자 = 정부 부채↑] ⇒ [민간 자금수지 흑자 = 민간 부채↓]
[재정흑자 = 정부 부채↓] ⇒ [민간 자금수지 적자 = 민간 부채↑]

2) 좋은 균형과 나쁜 균형: 투자 위축의 경우

거시경제를 자금순환의 관점에서 보면 우리는 재정이 거시경제의 '좋은 균형'에 접근하는 데 활용될 수 있다는 점, 그리고 재정정책이 잘못되면 거꾸로 '나쁜 균형'으로 갈 수도 있다는 점을 파악할 수 있다. 이는 민간 저축과 조세의 크기가 국민소득의 크기에 달려 있기 때문이다. 국민소득이 늘어나면 민간 저축과 조세가 늘어난다. 반대로 국민소득이 줄어들면 민간 저축도, 조세도 줄어든다.

이제 우리는 민간의 지출, 그중에서도 생산설비에 대한 실물투자가 위축되는 상황에 대해 어떤 좋은 균형과 나쁜 균형이 가능한지 살펴보자. 이런 상황에서 만약 정부가 재정건전성을 지킨다는 명목으로 재정흑자를 고집해 조세수입의 범위 내에서만 지출을 한다면 어떤 일이 벌어질까? 단, 설명을 이해하기 쉽게 하고자 여기에서는 순수출의 크기는 영(0)으로 고정되어 있다고 가정하자. 아울러 최초에 민간 자금수지와 재정수지 모두 흑자도 적자도 아닌 균형 상태, 즉 영(0)이었다고 가정하자.

3) 나쁜 균형의 가능성: 긴축재정의 결과는 경제침체

민간의 실물투자가 줄어들면 이는 민간 자금수지를 흑자로 변화시킨다. 민간으로서는 지출이 줄기 때문이다. 그 경우 가계와 기업은 여유 자금이 생기므로 이를 정부에 빌려주는 편이 낫다. 그런데 정부가 빚을 지려고 하지 않으면 그와 같은 가계와 기업의 의도는 실현될 수 없다. 이런 경우 거시경제의 조정이 일어난다. 왜냐하면 투자가 감소해 민간 자금수지가 양수가 되었는데 재정수지가 영(0)이면 앞의 자금수지 관계식이 더 이상 성립하지 않게 되기 때문이다.

케인스 경제학에서는 거시경제의 조정이 주로 소득수준의 변화에 의해 이루어진다고 본다. 투자가 감소하면 경제가 침체된다. 국민소득이 줄어든다는 뜻이다. 소득이 줄어들면 민간 저축과 조세도 함께 줄어든다. 그렇게 낮아진 국민소득 수준에서 거시경제는 다시 균형을 회복한다. 이 새로운 균형에서는 정부의 의도와는 달리 재정수지도 안 좋아진다. 적자 방향으로의 변화가 불가피하다. 조세수입이 당초에 비해 줄었기 때문이다. 그 과정에서는 민간의 자금수지도 다시 흑자폭이 줄어든다. 소득이 줄어드는 조정 과정을 거치면서 불균형은 해소되겠지만 경제의 상태는 나쁜 균형으로 바뀌고 만다. 나쁜 균형에서는 해고와 일자리 불안정, 소득 감소가 일상화된다. 경제가 침체될 때의 어려움은 대개 가난한 사람들에게 더 혹독한 법이다. 만약 반대로 정부가 국채를 발행해 민간의 여유 자금을 빌려 정부지출을 늘렸더라면 재정은 적자가 되었을지언정 나쁜 균형으로의 조정은 막을 수 있었을 터이다.

4) 나쁜 균형의 또 다른 가능성: 긴축재정의 결과는 가계부채 위험

다른 가능성은 없을까? 있다. 설비투자는 위축되었지만 자금수지 흑자인 민간부문 내에서 여유 자금이 주택에 대한 투자로 몰릴 수 있다. 이 경우 정부가 재정흑자를 고집하더라도 소득수준이 감소하는 거시경제의 조정은 미루어질 수 있다. 경제가 침체되는 상황으로는 안 갈 수 있다는 의미이다. 하지만 그 과정에서는 민간 부채가 늘어나는 부작용이 수반된다.[9]

한국 경제의 민간 부채, 그중에서도 특히 가계부채의 위험은 오래전부터 국내외의 우려를 불러왔다. 국제결제은행(BIS)이 발표한 한국 경제의 2020년 1분기 기준 가계부채의 국내총생산(GDP) 대비 비율은 97.9%이다. 이는 제도적인 차이로 직접 비교가 어려운 북유럽 3개국을 제외하면 세계 3위에 해당한다. 영국 킹스턴대학의 경제학 교수 스티브 킨(Steve Keen, 1953~)은 한국 경제가 2008년 글로벌 금융위기 시기부터 이미 민간 부채의 위험이 과도한 상태였으며 위험이 점증하고 있음을 경고한 바 있다.[10] 이 역시 또 다른 나쁜 균형인 것이다.

5) 수출에만 의존하는 경제를 장기적으로 바람직하다고 볼 수는 없어

좋은 균형의 가능성은 없을까? 대외 자본수지가 고정되어 있다는 가정을 풀면 좋은 균형의 가능성이 생긴다. 수요가 위축되면서 저축된 여유 자금을 민간은 이제 정부가 아니라 해외에 빌려줄 수 있다. 순수출이 증가하면 정부가 재정을 긴축해도 나쁜 균형으로 가지 않고 당장 살 길은 열린다. 하지만 만약 순수출이 줄면, 재정 수지를 적자 방향으로 조정해야만 경제의 침체를 막을 수 있다. 불안정한 대외 수출에 의지하지 않으려면, 결국 충분한 크기로 적자 재정을 운영하는 것을 감수해야만 나쁜 균형을 피할 수 있다.

수출에 의존하는 이런 패턴이 한국 경제에서는 종종 관측되곤 했다. 한국은 다른 나라에 자금을 빌려주는 순채권 국가이다. 국내적으로 보면 가난한 사람이 너무 많고, 주거생활이나 사교육에 들어가는 비용이 크고, 사회안전망이 취약해 시민이 직접 감내해야 하는 사회적 위험이 커서 수요가 만성적으로 제약되어 있다. 정부도 그간에 건전 재정(sound finance)의 명분으로 지출을 세입 범위 내에서 억제해왔다. 결국 경제성장을 위한 수요 기반은 지금껏 재벌 대기업 중심의 수출뿐이었다. 해외에서 물건을 제법 사준 덕에 수출로 벌어들인 돈을 해외 자산의 매입에 투자해온 것이지만, 그 과정에서 여러 가지 부작용이 경제 내에 차곡차곡 누적되어 왔음은 주지의 사실이다.

6) 다시 구축효과 가설을 비판한다

앞에서 살펴본 것처럼 정부지출은 소득을 창출하는 효과가 있다. 정부지출의 확대는 국민소득의 증가를 통해 민간 저축과 조세의 증가를 유발하는 것이다. 이는 재정적자도 정부지출을 늘린 것만큼 확대되지는 않을 것임을 시사한다. 확장적 재정정책으로 국민소득과 민간 저축, 조세수입이 함께 늘어나는 좋은 균형으로 경제가 옮겨갈 수 있는 것이다.

이와 관련해 영국 유니버시티 칼리지 런던의 경제학 교수 마리아나 마주카토(Mariana Mazzucato, 1968~)가 제안한 '기업가형 국가(entrepreneurial state)'의 '사명 지향적 투자(mission-oriented investment)' 개념도 유익한 고민의 지점을 제공한다. 마주카토는 생산체제와 기술의 전환을 도모하는 공공투자는 보통의 정부지출과는 경제적 효과가 다르다고 주장했다. 후자는 그 효과가 비교적 단기간에 국민소득에 대한 직접 기여를 중심으로 나타난다면, 그와는 달리 전자는 민간 영역의 여러 산업으로 혁신의 성과가 확산되면서 그 효과가 중장기적으로 실현된다는 것이다. 최근 크게 각광받고 있는 이 새로운 주장에 따르면 신기술에 대한 전환적 공공투자는 민간에 새로운 기술 기회를 창출하고 기술 변화의 방향을 제시함으로써 혁신을 촉진하고 민간 투자를 자극한다.[11] 정부지출에는 이처럼 민간 투자를 위축시키기보다는 반대로 민간 투자를 늘리는 '강화효과(crowding-in effect)'가 수반될 수 있다.

4. 기능적 재정론의 대안적 관점

현대 국가는 시민들의 경제생활 거의 전 영역에 걸쳐 복잡하고 다양한 방식으로 개입해 있다. 국가는 공공재를 생산하고 배분한다. 교육이나 의료, 주거 서비스의 공급을 맡기도 한다. 이를 통해 사회적 필요와 욕구를 창조하고 충족시킨다. 산업과 금융을 지원함으로써 시장을 만들어내고 경제성장의 양상도 결정한다. 시민들을 사회적으로 안전하게 보호하는 복지제도도 그 가운데 상당한 부분을 정부가 운영한다. 이와 같은 국가와 시민 사회 사이의 밀접한 관련은 역사적 진화의 산물에 가깝다. 오늘날 자본주의 국가의 포괄적 역할을 손쉽게 회피하거나 선택적으로 되돌릴 수 없는 이유이다.

그런데 국가의 역할은 정부의 재정 활동에 의한 뒷받침이 없다면 수행될 수 없다. 재정은 그렇게 국민경제의 전체 상을 반영한다. 국민경제 안에서 이루어지는 모든 경제활동이 정부재정에 크고 작은 자취를 남긴다. 이와 같은 시각에서는 국가재정이 국민경제와의 관련 하에서 제 역할을 제대로 하며 기능하는지가 가장 중요하다. 어떤 특정 재정 비율에 기초한 건전성의 판단은 큰 의미가 없다. 경제가 건강하면 설령 재정 비율이 나쁘더라도 잘못된 것이 아니다. 재정건전성을 위해 경제를 희생하려는 것이야말로 잘못된 것이다. 재정을 평가하는 제일 기준을 그것의 국민경제에 대한 기능성에서 찾는 이와 같은 시각이 기능적 재정(functional finance)의 견해이다.

　기능적 재정은 경제학자 아바 러너(Abba Lerner, 1903~1982)에 의해 정식화되었다. 기능적 재정의 핵심 원리는 재정수지를 균형으로 맞춰야 한다는 관념을 버려야 한다[12]는 것이다. 러너는 재정정책은 완전고용과 국민경제의 안정적 성장이 재정정책을 평가하는 유일한 기준이라고 역설한다.[13] 건전성에 집착하는 긴축 편향의 재정정책은 완전히 잘못되었다는 것이다.[14]

5. 맺음말: 지속가능한 공정경제를 위한 재정정책

　지출이 조세에 선행한다. 즉 지출이 충분한 소득을 창출할 수 있으면 조세수입도 충분해진다. 따라서 지출이 효과적이면, 사후적인 성격을 갖는 정부 예산 제약은 문제가 안 된다. 재정 제약을 문제삼지 말고 어떻게 해야 지출을 효과적으로 수행해 재정활동의 목적을 달성할 수 있을지 고민하는 편이 옳다.

　오늘 한국 경제는 코로나19 감염 확산에 따른 경제위기의 한복판을 통과하고 있다. 고용 대란과 취약계층의 소득 감소에 대응하는 일환으로 정부는 전례 없는 규모의 확장적 재정정책을 시행하고 있다. 적자 지출을 위한 국채 발행도 크게 늘었다. 이를 두고 보수 야당과 경제학자들, 관료, 기성 매체들은 재정건전성의 훼손을 경계하는 모양새다. 그러나 우리가 오히려 걱정할 것은, 이 정도의 재정 투입으로도 부족할 만큼 악화된 오늘의 경제 상황 자체라고 할 것이다. 재정은 국민경제의 건강을 위해, 그리고 시민의 경제적 존엄을 위해 복무해야 한다는 기능적 재정의 시대적 요청에서 오늘 우리가 대안을 모색하는 이유이다.

한국 경제에는 당장의 코로나19 경제위기 외에도 앞으로 닥칠 험난한 도전 과제들이 산적해 있다. 저출산 고령화, 기후변화, 가계부채, 양극화와 소득 불평등, 구조적인 수요 제약과 저성장, 일자리 부족, 저복지에 따른 취약계층의 가난 등 만만치 않은 난제들뿐이다. 그런데 이것들 중에는 시장에 맡겨둔다고 해결될 수 있는 것이 없다. 정부가 나서야 한다.

지속가능한 공정경제는 이 도전 과제의 극복을 위한 정부의 새로운 비전이다. 그 비전을 뒷받침하는 재정정책은 사람, 기술, 지식, 사회 인프라에 대한 전략적인 공공투자의 성격을 갖는다. 우리는 한국 경제의 전략 과제를 해결하려면 적극적이고 집중적인 대규모 재원 투입이 필요할 것으로 내다본다. 한국 경제의 미래를 위한 투자의 목표와 평가 기준은 투자의 결과로 우리가 어떤 미래를 획득할 수 있는가 하는 물음이어야 한다. 그 목표와 평가 기준에 기능적으로 부합하는 과감하고 효과적인 정책 수단을 시행한다면 재정 제약의 한계는 우리의 발목을 잡을 수 없다. 또다시 재정건전성을 목표나 평가 기준으로 삼는 방식으로는 우리는 그 어떤 진전도 기대할 수 없다. 그것은 다시 나쁜 균형을 가져올 뿐이다. 우리가 가장 경계해야 하는 것은 국가채무비율과 같은 특정 비율의 수치가 아니라 우리 내부의 소극성과 보수주의이다.[15]

제3부

·

공정한 경제질서

제9장

혁신과 좋은 일자리를 위한 산업정책

김계환(산업연구원)

- 잠재성장률의 하락, 산업생태계와 혁신역량의 양극화, 기술·경제 패러다임의 전환이라는 도전에 대응
- 신기술의 성장잠재력이 산업의 모든 영역에서 고르게 실현되도록 해야 함
- 생산적 지식 스톡에 대한 접근성의 개선을 위해 업-스킬(up-skill) 혁명과 엑셀러레이션 플랫폼 정책 필요

  시장에 대한 국가의 개입으로 인식되어 터부시되던 산업정책이 중국은 물론 미국, 유럽, 영국, 일본 등 산업 강국의 정책으로 부상하고 있다. 정부의 대규모 재정 투입을 동반하는 강력한 산업정책이 각국 정부의 주요 정책이 되었다. 대외적으로는 자유무역을 주

창하던 미국 정부가 중국과의 전략적 경쟁을 선언하고, 공급망 동맹, 기술 동맹 등 클럽형 국제질서를 주창하는 등 국제무역질서도 대전환을 겪고 있고, 산업안보가 각국 무역정책의 주요 이슈로 부상하였다.

산업과 통상 정책의 이러한 근본적 전환의 이면에는 지난 30~40여 년간의 신자유주의적 세계화에 대한 결산이 있다. 탈산업화를 방치하는 지금까지의 선진국 산업정책이 자국의 중산층 일자리 소멸과 사회·정치적 갈등의 증폭을 낳은 것은 물론 미래 산업 경쟁에서 경쟁국에 뒤처지는 결과를 초래했다는 판단이다. 이러한 결산으로부터 나온 산업정책은 국내적으로는 사회국가의 강화로 중산층을 복원하고, 대외적으로는 전략국가의 부활로 경제안보를 강화하고 미래산업을 선도하는 것을 목적으로 하고 있다.

우리나라 산업과 산업정책도 결산과 함께 다시 한 번 재도약을 위한 포괄적 전략이 필요한 시점에 있다. 더욱이 지금은 우리나라 경제성장은 물론 중산층 일자리, 지역경제 발전에서 핵심적인 역할을 해왔던 산업의 미래에 대한 국민들의 불안과 걱정이 어느 때보다 높다. 인공지능이 곧 사람을 대체하여 일자리 없는 세상, 승자 독식의 세상이 올 거라는 우려가 확산되고 있고, 기후위기가 인류의 생존까지 위협하는 재앙이 될 것이라는 공포가 퍼지고 있다. 미·중이 세계 패권을 놓고 싸우는 G0 시대가 도래하면서 한국은 어떤 입장을 취해야 하는지, 이러지도 저러지도 못하는 상황에 있는 것 아닌지 불안해하고 있다.

이렇게 세대와 계층을 불문하고 대다수의 국민들이 불안과 걱정에 휩싸여 있는 상황을 타개하고 걱정을 넘어 희망을, 희망을 넘어

꿈을 꾸기 위해서는 위해 산업정책이 해야 하는 역할은 무엇인가? 지금 국가에 가장 필요한 임무가 있다면 미래에 대한 비전을 만드는 것이다. 디지털 전환과 그린 전환을 근심 걱정의 원인이 아니라 희망과 꿈을 꿀 수 있는 기회의 창으로 전환해야 한다. 기업과 산업의 새로운 성장과 좋은 일자리를 증가시킬 기회로 만들어야 한다. 기술, 산업혁신과 산업성장에 대한 진보의 대안, 그리고 디지털 전환과 그린 전환으로 고령화, 기후위기 등 사회가 직면한 문제를 해결하는 것은 물론 질 좋은 성장, 분배를 개선하고 지역 간 균형을 회복하며 생산성도 향상시키는 양질의 성장도 달성할 수 있다는 희망의 메시지를 만들어야 한다.

다음에서는 한국 산업정책이 직면한 주요 도전을 제시한 후 혁신, 지속가능성, 개방을 주요 방향으로 하는 산업정책의 비전과 정책 방향을 제시한다.

1. 글로벌 산업지형 대전환의 도전

한국 산업이 경제성장의 동력, 좋은 일자리의 원천, 국가안보를 위한 산업적 기반으로서 역할을 계속하기 위해서는 글로벌 산업지형의 대전환을 초래하는 대내외 도전을 해결해야 한다.

1) 새로운 산업혁명과 강대국 간 산업패권 경쟁

먼저 한국 산업은 두 개의 산업혁명에 직면해 있다. 하나는 디지털 기술 등 첨단 생산기술 기반 디지털 전환이며, 다른 하나는 기후위기에 따른 그린 산업혁명이다.

경제와 산업의 디지털 전환은 기업, 산업, 경제는 물론 사회적 차원에서도 근본적인 변화를 초래할 시스템 전환이다. 기술과 경제적 요구의 결합으로 기술혁신, 경제적 혁신이 일어나고, 제품, 비즈니스의 혁신과 산업의 변화가 일어나고 있다.

또 하나의 산업혁명은 그린 산업혁명이다. 기후 및 생태 위기로 생산 및 소비를 저탄소형으로 바꿔야 한다는 인식이 확산되고 있다. 국제적으로는 2015년 파리 기후협약에서 탄소중립 목표에 합의가 이루어지면서 저탄소 발전 경로로의 이행은 선택이 아닌 필수사항이 되었다.

새로운 산업혁명에 주요 산업 강국은 빠르게 적응하는 것은 물론 새로운 산업혁명에서 선도적 지위를 차지하기 위해 국가 역량을 총동원하고 있다. 미국 바이든 정부의 경제정책은 BBB(Build Back Better)로 요약되는데, 특히 기후변화를 경제정책은 물론 외교정책의 중심에 놓았다. 기후위기라는 긴박한 필요에 대응해야 한다는 당위성이 있긴 하지만 일자리 정책이기도 하며, 성장정책이기도 하고, 산업정책이기도 하다.

EU는 그린딜을 성장전략의 가장 중요한 방향으로 설정하였고, 영국 정부는 자신의 산업전략에 녹색 산업혁명이라는 의미를 부여하였다.[1] 중국은 녹색, 저탄소, 순환경제 또는 생태문명의 건설을 표방하면서, 2060년까지 탄소중립 달성을 목표로 선언하였다.

두 개의 산업혁명은 국가 간 경쟁지형을 근본적으로 바꾸고 있다. 미·중 간 전략적 경쟁으로의 이행과 기술패권 경쟁이 심화되고 있고, 그 여파로 첨단 산업에서 미·중 간 공급망의 디커플링의 위험도 커지고 있고, 그사이에서 한국 산업이 양자택일의 압력에 놓일 수 있다는 우려가 커지고 있다. 기술이 경쟁국에 대한 압력 수단이나 무기가 되는 기술 민족주의가 확산되고 있다. 자유주의적 국제질서가 통용되던 지난 30여 년에 산업의 세계화에 편승하여 성장을 달성한 한국 산업은 이중의 산업혁명과 산업지형의 재편 방향을 제대로 읽고 새로운 발전모델을 모색해야 한다.

이 두 개의 산업혁명은 두려움과 우려의 원인이기도 하고 새로운 기회의 원천이기도 한 이중성을 갖고 있다. 인공지능(AI) 등 기계가 사람을 대체하여 일자리 없는 세상이 올 것이라는 두려움, 고숙련의 소수에게 소득과 부가 집중되고 나머지 다수는 저소득 허드렛일에 만족해야 하는 극단적으로 양극화된 세상이 될 것이라는 공포가 널리 퍼져 있다. 기후변화의 위기와 대응에 대해서도 도덕적 윤리적으로야 그 가치를 인정하면서도 그 대응이 초래할 비용의 상승, 산업 경쟁력의 상실을 우려하거나, 에너지 등 자원의 소비를 줄이기 위해 요구되는 소비와 생활방식의 변화를 바꾸기 힘든 관성의 법칙이 작동하고 있다.

우리에게 제기된 도전은 이 산업혁명이 가져다줄 잠재력을 활용하여 경제사회가 직면한 도전을 해결하는 효과적인 방법을 찾는 것이다. 디지털 전환, 생태전환이 초래할 산업혁명을 기회의 창으로 삼아야 한다는 관점에서 출발해야 한다. 디지털 전환으로 기계가 인간을 대체하는 것이 아니라 보다 많은 사람이 기계의 혜택으로 더 좋은 일자리를 발견할 수 있는 길을 열어야 한다. 기후변화에 대한 대응도 비용을 증가시켜 경쟁력을 떨어뜨리는 것이 아니라,

생태 이행이 웰빙 수준을 전반적으로 올리는 것은 물론 좋은 일자리의 원천이 되는 길도 열어야 한다.

산업혁명에 대한 두려움을 불식하고 공동체와 개개인이 새로운 산업혁명에서 기회를 발견하기 위해서는 개인은 물론 사회와 국가가 준비되어 있어야 한다. 개인은 새로운 산업혁명이 요구하는 숙련기술을 갖추고, 새로운 비즈니스 기회를 이용하여 기업을 발전시킬 수 있는 역량을 갖추어야 한다. 사회적으로는 산업의 공공성을 회복하고, 산업 공유자산[2]의 축적을 촉진하며, 집단적 프로젝트로서의 산업혁명이 요구하는 국가 및 공동체적 역량을 강화해야 한다.

2) 혁신역량의 양극화와 잠재성장률 하락

내적으로는 혁신시스템의 대기업·중소기업, 제조업·서비스업, 수도권·지방 간 양극화, 제조혁신 생태계의 균열, 공급망의 취약성을 해결해야 한다.

한국 산업은 지난 30여 년간의 글로벌화 시기 동안 산업의 성장이라는 성과에도 불구하고, 산업생태계의 내적 정합성을 점차 상실하고 혁신역량이 극단적으로 양극화되는 부정적 변화를 겪었다.

주력산업이 선도기업을 중심으로 해외로 시장을 다각화하는 한편 신제품을 개발하는 제품 다각화를 실현하는 과정에서 글로벌화에 참여하는 기업과 참여하지 못하는 기업 사이의 격차가 확대되었다. 산업별로 격차가 확대되기도 했지만, 동시에 각 산업의 가치사슬 단계별 격차가 확대되었다. 이미 글로벌화로 경쟁력 원천을 해외에 의존하는 기업과 국내 기반 기업 사이에 격차가 더욱 확대되면서 산업생태계의 균열이 고착화되었다.

산업의 가치사슬 단계별 격차 확대는 경제활동의 지역별 배치의 관점에서 보면 지방 제조업의 위기로 나타난다. 주로 제조와 생산 단계 및 기능에 특화한 지방산업단지와 이들 단지 내 기업의 위기가 그것이다.[3]

제조업 고용의 감소와 서비스 중심으로 고용구조의 재편은 고용의 대도시집중을 가속화시켰다. 제조업 고용이 상대적으로 전국에 걸쳐 고르게 분포하는 반면, 서비스는 대도시에 집중하는 특징이 있기 때문이다. 전통 제조업 중심지의 제조업 고용 감소는 해당 지역의 비교역재 고용까지 감소시키고 대도시 중심의 교역재 서비스 고용 증가는 비교역재 서비스 고용까지 증가시키는 고용 승수 효과가 작동하기 때문이다.[4]

제조혁신 생태계의 균열을 극복하기 위해서는 연구개발과 생산의 동반 입지를 포함한 혁신과 생산의 결합, 공급망—제조중소기업의 역량 강화, 대안적 파이낸싱 모델을 포함하는 제조혁신 시스템의 전환이 요구된다.

혁신생태계 균열과 결부된 또 하나의 도전은 잠재성장률 하락이다. 한국 경제성장의 원천이나 성격의 변화가 필요하다는 지적은 오래전부터 있어왔지만 코로나19는 이 필요성에 긴급성을 더하고 있다.

한국 경제의 잠재성장률은 2001년부터 약 5년마다 1%포인트씩 떨어지고 있다. 잠재성장률 하락의 가장 큰 원인은 총요소생산성 증가율의 하락이다. 2000년대와 2010년대를 비교하면 앞 기간

〈표 9-1〉 제조혁신 시스템의 전환 과제

도전	내용	대응 방향
혁신과 생산의 분리	R&D, 시제품, 실증, 테스트베드, 초기 생산으로 이어지는 혁신 사이클의 단절	• 브릿지 기관 설립 • R&D-생산 동반입지
제조혁신 생태계의 균열	수직통합 대기업의 해체, 산업 공유자산 약화, 공급망 약화	• 클러스터(생태계) 접근 • 가치사슬 접근 산업정책 • 공급망, SMMs 강화
스케일업 파이낸싱	SMMs, 하드웨어 스타트업은 VC 모델 작동 안함	• 대안적 파이낸싱 모델 (공공투자은행, 민관공동 투자 펀드 등)

주: SMMs=Small and Medium-Sized Manufacturers
자료: 이찬근 · 정승일 · 김계환 · 김인수(2019). 「소재/부품/장비 분야, 가치사슬 내부화를 위한 지역
혁신생태계 조성전략」

에 1.9~2.2%에서 뒤 기간에 0.9~1.0%로 대폭 하락했다. 자본투입
증가의 기여도도 대폭 하락한 것은 마찬가지다. 기간별로 2.1% →
1.7% → 1.6% → 1.4% → 1.2%로 총요소생산성에 버금가는 폭으로
하락했다. 기여도에서 가장 작은 비중을 차지하는 노동투입은 기여
도 0.8%p에서 0.3%p에 이를 때까지 지속적으로 하락했다.

노동투입을 증가시키는 것이 쉽지 않기 때문에 앞으로 성장률과
성장의 성격에 결정적 영향을 미치는 것은 총요소생산성과 생산적
투자이다. 성장 원천의 측면에서 보면 혁신이 주도하는 성장을 어

〈표 9-2〉 잠재성장률 추정결과(연평균, 범위, %)

	2001~05	2006~10	2011~15	2016~20	2019~20
추정 결과	5.0~5.2	4.1~4.2	3.0~3.4	2.7~2.8	2.5~2.6
실제 성장률	5.0	4.3	3.1	2.7	2.4

자료: 권지호 외(2019). 「우리나라의 잠재성장률 추정」, 한국은행 조사국.

떻게 구체적으로 실현하느냐의 문제이다.

두 가지 산업혁명에 대한 대응, 산업생태계 균열과 혁신역량 양극화의 극복이라는 과제의 해결이 총요소생산성 상승과 생산적 투자 증가의 방향이 되어야 한다. 잠재성장률을 끌어올리기 위해서는 앞서 설명한 대전환의 도전과 혁신역량 양극화의 문제를 해결해야 한다.

2. 선도 산업강국 도약의 비전과 목표

1) 보편적 가치 지향의 비전: 혁신, 지속가능성, 개방

이러한 도전에 대응하는 것이 쉽지 않은 일이지만, 선도 산업강국으로 도약할 수 있는 기회이기도 하다. 새로운 산업혁명은 기회의 창이기도 하다. 이 기회의 창을 이용하여 혁신생태계의 균열을 극복하고 새로운 성장동력을 만들어내기 위해서는 선도 산업강국을 목표로 하는 전략적 산업정책을 강화해야 한다.

먼저 산업정책의 궁극적 지향과 비전을 재설정해야 한다. 지난 60여 년 동안 산업정책의 지향이며 암묵적인 철학이었던 수출산업 육성이라는 중상주의에서 벗어나 보편적인 가치를 세계로 발신하는 산업 비전이 필요한 시점이다. 한국 산업의 미래 비전은 미·중과 같이 기술 및 산업의 패권을 지향하는 국가와 같을 수 없다. 산업강국을 지향하지만 그것이 타국을 배제하는 패권 지향형 강국이 아니라 세계의 모범이 됨으로써 세계의 존중을 받는 산업강국을 지향해야 한다.

한국 산업이 지향해야 할 보편적 가치로 혁신, 지속가능성(SDG), 개방을 제시할 수 있을 것이다. 혁신은 새로운 산업혁명이 개방하는 기회의 창을 최대한 이용하여 선도 산업강국으로 도약할 수 있는 길이라는 의미이다. AI, IoT 등 디지털 기술이 사람이 하던 일을 대체하여 일자리 없는 세상이 될 수 있다는 기술 비관론을 벗어나 기술이 제공하는 잠재력을 인류의 번영과 행복을 위해 제어하고 이용하자는 보다 낙관적인 접근을 의미하기도 하다.

지속가능성의 가치도 마찬가지 의미를 가진다. 환경적 지속가능성을 비용과 제약으로만 인식하는 부정적 접근에서 벗어나 이것을 새로운 기회의 창으로 인식하는 인식의 전환을 의미한다. 사회적 지속가능성도 마찬가지다. 그것은 산업발전의 새로운 경로를 모색하는 길이며, 경쟁력의 새로운 원천을 모색하는 길이다. 노동을 기업의 비용으로만 인식할 게 아니라 자산으로 인식하는 인식의 전환, 환경(ESG)을 제약과 비용으로만 인식할 게 아니라 비즈니스의 새로운 기회, 산업발전, 산업혁명의 새로운 길로 보는 인식의 전환을 의미한다.

개방의 가치는 우리나라 경제가 무역과 투자를 통해 세계경제에 깊이 통합되지 않고는 높은 소득과 큰 경제규모를 유지하기 어렵다는 점, 즉 개방을 통해 규모의 제약을 극복하지 않으면 안 된다는 지경학적 조건의 반영이다. 또한 지정학적 조건에서 오는 위험을 제어하고 극복하기 위해서는 강대국 간 패권 갈등과 디커플링으로 향하는 경향을 항상 경계하고 양자택일의 선택을 강요받는 상황에 처하지 않도록 개방된 국제 경제질서를 주창해야 한다는 지정학적 조건을 반영하는 것이다. 개방과 협력은 각 나라의 경제적 번영을 위해서도 중요하고, 인류 공동의 도전에 대응하기 위해서도 필요한 방향이며 가치라는 점은 말할 것도 없다.

2) 강건하고 위기에 강한 산업시스템

국가안보, 생산성과 성장, 포용적 번영의 기초가 되는 강건하고 위기에 강한 산업시스템 구축이 목표가 되어야 한다. 한국 산업의 대외적 위상은 미국, 독일, 일본, 중국과 어깨를 나란히 하는 선도 산업강국이다. 한국 산업의 대내적 위상은 자주국방의 기술적 산업적 기반 실현, 1인당 소득 6만 달러를 가능하게 하는 산업적 기반, 청년들이 기술자로, 프로그래머로, 엔지니어로, 과학자로, 기업가로 꿈과 잠재력을 실현할 수 있는 제조생태계, 전 국토의 균형발전을 이끄는 산업·제조업, 특히 수도권뿐 아니라 전국에 산재한 다수의 성장 축이 국민경제의 성장을 이끄는 균형 잡힌 산업 배치가 되어야 할 것이다.

3) 혁신의 확산과 거버넌스의 개혁

새로운 산업혁명이 제공하는 잠재력과 기회, 산업생태계의 균열과 양극화, 잠재성장률의 하락을 고려할 때, 혁신은 산업정책의 가장 중요한 방향이 되어야 한다. 혁신은 새로운 산업혁명이 제공하는 잠재력을 이용하여 인류가 직면한 도전을 해결하는 것은 물론, 좋은 일자리를 증가시키고, 전반적 소득수준을 끌어올리기 위해 반드시 필요한 방향이다.

그러나 우리가 제시하는 산업정책의 방향은 혁신의 확산이다. 새로운 산업혁명은 첨단기술을 산업화하는 스타트업을 많이 만들어내거나 신기술과 직접 관련되어 있는 새로운 산업을 추가하는 것이다가 아니다. 이것보다 훨씬 중요한 것은 새로운 기술적 잠재력을 경제와 산업의 전 부문으로 확산하여 기존 산업을 파괴적으로 혁신하는 데 있다. 혁신을 최초로 도입하는 것도 중요하지만 그것을 경제 전체로 확산하면서 성장, 고용 등 큰 경제적 파급효과가 나타나기 때문이다. 디지털 기술도 신에너지 기술도 대량 확산을 통해 산업혁명으로 이어진다. 이것이 디지털 전환이나 에너지 전환이 시스템 전환의 성격을 갖는 이유이다.

혁신의 확산에 초점을 두는 산업정책은 두 가지 점에서 한국 자본주의의 역사에서 중요한 전환에 해당한다. 하나는 동원 → 탈동원 → 확산으로 이어지는 한국 자본주의 발전의 전환에 해당한다는 점이다. 동원의 시기에 국민대표기업의 발전, 산업단지, 특구 등 프런티어의 발전에 초점을 맞춰왔다. 탈동원의 글로벌화 시기에 산업정책은 전략성을 상실하고 시장의 자연발생성에 의존하는 암묵적 산업정책으로 이어졌다. 그 결과 중 하나가 산업 간, 지역 간 격차의 확대였다. 이제 산업정책의 전략성을 다시 강화해야 할 시점이며, 그 방향은 혁신의 확산이다.

또 하나의 역사적 의의는 기술·경제 패러다임 이행의 사이클에서 새로운 패러다임이 도입기를 지나 전 경제와 산업으로 확산되는 시기에 상응하는 정책이라는 점이다.[5] 이제 혁신의 성과가 경제와 국토 전체로 확산하도록 하는 것, 프런티어 기업과 지역에서 전 산업으로, 전국으로 확산해야 한다.

혁신의 확산이라는 방향 설정은 한국판 뉴딜을 새로운 성장모델로의 전환이라는 방향 설정 아래 재배치하는 것을 의미한다. 한국판 뉴딜은 시대를 선도하는 방향 설정이며, 앞에서 열거한 도전에 대응하는 적절한 방향이다. 디지털 전환, 그린 전환을 산업혁명, 시스템 전환으로 보고 한국판 뉴딜 정책을 혁신의 확산과 거버넌스 개혁이라는 두 가지 방향으로 확대하고 심화해야 한다.

혁신의 확산은 프런티어 부문과 나머지 간 격차를 줄이고, 혁신의 성과가 경제 전체로 확산되어 성장과 분배가 선순환하는 모델을 만드는 것을 의미한다.

혁신의 확산을 위해서는 거버넌스의 개혁이 함께 이루어져야 한다. 주주 중심 자본주의에서 이해당사자 자본주의로 이행이라는 거버넌스의 개혁이 동반해야 한다. 또 투기화된 자산시장이 지배하는 자본주의에서 재화와 서비스의 생산자가 보다 우대받는 자본주의로 이행, 즉 생산자 연대를 강화하는 제도 개혁이 동반해야 한다.

3. 혁신의 확산을 위한 산업정책

1) 혁신정책의 혁신: 기술 중심에서 생산과 숙련기술을 통합한 혁신 정책으로

기술·경제 패러다임 전환, 혁신생태계의 양극화, 잠재성장률 하락이라는 도전의 해결에 산업정책이 기여할 수 있는 길은 산업혁신을 통해서이다. 그러나 혁신에 대한 기존 이론과 정책은 위 도전에 대응하는 데 많은 한계가 있다. 혁신을 중심으로 한 산업정책을 구체적으로 제시하기 전에 혁신이론을 혁신해야 한다.

여기에는 여러 가지 측면이 있다. 첫째, 혁신에 대한 선형적 접근, 즉 연구개발 투자 중심의 혁신 이해에서 벗어나야 한다. 생산 중심 경제학을 복원하고, 혁신을 생산 중심 경제학의 관점에서 다시 이해해야 한다. 혁신은 단거리 경주보다는 마라톤에 가깝다. 새로운 지식의 발견에서 시작하여 시제품 생산, 스케일 업, 양산 등 제품의 산업화로 이어지는 긴 사이클로 이해해야 한다. 선형적 접근은 이 사이클의 앞부분에 병목, 즉 시장 실패, 시스템 실패가 있고, 정부 및 공공부문이 개입하여 해결하면 시장 메커니즘에 의해 혁신을 위한 자원배분이 효과적으로 달성된다고 보는 셈이다. 반면 새로운 접근에서는 이 첫 번째 단계의 병목만 아니라 그 이후에도 성격이 다른 여러 개의 병목이 있고, 각 병목에 맞는 처방이 필요하다고 본다. 혁신 사이클 단계별로 필요한 자금의 성격도 다르고, 필요한 기술의 성격도 다르고, 인력의 성격도 다르기 때문에 혁신 사이클이 중단 없이 실현되기 위해서는 이 전체를 아우르는 시스템적 접근이 바람직하다는 것이다.

둘째, 기술 중심적 접근에서 벗어난다는 것은 혁신 사이클의 앞 단계에서 뒷부분으로 초점을 이동한다는 것을 의미하고, 지식에 대한 이해의 전환을 의미한다. 특히 산업 생산과 생산의 효율성에서 암묵지의 중요성에 대한 이해를 필요로 한다. 생산 중심의 경제학과 암묵지의 중요성에 대한 이해는 산업기술과 지식의 축적에서 사람과 조직의 중요성에 대한 재이해를 필요로 한다. 특히 생산, 암묵지 등에 기반을 두는 혁신은 개인의 합으로 환원할 수 없는 기업과 산업 생태계에 고유한 역할을 인정해야 한다. 이것을 산업 공유자산이라고 일반화하여 부를 수 있을 것이다.[6]

셋째, 혁신에서 다양성과 이질성이 갖는 중요성이다. 혁신의 출발점이 새로운 지식의 발견이고, 새로운 지식은 무에서 유를 창조하는 것이라기보다는 기존 지식 및 지식 요소의 재조합에 가깝다. 지식과 정보는 다른 지식 및 정보와 결합을 통해서 그 가치가 커질 뿐만 아니라, 이 과정에서 과거의 지식 및 정보의 가치는 전혀 손상되지 않는다. 지식의 다양성은 혁신의 필요조건 중 하나이다.

넷째, 시스템적 접근과 암묵지, 산업공유자산, 다양성의 역할을 고려하면 지역 기반 클러스터의 중요성이 나온다. 혁신에 유리한 조건 중 하나는 이제 지식의 다양성을 갖추고 이들 사이에 유기적 연관관계가 형성되어 하나의 큰 시스템을 형성하고 있는 지역 클러스터이다. 이때 지역에 깊이 뿌리를 내린 클러스터는 산업혁신의 조건이자 혁신정책으로 달성하고자 하는 목표가 된다.

2) 업-스킬 혁명으로 포용적 혁신역량 강화

기술 중심에서 생산과 숙련기술 중심으로 혁신정책의 중심을 바꿀 필요가 있다고 하였는데, 이것은 혁신정책이 노동정책과도 긴밀히 결합되어야 한다는 것을 의미한다.

업-스킬 혁명은 노동자의 기술 숙련에 대한 투자 강화, 특히 디지털 전환과 그린 전환에 대응한 대대적인 재숙련 투자, 청년층의 노동시장 진입을 수월하게 할 숙련기술 투자를 대규모로 지속적으로 추진하는 것을 의미한다.

산업정책의 중심에 기술과 함께 스킬을 놓는 것은 매우 중요한 방향 전환이다. 혁신과 좋은 일자리의 증가를 동시에 달성하는 좋은 일자리 전략도 가능하다. 중요한 점은 새로운 기술이 제공하는 잠재력에 보다 많은 경제 부문과 보다 많은 사람들이 접근할 수 있도록 하는 것이다. 기술 접근성의 민주화가 관건이라는 것이다. 그러기 위해서는 기술적 잠재력을 알아야 하고, 이 잠재력을 이용하여 새로운 아이디어가 있을 때 그것을 실현할 수 있어야 한다. 기업을 새로 설립하거나 기존 기업이 새로운 프로젝트를 발굴하여 실현하는 것도 하나의 방법이 될 것이다. 기업의 형태도 다종다양할 수 있다. 이윤을 목적으로 하는 기업, 사회적 기업, 협동조합, 공기업 등 다양한 실험이 가능해야 한다.

이러한 기술 접근성의 민주화에서 핵심은 결국 스킬이다. 여기서 스킬은 대학의 강의실에서 전수되는 지식만을 의미하는 것이 아니다. 생산과정7과 긴밀한 상호작용 속에서 습득되고, 전수되는 숙련 기술이다. 새로운 기술적 잠재력과 결합되어 이러한 스킬이 업그레이드될 때, 새로운 가능성이 열리는 것이다. 따라서 새로운 생산기술에 대한 보다 대대적인 교육과 훈련이 이루어져야 한다. 기술 접근성의 민주화는 몇몇 기술 연구 센터를 전국에 배치하는 것이 핵심이 아니다. 당연히 이것이 필요하지만 이보다 더 중요한 것은 새로운 기술적 가능성을 이해하고 그것을 실행에 옮길 수 있는 대규모의 숙련기술자·엔지니어·기업가를 양성하는 것이다.

이 정책의 출발점은 노동의 가치 복원이어야 한다. 경제적 가치 창조에서 노동의 역할을 다시 복원해야 한다. 디지털 전환을 기계가 인간을 대체하는 디스토피아가 아니라 기계가 인간의 역량을 한 단계 더 높이는 세계로 가게 하기 위해서는 디지털 전환의 다양한 길이 가능하며, 인간이 중심에 서는 발전이 가능하다는 인식이 있어야 한다.

스킬 형성의 메커니즘에 대한 깊은 이해도 선행되어야 한다. 관건은 생산과의 상호작용에서 이루어지는 실행을 통한 학습[8]이다. 지속으로서의 시간과 연속성이 필요하며, 조각조각 난 실행으로는 어렵다. 조직이 필요하며, 여기서 가장 중요한 조직은 기업이다. 계약관계로 환원되지 않는 조직, 팀으로서 기업이 필요하다. 시장에서 사고파는 대상으로서가 아니라 주주가 유일한 주인으로 취급받는 그런 '회사'가 아니라 사회를 위해 유용한 재화와 서비스의 생산을 위해 만들어진 조직, 팀으로서 기업이 사회의 핵심 제도로서 새로운 역할을 부여받아야 한다.

국가의 역할은 이 스킬에 투자하고 기르는 데 있다. 그리고 기술과 스킬이 무엇이 다른지, 스킬의 축적 과정이 기술의 발전 과정과 어떻게 다른지 이해해야 한다. 기술 발전은 주로 R&D를 중심으로 일어나지만 스킬의 축적은 한편으로는 교육을 통한 전수와 다른 한편으로는 생산과정에서 학습을 통해 이루어진다.

높은 숙련기술을 좋은 일자리의 필요조건으로 보고, 산업혁신을 좋은 일자리 전략과 엮어 추진하기 위해서는 많은 것이 변해야 한다. 숙련기술 축적을 중심으로 경제제도와 조직이 재편되어야 한다. 특히 기업의 성격이 변해야 한다. 주주자본주의, 금융지배 자본주의에서 이해당사자 중심 자본주의로 변화해야 한다. 숙련기술의 공공성에 대한 인정과 제도적 기반 구축, 특히 산업공유자산 개념을 중심으로 한 제도 구축이 절실하다.

또 기술에 대한 접근성, 기술 실현에 필요한 자원에 대한 접근성이 개선되어야 한다. 여기에는 정보, 지식은 물론이고 실행에 필요한 금융, 네트워크, 인력 등 모든 자원에 대한 접근성의 개선이 포함된다.

산업혁신과 좋은 일자리의 선순환을 목표로 하는 접근의 거버넌스 개혁에 대한 함의도 중요하다. 기본 방향은 참여의 확대와 협치의 강화가 되어야 할 것이다. 기업 차원에서는 '회사'와 구분되는 '기업'의 법제화가 바람직하다. 기업의 경영에 대한 숙련기술 담당자의 참여 확대, 기업 간 협력과 생태계 강화 차원에서는 산업공유자산의 제도화, 이에 상응하는 거버넌스 체계의 구축이 결합되어야 한다. 산업정책의 초점을 개별 기업에서 가치사슬 전체로 바꾸고, 클러스터 접근법을 더욱 강화해야 한다. 지역의 역할 강화와 지역의 이해당사자인 대기업-중소기업, 연구, 교육기관, 숙련기술 담지자-노동자 단체의 참여와 협력이 강화되어야 한다.

3) 생산시스템 경쟁력 강화와 산업별 전략위원회

산업정책의 목표를 국가대표기업 육성에서 생산시스템 강화로 재설정해야 한다. 생산시스템은 개념설계 활동은 물론 생산에 직간접적으로 참여하는 제조기업, 서비스 기업도 포함한다. 그뿐만 아니라 인력훈련기관이나 연구기관, 생산활동의 발전을 지원하는 공공기관도 포함되어야 한다.[9]

산업정책의 대상과 목표를 생산시스템 또는 산업생태계로 확대하여 정의하는 것은 기존 방식의 정의와 어떻게 다른가를 이해해야 한다. 산업정책의 주 대상을 과거와 같이 주로 최종재를 생산하여 수출하는 국가대표기업이 아니라 공급망상에 있는, 납품 중소기업, 서비스 기업, 나아가 교육 및 훈련기관, 기술 개발 연구기관, 정부 기관 등으로 확대해야 한다는 것을 의미한다.

산업별 전략위원회는 생산시스템에 상응하는 정책 거버넌스로 각 생산시스템의 이해관계자가 참여하는 협치형 체계이다. 이 위원회에는 산업정책의 단위인 생산 시스템에 맞게 최종재 생산기업은 물론 공급망상의 납품 기업, 연구개발 및 인력훈련 분야 정부 지원기관 등 해당 산업의 이해당사자가 모두 참여해야 한다.

이 위원회는 산업계, 사회적 파트너, 정부, 전문가들이 산업이 직면한 도전과 산업의 전환을 위한 주요 과제에 대해 인식을 공유하는 공론의 장이 되어야 한다. 여기서 산업의 근본적 전환을 위한 선도 프로젝트를 발굴하고 산업계, 사회적 파트너, 정부의 역할 분담을 구체화해야 한다. 가능한 한 협약 형태로 명문화해야 한다.

산업별로 도전의 성격이 매우 다르다는 점을 고려하면 산업별 특성에 따라 몇 가지 범주로 산업을 구분해야 한다. 첫째 범주는 아직 조직화되지 않은 미래의 산업이다. 이 경우에는 새로운 산업이 등장할 수 있도록 하는 것이 위원회의 주요 역할이 될 것이다.

둘째 범주는 국가 주권에 필수적인 전략적 산업이다. 여기에는 방위, 에너지 산업이 포함되며, 코로나19 위기로 그 중요성이 드러난 의약품, 의료 제품의 제조도 포함된다. 각 산업별로 가치사슬 전체에 걸친 참여 기업과 기관의 맵핑도 산업별 전략위원회에서 담당해야 한다. 또 특정 지역에 과도하게 의존하는 부분도 확인해야 한다. 이들 산업에 대해서는 예를 들면 에너지 부문의 정책을 선택할 때 이 정책이 중요한 영향을 미칠 시장이나 기업이 어디인지 알 수 있는 기업 맵핑이 필요하다.

마지막 범주의 산업은 성숙기 또는 쇠퇴기에 있는 산업이다. 여기서는 고용이 핵심 문제이다. 중공업 지역과 같이 고용의 감소가 지역 경제의 고용 및 경제 위기로 이어지는 경우도 많다. 한 산업에서 다른 산업으로의 다각화, 새로운 시장의 개척과 같은 사업과 산업 구조조정이 핵심 이슈가 될 것이다.

산업별 전략위원회가 산업정책의 새로운 거버넌스로서 그 목적을 달성하려면 몇 가지 점에 유의해야 한다. 첫째, 중소·중견기업의 적극적 참여가 있어야 한다. 산업 전략위원회가 대기업 중심으로 이들 기업과 정부 사이의 협의 창구로 한정되지 않고, 중소·중견기업과 지역기업의 목소리가 반영되어야 한다. 이를 위해 각 산업 내에 중견기업 클럽을 만드는 것도 바람직하다. 둘째, 전략위원회가 산업정책의 효과적 수단이 되기 위해서는 다종다양한 정부 기관들이 참여하여 부처 간 협력에 의한 정합적인 전략이 가능해야 한다. 산업별 전문성을 갖는 규제기관, 기술 개발 기관 등이 모두 참여해야 한다.

셋째, 산업정책이 수도권 중심성에서 벗어나 지역밀착성을 강화해야 한다. 전략위원회의 지역 밀착성을 강화하기 위해 중소기업을 상대로 산업 프로젝트 참여를 독려하고, 전략위원회와 지역산업 정책 담당 부서의 관계를 강화하고, 위원회와 지역의회의 관계도 강화해야 한다.

4) 혁신역량 양극화 극복을 위한 혁신 지원기관: 엑셀러레이션 플랫폼

혁신역량의 양극화를 해결하고 국가 간 생산시스템 경쟁에 대응하기 위해서는 공급망을 담당하는 기업의 제조 및 혁신역량을 획기적으로 끌어올리기 위한 정책이 필요하다. 엑셀러레이션 플랫폼은 첨단 제조·생산 기술과 비즈니스 기술을 공급망 기업으로 확산하는 데 필요한 수단을 묶음으로 제공하는 혁신 확산 기관이다. 산업별·지역별로 특화된 엑셀러레이션 플랫폼을 두고, 이들간 전국 네트워크를 만들어 첨단 제조기술의 응용연구는 물론 이것이 공급망 중소기업의 제조·혁신 역량을 강화하여 기업 성장과 지역 일자리의 증가로 이어지도록 하는 것이 목적이다.

플랫폼의 기능은 응용기술 연구를 수행하고, 공유생산설비를 제공하며, 연구기관-정부기관-기업(대기업, 중소기업, 스타트업) 협력의 장을 제공하기도 한다. 새로운 생산기술을 공급망-중소기업으로 확산을 촉진한다. 연구개발 및 기술 확산 기능과 밀접히 결합된 역할 중 하나는 공유설비의 제공이다.

플랫폼의 또 하나의 기능은 공급망 전략의 수립과 실행이다. 지역 내 산업 및 기업 정보를 축적한 기관과 수요 대기업이 협력하여 공급망 전체에 걸친 전략을 만들어내고, 이 전략을 플랫폼이 중심이 되어 실행하자는 것이다. 공급망-중기 생산 효율성 제고를 넘어 가치사슬과 공급망 전체에 걸친 혁신 경쟁력을 높인다는 목표 하에 지금까지 정부 및 공공부문이 해오던 중기 기술지원사업의 큰 공백을 메울 수 있을 것이다.

기술 확산 기능은 교육훈련 및 기업 성장지원 기능과 결합되어야 한다. 첨단 제조·생산 기술의 확산은 숙련기술을 갖춘 인력이 없이는 불가능하다. 시범공장을 운영하거나 지역 내 교육기관과 협력하여 교육훈련을 제공하는 기능이 결합되어야 한다. 플랫폼에 교육훈련 기관이 참여하여 노동자들이 새로운 기술에 적응하도록 돕는 기능이다. 필요한 스킬 조합을 찾아내면, 이것을 발전시키기 위해 필요한 커리큘럼을 개발하고 교육·훈련기관에 확산하는 데 이들 기관이 역할을 해야 한다. 또 기술의 확산은 기업의 성장으로 이어지지 않으면 무의미하다. 기업 성장을 동반지원하는 금융, 자문 기능도 결합되어야 한다.

이 플랫폼이 효과적으로 작동하기 위해서는 중소기업뿐만 아니라 수요기업인 대기업의 참여가 있어야 한다. 또 수요기업과 공급

〈그림 9-1〉 첨단 제조기술 엑셀러레이션 플랫폼 개념도

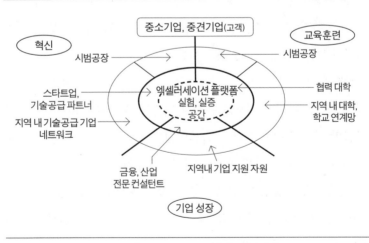

자료: Institut Montaigne(2018). "Industrie du Futur"를 참고하여 작성.

망 기업을 포괄하는 공급망 전략을 추진하고, 스마트 공급망 확산을 위해 공유 설비를 제공하며, 교육훈련기관과의 연계를 추진하고자 할 때 수요기업의 참여가 있어야 한다.

이 플랫폼 네트워크 설립은 새로운 기관을 설립하기보다는 기존 인프라를 활용하는 것이 바람직하다. 국가과학기술연구회 산하 연구원 중 제조기술과 관련된 연구원, 테크노파크, 중기 생산성 제고 지원 사업, 지역별 대학, 직업훈련기관 등 앞서 열거한 기능을 수행하는 기관이 있기 때문에 이들 기존 기관을 최대한 활용하여 체계화하는 방식으로 접근해야 한다.

4. 결론

산업정책이 직면한 도전은 산업정책만으로 해결할 수 없지만 또한 산업정책이 이 도전의 해결에 없어서는 안 될 역할을 담당해야 하는 것도 사실이다. 본 장은 산업정책이 공정의 가치를 통합하면서 이들 도전에 대응하기 위한 새로운 비전 및 목표와 몇 가지 정책을 제시하였다. 산업정책이 산업고도화, 수출산업경쟁력 강화, 수출시장 확대를 위한 무역 정책으로 이해되는 풍토 속에서 공정이라는 가치를 통합한 산업정책을 제시하기 위해 그 비전과 목표를 재설정하는 것부터 시작했다.

이제 공정경제, 공정성장의 관점과 혁신의 관점을 통합한 산업정책이 필요하다. 이것은 대기업과 중소기업 간 비대칭성과 불공정경쟁 이슈로 좁게 이해할 수 없는 근본적 전환을 요구한다. 생산에서 공정의 이슈를 기업 간 경쟁의 공정성 이슈로 한정하지 않고, 보다 근본적으로 생산적 지식, 생산적 자원에 대한 접근성의 제한과 불평등 이슈로 확대하여 이해하는 것이다. 그리하여 생산적 지식 스톡에 대한 접근성을 개선하는 것은 물론, 궁극적으로는 기술 발전의 경로를 사회경제 시스템에 내생화하는 산업혁신 전략을 모색해야 한다.

오늘날 기술 변화의 속도와 양태를 보면 한편에서는 생산적 지식 스톡이 폭발적으로 증가하여 새로운 가능성이 열리고 있다. 그러나 이 지식 스톡에 대한 접근은 매우 불완전하고 불균등하다. 지식 스톡에 대한 접근 통로는 본문에서 정의한 학습이라고 할 때, 경제 시스템은 일종의 학습시스템이다.[10] 모든 경제주체는 공동체의 생산적 지식 스톡에 접근하여 사회적으로 유용한 재화와 서비스를 생산하고, 그 과정에서 생산적 지식 스톡의 유지에 참여할 뿐만 아니라 새로운 지식 스톡을 추가하면서 자신의 가치를 인정받는다.

혁신의 확산은 좋은 일자리 증가와 혁신을 결합하는 길이다. 혁신의 가장 강력한 원천인 지식 스톡에 대한 접근성을 개선하고 평등한 접근을 보장해야 한다. 업 스킬 혁명, 엑셀러레이션 플랫폼은 생산적 지식 스톡에 대한 접근성의 개선을 위한 정책이다. 산업별 전략위원회는 생산적 지식 스톡의 공공적 성격에 상응하는 산업정책의 거버넌스 체계로 산업민주주의를 구체화하는 협치 모델이다.

혁신의 확산, 생산자 연대를 위한 거버넌스 개혁은 산업 간, 기업 간, 지역 간 격차 확대를 극복하고, 대전환의 도전을 기회로 21세기 산업 선도국의 반열에 오르고, 국가안보, 생산성과 성장, 포용적 번영의 기초가 되는 산업시스템 구축의 출발점이 될 것이다.

제10장
·········

노동의 미래와 노동권 보장

장홍근(한국노동연구원)

- 노동의 미래는 디지털화, 인구변화, 문화·가치 변화 등에 의해 영향을 받으며 노사정 주체의 대응전략에 따라 좌우
- 일자리 위기, 고용관계 유연화, 일하는 방식의 스마트화, 기업조직 네트워크화, 숙련 양극화 등이 나타날 가능성
- 인간적 노동세계 실현 위해 보편적 교섭권, 적정 소득 보장, 노동시간 주권, 안전하고 건강하게 일할 권리 등 추진

디지털 전환을 핵심으로 하는 4차 산업혁명이 진행되면서 노동세계가 변하고 있다. 일자리의 양과 내부구성, 고용관계와 일하는 방식, 기업의 조직관리, 노사관계와 노동정치에 큰 변화가 일어난

다. 변화하는 노동세계에서 노동자가 존엄성을 지키면서 건강한 사회구성원으로 살아가기 위해서는 보편적 노동권의 보장이 중요하다. 파편화, 유연화되고 있는 노동시장에 대응하여 고용형태나 지위와 무관하게 단결권과 교섭권, 적정 소득의 권리, 노동시간 선택권, 건강과 안전의 권리, 기술 도입과 작업조직 결정에 대한 참여권, 생애에 걸친 능력 개발의 권리 등이 보장 및 확대될 필요가 있다. 이 장에서는 노동의 변화를 야기하는 힘들과 그에 따른 노동의 미래를 살펴본다. 이어서 미래 인간적인 노동을 위해 담보되어야 할 보편적 노동권의 주요 내용과 이의 실현을 위한 노사관계와 노동정치에 대해 살펴본다.

1. 노동세계 변화의 동력

노동의 미래에 대한 전망은 엇갈린다. 디지털 전환과 4차 산업혁명의 결과를 낙관하는 입장이 있는 반면 비관적 전망도 있다. 자칫하면 디지털 기술혁명의 성과를 향유하는 소수의 승자와, 그로부터 배제되어 제대로 된 일자리를 찾는 데 어려움을 겪으며 생존 자체가 위협받는 다수의 낙오자로 나누어지는 디스토피아가 우리의 미래가 될 수도 있다는 것이다.

노동의 미래는 여러 요소들에 의해 좌우된다. 노동과 직업세계의 변화를 이끄는 주요 동인들로 디지털화, 글로벌화, 인구변화와 노동공급의 변화, 문화 및 가치와 선호의 변화 등이 꼽힌다.[1] 인공지능(AI), 빅데이터, 사물인터넷 등 디지털 전환을 촉진하는 기술은 오늘날 노동세계의 변화를 선도적으로 이끌고 있으며 미래의 노동에 가장 큰 역할을 미칠 것으로 보인다. 오늘날 신기술이 이끄는 경제사회 및 정치까지 포괄하는 변화는 '제4차 산업혁명'[2]으로 개념화되고 있다.

글로벌화, 인구변화와 노동공급, 문화 및 가치 변화 등은 각 나라의 역사와 문화, 세계 경제 내에서의 위치, 경제사회 발전단계 등에 따라 다양한 모습으로 미래의 노동에 영향을 미칠 것이다. 우리나라는 급속한 산업화 과정을 거치면서 세계 경제체제에 빠르고 깊숙하게 편입되었다. 이제 글로벌 가치사슬(global value-chain)상의 위치와 구조변동을 고려하지 않고 미래의 노동을 논할 수 없다.

저출산 고령화가 빠른 속도로 진행되고 있다는 점도 매우 중요하다. 한국은 이미 2018년부터 15~64세의 생산가능인구 감소가 시작되었고 2020년부터는 총인구가 감소세로 돌아섰다. 여러 산업, 직종에서 외국인 노동 의존도가 높아질 것이다. 문화와 가치 면에서는 개인주의 성향이 강화되고 있으며, 경제·사회·정치 모든 면에 걸쳐 공정성에 대한 인식과 요구가 높아졌다.

기후위기 대응 차원에서 제기되는 '정의로운 전환(just transition)'이 미칠 영향도 지대할 것이다. 오늘날 '탄소중립'을 향한 에너지 전환은 피할 수 없는 과제이다. 이는 산업구조, 투자, 생산방식 및 생활양식의 변화와 더불어 미래의 노동과 일자리의 존재양식을 좌우한다.[3]

진행 중인 코로나19(Covid-19) 팬데믹 사태는 글로벌 가치생산 사슬을 위태롭게 하면서 일자리를 위협하고 있다. 여성, 청년 등 노동시장 주변부의 취약한 집단이 더 큰 타격을 받고 있으며 경제사회 양극화가 심화되고 있다. 현재 각국 정부는 코로나19의 확산을 막기 위해 비대면 방식의 일하기와 재택근무[4]를 적극적으로 권장하고 있다.

노동과 자본, 정부, 시민사회 등 경제사회 주체 간의 역학관계와 전략적 행동은 구조적 제약 속에서 노동의 미래를 주조해내는 주체적 조건이다. 이윤을 추구하는 자본의 전략 및 행동이 한쪽 끝에 있다면, 다른 쪽에는 노동자의 권익을 지키고 신장하려는 노동 전략이 놓여 있다. 정부나 시민사회는 노사의 상충하는 이익을 조정하거나 사회의 공익을 도모한다. 노동의 미래는 경제사회 주체들 간의 상호작용에 따라 펼쳐진다.

2. 디지털 전환과 노동의 미래

1) 4차 산업혁명과 디지털 전환

현재 그리고 가까운 장래의 노동에 가장 큰 영향을 미칠 것으로 여겨지는 4차 산업혁명과 디지털 전환에 대해 살펴보기로 하자. 세계경제포럼 창설자 중의 한 사람인 클라우스 슈밥(Klaus Schwab)이 최초로 4차 산업혁명을 얘기한 이래 4차 산업혁명은 이제 학계나 비즈니스를 넘어 대중적 용어로 될 정도로 널리 회자되고 있다. 하지만 4차 산업혁명에 대한 통일적인 개념정의는 아직 없다. 일반적으로 받아들여지는 4차 산업혁명의 개념은, '인공지능과 사물인터넷 등과 같은 혁신적인 디지털기술이 경제와 사회, 생활방식 전반에 걸쳐 가져오는 혁명적인 변화'이다. 여기에는 일자리와 노동의 변화, 기업조직의 변화, 문화 및 삶의 양식의 변화, 나아가 정치 변화까지 포함된다.[5]

4차 산업혁명을 이끌어가는 기반기술들로 빅데이터, 사물인터넷, 클라우드 컴퓨팅, 인공지능, 사이버-물리 시스템 등이 꼽힌다. 4차 산업혁명론의 대표적인 주창자인 슈밥은 제4차 산업의 기반기술을 폭넓게 물리 기술, 디지털 기술, 생물학 기술의 세 범주로 구분한다. 물리 기술에는 무인운송수단, 3D 프린팅, 첨단 로봇공학 및 신소재 기술이 대표적이며, 디지털 기술에는 인공지능, IoT, 블록체인 기술, 디지털 플랫폼 등이 포함된다. 생물학 기술에는 인간 게놈 프로젝트 기반 유전공학, 합성생물학(Synthetic biology), 유전자 가위, 바이오프린팅(bioprinting) 등이 대표적이다.

4차 산업혁명은 디지털화가 가장 두드러진 특징이다. 슈밥은 4차 산업혁명이 디지털 혁명을 기반으로 21세기의 시작과 함께 출현했다고 하면서, 유비쿼터스 모바일 인터넷(ubiquitous mobile internet), 더 저렴하면서 작고 강력해진 센서, 인공지능과 기계학습을, 4차 산업혁명을 특징짓는 기술로 들고 있다.[6] 신동엽은 「미래 조직을 위한 성찰」에서 4차 산업혁명의 주요 특징으로 사물인터넷에 기반한 초연결(hyper-connectivity), 인공지능에 의한 초지능(hyper-intelligence), 빅데이터에 의한 불확실성의 극복과 초예측(hyper-predictability), 사이버-물리 시스템 및 가상과 현실의 경계 파괴 등으로 정리하였다.[7] 최강식의 「기술혁신이 일자리에 미치는 영향」에 의하면 4차 산업혁명의 특징은 'ICBM+AI'로 요약되는데, 이는 사물인터넷(IoT)을 통해 얻은 정보를 클라우드(Cloud)에 저장하고, 이를 빅데이터(Big

Data) 기법으로 분석해 모바일(Mobile)을 통해 확산시키는 것을 기본으로 해서 여기에다 인공지능(AI)이 판단과 추론을 더해 새로운 부가가치를 창출하는 것이라는 설명이다.[8] 디지털 기술이 우리에게 긍정적인 영향만을 미치지는 않는다. 첨단 IT 기술, 특히 인터넷의 사용이 빠른 판단과 정보탐색 능력을 키우는 데는 도움이 되지만 기억력, 깊이 있는 사고, 집중력 등은 오히려 저하시킬 수 있다는 경고도 경청할 필요가 있다.[9]

2) 로봇과 인공지능이 일자리를 위협한다

미래의 노동을 전망함에 있어 정보통신기술(ICT)과 인공지능(AI)의 급속한 발전이 노동시장에 미치는 영향은 초미의 관심사이다. 인공지능 등에 의해 인간 노동이 컴퓨터 등으로 대체되고 입지가 축소됨으로써 일자리의 총량이 크게 줄어들 것인가, 아니면 유지 혹은 증가할 것인가?

비관론자들은 우리가 특단의 대책을 마련하지 않는 한 일자리의 대폭 감소와 그에 따른 위기를 피할 수 없을 것이라고 경고한다. 컴퓨터에 의한 자동화, 인공지능 기술혁신으로 생산성이 크게 상승하고 생산을 위한 인간 노동이 로봇이나 인공지능으로 대체되어 과거와는 비교할 수 없을 정도의 대폭적인 일자리 감소가 일어날 것으로 전망한다. '노동의 종말'을 얘기한 제레미 리프킨의 입장이 대표적이다. 개별 직업들이 컴퓨터화에 취약한 정도를 분석한 Frey and Osborne은 미국의 전체 일자리 중 47%가 자동화로 인해 사라질 위기에 처해 있다고 주장한 바 있다.[10] 2016년 세계경제포럼(WEF)은

4차 산업혁명으로 향후 2020년까지 세계적으로 710만 개의 일자리가 소멸할 것이고, 새로이 생성되는 일자리는 200만 개에 불과해 약 510만 개 일자리가 없어질 것이라고 보고하였다.[11]

인공지능의 급속한 발전으로 인간이 수행하는 대부분의 직무가 사라질 것이라는 우울한 전망들이 속출한다. 얼마 전 작고한 스키븐 호킹 박사와 빌 게이츠 등은 향후 인공지능의 발전이 임계점(singularity)을 넘어서면 인류보다 빠른 속도로 진화해 인류의 미래를 위협할 것이라고 경고한 바 있다. 옥스퍼드대학의 닉 보스트롬(Nick Bostrom)은 강한 인공지능이 인간을 대체하는 사회가 2040년에서 2050년 사이에 도래할 것으로 전망하였다.[12]

중장기적으로 볼 때, 디지털 전환에 의해 일자리가 크게 감소할 것이라는 우려는 기우라는 입장도 있다. 이러한 입장은 역사적으로 기술혁신이 고용에 미친 영향을 보면 일시적으로 특정 부문의 고용을 줄이더라도 줄어든 양 못지않게 혹은 그 이상으로 새로운 일자리가 창출되었고, 생산성과 고용은 지속적으로 증가해왔다는 사실에 주목한다. "산업혁명은 결코 일자리를 대량으로 소멸시킨 적이 없었다. 산업 4.0도 그럴 것이다"는 관점이 대표적이다.[13]

또한 일자리의 원천이라고 할 수 있는 인간의 욕망은 무한하므로 새로운 욕망을 충족시키기 위한 일자리들이 만들어질 것이라는 주장도 있다. "인간의 욕망은 무한하기에 기존의 제품과 서비스를 능가하는 새로운 것에 대한 요구와 소비는 결코 줄지 않을 것이고 지속적으로 증가하는 소비 수요에 따라 새로운 상품과 서비스 수요가 증가해 일자리를 만들어낸다."[14]

중장기적으로 기술혁신에 따른 일자리 창출 효과가 감소 효과를 상쇄할 수 있을지 모르지만 적어도 가까운 미래에는 그럴 가능성이 낮다. 첨단 정보통신기술과 로봇, 자동화 기술, 인공지능 등 디지털 기술혁신은 현존하는 일자리를 크게 위협하고 있다.

3) 정형화된 직무들이 자동화 기계나 인공지능으로 대체되기 쉽다

일자리의 양에 미치는 디지털 전환의 영향 못지않게 어떤 일자리들이 인공지능이나 로봇으로 대체되기 쉽고 어떤 일자리들이 그렇지 않은지가 중요하다. 먼저 업무의 성격 및 숙련 수준별 일자리의 변동에 대해 살펴보자.

현재 디지털화와 관련된 논의에서는 장부 정리나 제품 검사와 같이 중급 수준의 직업능력이 필요한 업무들, 특히 단순 반복적인 업무들이 자동화될 가능성이 높다.[15] Autor, Levy and Murrnane의 연구는 일의 성격에 따라 자동화 가능성에 차이가 있다는 가정 아래, 일의 성격을 '일상적인지 비일상적인지', 그리고 '인지적 능력을 많이 요구하는지 육체적 능력을 많이 요구하는지' 두 가지 차원으로 구분하여 컴퓨터기술과 자동화로 인한 노동대체의 가능성을 분석하였다(《그림 10-1》 참조).[16]

이들은 단순반복적인 조립공정과 같이 간단한 육체적 동작이 필요한 일상적인 일(III)이 가장 먼저 컴퓨터에 의한 자동화에 의해 대체될 가능성이 높다고 본다. 그 다음으로 인지 능력을 요구하는 일상적인 일(II) 곧 사무, 정보처리 관련 업무들이 자동화의 위험에 노출되어 있다. 그에 반해 상당한 정도의 인지 능력을 요구하는 비일상적인 일(I)이나 복잡한 손 조작이 필요해 자동화가 쉽지 않은 비

<그림 10-1> 일의 성격과 자동화 가능성

인지적	(II) 인지능력을 요구하는 일상적인 일	(I) 인지능력을 요구하는 비일상적인 일
육체적	(III) 간단한 손동작이 필요한 일상적인 일	(IV) 복잡한 손 조작이 필요한 비일상적인 일
	일상적	비일상적

자료: Autor, D., Levy F, and Murrnane, R. J.(2003). "The Skill Content of Recent Technological Change: An Empirical Exploration", *The Quarterly Journal of Economics*, Vol.118. No.4. pp.1279-1333.

일상적인 일(IV)은 컴퓨터 기술과 자동화로 완전히 대체하기가 쉽지 않을 것으로 분석된다. 이런 유형의 일로 패션 디자인, 대외 홍보, 외과의사의 손 조작 노동과 같은 일을 들 수 있다.[17] 뒤이은 연구에서 Autor는 과업을 추상적 직무(abstract tasks), 정형화된 직무(routine tasks), 육체적 직무(manual tasks)로 분류하고, 이 중 정형화된 직무가 컴퓨터화로 대체될 가능성이 가장 높고 고용이 감소할 것으로 보았다.[18, 19] 육체적 노동과 비육체적 노동을 불문하고 자동화 기기 및 정보기술로 쉽게 대체될 수 있는 루틴한 직무들은 빠르게 알고리즘과 자동화 장치로 대체되어 인간 노동의 입지가 축소될 것이라는 데는 이견이 없어 보인다.

컴퓨터화에 따른 직종별 고용의 변화도 큰 관심사이다. 기업 관련 서비스와 사회 서비스 고용은 크게 증가하는 반면 공공행정, 음식숙박업, 소매업은 고용이 감소할 것으로 예측된다.[20] 일의 성격도 중요한데, 타인을 돌보고 배려하는 직종, 설득과 협상이 필요한 직종, 사회적 공감을 필요로 하는 직종, 예술 분야와 같이 독창성을 요구하는 직종, 다양한 지식을 융합해서 직관적 판단을 요하는 직종 등에서는 미래에도 더 많은 일자리가 나타날 것으로 보인다. 이런 직종에는 창의성, 독창성, 감수성, 사회적 지능(social intelligence)이 중요한 역량 요소들이다. 구체적으로 이러한 직종에는 설계, 기획, 연구개발, 돌봄, 전문적 상담과 돌봄 관련 일자리들이 포함된다.[21]

4) 고용관계가 다변화하고 플랫폼 노동이 급증한다

인터넷 기반 디지털 플랫폼에 의한 일거리 중개 기능이 확장되면서 점점 많은 사람들이 전형적인 종속 근로자와는 다른 노무 제공 방식으로 일하며 생계를 유지하게 되었다. 이는 이미 다가온 미래이기도 하다. 정보화의 진전에 따라 사용–종속관계가 분명하던 산업시대의 전통적인 고용관계의 비중이 줄어들고 다양한 유형의 고용관계가 확산되고 있다.

사용자가 없거나 불분명한 노동자(비임금노동자), 실질적으로 복수 사용자의 지휘 감독 하에 노동하는 사람들(간접고용노동자), 특수고용형태노동자 곧 업무도급계약형태로 일하는 노동자, 플랫폼 노동자,[22] 긱(gig)[23] 노동자들이 그들이다. 이들은 노동을 통해 생계를 유지하는 사람이지만, 전통적인 근로자와 자영업자의 범주로 구분하기 어려운 새로운 집단으로 독립노동자(independent worker), 비임금노동자(non–wage worker), 종속적 자영업자(dependent contractor) 등 다양한 이름으로 범주화된다.

박은정의 연구에 따르면, 근로자와 자영업자의 중간영역에 속하는 사람들은 종속적 자영업자(dependent contractor)라고 불리는데,

이들은 "타인에게 경제적으로 종속되어 업무를 수행할 것, 그러나 어디까지나 자신의 계산과 판단에 따라 손익에 대한 부담을 지면서 업무에 필요한 설비와 비품을 소유하면서도 다만 조직적으로는 사실상 타인의 사업에 편입되어 유무형의 자본보다는 자신의 노동력으로써 사업을 할 것이 요구되는" 사람들로 규정된다.[24]

디지털 전환이 가속화되면서 전통적인 풀타임 정규직 고용에서 비껴나는 파트타임, 비정규직, 특수고용종사자, 플랫폼 노동 등 고용형태의 다기화, 다양화는 앞으로도 계속 이어질 것으로 전망된다. 주지하듯이 현재 택배노동자, 배달기사와 같은 플랫폼 노동자들은 형식적으로 사업자의 외양을 띠기 때문에 고용노동 보호법제의 바깥에 놓여 있다.

5) 생산 및 일하는 방식의 스마트화가 진전된다

인공지능, 클라우드 컴퓨팅, 빅데이터, 사물인터넷(IoT) 등 디지털 전환의 핵심 기술들은 일하는 방식에 적지 않은 변화를 가져올 것으로 전망된다. 정보의 처리, 전송, 저장 기술의 비약적 발전으로 시간과 공간의 제약을 받지 않는 스마트워크 시스템이 빠르게 확산됨에 따라 재택근무, 원격근무 등 다양한 근무형태가 가능하게 되며, 유연근무시간제 등 새로운 근로시간 형태가 확산될 것이 확실하다.

로봇 자동화에 더하여 디지털 기술을 전통적 공장에서의 생산시스템에 적용하는 스마트 공장은 공장에서의 일하는 방식에 혁명적 변화를 초래할 것이다. 단순반복적 단위 노동의 자동화 단계를 넘어 초고성능의 센서가 부착된 IoT의 도입으로 생산시스템 전반의 스마트화가 가속적으로 진행될 것이며, 이는 제조업 노동의 상당 부분이 정보처리 노동으로 질적으로 전환될 것임을 예고한다.

현재 진행 중인 코로나19 팬데믹 사태는 생산 및 노동시스템, 일하는 방식의 변화를 가속화하고 있다. 이른바 언택트 시대(Untact Age)의 서막이 열릴 것이라는 전망이 나오고 있다. 노동 현상에서는 생산 및 서비스와 동시에 방역과 노동자의 건강과 안전이 중요한 목표로 제기된다. 기업과 노동의 전략 역시 일정한 변화가 불가피하다. 이윤 못지않게 노동자의 생명, 건강, 안전이 중요한 가치로 부상하면서 필연적으로 적정 수준 효율화가 추구될 개연성이 높아질 것이다. 무리한 효율성 제고가 방역 실패로 이어지면 자칫 엄청난 손실로 이어질 수 있기 때문이다.

밀집 상태 하에서의 밀착, 밀접한 대면 노동이 감염병에 극히 취약하기 때문에 필요 최소한의 거리두기와 함께 온라인 비대면 노동이 권장되고 있다. 현실적으로 절박한 필요에 의해 재택근로와 원격근로를 가능케 하는 기술적 인프라와 함께 제도적 뒷받침, 인사 노무관리 방식의 변화가 뒤따를 것이며, 이러한 추세는 반전될 가능성이 매우 낮다. 같은 맥락에서 탄력근로제, 근로시간선택제, 재량근로제와 같은 유연근무제도도 활성화될 가능성이 높다.

이러한 생산 및 노동 방식의 변화는 정보처리 속도와 정확성, 예측 능력의 비약적 발전에 힘입어 노동생산성과 에너지 효율성의 증가라는 긍정성과 함께 고용 면에서는 일자리 감축의 위험성과 동시에 노동시간의 단축과 유연한 활용을 통한 고용유지의 가능성을 아울러 내포한다.

6) 기업조직의 네트워크화와 함께 내·외부적 유연화가 진행된다

기업조직은 대체로 전통적(표준) 기업조직에서 네트워크형 기업 조직으로 전환될 개연성이 나타나고 있다.[25] 산업화 시대의 전통적인 조직은, 표준화된 제품을 대량으로 생산하고 제조 단계를 가급적 기업 내부에 배치하며 장기근속 제도와 사내 능력 개발 제도를 통해 숙련인력을 확보하는 수직적으로 통합되고 위계적으로 조직되었다. 이에 반해 현대적 네트워크 기업은, 낮은 거래비용으로 스마트하거나 개별화된 상품 및 서비스를 제공하기 위해 디지털 방식으로 국내외적으로 연결된 고객 중심적 가치 창출의 가능성을 최대한 활용하는 기업이다. 디지털 전환으로 표상되는 4차 산업혁명의 진전은 기업 안팎으로 네트워크형 조직화를 촉진한다.

네트워크 조직화의 확산은 필연적으로 기업 안팎으로 조직의 분할과 유연화를 촉진할 가능성을 높인다. 기업 내적으로는 소규모의 핵심(a small core) 부분과 유연한 주변부(a flexible periphery)로 이루어진 가상 기업이 더 많이 생길 것이다. 나아가 기업 울타리를 넘어 조직의 다양한 하위 구성단위가 '조직 분할'을 통해 다시 밖으로 나가 독립적 기업으로서 각자 전문 분야에 선택과 집중을 함으로써 훨씬 더 자율적이고 유연하게 가치 창출을 하면서 동시에 서로 긴밀하고 효율적으로 협력할 수 있게 된다. 기업은 시너지 효과를 기업 내부의 구성단위들 사이에서만 찾지 않고 기업과 기업 간 협력 네트워크 수준에서 추구할 수 있게 된다.[26]

미래 기업 업무 조직 방식의 변화는 세 가지로 설명된다.[27] 첫째, 외부적 유연화 및 기업 리스크의 외부 전가 방식인데, 이는 기업이 부담해야 할 위험(risk)을 외부로 전가시키는 것으로 대표적인 예로 파견근무, 도급계약, 아웃소싱, 외부 크라우드 소싱(crowd sourcing) 등을 들 수 있다. 둘째, 내부적 유연화인데, 이는 기간제 고용 활성화, 단시간 근로 증가, 유연근무시간 모델 확대, 내부 크라우드 소싱 확대 등으로 달성될 수 있다. 짧은 혁신 주기와 높은 고객지향성이 요구되는 상황에서 기업들은 점차 민첩한 기업(agile company)으로 변화해간다. 셋째, 이와 함께 공간 분산화 및 가상화가 가속화된다. 디지털 기술에 의해 사업장 외부에서 일하는 직원들을 업무 흐름에 통합시킬 수 있는 방안이 점점 다양해지고 있다. 이는 한편으로 일에서의 자기 결정권 강화, 일과 생활의 양립과 균형이 개선될 것이라는 낙관적 전망을 제공하지만 이와 함께 일과 삶의 경계, 근로시간과 비근로시간의 경계가 점점 모호해지는 데 따른 스트레스와 불만이 높아질 가능성도 동시에 내포한다.

기업조직 구조는 정보통신기술의 발전으로 중간관리층이 축소되면서 종래의 다층적 위계조직이 퇴조하고, 보다 납작한 조직(flat organization)으로 변화하면서 기존의 위계적 연공형 조직 및 인사관리 대신 직무와 성과, 효율성을 보다 중시하는 인사관리가 강화될 개연성이 높아진다.

7) 직무·성과 중심의 보상체계가 확대되고 숙련의 양극화가 일어난다

이러한 변화는 보상시스템의 변화로 이어진다. 종래 지배적 보상 시스템이었던 학력, 연공에 따른 보상은 경향적으로 약화되는 대신 직무, 능력 및 성과에 연동되는 보상의 구성 비중이 커질 가능성이 높다.

또한 고용형태의 다변화에 따라 비임금노동 혹은 종속적 자영업이 증가하면서 노동에 대한 보상형태도 전통적인 임금을 넘어 노무도급대금 등의 형태로 분화할 것이라는 점이다. 이와 같은 변형된 임금을 우리는 유사임금(quasi-wage)으로 범주화할 수 있을 것이다. 어쨌든 종래 고정적 고용을 특징으로 하는 경성 고용형태(hard employment)가 점차 약화되고 유연성을 특징으로 하는 연성 고용형태(soft employment)가 확산됨에 따라 조직과 관리 방식의 변화는 불가피해 보인다.

전반적으로 미래 산업 재편 과정에서 창의적 숙련(creative skill)의 중요성이 부각될 것이다. 창의적 숙련이란 '새롭거나 다른 관점으로 문제에 접근해 새로운 가치를 창출하는 직무능력'을 의미한다.[28]

이와 함께 디지털 전환이 가속화되면서 직무 수행에 요구되는 노동자들의 숙련수준이 양극화될 개연성도 높아지고 있다. 높은 지식과 창의력, 경험적 숙련이 요구되는 고임금소득 일자리들의 숙련수준은 현재보다 더 높아지고, 그에 따라 보상 수준도 더 높아질 것이다. 이에 비해 중간 수준 숙련이 요구되던 일자리들은 절대적 규모 자체가 줄어들 뿐 아니라 요구되는 숙련 수준도 하향 평준화되면서 임금 수준도 하락할 것이다. 미래에도 자동화 기술로 대체되지 않고 잔존할 저숙련 육체적 일자리에 요구되는 숙련 수준은 유지되거나 다소 하락할 개연성이 있고 보상 수준 역시 현 수준과 비슷할 것으로 전망된다.

3. 미래를 위한 보편적 노동권

노동세계의 불확실성과 불안정성이 커지고 있다. 인공지능, 빅
데이터, 사물인터넷 등 기존의 생산 및 유통, 소비에 근본적 변화
를 가져올 디지털 기술이 가속적으로 발전하고, 플랫폼 노동 경제
가 확장됨에 따라 노동세계의 파편화, 균열이 심화되고 있다. 고용
형태가 다양화되는 등 노동자 내부구성의 분화가 빠르게 진행되며
사회 전체적으로 소득의 양극화, 격차의 확대가 심각한 문제로 대
두된다.

노동을 통해 삶을 유지하는 사람들이 인간으로서의 존엄을 유지
하는 가운데 일터와 가정, 사회에서 건강한 사회구성원으로 살아
갈 수 있는 권리와 장치의 마련이 어느 때보다 중요해지고 있다. 미
래 노동세계에서 보편적으로 보장되어야 할 핵심적인 노동권의 내
용을 몇 개 범주로 나누어 살펴보기로 한다.

1) 보편적 단결 및 단체교섭의 권리

일하는 모든 노동자에게 단결의 권리, 단체교섭의 권리가 보장
되어야 한다. 현재 우리나라에서는 사업장의 상시근로자수가 5인
미만이라는 이유로, 혹은 고용관계 면에서 종속적 노동에 종사하
는 임금 노동자가 아니라는 이유로 고용 및 노동 관련 보호법제에
서 제외되는 노동자들이 적지 않다. 대다수 특수형태고용노동자
나 플랫폼 노동자들은 실질적으로 일의 대가로 받는 보상으로 생
계를 유지함에도 불구하고, 직접적인 사용자가 없거나 불분명하여

사용–종속관계가 불확실하다는 이유로 노동자로 인정받지 못하고 있다.

자본주의 시장경제체제에서 단결권과 교섭권은 노동자의 권익을 유지 신장하는 데 필수불가결한 장치이다. 미래의 노동세계에서도 이 성질은 변하지 않는다. 오히려 노동시장의 파편화, 유연화가 심화됨에 따라 보편적 단결 및 교섭권 보장의 의미가 배가된다. 고용노동관계에서의 다중정체성을 지니는 노동자들이 증가할 것이기 때문에 이들의 노동권에 대한 보호장치가 필요하다. 기존 노동조합으로 대표되지 못하는 노동자들의 권익을 보호하기 위한 새로운 대안적 노동자 대표체계의 형성과 작동 방안도 마련되어야 한다.

정규직이든 비정규직이든, 풀타임으로 일하든 파트타임으로 일하든, 임금노동자이든 비임금 노동자이든 관계없이 노동으로 생계를 꾸려가는 사람이라면 고용형태나 근로시간에 무관하게 노동자로서의 기본 성질이 인정되어야 하고, 그에 따른 집단적 단결의 권리와 교섭권이 보장되어야 한다. 노동시장의 파편화와 고용형태 다기화는 미래 노동세계에서 보편적 단결권 보장의 중요성을 가중시킨다.

2) 적정 생활수준을 위한 소득 보장

노동이 주된 생계수단인 모든 노동자에게 적정한 생활수준을 담보하는 임금과 소득이 보장되어야 한다. 노동의 대가인 임금은 노동자의 생존 조건이다. 단체교섭에 의한 협약임금이나 최저임금제도 등은 임금노동자의 적정 생활소득을 보장하려는 제도적 장치로서 앞으로도 유효하다. 노동조합으로 조직되어 있지 않은 노동자들에게도 단체교섭의 결과가 미칠 수 있도록 단체협약 효력 확장제도를 보다 적극적으로 강구할 필요도 있다. 또한 실업 상태의 노동자에게도 구직활동과 훈련, 생계를 유지할 수 있도록 실업보험과 수당 등이 지급되어야 한다.

디지털 기술혁신의 가속화는 고용 불안과 더불어 임금소득의 양극화를 초래한다. 노동시장 내 이행은 더 활발해진다. 노동시장 주변부의 근로빈곤층은 취업과 실업, 비경제활동 상태를 넘나드는 확률이 높아진다. 이들이 구조적 빈곤의 함정에 빠지지 않도록 다양한 방식으로 사회보장 최저선(social protection floor)을 보장하는 것이 중요하다. 적정한 임금과 소득이 보장될 때에 노동자들은 생존을 위해 긴박되는 장시간 노동에서 벗어날 수 있으며, 건강하고 안전한 직업생활을 영위할 수 있다. 성실하게 일하는 사람들의 적정한 생활수준을 담보하는 소득의 보장은 해당 노동자의 안정된 삶을 보장할 뿐 아니라 소비대중들의 구매력을 높여 상품과 서비스의 가치 실현을 용이하게 한다. 이는 생산적이고 건강한 시장경제의 원활한 작동을 담보함으로써 지속가능성을 높인다.

3) 노동시간 주권

첨단 정보통신기술의 발전으로 노동시간에 대한 권리의 중요성이 커지고 있다. 모바일 기술이 시간과 공간의 제약을 뛰어넘는 노동을 가능하게 한다. 이에 따라 노동시간과 개인시간의 경계가 모호해진다. 이는 노동시간 연장으로 이어질 수 있다. 기업은 모바일 기기를 통해 언제 어디에서라도 포괄적인 의미에서 업무와 관련된 지시를 할 수 있게 된다. 따라서 비업무시간에 '연결되지 않을 권리(right to digitally disconnect)'와 같이 노동시간에 대한 노동자의 권리를 보장하는 것이 노동자의 시간 주권(time sovereignty) 차원에서 중요한 과제이다.[29]

한편 첨단 디지털 기술은 선택적 근로시간 제도와 재택근무 등 유연한 근무방식도 가능하게 한다. 필요한 시간에 효율적으로 노동력을 활용하고 제공하는 것은 기업과 노동자 모두에게 유리한 일이다. 이처럼 노사 모두에게 도움이 되는 방향으로 노동시간을 선택적으로 활용할 수 있는 시스템을 구축하는 것이 중요하다.[30] 유연한 노동시간 제도를 만들기 위한 노사 간의 협력, 나아가 노사정 간의 사회적 대화가 필요한 이유이다. 또한 심화되고 있는 노동자의 시간 빈곤(time poor) 문제의 해결을 위해 생산성 향상과 최장노동시간 규제, 최단시간 보장도 미래 노동사회의 중요한 과제이다.

4) 안전하고 건강하게 일할 권리

생명과 안전, 건강은 노동자들에게 주어지는 핵심적인 권리이다. 모든 일하는 사람들은 자신의 일터에서 건강하고 안전하게 일할 수 있어야 한다. 직업병을 유발하는 유해물질이나 작업환경으로부터 자유로워야 하며, 산업재해나 안전사고로부터 보호받아야 한다. 점증하는 정보입력처리 업무 종사자들의 건강을 보호하기 위한 장치의 마련이 시급하다. 이와 관련하여 직무관련성에 초점을 두고 있는 기존 산재보험의 사각지대를 해소하는 차원에서라도 상병수당 제도가 도입되어야 한다.

기술적인 측면에서 인공지능, 사물인터넷, 로봇 및 초고성능 센서와 같은 4차 산업혁명의 핵심 기술들은 위험하고 힘든 일의 자동화, 로봇으로의 대체를 가능하게 한다. 스마트공장으로의 전환은 산업 안전 차원에서도 커다란 진전이 될 수 있다. 유해 위험 물질 및 작업 환경에 대한 정밀한 측정과 산재 및 직업병 예방을 위한 기술적 토대가 마련될 수 있다. 문제는 이러한 기술적 가능성을 실질적인 노동자의 생명과 건강, 안전을 담보하는 권리로 현실화시키는 데 있다.

산업안전은 기술적 가능성 못지않게 사업주와 노동자의 안전의식과 책임의식, 직무수행 관행, 정부의 정책 의지에 의해 크게 좌우된다. 경제규모나 위상에 비추어 현저히 낙후된 우리의 산업안전 시스템을 획기적으로 개선하여 노동자들이 안전하고 건강하게 일할 수 있는 권리를 보장해야 한다. 산업안전 시스템의 혁신은 노동자들의 일하는 삶의 질을 높이고, 인간적인 삶을 보장하는 데서 나아가 산재나 직업병으로 발생하는 막대한 사회경제적 비용을 줄임으로써 국민경제에도 기여한다.

5) 생애에 걸친 능력 개발의 권리

직업세계의 변화와 기술 발전이 가속화되면서 노동시장의 유연성이 증대한다. 그에 따라 평생직장이 사라지며 개별 노동자들의 노동시장 이행이 활발해진다. 변화하는 기술 및 노동시장 상황에 맞추어 노동자들은 제 때에 필요한 역량을 습득할 수 있어야 한다.

노동생애 전반에 걸친 교육과 학습의 권리가 중요해지는 이유이다. 평생교육은 아동기 기초교육에서 성인교육에 이르는 생애에 걸친 공식, 비공식 교육 모두를 아우른다. 평생교육은 읽기, 쓰기, 의사소통과 같은 직업 기초능력은 물론 특정 일자리의 기술적 역량의 습득, 나아가 민주적 시민으로서 요구되는 능력의 개발까지 포괄한다.

평생교육 시스템에 기반한 생애에 걸친 능력 개발은 노동자 개개인의 취업과 노동시장 이동에 도움을 줄 뿐 아니라 취약계층의 경제사회적 포섭을 활성화함으로써 사회통합에 기여한다. 이를 위해 평생 능력 개발이 보편적 권리로 자리 잡아야 한다. 이는 능력 개발이 행복을 추구하는 핵심적인 수단 중의 하나이기 때문이다. 보편적 능력 개발을 위해서는 기존 학교교육 및 직업교육훈련 체계의 전환이 필요하다. 국가는 국민의 교육 및 능력 개발에 대해 책임을 져야하고 그에 필요한 행·재정 시스템을 구축 운영하여야 한다. 현재 및 미래의 노동자는 언제, 어디에서나 자신의 행복을 위해 특별한 부담 없이 능력 개발을 위한 교육훈련을 받을 권리를 누릴 수 있어야 한다.

종래 지배적이었던 대면 집체식 교육훈련 방식은 물론 비대면 온라인 방식과 블랜디드 러닝, 하이브리드 교육훈련 방식 등 상황에 맞는 다양한 교육훈련 모델이 개발 활용되어야 한다. 풀타임 교육훈련 과정을 이수하고 필요한 능력이나 자격을 취득한 후 취업하는 전통적인 경로 이외에 일-학습 병행 시스템이 더 활성화되어야 한다. 재직근로자의 능력 개발과 재취업, 전직 및 전업을 위한 다양한 교육훈련 과정이 제공되어야 한다. 생애 능력 개발을 위한 교육훈련

컨설팅 서비스와 이를 위한 인프라가 확충되어야 함은 물론이다.

6) 작업조직 및 기술 개발과 도입에 대한 참여의 권리

디지털 전환을 촉진하는 인공지능, 빅 데이터, 사물인터넷 등의 신기술들은 상상을 뛰어넘는 기술적 가능성을 내포하고 있다. 이러한 혁신적 기술들이 노동세계에 미치는 영향은 궁극적으로 인간의 결정에 좌우된다. 자본의 맹목적인 이윤추구 수단으로 이런 기술들이 활용될 때 미래 사회 일자리의 위기, 노동의 위기가 현실화할 가능성이 높다. 하지만 이런 기술들은 보다 인간적인 노동, 일자리 질서를 앞당기는 촉매가 될 수도 있다. 기술을 사용하는 작업조직의 설계와 운용, 나아가 새로운 기술의 개발과 도입에 대한 참여가 오늘날 중요한 노동자의 권리로 부상하는 맥락이 여기에 있다.

작업조직과 기술은 인간 노동을 조직화하며 노동자의 일하는 삶의 질에 직간접적으로 영향을 준다. 작업조직과 기술이 경영의 고유한 권리 영역에 속하는 것으로 여겨진 때도 있었지만, 그러한 관념은 미래에 적합하지 않다. 노동이 기술적·도구적 합리성에 의해 지배될 때 인간 노동이 얼마나 소외되고 비참해질 수 있는지 자본주의의 역사는 잘 보여주고 있다. 4차 산업혁명 시기에 과거의 전철을 밟지 않기 위해서라도, 작업조직과 기술의 개발 및 도입 전반에 걸쳐 그러한 기술을 사용하는 노동자들이 직간접적으로 참여할 권리가 보장되어야 한다. 여기에는 근로자 대표가 참여하여 관련 정보와 자료를 요구하고 열람하며 대화와 타협을 통해 의사결정 과정에 참여하는 것을 포함한다.

기업 목적에 부합하면서도 인간적인 노동이 가능한 방향으로 작업조직이 재설계되고 기술이 개발되도록 하기 위해 노동자의 참여권이 보장되어야 한다. 독일은 기업 및 작업장 수준에서 근로자참여를 광범하게 보장하면서 기업의 경쟁력을 유지할 수 있음을 보여준다.[31] 오늘날 일부 지자체와 공공부문을 중심으로 도입되고 있는 노동이사제를 통해 작업조직과 기술 영역에서의 노동자 참여를 촉진할 수 있을 것이다. 이를 위해 관련 법령의 제정 및 개정이 필요하다.

4. 노사관계와 노동정치

디지털 전환은 미래 노사관계와 노동정치에도 큰 도전으로 다가온다. 디지털 전환에 따라 전통적 고용관계의 틀을 벗어난 노동자들이 점증하고 있다. 기존의 노동조합이 이제까지의 운동 전략과 행태를 고수한다면, 전통적 고용관계에 기반한 노동자, 곧 정규직 노동자 중심의 노동조합은 그 기반이 약화되면서 사회적 영향도 축소될 것이다. 노동조합의 테두리 바깥에 놓여 있으면서 그 수가 점차 늘어나고 있는 노동자들, 곧 비정규직, 특수형태고용노동자, 플랫폼노동자들을 어느 정도 조직적으로 포용할 수 있는지, 그리고 기존 조합원들인 정규직 노동자들 기득권과의 이해충돌 문제를 어떻게 해소할 것인지가 향후 노동조합의 영향력, 노사관계를 좌우할 관건이 될 것이다.

기존의 기업별 노동조합 조직과 교섭체계로는 새로운 노동시장 상황에 제대로 대응하기 어렵다. 심화되는 경제사회적 양극화와 불평등을 완화하기 위해서는 기업의 틀을 넘어선 조직화, 교섭 전략이 필요하다. 이는 단순히 노동조합만의 과제만이 아니다. 산업계와 정부도 노조와 함께 초기업적 노사관계, 사회적 대화와 타협의 틀을 구축하고 활성화하려는 적극적인 노력을 경주할 필요가 있다. 이를 위한 관련 법제도와 노사정 주체의 관행과 의식의 변화는 물론 시민사회의 적극적인 역할도 요구된다.

정부와 사용자, 노동계 간의 연성 노동정치(soft labor politics)의 중요성이 커진다. 대립과 투쟁의 자리에 대화와 타협의 노동정치가 자리 잡아야 한다. 기업 수준을 넘어 지역과 업종, 국가 수준 등 다양한 층위에 걸쳐 사회적 대화와 타협, 교섭이 활성화될 때 미래의 노동세계는 노동자들이 살아갈 만한 시공간으로 승화될 수 있다. 궁극적으로 일자리와 노동은 사회관계의 효과이다. 노동정치는 일자리와 노동을 둘러싼 사회적 관계를 자아내는 과정이다. 노동의 미래는 인간이 만들어간다.

제11장

빈곤·불평등의 역사적 맥락과 과제

김미곤(한국노인인력개발원)

- 오늘날의 높은 노인 빈곤율, 높은 자살률, 초저출산, 빈곤의 대물림 등의 사회문제는 발전국가, 산업체계, 복지체계의 유산
- 빈곤과 불평등은 사회 전반에서 유발된 구조적인 문제로 인식해야 함
- 빈곤 및 불평등에 해결은 교육, 경제, 일자리, 복지정책 간의 선순환 체계로 이어지는 일관된 정책흐름을 유지할 필요가 있음

　본 장에서는 1960년대부터 시작된 산업화 시기 이후 빈곤·불평등의 변화 요인들을 살펴보고자 한다. 빈곤·불평등에 영향을 주는 요인은 다양하지만 본 장은 발전국가, 산업체계, 복지체계에 주목하여 논하고자 한다.

해방 이후 1960년대 초까지 우리나라는 정치적 혼란과 경제적 여력 부족 등으로 뚜렷한 국가 발전전략이 없었다고 해도 과언이 아니다. 이후 시작된 발전국가 전략을 한마디로 정리하면 성장 중심의 국가 전략이다. 당시의 발전국가 전략은 어려운 국가재정을 감안할 때 어쩔 수 없는 선택이었고, 성장으로 빈곤·불평등이 감소하는 긍정적 효과가 나타난 깃도 사실이다. 하지만 1993년 이후 낙수효과가 사라진 발전국가 전략은 앞 시기와 달리 빈곤 및 불평등 악화에 기여하였음을 부인할 수 없다.

수출 대기업 중심의 산업 발전전략과 엘리트, 대기업 등의 위에서 아래로의(top-down) 복지확대 과정은 오늘날 복지가 필요한 대상자가 배제되는 역진적 복지체계 형성으로 이어졌다. 이에 대해 빈곤·불평등 추이, 맥락, 과제 순으로 살펴본다.

1. 빈곤·불평등 추이

1) 빈곤 추이

1960년대 이후 고도 경제성장의 결과로 1965년 40.9%에 이르던 절대빈곤율[1]이 1976년에는 14.8%로 감소하고, 1980년에는 다시 9.8%로 감소하였다.[2] 1980년대에는 경제사회적인 혼란이 있었지만 1990년의 빈곤율은 8.3%로 추정되고 있다.[3] 1990년대 중반의 빈곤 관련 지표들은 자료상의 한계는 있지만, 외형적인 수치로는 선진국과 비슷하거나 낮은 수준을 유지하고 있었다.

〈표 11-1〉 1990년 초반 이전의 절대빈곤 추이

구분	빈곤인구(천 명)			빈곤율(빈곤인구/전체 인구, %)		
	전국	도시	농촌	전국	도시	농촌
1965	11,769	4,244	7,505	40.9	54.9	35.8
1976	5,198	3,072	2,216	14.8	18.1	11.7
1980	3,644	2,250	1,394	9.8	10.4	9.0
1990	3,656	1,110[1] 761[2]	1,785	8.3	5.5[1] 6.7[2]	14.3

주: 1) 대도시, 2) 중소도시 기준
자료: 1996~1980년: 서상목 외(1981). 「빈곤의 실태와 영세민 종합대책」, 한국개발연구원.
1990년: 정복란·김미곤 외(1990). 「생활보호제도 개선방안에 관한 연구」, 한국보건사회연구원.

하지만 우리나라의 빈곤율 추이를 자세히 살펴보면 1993년을 기점으로 그 양상이 달라짐을 알 수 있다. 1993년 전에는 경제성장이 빈곤·불평등 감소로 이어졌으나, 그 이후에는 경제성장이 되어도 빈곤·불평등이 오히려 악화되고 있다. 이는 우리 사회가 1993년 전후로 낙수효과(trickle-down effect)[4]가 없는 사회로 전환되었음을 의미한다.

1997년 말에 시작된 IMF 경제위기는 빈곤인구를 양산하고 자살, 이혼, 가출 등의 각종 사회병리현상과 사회 양극화를 초래하였다. 경제위기 이후 빈곤율, 빈곤갭, 센지수 등 빈곤 관련 지표들은 1999년에 매우 나쁜 수준에 도달하였다. 이후 약간씩 개선되다가 2003년부터 다시 악화되어 2008~2009년에 정점을 보이고 있다 (〈표 11-2〉 참조).

이러한 흐름에 대한 해석에 주의가 필요한 부분이 있다. 1인 가구가 포함된 통계청의 가구동향조사 자료는 2006년부터 발표되었

〈표 11-2〉 IMF 경제위기 이후의 빈곤율 추이[1]

(단위: %)

구분	절대빈곤[2]	상대빈곤[3]
1996	3.0	9.0
2000	8.2	13.3
2008	8.0	**14.2**
2009	**8.4**	14.1
2010	7.9	13.8
2015	7.1	12.8
2016	-	13.8(17.6)[4]
2017	-	- (17.3)
2018	-	- (16.7)

주: 1) 1996년과 2000년 자료는 가구소비실태조사(통계청), 2006년 이후 자료는 가계동향조사
　　 (통계청)임. 편의상 전국이라고 표현하였으나 농어가가 포함되지 않은 결과임.
　　 2) 경상소득이 최저생계비 미만인 인구 비율.
　　 3) 중위 가처분소득의 50% 미만 인구 비율.
　　 4) ( ) 안의 빈곤율은 가계금융복지조사.
자료: 1996~2000년 통계: 여유진·김미곤 외(2005). 「빈곤과 불평등의 동향 및 요인분해」, 한국
　　 보건사회연구원. 이후 통계: 한국보건사회연구원(각 연도). 『빈곤통계연보』

다. 전체 가구의 흐름을 파악하기 위해서는 1인 가구가 포함된 자
료를 분석하는 것이 바람직하다. 본 연구에서는 2006년 이전의 빈
곤통계는 통계청의 1인 가구가 포함된 가구소비실태조사를 이용하
였다. 그리고 2016년부터는 정부가 최저생계비를 발표하지 않기 때
문에 절대빈곤율을 산출할 수 없다. 더욱 주의가 필요한 부분은 국
가의 기준통계가 가구동향조사에서 가계금융복지조사로 변경되면
서 상대빈곤율이 급격하게 증가한 것으로 나타난다는 점이다.

2) 불평등 추이

분배 상태를 나타내는 대표적인 지표는 지니계수(Gini Coefficient)[5]이다. 일반적으로 지니계수가 0.4를 넘기면 매우 불평등한 사회라고 한다. 우리나라의 경우 가계금융복지조사 기준 시장소득 지니계수는 2016년부터 0.4를 넘기고 있다. 지니계수의 전반적인 추이는 빈곤율 등의 빈곤지표와 유사한 흐름을 보이고 있다. 2008년까지 악화되는 추세를 보이다가 이후 개선, 그리고 2016년 악화 후 다시 개선되는 모습이다.

그러나 불평등도 개선도가 복지지출 증가 등에 힘입어 다소 개선되는 모습을 보이고 있다. 시장소득과 가처분소득 간의 차이는 조

〈표 11-3〉 지니계수(1인가구 포함 전 가구기준,[1] 연간)

구분	시장소득(A)	가처분소득(B)	지니계수 개선도 C=(A-B)/A×100)
2006	0.323	0.300	7.12
2008	0.337	0.308	8.61
2009	0.336	0.308	8.33
2010	0.332	0.303	8.73
2015	0.332	0.286	13.86
2016[2]	0.344(0.402)	0.296(0.355)	13.95(11.69)
2017	(0.406)	(0.354)	(12.81)
2018	(0.403)	(0.345)	(14.39)

주: 1) 농어가 제외.
  2) ( ) 밖은 가계동향조사 기준, ( ) 안은 가계금융복지조사 기준.
자료: 한국보건사회연구원(각 연도). 『빈곤통계연보』

세, 복지지출 등 국가의 역할을 의미한다. 그러므로 시장소득 지니계수와 가처분소득 지니계수의 차이가 전반적으로 증가한다는 것은 국가복지를 향해 점진적으로 나아가고 있음을 의미한다.

3) 국제비교

빈곤율에 관한 우리나라의 특징은 상대적으로 빈곤율이 매우 높은 반면 조세 및 공적이전 소득에 의한 빈곤 감소율은 매우 낮다는 점이다. 이는 국가의 역할이 상대적으로 미미함을 의미한다.

특히 노인 빈곤율은 OECD 회원국들 중 가장 높다. 선진 복지국가들에 비해 작게는 2배, 크게는 10배 이상 높은 수준이다. 그리고 연금제도의 미성숙과 낮은 급여 수준 등으로 공적이전의 노인 빈곤율 감소 효과는 OECD 국가 중 매우 낮은 수준이다. 이러한 암울

〈표 11-4〉 주요국의 빈곤율(중위소득 50%, 2016년 기준)

(단위: %)

국가명	전체 인구	18~65세	66세 이상
호주	12.1	9.4	23.2
프랑스	8.3	8.5	3.4
독일	10.4	10.2	9.6
스웨덴	9.1	8.4	11.0
영국	11.1	10.1	14.2
미국	17.8	15.5	22.9
한국	17.6	12.9	45.0

자료: OECD Income Distribution and Poverty Dataset(2019. 12. 24. 인출)

〈그림 11-1〉 OECD 등 주요 국가의 노인 빈곤율(2015년 전후)

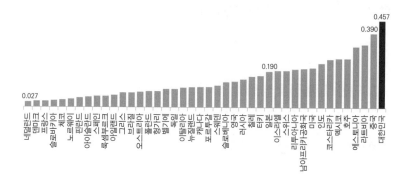

주: 중위 가처분소득 50% 기준의 상대빈곤율임. 66세 이상 노인을 대상으로 함.
자료: OECD Income Distribution and Poverty Dataset(2018. 9. 27. 인출)

〈그림 11-2〉 공적이전의 노인 빈곤율 감소효과(2014년 전후)

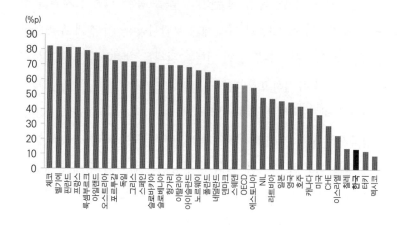

주: 중위 가처분소득 50% 기준의 상대빈곤율임. 66세 이상 노인을 대상으로 함.
자료: OECD Income Distribution and Poverty Dataset(2018. 9. 27. 인출)

한 현실은 향후 기초연금의 확대, 국민연금의 성숙 등으로 빈곤 및
불평등이 감소할 요인도 있으나, 노동시장의 이중구조, 노인인구의

증가, 신자유주의 지속, 4차 산업혁명 등을 감안하면 오히려 증가할 가능성도 있음에 유의하여야 한다.

2. 빈곤 및 불평등 악화의 역사적 맥락

1) 발전국가의 유산

복지국가는 일반적으로 '시장'개입을 최소화하고, '개인과 가구'에 적극적으로 개입하는 역할을 수행한다. 그러나 산업화 시기 한국은 전도된 역할을 수행하였다. 시장경제에 대해서는 중화학·수출 대기업 중심의 산업 육성 및 관치 금융을 통한 직접적 지원을 하면서, 복지 역할을 기업과 가족에게 부담시켰다. 이 결과 우리나라는 복지수준과 경제수준 간의 선형적 관계를 발견하기 힘든 저복지 수준[6] 상태를 유지하고 있다.[7]

이러한 국가 유형을 흔히 발전국가(developmental state)라고 한다. 발전국가는 사유 재산과 시장경제의 기본 원칙에 따라 압축적 산업화 달성을 목표로 하면서, 불균형 성장이론에 따라 경제가 성장하면 복지는 자연스럽게 달성될 수 있다는 낙수효과에 의존한다. 그리고 국가복지의 발전을 경제성장에 반하는 것으로 이해하고 지속적으로 억제하기도 한다.

성경륭 등은 『포용국가』에서 과거 김영삼 정부까지를 발전국가로 개념 규정하고, 발전국가의 특징을 다음과 같이 보고 있다.[8] 지배구조는 국가 단독지배 또는 국가-자본 공동지배로 규정하고, 정책

노선은 선성장-후분배와 국제 경쟁력 제고에 초점을 맞춘다. 그리고 시장구조는 재벌·대기업 독과점과 비정규직 양산체계라고 주장하면서, 노동에 대한 시각은 노동을 단순 생산요소로 간주한 비용으로 인식한다고 보았다.

2) 산업체계 유산

높은 빈곤과 불평등 문제는 우리나라의 산업체계 유산에서도 찾을 수 있다. 후발국가나 낙후 지역이 경제성장을 위해 산업화를 추진하는 방식에는 크게 세 가지 유형이 존재한다.[9] 첫째는 현지 중소기업이 주도하는 산업화이다. 이는 '아래로부터의 산업화(industrialization from below)'이며, 대표적인 사례로는 19세기의 영국과 근래의 이탈리아가 이에 해당된다. 둘째는 외부의 대기업을 유치하거나 이를 계획적으로 육성하여 산업화를 주도하는 방식이다. 이는 첫째와 달리 '위로부터의 산업화'이며, Levy와 Kuo는 이를 '조립형 전략(assembly strategy)'이라고 지칭한다. 한국이 대표적인 예이다.[10] 셋째는 위 두 가지가 조합하는 유형이다. 독일과 일본이 대표적인 나라이다.

위로부터의 산업화 및 조립형 산업화 전략은 작업장 숙련을 상대적으로 중시하지 않는 숙련절약형 또는 기술-숙련 분리 모형 체계를 띤다.[11] 조립형 산업화는 고도의 완제품을 생산할 수 있는 대기업과 기술 수준이 낮은 부품·소재를 생산하는 중소기업의 공존이라는 이중구조를 배태하게 된다.[12] 이 결과 2000년대 이후 우리의 산업화는 빈부 격차를 완화한 것이 아니라 소득 양극화를 심화

〈그림 11-3〉 기술과 숙련 분리의 조립형 산업화와 양극화

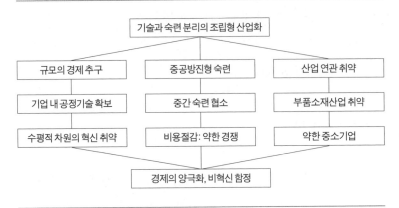

자료: 정준호·이병천(2007), 「한국의 탈추격 시스템, 어디로 가는가: '생산-복지 체제'의 성격에 대한 시론」; 정준호(2014), 「경제산업구조와 발전주의 모델」에서 재인용.

시키고 있다.[13] 이는 외환위기 이후 GDP와 NNI의 격차가 벌어지고 있는 점에서도 확인이 가능하다. 이 시점부터 실질 GDP의 생산성은 올라가는데 임금은 거의 제자리 상태이다.

3) 복지체계 유산

복지제도는 행위자 간의 역학관계와 전략, 그리고 다양한 내외생 변수의 영향으로 변화된다. 생활권적 기본권의 일환으로서 기초보장을 법에 담은 것은 1948년 제정된 「제헌헌법」 제19조이다. 동 법 제19조는 "…생활유지의 능력이 없는 자는 법률이 정하는 바에 의하여 국가의 보호를 받는다"라고 규정하고 있다. 이러한 규정이 실효성을 지니기 위해서는 하위 법령과 예산이 뒷받침되어야 한다. 하지만 당시 하위 법령은 1944년 제정된 「조선구호령」[14]이었고,

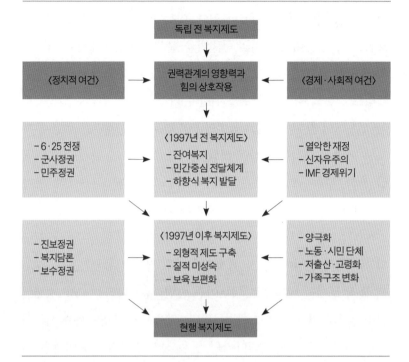

자료: 김미곤(2014). 「한국복지제도 및 구조의 특수성」; 여유진 외(2014). 「한국형 복지모형 구축」, 한국보건사회연구원에서 재인용.

재정은 외국의 원조에 의존하였다. 이러한 상태에서 사회권에 대한 인식 미흡은 잔여적 복지로 이어지고, 전쟁의 혼란으로 인한 이재민의 증가와 빈약한 공공재원은 민간 중심의 복지전달 체계 형성으로 이어졌다.

1960년대 이후 「생활보호법」(1961) 제정과 공무원연금(1960년), 군인연금(1963년), 사학연금(1975년), 국민연금(1988년) 순으로 도입된 연금보험제도 도입의 이면에는 정권의 정당성 확보와 투자재원 마련이라는 목적이 스며있다. 5·16쿠데타의 주체들로 구성된 군사혁명위원회는 대국민 공약에서 "도탄에 빠진 민생고를 시급히 해결…" 이라는 문제의식을 제시한 바 있다. 이는 역사상 처음으로 「생활보호법」이라는 근대적 의미의 구빈법을 탄생시켰다.[15] 또한 군사정권의 정당성 부족은 산업노동력에 대한 제도 도입에 선행하여 특수 엘리트 그룹의 충성심 확보를 위한 은급적 성격의 연금보험제도 도입으로 이어졌다.[16] 그리고 국민연금의 경우 경제 개발을 위한 투자재원 마련에 유리한 방식인 적립 방식으로 제도가 설계되었다. 적립 방식 채택은 오늘날 OECD 국가 중 노인 상대빈곤율 1위, 자살률 1위라는 불명예를 초래하는 계기가 되었다.

1990년 말 복지제도 구축은 '썰물에 배 띄우기' 형국이었다. 서구의 복지국가 발전이 제2차 세계대전 이후 경제적 황금기(golden age)에 물적 토대를 바탕으로 이루어진 반면, 우리나라는 IMF 경제위기라는 최악의 조건에서 발전하였다. 경제철학 측면에서는 서구의 경우 케인스주의가, 우리나라의 경우 신자유주의가 풍미하는 시대라는 차이점이 존재한다. 1997년 경제위기 이후 IMF, 세계은행(WB) 등은 외환보유고 부족에 시달리는 정부를 압박하면서 재정지원 조건으로 신자유주의 논리에 따른 강력한 구조조정과 동시에 최소한의 사회안전망 구축을 요구한 바 있다. 이러한 흐름은 「국민기초생활보장법」의 탄생에 기여한 바 있지만, 썰물에 배를 띄워야 하는 상황은 낮은 복지 수준 제고로 이어지지 못하였다.

2010년 전후의 복지제도 구축에서는 보편주의와 선별주의 간 선택의 문제를 놓고 정치적 게임을 하고 있다. 대표적인 사례가 무상급식, 무상보육, 재난지원금, 기본소득 등이다. 과거 진보 계열의 주장으로 무상급식이 실현되자, 보수 계열은 기회의 균등을 내세워 무상보육을 주장하여 정책화한 바 있다. 여기에서 우리는 정치적인 게임의 흔적(맥락)을 읽을 수 있다. 무상급식 논쟁에서 시작된 보편 대 선별 논쟁은 보편주의적 복지가 사회적 지지를 얻어가고 있는 듯하나, 이념적 대립은 여전히 지속되고 있다. 오늘날 가장 첨예하게 대립하고 있는 접점이 기본소득이다.

3. 빈곤 및 불평등 축소를 위한 과제

1) 교육-경제-노동-복지 간의 선순환 체계(황금사각형 모델) 구축

교육정책-경제정책-노동정책-복지정책을 분절적으로 접근하면 소기의 성과를 달성하기 어렵다. 그 이유는 노동이 본(本)이라면 복지는 말(末)의 성격을 지니고 있으므로 노동시장의 분절화 등 노동 문제가 해결되지 않으면 빈곤·불평등 등은 악화될 가능성이 높다. 또한 기업의 이윤을 중시하는 과거 이윤주도 성장 패러다임에서는 비정규직이 양산되는 등의 문제가 발생할 개연성이 높다. 그리고 경제성장 패러다임 전환은 국정운영 목표에 영향을 받는 철학의 문제이고, 철학의 근저에는 교육이 자리 잡고 있다. 결국 교육-철학-경제-노동-복지를 한 묶음으로 보고, 이를 관통하는 패러다임 설정이 필요하다.

한편 오늘날 우리나라는 중진국까지 빠른 추격자(fast follower)로 성장을 하였다. 2018년에 1인당 GDP가 3만 달러에 도달하였다. 그러나 창조성이 결여된 모방으로는 '중간소득의 함정'에 빠질 수 있

〈그림 11-5〉 황금사각형 모델

성장
(혁신)
① 혁신주도형 동반성장
② 혁신형 중소기업 육성
③ 서비스업 경쟁력 강화

적극적사회정책
(복지)
① 소득 중심의 사회정책
② 고용연계 사회복지 정책
③ 통합·연계·맞춤형 사회 서비스
④ 참여, 지속 가능한, 열린 사회정책

사회정책
재구조화

일자리
(고용)
① 민간(성장, 산업발전)
② 공공(사회서비스를 포함한
   공공일자리)
③ 제3섹터(사회적경제 등)

교육
(인적자본투자)
① 사람 중심, 노동·학습·휴식의
   선순환 구조
② 아동, 청년 등 미래세대 투자

자료: 김미곤(2017). 「포용적 복지의 철학과 정책 방향」, 한국보건사회연구원.

다. 이제는 선도자(first mover)로 한 단계 올라가야 한다. 교육의 중
요성이 여기에 있다. 창의성 중심의 교육정책이 일자리 창출과 혁
신 주도형 동방성장으로 이어지고, 이를 바탕으로 적극적 사회정책
과 교육정책이 이루어져야 한다. 이러한 선순환 체계가 황금사각형
모형(Golden Quadrangle Model)이다.

2) 기초보장제도 개편

황금사각형 모형을 포함한 어떤 모형도 빈곤과 불평등 문제를 완
벽하게 해결할 수 없다. 그러므로 빈곤과 불평등 문제를 완화할 직
접적인 정책 및 제도가 필요하다. 이 문제에 대해 직접적으로 대응
하는 제도가 국민기초생활보장제도이다. 국민기초생활보장법(이하
'기초보장법')은 「생활보호법」의 한계를 극복하고 1997년 외환위기라
는 시대적 상황을 돌파하고자 2000년 10월부터 시행된 법이다.

기초보장제도 시행 이후 지난 20년간 그동안 맞춤형 개별급여제도로의 개편(2015년) 및 부양의무자 기준의 축소(교육급여와 주거급여의 경우 폐지) 등의 많은 제도적 개선이 이루어졌다. 시행 20년 주년이 되는 이 시점에서 우리는 다시 한 번 더 기초보장제도가 본연의 목적을 달성하였는지를 살펴볼 필요가 있다. 기초보장제도의 목적에서 가장 중요한 것은 최종적인 사회안전망(last safety-net)으로서의 역할을 수행하고 있는 지이다. 현재의 기초보장제도는 넓은 사각지대가 존재한다.[17]

따라서 사각지대를 줄일 수 있는 조치들이 필요하다. 무엇보다도 의료급여에 대한 부양의무자 기준 폐지 내지 축소가 필요하다. 한편 선정 기준으로 활용되고 있는 기준 중위소득은 소득분포에 영향을 받으므로 양극화가 심화되면 중위소득이 감소할 수 도 있다. 이에 대한 개선방안으로 기준 통계 변경, 인상률 변경 등이 검토되고 있으나, 근본적인 해결책이 되지 못한다. 원론적인 관점에서 공공부조에 맞는 기준선이 최저생계비인지, 중위소득의 일정 %인지에 대한 검토가 이루어져야 한다.

상기의 현실적인 제도의 문제 외에도 공공부조제도는 본질적인 한계를 지니고 있다. 먼저 기초보장제도는 다른 나라의 공공부조제도와 마찬가지로 정책목표 간 상충성이라는 한계를 지니고 있다. 기초보장제도는 최종적인 사회안전망이므로 사회적으로 적절한 급여를 하여야 하고(사회적 적절성), 조세를 재원으로 사용함에 따라 최소한의 비용으로 운영되어야 한다(경제적 효율성). 그리고 근로 능력자에게도 급여를 하고 있으므로 근로 의욕을 저하시키지 않아야 한다(근로유인). 문제는 이러한 3대 목표가 서로 상충한다는 것이다.

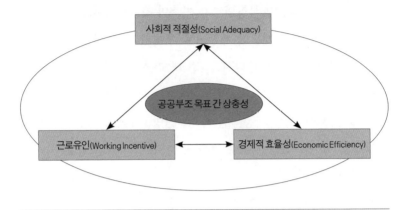

〈그림 11-6〉 공공부조 목표 간 상충관계

자료: 김미곤(2011). 『공공부조의 한계와 대안』, 성균관대학교 출판부.

삼중 딜레마가 존재할 경우 하나의 목표를 통제한 상태에서 다른 두 목표를 극대화하는 방향으로 제도설계가 되어야 한다.[18]

공공부조제도가 지니고 있는 두 번째 본질적인 문제는 빈곤의 함정(poverty trap) 문제이다. 빈곤의 함정에는 두 가지 요인이 작용하고 있다. 첫째는 보충급여제도이다. 보충급여 방식은 근로소득이 증가하면 급여가 감소하므로 노동 참가 유인이 감소하고, 소득의 하향 신고 경향을 증가시킨다. 그렇다고 보충급여 방식을 포기할 수도 없다. 제한된 예산으로 최저생활을 유지시킬 수 있는 유일한 방안이기 때문이다. 이를 개선하고자 근로소득에 대해 기초보장제도와 근로장려세제(EITC)에서 각각 근로장려금을 지급하고 있다. 그러나 근로장려금으로는 근로유인이라는 소기의 목표를 달성할 수 없다. 보충급여 하에서 100% 미만의 근로장려금은 소득효과(income effect)와 대체효과(substitution effect) 모두 부(-)로 나타나기 때문이다.

둘째는 수급자와 차상위 계층 간의 소득 역전 문제이다. 기초보장수급자가 수급을 벗어나면 의료급여 등을 받지 못하기 때문에 실질적인 가처분소득이 오히려 줄어들어 수급자는 벗어나려고 하지 않고, 차상위 계층은 수급으로 진입하려고 한다. 이러한 빈곤 함정 문제를 해결하기 위해서는 탈빈곤 가구의 가처분소득이 수급가구보다 높아야 한다. 김미곤의 연구에서는 이러한 문제를 해결하고자 기초보장제도와 EITC를 재구조화한 해결방안을 제시하고 있다.[19]

3) 노후소득보장체계 개편

우리나라의 경우 노인의 약 절반이 빈곤한 상태이다. 오늘날의 어르신들은 일제 강점기, 6·25 및 개발독재 시대에 연금보험이라는 제도가 없는 상태에서 '피와 땀'이라는 사회보험료를 지불하였다. 하지만 국가는 국민연금 제도설계에서 부과 방식이 아닌 적립 방식을 채택함으로써 어르신들이 내신 사회보험료를 무시하였다. 이 결과 노인 빈곤율은 OECD 국가 중 압도적인 1위이다.

사회정책 측면에서 보면 높은 노인 빈곤율은 사회적 위험의 생애주기 간 분산(risk-pooling) 실패에 기인한다. OECD 복지국가의 경우 각종 소득보장제도, 특히 공적연금을 통해 생애주기별 빈곤위험 확률을 평탄화하고 있다. 그러나 우리는 노인의 빈곤 위험확률이 평균의 약 4.8배에 이르고 있다.[20] 이러한 생애주기별 불안정성의 연쇄 고리와 길어진 노후 기간을 낮은 소득으로 버텨야 한다는 불안감이 중장년 이후의 삶을 지배하고 있다.

〈그림 11-7〉 생애주기별 빈곤위험(평균 빈곤율(=100) 대비 각 연령대별 빈곤율)과 빈곤율

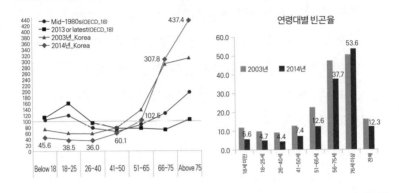

자료: OECD 자료는 OECD(2015). In It Together: Why Less Inequality Benefits All, p.25;
한국은 보건복지부(2003).『국민생활실태조사』, 보건복지부(2014). 복지욕구실태조사, 원
자료.

그러므로 세심한 대책이 필요하다. 먼저, 노인들의 특성에 맞는
맞춤형 포용적 소득보장체계 구축이 필요하다. 노인을 소득계층별
(저소득층/중산층/고소득층), 재산계층별(평균재산 이상/이하), 근로가능 여
부별(건강/건강하지 않음), 연령별(전기 노인/후기 노인), 공적연금 수급 여
부별(수급/비수급) 등으로 분류한 후 적절한 대책을 수립하여야 한다.
동시에 부처 간, 제도 간 칸막이를 없앤 연계·통합적 대책 수립이
필요하다.

둘째, 기초보장제도, 기초연금, 국민연금, EITC, 노인 일자리, 주
택연금(농지연금 포함), 퇴직연금, 인적공제 등을 망라한 정합적인 연
계 모형 구축이 필요하다. 여기에는 '설국열차 모형'인 현행 연금보
험제도의 통합도 이루어져야 한다. 특수직연금 수급자는 열차의
앞 칸에 타고, 중간 칸에 국민연금 수급자, 그리고 꼬리 칸에 기초
연금을 받고 있는 분들이 타고 있는 오늘날의 연금체계는 지속가

232

능하지도 않고 사회통합도 저해한다.

셋째, 노인 빈곤 축소를 위한 가계에 대한 지원체계 강화가 필요하다. 1인 가구 중 노인가구의 비중이 증가하고 있다. 노인 빈곤의 50% 이상이 가구구성원 변화라는 구인회 등의 연구가 있다.[21] 자녀가 노인을 모시고 있을 경우 빈곤하지 않았는데, 분가하면 노인이 빈곤해진다는 것이다. 그렇다고 노인 부양을 자녀에게 강제할수 없다. 노인을 실제로 모시고 사는 가구(주소와 생계를 같이하는 경우)에 대한 지원을 강화하는 방안으로 접근하여야 한다.

4. 소결

우리는 근대화·산업화 과정에서 해체된 공동체주의가 복지국가의 시민권과 연대주의로 치환되지 못한 채 시장경제가 야기하는 다양한 사회적 위험을 개인과 가족의 몫으로 떠넘긴 상태이다. 그 결과 높은 노인 빈곤, 높은 자살률, 초저출산 등의 문제가 야기되고있으며, 이는 다시 저성장으로 이어지는 악순환 고리 형성하고 있다.

이러한 문제를 해결하기 위해서는 무엇보다도 황금사각형 모형구축이 필요하다. 빈곤과 불평등 문제를 낙수효과에 기대거나 사후적인 문제로 치부하여 사회정책만으로 해결하려고 하는 자세에서 탈피하여야 한다.

둘째, 빈곤 및 불평등 대책의 핵심인 공공부조제도는 사각지대축소를 위해 노력하여야 한다. 그리고 공공부조제도가 지니고 있는 본질적 문제인 사회적 적절성, 경제적 효율성, 근로유인 간의 상충성 문제(trilemma)와 빈곤의 함정(poverty trap)을 해결할 수 있는 모형 개발이 필요하다.

셋째, 노인의 약 절반이 빈곤한 문제를 해결하기 위해서는 먼저 노인들의 특성에 맞는 맞춤형 소득보장체계 구축이 필요하다. 그리고 기초보장제도, 기초연금, 국민연금, 근로장려세제, 노인일자리, 주택연금(농지연금 포함), 퇴직연금 등을 망라한 정합적인 연계 모형 구축이 필요하다. 또한 실제로 노인을 모시고 있는 가계에 대한 지원 체계 강화가 필요하다.

마지막으로 4차 산업혁명 등 기술의 발전에 따른 분배 기조 검토가 필요하다. 기술의 발전은 산업구조의 변화, 노동시장의 변화로 이어진다. 고도로 발달한 인공지능(AI)을 장착한 기계가 인간 노동을 대체하게 되면 '노동'이 상품이 될 수 없는 사회로 이행된다. 이경우 노동을 전제로 설계된 기존의 복지제도, 특히 사회보험제도는 그 생명력을 상실할 가능성이 높다. 그러므로 정부는 부를 고르게 분배하는 기제를 모색하여야 한다. 유력한 대안 중의 하나가 기본소득이다.

·········

불평등 완화를 위한
부동산 투기세력 억제

김진엽(경기연구원)

- 부동산투기와 이 과정에서 출현한 도시 기생지주의 형성은 불평한 재분배를 심화시킴
- 불평등한 재분배는 궁극적으로 과소소비와 경제의 중간지대 몰락으로 이어져 공황의 요인이 될 수 있음
- 중간 경제영역과 중산층을 확대하고, 지역자본 축적을 위한 선순환 구조의 정착이 중요한 과제

부동산투기에 대처하는 정부 정책은 국가가 공급하는 일종의 공공서비스이며, 부의 재분배 기능을 한다. 그러나 최근 우리나라에서는 이런 정부 정책이 부동산투기를 오히려 더욱 격화하고, 새로

운 '도시 기생지주' 계층까지 형성시켜 놓았다. 그 결과 대중소비사
회와 중산층의 발전을 위한 생산기반이 와해됨으로써 과소소비와
경제위기의 가능성이 더욱 커진 상황을 맞았다.

이 장에서는 재분배 문제를 부동산투기에 대응하는 경제정책에
국한하고, 그 정책의 시행에서 초래되는 국가자본[1]의 과잉축적이
부동산투기를 격화하여 과소소비와 경제위기를 일으키는 과정을
살펴보고자 한다.[2] 논의의 대상을 도시 기생지주의 출현이라는 문
제로 한정하여 그 경제적 영향을 살펴본다.

1. 도시 기생지주의 출현과 과소소비

과소소비는 1930년대의 대공황을 유발한 주요 원인이다. 거대한
생산력의 발전에 의해 만들어진 과잉 생산물을 판매할 소비시장이
부족하여 대공황이 발생했다. 그리고 그 뒤에 일어난 경제위기들은
대부분 금융위기였다. 그러나 최근에 이르러 과소소비의 추세가 다
시 전 세계적으로 강화되고 있다.

한국 경제에서 이 과소소비를 일으키는 원인 중 하나로 특히 주
목되는 것은 지주세력의 등장이다. 이들은 부동산투기를 계기로
하여 생겨난 도시 기생지주이다.[3] 그들이 사회에서 생산된 부를 집
적하면서 중산층의 부가 축소되고, 그 때문에 중산층의 소비 부족
이 생겨나고, 대중소비사회도 와해의 위기에 직면하게 되었다. 제
2차 세계대전 이후 일본, 한국, 중국 등이 경험한 고도성장은 대중
소비사회[4]의 출현에 크게 힘입은 것인데, 그 기초가 기생지주세력

236

에 의해 근본적인 위협을 받고 있다.

　기생지주는 부동산경기의 국면 변화에 따라 자신의 모습을 다르게 드러내는 특징을 갖는다. 이들은 부동산경기가 확장세를 지속하고 정부의 정책이 그 성장세를 촉진하는 동안에는 각자의 개별 활동영역에서 분산적인 투기세력으로 기능한다. 그러나 부동산투기에 대해 정부 정책이 규제 쪽으로 방향을 선회하면, 언론을 통해 극렬한 규제 반대 홍보전을 전개하면서 강력하게 조직된 모습으로 자신의 존재를 돌연히 드러낸다.

2. 부동산은 재분배 정책의 문제5

　부동산은 산업부문으로서의 기능과 기득권의 이해관계를 대변하는 계급적 성격이라는 두 측면을 갖는다. 정부의 정책은 부동산의 이런 두 가지 서로 다른 측면을 대상으로 한다.

　통상적으로 부동산산업에 대한 정부의 정책은 부양과 규제라는 두 방향으로 전개된다. 경제가 어려우면 경기부양의 수단으로 사용하고, 경제가 거품이 많을 때는 규제의 대상으로 삼는다.

　이와는 대조적으로 정부가 부동산 규제를 크게 강화하면, 그때까지 서로 이해관계를 달리해온 각 산업부문의 주체들이 하나의 기생지주세력으로 통합되어 규제에 저항한다. 기생지주세력은 마치 자신들이 중간계층의 자산가치 증식 열망을 대변하는 것처럼 언론 홍보전을 펼친다.

　이런 상황에서 저소득층과 빈곤층을 대상으로 한정하는 시혜적·구제적 정책은 중산층의 경제영역을 축소시킨다.[6] 그 방향으로 추진되는 경제정책은 결국 대중소비사회의 생산기반을 약화시키고 국가자본주의의 위기를 초래하게 된다.

경기부양 정책은 부동산 관련 산업부문들에게 이익을 재배분한다. 화폐자본가(시행사와 금융권), 건설사업자, 토지소유자(LH공사 등 포함), 정책담당자(관료, 정치권, 학계, 연구기관 등 포함)가 그 이익을 가져간다. 나아가 이들 부문별 주체들은 투기이익을 노리는 경쟁전을 격화시킨다.

3. 부동산 부양정책으로 이익은 누가?

〈표 12-1〉은 한국 정부가 부동산경기를 부양할 때 나타나는 산업부문 간 경쟁구조를 보여준다. 화폐자본가(시행사, 금융권), 건설사업가, 지주세력, 정부관료들이 부동산에서 발생하는 초과이윤을 획득하고자 경쟁한다.

부동산가격 상승은 그만큼 조세수입을 증대시킨다. 조세부담을 증가시키는 부동산대책은 그 세수를 더 크게 늘려준다. 부동산가격이 상승하면 기획재정부나 행정안전부 및 지방자치단체는 종합부동산세, 양도소득세, 재산세 등 세금징수를 늘리는 대책을 세운다. 따라서 그 영향을 가장 먼저 받는 정책담당자들, 즉 기획재정부, 행정안전부, 지방자치단체, 정치권 소속 인사들이 가장 큰 수혜자가 된다. 경제정의실천시민연합은 "수도권 기초단체장 65명 중 16명이 주택을 2채 이상 보유한 다주택자"라고 밝혔다.[7]

〈표 12-1〉 부동산 경기부양에 따른 산업부문 간 경쟁구조(초과이윤 획득) 개요

재분배 수혜계층	화폐자본가 (시행사, 금융권)	건설사업가	지주세력 (LH공사 등)	정책담당자 (관료, 정치권, 학 계, 연구기관)
경기 부양 방법	• 양적완화(한 은) • 금융+부동산 융합 • 경기침체로 부동자금 과다 (3,000조 원)	• 고급사치재로 서의 고가 아파트와 생 활필수품으 로서의 주택 을 혼합	• 과다한 토지 보상비 현금 지급 • 저가 공공 택지를 고가 주변 시세로 공급	• 저소득층 대상의 역량 집중 • 강남권 중심 의 예타, 대규 모 SOC 투자
경제현상	• 금융자본의 자립화·지배 력 강화 • 공급 증대가 가격 상승 격화 → 투기의 서비 스업화	• 재건축 투기	• 신도시 개발 • SOC 건설 • 대도시 개발 사업 • LH 거대화 (지대수입 증가)	• 중간계층 대상의 주택 공급물량 축소 • 조세중과로 중간계층 부담 증가
정부 대책	• 가계대출 축소, 증권 사·사모펀드 규제 강화, 법인투자 규 제 등	• 원가 공개 • 재건축 초과 이익 환수 강화 • 고가 아파트 특별과세	• 종부세, 재산 세, 양도세, 취득세 중과 • 임대차보호법	• 신도시 및 재 건축 공급물 량 증대
대책의 부작용	• 금융 위축	• 로또 비판	• 부동산가격 상승(조세 전가) • 특정 지역 부동산 폭등	• 부동산투기 에 재료를 공급하여 투기 격화 초래
대상 지역 (토지)	• 강남권 중심(기존 아파트)		• 대단위 신축 아파트(수도권 중심 신도시)	• 수도권 (신도시, 재건축, 재개발)
이익 발생	• 독점이윤 • 절대지대 • 차액지대 • 투기이익		• 시행사 분양이득 • 지주(토지보상비) • LH공사(택지개발이익, 임대 주택 정부지원금 증가) • 투기이익	

다음에는 부동산투기를 위해 필요한 대출금 증가에 따라 이자수입을 늘리는 화폐자본가와 금융권이 부동산 부양정책의 큰 수혜자가 된다. 시행사는 아파트를 지을 토지를 구매하고 분양을 담당하기 때문에 아파트 건설에 따르는 지가 상승과 분양 차익을 모두 가져간다. 민간 건설사업가는 고가의 호화 아파트를 건설하여 인건비(외국인 근로사 고용 등)와 건실비 차익에서 이익을 본다. 수도권 등 우등지에 위치한 부동산 소유자들은 차액지대[8]의 상승으로 인한 부동산가격 상승에서 이익을 본다.

등록임대사업자나 법인투자자, 다주택보유자들은 투기를 목적으로 하는 전형적인 기생지주세력들이다. 그 주변에는 사모펀드[9] 등 부동산투기 조장세력이 도사리고 있다. 학계 및 정관계 이해관계자, 도시계획 전문가, 설계사, 건축사, 토목기술자, 감정평가사, 공인중개사 등도 부동산투기에서 발생하는 이익을 나누어 갖는다.

이런 부동산투기에 필요한 토지 물량을 공급하는 원천 지점에 초거대 지주인 LH공사가 위치하고 있다. LH공사는 신도시 등 건설사업을 추진함으로써 토지를 강제 수용할 수 있고 전국에 걸쳐 임대주택을 관리하기도 하기 때문에 국가 최대의 초거대 지주라고 볼 수 있다. 여기에 국토 및 도시계획, 그리고 국가의 부동산정책에 관한 모든 정보가 집중되어 있다.

4. 부동산부문의 투기산업화로 기생지주세력 강화

〈표 12-2〉는 부동산이 투기적인 서비스산업 부문으로 자립화하면서 투기적 경쟁전이 전개되는 과정을 정리한 것이다. 부동산투기에 대응하는 정부 대책이 오히려 독점이윤과 지대(독점지대, 차액지대) 및 투기이익을 발생시키고, 그 결과로서 기생지주(등록임대사업자, 법인투자자, 외국인투자자, 다주택보유자 등)가 세력화하고 있다.

산업부문 간 생산요소의 이동이 제한되어 자유롭지 못하면, 투기적 초과이윤을 취득하기 위한 경쟁전이 격화한다. 부동산투기가 그 대표적인 사례이다. 부동산가격 상승은 거주비 상승을 통해 중산층 생산기반을 위협하는 요인이 된다.

투기에 필요한 화폐자본을 공급하는 것은 금융자본이다. 개발시대에는 금융이 서비스산업의 보조역으로 부동산 영역에 끼어들어 왔다. 그러나 IMF 위기를 극복하는 과정에서 가계대출의 비중이 크게 증가하고 금융자본은 부동산투기를 격화시키는 주역으로 자리잡게 되었다. 나아가 2014년 이후 금융권과 증권사의 부동산투자가 허용되면서 금융이 부동산시장을 지배하는 구조가 확립되었다.

초과이윤을 획득하기 위한 투기적 경쟁이 격화하면 산업부문별 주체들은 투기산업으로 통합되어 자신의 물질적 기반을 강화하고 국가정책의 영향권으로부터 자립화한다. 그 세력들은 투기 서비스산업의 기생지주세력으로 돌연히 등장한다. 다주택자, 등록임대사업자, 법인투자자(사모펀드 포함), 외국인투자자 등이 기생지주세력을 대표한다. 이들은 언론 홍보나 국회·정부에 대한 로비를 통해 국가정책수단의 영향력을 약화시키거나 무력화시킨다.

〈표 12-2〉 부동산의 투기산업 자립화와 기생지주 등장 개요

기생지주 분할 유형	화폐자본가 (시행사, 금융권)	건설사업가	지주세력 (LH공사 등)	정책담당자 (관료, 정치권, 학 계, 연구기관)
투기요인	• 양적완화 (한은) • 금융+부동산 융합 • 경기침체로 부동자금 과다 (3,000조 원) →금융자본의 자립화·지배 력 강화	• 고급 사치재 로서의 고가 아파트와 생 활필수품으 로서의 주택 을 혼합	• 과다 토지 보상비(과다 지대수입) • 저가 공공 택지를 고가 주변 시세로 공급	• 저소득층 대 상의 주택역 량 집중 • 강남권 중심 의 예타, 대규 모 SOC 투자
경제현상	• 공급 증대로 가격 상승 격화 • 법인+감정평 가사+공인중 개사 →투기의 서비 스업화	• 재건축 투기	• 신도시 개발 • SOC 건설 (예타) • 대도시 개발 사업 • LH 거대화 (지대수입 증가)	• 중간계층 대 상 주택공급 물량 축소 • 조세중과로 중간계층 부담 증가
대책	• 금부분리(가 계대출 축소, 증 권사·사모펀드 규제 강화, 법인 투자 규제)	• 원가 공개 • 재건축 초과 이익 환수 강화 • 고가 아파트 특별과세 • IT 신기술 적용	• 종부세, 재산 세, 양도세, 취득세 중과 • 임대차보호법 • 수도이전, 공 공기관 지방 이전	• 신도시 및 재 건축 공급 물량 증대
대책의 부작용	• 금융 위축	• 로또 비판	• 부동산가격 상승(조세 전가) • 특정 지역 부 동산가격 폭등	• 부동산투기 격화 초래
대상 지역 (토지)	• 강남권 중심(기존 아파트)		• 대단위 신축 아파트 (수도권 중심 신도시)	• 수도권 (신도시, 재건축, 재개발)

투기이익 발생	• 독점이익 • 절대지대 • 차액지대 • 투기이익	• 시행사 분양 이득 • 지주(토지보상 비) • LH공사(택지 개발이익, 임대주택 정부 지원금)	• 투기이익
기생지주	등록임대사업자, 법인투자자, 외국인투자자 등 다주택 보유자		

이 경우에도 기생지주세력의 최상위에 위치한 세력은 초거대 지주인 LH공사이다. 저소득층 주거복지에 치중하는 LH공사는 정부의 재정지원, 공공택지의 고가 시세 매각[10] 등을 통해 이익금과 자본금 규모를 확대하고, 사업규모를 팽창시킨다.

반면 국가의 주택정책은 재정투입을 저소득층에 한정하는 주거복지에 집중하는데, 이로 인해 시장에서 가격 상승에 노출된 중산층은 주거불안의 심화 속에 방치되는 결과를 맞는다. 이런 과정을 통해 금융자본과 투기세력에게 제공하는 아파트 공급물량 증대가 가격 상승을 유 발하는 시장구조가 확립되어 왔다.

5. 투기적 경쟁전: 국가자본의 과잉축적[11]

국내시장에서 과소소비가 현실화하면 새로운 시장개척에 대한 요구가 강력해진다. 그러나 해외시장에서 경쟁이 격화하면 자본수출도 어려워져 국내시장의 개척이 불가피하다. 그 일환으로 투기적인 초과이윤을 얻고자 하는 경쟁전 국면이 나타나게 된다.

투기적 경쟁전의 전개 과정에서 기생지주가 세력화하는 국면이 먼저 나타난다. 기생지주세력의 성장은 부동산투기가 서비스산업으로 확장되면서 더욱 가속화한다. 기생지주세력은 부동산투기의 경쟁전을 주도한다. 그 과정에서 부동산투기는 서비스산업으로 자립화한다.[12]

기생지주세력이 등장하면 재분배의 불평등이 심화하고, 과소소비를 야기한다. 그리고 국가자본은 과잉축적의 상태에 빠진다. 부동산투기가 일어나면 국가자본의 임금, 원자재 등 생산비용이 상승하고 이윤은 감소한다. 예컨대 공공택지 개발이나 아파트 등의 건설비용 상승은 이윤 감소와 이윤율의 하락을 가져온다. 투자가 이윤을 낳지 못하고 부채가 급증하는 사태도 일어난다. 이것이 국가자본의 과잉축적 상태이다.[13]

나아가 부동산투기의 경쟁전은 주거비 상승에 따른 노동력의 재생산비용을 증가시켜 중간 경제영역을 위한 생산기반을 약화시킨다.[14] 대중소비사회의 기초는 생산성 상승과 그에 따른 노동력 가치 하락에 있다. 노동력의 가격인 임금과 그보다 더 낮은 수준에서 새롭게 형성된 노동력 가치 사이의 차이만큼이 중간 경제영역의 소비력으로 귀속된다. 그러나 부동산투기의 서비스산업화는 노동력 가치의 상승을 초래하여 이 소비기반을 침식한다. 이 상황은 국가자본의 과잉축적 상태를 일반화시킨다.

다른 한편으로, 국가자본의 과잉축적은 건설 투입비용 상승에 따른 손실을 보충하기 위해 자본증자를 필요로 한다. 그러나 투기적 경쟁전 국면에서는 정부의 재정지원을 통한 자본 증대에 따라 국가자본의 과잉축적이 더한층 촉진된다.

정부의 법제도적·재정적 정책지원은 그 편향성을 강화하는 수단으로 작용한다. LH공사의 사업규모 확장 과정이 이 측면을 잘 보여준다. LH공사는 저소득 빈곤층을 대상으로 공공임대주택 공급을 늘리기 위해, 그리고 신도시 건설을 계속하기 위해 자본금을 증자해왔다.[15] 여기에 정부 재정지원이 추가적으로 투하되었다.

이렇게 국가자본의 과잉축적과 투기적 경쟁전은 서로 상승작용을 일으키면서 부동산가격 폭등을 지속시킨다. 그 결과 전반적인 임금 상승이 불가피하게 되고,[16] 경제 전반적으로 이윤율이 급락하고, 경제위기 상황이 도래한다. 이 위기는 서비스산업을 중심으로 한 중간 경제영역을 집중 타격하고 있다.[17]

투기적 경쟁전은 기생지주세력에 의한 부의 급속한 집중과 함께 재분배의 불평등을 구조화시키고, 과소소비를 현실화한다.[18] 그 결과 중간 경제영역의 생산기반이 약화한다. 그렇기에 국가자본의 과잉축적은 대중소비사회의 생산기반을 위협하는 요인이 된다.[19] 세계 시장에서도 과소소비로 인해 경제위기가 발발하면 미국 중심으로 확장해온 세계 경제의 생산기반(중간 경제영역)까지 동요되어 세계 대공황이 발생할 수 있다. (구)소련 국가자본주의의 해체, 중국 경제의 고도성장과 그 이후 동요 등에서 그 위협 요인을 엿볼 수 있다.

한국 경제에서 최근 급격히 빈발하는 각종 투기의 몰락과 금융권 부실채권 증가에 대해 한국은행이 무제한 통화공급(환매조건부 채권의 무제한 매입 등) 등으로 대응하는 정책 방향은 경제위기를 지연하기 위한 미봉책에 불과하다. 이것은 또 다른 투기적 기생계층을 만들어낼 수 있다.

국가정책 운용에서 근본적인 방향 전환이 필요한데, 지역자본

축적의 선순환 구조 확립은 가장 시급한 정책과제이다. 이는 중앙경제권과 지역경제권 간 행해진 기존 지역자본의 순환 과정에서 기생지주세력이 확대시킨 재분배의 불평등을 해소하는 대책이다.

6. 정책 방향 제언

이상의 논의에서 얻어진 정책 시사점을 제시하면 다음과 같다.

첫째, 지속적인 경제성장을 복원하기 위해서는 중간 경제영역과 중산층을 확대하는 재분배 정책이 필요하다. 저소득층에게만 한정하여 구체적·시혜적 복지서비스를 제공하는 정책은 불평등한 재분배를 일상화시킨다. 그 공공서비스가 중산층의 물질적 기반인 중간 경제영역을 축소하기 때문이다.

둘째, 중간 경제영역을 확대하기 위해서는 부동산투기의 주범인 기생지주세력을 발본하는 정책대응이 필수적이다. 과거 토지개혁에 준하는 근본적인 부동산 개혁이 필요하다.

셋째, 국가자본의 과잉축적을 공정경제의 선순환 구조로 유인하기 위해서는 대대적인 공기업 구조조정이 필요하다. 특히 주택청을 설치하여 LH공사의 기능을 대폭 흡수·축소시켜야 한다.

넷째, 국가자본과 (민간)독점자본의 과잉축적을 대체하는 방안으로서 공정경제 부문의 육성과 중간 경제영역의 확대가 서로 상승작용을 촉진하는 방안을 적극 추진할 필요가 있다.

여기서 공정경제 부문의 확대방안으로는 경기도의 정책 사례(기본소득, 기본주택, 개발이익 도민환원제)가 유용하다. 예컨대 사전적인 개발이익의 공공환원과 최종적인 확정이익의 환수에 기초한 국채발행 등의 방식을 활용하여 기본소득이나 기본주택을 공급하는 방안이 있다. 이들은 모두 행정서비스 또는 공공서비스를 공급하는 서비스산업 부문이 된다. 그 경우 국민연금 투입 등을 통한 중간 경제영역의 확대를 매개항으로 활용할 수 있을 것이다. 한편 기본소득은 노동력의 재생산비용과 노동력 가치를 저하시키는 국가의 공공서비스이다. 일정한 상품의 가격과 더 낮아진 노동력 가치 사이에서 확대되는 초과이윤 규모는 중간 경제영역에서 실업인구와 과잉자본이 결합할 수 있는 공간을 만들어낸다. 이것이 중산층을 형성하여 대중소비시장으로 기능한다. 또한 그 노동력을 직접 고용하여 만들어지는 최종 생산물인 기본주택은 더 많은 이윤을 사후적으로 실현하여 생산규모의 확대 과정에 재투입할 수 있게 한다. 이것은 공정경제의 축적 방식을 보여주는 것이다.

이 장에서는 부동산투기와 이 과정에서 출현한 도시 기생지주의 강화가 불평등한 재분배를 심화시켜 왔음을 보이고, 공정경제의 발전이 대중소비사회의 지속가능성에 의존한다는 사실을 확인했다. 급격한 경제환경의 변화 속에서 공정경제 부문을 확립하기 위해서는 국가자본주의의 축적 메커니즘에 대한 보다 면밀한 분석이 필요하다. 여기서 재분배의 적극적이고 일반적인 역할(중간 경제영역에서의 역할)이 집중 조명되어야 한다. 지역자본 축적의 선순환 구조는 그 핵심적 과제이다.

제13장

금융정책,
자산금융에서 생산금융으로

임수강(경기연구원)

- 1980년대 이후 주요 선진국에서 금융자산 규모의 팽창을 반영하여 금융자산 가격 부양 중심의 금융정책 형성
- 금융자산 가격 부양 중심의 금융정책은 자산 불평등 확대와 금융 불안정 심화라는 결과를 가져옴으로써 지속가능성에 의문 제기
- 공정하고 지속가능한 대안 금융정책을 모색해야 할 필요성

  화폐와 신용의 흐름을 조절하는 금융정책[1]의 최종 목표로는 경제발전, 고용확대, 물가안정, 금융안정, 국제수지의 균형 등을 들수 있다. 그런데 이러한 금융정책의 목표는 시대에 따라 그 강조점이 달랐다. 예컨대 제2차 세계대전 이후 1970년대까지 주요 나라

들은 경제발전이나 고용확대를 금융정책의 주요한 목표로 삼았다. 그러다가 1980년대에 들어서면 금융정책의 목표로 물가안정이 강조된다. 1980년대 후반부터 실물자본에 대비하여 금융자산 규모가 상대적으로 커지고 금융 거품이 잦아지면서 기존의 금융정책 목표에 자산가격 부양이 덧붙여지는 모습이 나타나기 시작한다.

금융정책에서 자산가격의 중요성이 커진 것은 크게 두 가지 때문인데, 하나는 금융자산 가격의 부양에 이해를 가진 금융자산 계층의 입김이 세진 것이고, 다른 하나는 금융정책이 자산효과를 통해 경제에 끼치는 영향의 중요성을 정책 책임자들이 높이 산 탓이다. 금융자산이 거대하게 팽창한 현실에서 그 가격의 변동은 소비, 투자, 분배 등 경제 전반에 큰 영향을 미치고, 이에 따라 정책 책임자들은 자연스럽게 자산의 가격을 중요한 정책 고려 사항으로 들여올 수밖에 없었다.

먼저, 금융자산의 가격 수준을 높이는 방향의 금융정책이 표준으로 자리를 잡아나갔다. 금융자산은 대부분 어음, 유가증권(회사채, 국공채, 주식, 수익증권), 파생금융상품과 같은 청구권 자산으로 이루어지는데,[2] 이의 가격은 금융정책의 영향을 많이 받는다. 1980년대 이후의 금융정책은 대체로 이러한 금융자산의 가격 수준을 높이려는 방향에서 수행되었다. 또한 금융위기가 터졌을 때 금융당국은 무엇보다 강제적인 대량 파괴 위협에 놓인 금융자산의 가격을 유지하는 것을 위기 극복의 핵심 과제로 표명했다. 국가들은 위기 국면에서 청구권 가격 하락을 막고, 청구권의 가치 파괴 손실을 공신용(구제금융과 공적자금[3])을 통해 해결하려고 했다.

그렇지만 이와 같은 자산가격 상승 편향의 금융정책은 자산 불평등으로 이어질 가능성을 키우고 금융 불안정을 높인다는 점에서 과연 지속가능한지에 대한 의문을 갖게 한다. 실제로 2008년 글로벌 위기를 극복하는 과정에서 여러 나라 중앙은행들이 자산가격 부양정책을 편 결과, 자산이 상위 계층으로 쏠리는 현상이 두드러졌다.[4] 또한 금융자산의 팽창은 금융 불안정을 지속시키는 원인으로도 작용한다. 금융자산이 실물자본의 축적을 반영하여 팽창한다면 별 문제가 아니겠지만 실물자본의 축적과 관련 없이 독자적으로 팽창한다면 오히려 실물자본 축적을 방해하면서 경제를 불안정한 상태로 만들 수 있다.

이러한 면에서 자산가격 부양에 중심을 둔 금융정책은 지속가능하지도, 공정하지도 않다고 할 수 있다. 이는 대안 정책의 필요성을 제기한다.

1. 1980년대 이후 금융자산 팽창

1) 금융자산 팽창 현황

세계 금융자산은 주요 선진국들의 경우 1980년대 후반부터 급속하게 증가하기 시작한다. 특히 실물자본(총생산을 대리지표로 사용하여 측정한)에 비해 금융자산이 상대적으로 더 빠른 증가세를 보이는 특징이 눈에 띈다. 〈그림 13-1〉에서 보듯이 1980년의 세계 금융자산 총액은 12조 달러였던 데 비해 같은 해 세계 총생산은 11조 달러였다. 이때는 금융자산과 실물자본이 엇비슷한 규모를 가지고 있었음

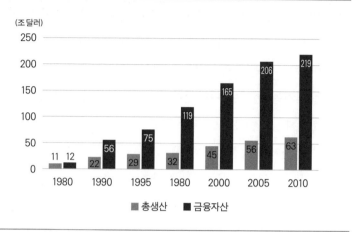

주: 금융자산은 주식, 국채, 사채, 구조화 증권, 대출 채권을 포함.
자료: Mckinsey&Company(2013). *Financial globalization: Retreat or reset?*와 World Bank.
　　"World Bank Indicator"를 참조하여 작성.

을 알 수 있다.

1990년에는 총생산이 22억 달러, 금융자산이 56억 달러로 금융 자산이 총생산보다 두 배 넘게 커졌다. 2000년에는 금융자산이 총 생산의 네 배가량이 되었다. 1980년에서 2010년까지 30년 동안 총 생산은 11조 달러에서 63조 달러로 6배가량 늘었지만 금융자산은 12조 달러에서 219조 달러로 18배가량 증가했다. 이 기간에 금융 자산이 실물자본보다 세 배가량 빠른 속도로 증가한 셈이다.

2) 금융자산의 팽창 원인

금융자산이 팽창한 원인에 대해서는 두 가지 설명 방식이 있다. 먼저, 저소득층에서 부유층으로 소득과 부가 재분배되는 바람에 사회 불평등이 심해져서 이것이 금융자산의 팽창으로 이어졌다는 설명 방식이 있다. 1980년대 이후 주요 자본주의 국가들에서 전체 부가가치 가운데 임금이 차지하는 비율이 지속적으로 낮아지는 반면, 거꾸로 부유층에 돌아가는 이자와 배당, 그리고 임대료 소득의 규모는 커지는 현상이 나타났다. 그러나 생산적 재투자는 늘어나지 않았는데, 그 이유는 저소득층에 돌아가는 화폐가 너무 적어 기업들이 만들어낸 상품을 그들이 살 수 없었기 때문이다. 저소득 계층은 돈을 꾸어서 줄어든 임금을 보충할 수밖에 없었고, 이에 따라 이들에 대한 금융기관의 대출이 증가했으며, 기업들도 수익성 있는 투자처를 발견하지 못하여 금융자산 구입을 늘렸기 때문에 금융자산이 증가했다는 것이다.[5]

이와는 달리 달러 자금순환 체계가 갖는 결함에서 금융자산의 팽창을 설명하는 방식이 있다. 프랑스의 브뤼노프는 1970년대에 쓴 한 저서에서 미국의 화폐 제국주의가 불가능할 것이라고 전망한 바 있다.[6] 미국은 달러 가치가 떨어지면 달러로 표시된 상품가격이 싸져서 상품은 많이 수출할 수 있겠지만, 값싼 달러 자체를 수출(자본 수출)하는 것은 어려워지기 때문에 이러지도 저러지도 못하는 모순적 상황에 놓인다는 것이다. 이런 인식에 따라 브뤼노프는 미국이 초국적 기업들의 이해가 걸려 있는 대외투자의 감소를 무릅쓰면서 무역수지 적자를 늘리지는 않을 것이라고 전망했다. 곧 미국이 무절제하게 달러 발행을 늘려서 외국 상품을 사들이지는 않을 것이라는 설명이다.

그러나 이후의 사태 전개는 미국이 무역적자와 대외투자를 동시에 늘릴 수 있음을 보여주었다. 미국은 달러 발행을 늘려서 외국에서 더 많은 상품을 사들였고, 대외투자도 늘렸다. 이에 따라 세계 시장에 달러 공급량이 늘어나는 것은 필연이었다. 여러 나라에서 발행되는 유가증권, 금융시장에 편입된 부동산, 이러저러한 종류의 파생상품은 세계 시장으로 흘러나온 달러를 담는 그릇 역할을 했고, 거꾸로 지속적인 달러의 공급은 이러한 자산들의 가격 부양 자금으로 기능했다.

금융자산이 증가하는 원인에 대한 설명은 이렇듯 부와 소득의 불균형을 강조하는 시각과 세계 시장의 달러 자금순환 체계가 갖는 결함(글로벌 불균형)을 강조하는 시각이 있다. 물론 현실에서는 두 요인이 모두 금융자산 팽창에 기여했다고 봐야 하며, 어느 요인이 우세했는가는 나라마다 다를 것이다.[7] 여기에 더해 기술적인 금융 수단들의 발전도 금융자산의 팽창에 도움을 주었다. 물론 금융 이해에 편향적인 금융정책도 자산가격 팽창을 이끌었다.

3) 화폐자본의 독자적인 순환

금융자산이 팽창한 또 다른 요인은 화폐자본이 산업자본과 연계를 상실한 채 금융부문에서 독자적으로 순환할 가능성을 찾아내고, 그러한 방식의 운동범위를 확대한 데서 볼 수 있다. 기업준비금, 감가상각기금, 가계의 저축은 금융시장에 화폐자본(moneyed capital)의 형태로 집적되어 금융부문 유통에만 머무를 수 있다. 그럴 가능성이 생기는 이유는 기업들이 실물부문에서 충분한 이윤을 얻을 투자처를 발견하지 못하기 때문이다. 화폐가 금융부문에만 머물 가능성은 케인스(J. M. Keynes)의 산업적 유통과 구분되는 금융적 유통 개념, 마르크스(K. Marx)의 현실자본의 축적과 구분되는 화폐자본의 독자적인 축적 개념 등을 통해 설명할 수 있다.

이러한 개념들이 중요한 이유는 증가한 화폐량이 실물자본 투자를 매개하지 않고 금융시장 안에서만 머물면서, 일반 상품가격에는 별 영향을 주지 않은 채 자산가격만 상승시킬 가능성을 인식할 수 있게 하기 때문이다. 금융기관은 산업적 유통이나 금융적 유통에 필요한 돈을 대출해줄 수 있다. 두 가지 형태의 대출은 그 구조가 전혀 다르다. 산업적 유통을 위한 대출은 실물 생산이 확장되는 범위에 의해 제한을 받지만 금융적 유통을 위한 대출은 이론적으로는 그 한계가 없다. 예컨대 금융기관이 자산을 매입하고자 하는 주체에게 대출을 해줄 경우, 땅값이나 주식값이 상승하면 담보 능력이 커지기 때문에 추가 대출을 해줄 수 있다.

사실 1980년대 이후 금융자산의 팽창은 상업은행의 영업 대상이 투자 대출에서 자산 대출로 변한 것과 관련이 깊다. 상업은행들은 대출 증가에 따른 자산가격의 한층 높은 상승을 전망하면서, 그리고 상환이 별 탈 없을 것이라 기대하면서 신용을 확장해나갔다. 동시에 중앙은행은 자산 대출을 보장하기 위해 상업은행들에게 충분한 준비금을 공급해주었다. 그러나 이러한 금융적 순환의 확대는 경제의 진정한 발전과 별 관련이 없다는 데 문제가 있다.

2. 자산 계층 편향의 금융정책

앞서 언급한 바와 같이, 금융자산이 증가하면서 금융자산 보유

계층의 영향력이 커졌다. 금융자산 이해관계자들의 목소리가 높아졌고, 특히 기업들까지 금융자산을 많이 가지게 됨에 따라 이들의 목소리도 더해졌다. 쉐네(F. Chesnais)가 말하는 바처럼, 시장은 정부가 금융자산 보유자들을 우선적으로 고려할 것을 기대했고, 이에 어긋나는 정책을 펼 경우 정부에 대항했다.[8]

1) 중앙은행의 독립과 인플레이션 타깃팅

1980년대 이후 금융정책이란 모름지기 정치의 영역을 떠나 시장과 더 많이 소통해야 하고, 이를 위해 중앙은행이 정치와 정부의 영향에서 벗어나야 한다는 주장이 세를 얻기 시작했다. 이는 중앙은행이 그동안 수행해왔던 것, 곧 정부의 재정 확장을 뒷받침하는 역할을 줄이라는 것이었다. 한때는 정부가 추진하는 일자리 창출 정책을 지원하기 위해 중앙은행이 적자 국채를 인수하는 것은 당연하다고 여겨졌다. 1980년대 이후에는 중앙은행이 이제 그러한 역할을 줄이거나 그만두고 금융시장의 이해를 보장하는 데 전념해야 한다는 목소리가 높아졌다.[9]

국가기구로서 중앙은행의 정책이 어떻게 결정되는가에 대해서는 세 가지 견해가 있다. 첫째, 중앙은행의 정책이 계급중립적인 전문가들에 의해 객관적이고 기술적인 기초(objective technical grounds) 위에서 모든 사람을 위해 불편부당하게 수립된다는 견해이다. 둘째, 중앙은행의 정책이 여러 이해관계의 각축장에서 결정된다는 견해이다. 구체적으로 자본-노동관계, 산업-금융의 관계, 세계 경제에서 차지하는 국민국가의 위치 등을 반영하여 정책이 결정된다는 것이다. 마지막으로 중앙은행 정책이 기본적으로 자산가 계층의 자산 보호라는 독점적인 서비스를 수행하는 방향으로 결정된다는 견해이다.[10] 여기에서 첫 번째 견해가 금융자산가 계층의 이해에 부합한다는 사실은 두말할 나위 없다.

자산 계층은 첫 번째 견해에 따라 중앙은행의 정책을 전문가에게 맡겨두어야 하고 그 목표도 물가안정으로 좁혀야 한다고 요구했다. 이러한 요구는 1990년대 초반의 인플레이션 타깃팅 제도로 모습을 드러냈는데, 쉽게 얘기해서 중앙은행은 인플레이션 이외의 목표, 예를 들어 일자리 창출, 경제발전, 공평한 분배 등에는 관심을 두지 말아야 한다는 것이다. 이 인플레이션 타깃팅은 오늘날 금융자산을 팽창시키는 데서 중요한 지렛대 역할을 한다.

1990년대에 들어 주요 나라들이 도입한 인플레이션 타깃팅 제도가[11] 자산가격을 팽창시키는 논리는 다음과 같다. 인플레이션이 낮은 수준으로 안정되어 있으면 중앙은행은 이를 근거로 정책 금리를 낮추고 신용 공급을 늘릴 수 있다. 이렇게 늘어난 화폐량은 실물자산과 연계 없이 금융부문에서만 순환할 수 있는데, 그러면 자산가격이 팽창한다. 이러한 사례는 이미 1980년대 후반 일본에서 나타난 적이 있다. 이 시기 일본에서는 상품가격은 제자리걸음인데도 주식 값, 땅 값은 급격하게 상승하는 현상이 나타났다. 1990년대에 들어서면 주요 선진국에서도 이와 유사한 현상이 나타났다. 버냉키(B. Bernanke)는 이를 금융정책이 성공한 덕분이라고 말하면서 '대안정(Great Moderation)'이라 불렀지만 당시의 상품가격 안정이 금융정책과 관련이 없다는 점에서 이는 사실에 대한 왜곡이다.[12]

2) 비대칭적인 금리정책: 금리인하 편향

1980년대 이후 금융자산이 본격적으로 축적됨과 때를 같이하여 명목 장기 금리가 낮아지는 현상이 나타났다. 미국의 경우를 보면 명목 장기 금리는 볼커 충격으로 급등했던 때인 1979~1980년 이후 지속적으로 하락하는 모습을 보였다. 주요 선진국들의 명목 장기금리도 마찬가지였다. 이렇듯 명목 장기금리가 낮아진 일차적인 이유는 이자를 지급해야 할 주체인 기업들의 이윤율이 낮아졌기 때문이다. 이자는 화폐자본가가 산업자본가에게 화폐를 빌려주고 받는 대가이기 때문에 이자율은 장기적으로는 산업자본가의 이윤율을 넘어설 수 없다. 장기적으로 이윤율이 하락하면 이자율도 하락해야 한다. 그러나 단기적으로는 금융정책도 화폐자본의 수급관계에 영향을 미치는 하나의 요인으로 작용하여 시장이자율의 결정에 참여한다.

자산계층이 지배하는 금융시장은 지속적으로 정책금리 인하를 요구했고, 이를 반영하여 정책 책임자도 정책금리를 인하함으로써 시장의 요구에 따르고자 했다. 자산계층이 금리인하를 요구하는 것은 얼핏 모순처럼 보인다. 돈을 빌려주는 사람들로서는 금리 인하가 이자를 덜 받게 된다는 것을 의미하고, 그렇다면 금융세력에게 불리하다는 생각이 들 수 있다. 일찍이 케인스는 고금리가 이자소득자(rentier)에게 혜택을 주기 때문에 이들을 '안락사'시키기 위해 금리를 낮춰야 한다고 말하지 않았던가.

자산계층이 금리인하를 요구하는 이러한 모순은 주로 증권 형태로 보유하는 금융자산이 증가했다는 사실로 설명이 가능하다. 증권의 가격은 미래 수익의 자본화로 결정된다. 정기적으로 일정한 수입을 만들어주는 어떤 증권의 경우, 만약 이자율이 낮아지면 새롭게 발행하는 증권은 기존 증권보다 더 낮은 이자를 지급할 것이다. 그러면 더 높은 이자를 지급하는 기존의 증권가격은 올라가고 이에 따라 기존 증권에는 자본이득이 생긴다. 증권 형태로 금융자산을 보유하고 있는 계층이 금리인하를 요구하는 것은 이 때문이다. 그리하여 시장의 요구에 충실한 중앙은행들은 정책금리 인하보다 인상에 더 머뭇거리는 태도를 보인다.

3) 그린스펀 독트린

실물자본의 상태와 무관하게 금융자산의 가격이 과도하게 팽창할 때 중앙은행은 자산가격 거품을 터뜨리기 위해 적극적으로 나서야 하는가, 아니면 기다렸다가 사후에 대응해야 하는가? 이에 대한 논쟁은 '사전 대응 대 사후 처리'(lean versus cleaning)로 알려져 있다.[13] 1950~1960년대에 미국 연준 의장을 지낸 맥체스니 마틴은 연준의 역할이 "잔치 열기가 달아오르는 바로 그때 술동이를 치우도록 지시하는 것"이라는 유명한 말을 남겼다. 이러한 지혜에 따르면 중앙은행은 거품이 형성되기 전에 개입하는 것이 현명할 것이다.

이해 비해 그린스펀은 다음과 같은 논리를 들어 중앙은행이 자산가격 거품을 터뜨리는 정책을 펴서는 안 된다고 주장했다. 첫째, 자산가격 거품인지 아닌지를 알아내기가 어렵다. 둘째, 이자율을 올리는 것이 자산가격 거품을 너무 거칠게 터뜨릴 수 있다. 셋째, 많은 자산 가운에 일부에서만 거품이 생긴 것일 수 있다. 넷째, 거품을 꺼트리기 위한 정책이 실물경제에 안 좋은 영향을 줄 수 있다. 다섯째, 거품이 꺼진 다음에 대응해도 해로운 영향을 통제 가능한 수준으로 관리할 수 있다.[14]

거품에 중앙은행이 대응해서는 안 되며 거품 붕괴 이후에 조치를 취하는 것이 낫다는 논리는 '그린스펀(Alan Greenspan) 독트린'으로 알려져 있다. 그린스펀은 실제로 연준 의장을 맡고 있는 동안 거품 가능성에 대해 전혀 귀를 기울이지 않았다.[15] 이러한 그린스펀 독트린은 2008년 글로벌 금융위기가 터지기 전까지 세계 주요 중앙은행들이 따르는 지배 이데올로기 역할을 했다.

4) 대마불사, 그리고 구제범위의 확대

자산가격 거품이 언젠가는 터질 것으로 예상되고 거품이 터졌을 때 그 손실을 자산 보유자들이 떠맡아야 한다면 거품이 터지는 시기는 그다지 중요하지 않을 수 있다. 그러나 거품이 터진 뒤의 처리 비용을 사회가 부담한다면 자산계층으로서는 자산가격 거품이 최대한 커지도록 그대로 두는 것이 유리할 것이다. 그린스펀 독트린이 자산 계층에 실제로 유리하게 기능하기 위해서는 거품 처리 비용을 사회에 떠안기는 제도적 장치가 필요하다. 대마불사(Too Big To Fail)는 그러한 장치 가운데 하나이다.

대마불사의 논리는, 대형 금융기관이 파산하면 전염효과를 통해 금융시스템 전체가 위기로 빠져들 수 있고, 그러면 사회적인 비용이 너무 크기 때문에 사회가 이의 구제에 나서야 한다는 것이다. 대마불사 문제가 처음 모습을 드러낸 것은 1984년 미국 일리노이 콘

티넨털 은행이 지급불능 상태에 빠졌을 때이다. 그 이전까지 지배적인 생각은 은행이 위기에 빠지면 일시적 유동성 부족 때문인지, 지급 자산 부족 때문인지를 따져서 전자라면 벌칙 금리를 적용하여 우량한 자산을 담보로 무한정의 자금을 제공하고('배젓트 원칙') 후자라면 그 은행을 파산시킨다는 것이었다. 그런데 대마불사는 지급자산이 부족한 은행에 대해서도 단지 그 규모가 크다는 이유로 사회의 기금으로 예금자와 채권자를 보호해준다는 의미를 갖는다.

대마불사는 처음에는 대형 은행에만 적용하는 원칙이었다. 그러나 1980년대 말에 큰 은행위기[16]를 겪은 미국은 이에 대처하는 과정에서 은행의 구제범위를 더욱 넓혔다. 2008년 위기 이후에는 은행뿐만 아니라 투자은행, 사모펀드와 헷지펀드, 보험사까지 구제하는 방향으로 구제범위가 확대된다. 1997년 금융위기 이후 우리나라의 금융구조조정 과정에서도 이 대마불사 원칙이 적용된 바 있다.

5) 최후의 마켓 메이커

1980년대 후반부터 금융위기가 지속적으로 생기면서 중앙은행의 여러 기능(정부의 은행, 발권력의 독점, 은행의 은행, 최후의 대출자 등) 가운데 최후의 대출자 기능의 중요성이 커졌다. 이는 위기에 빠진 상업은행을 중앙은행이 지원해야 할 필요성이 증가했음을 말해준다. 2000년대에 들어서면 중앙은행의 '최후의 마켓 메이커(Market Maker of Last Resort: MMLR)' 기능이 얘기되기 시작한다.[17, 18] 이 기능의 핵심 내용은 중앙은행이 민간부문의 증권을 광범위하게 직접 매매하는 것과 담보로 수용하는 것을 포함한다.

최후의 마켓 메이커 기능은 2008년 글로벌 금융위기 이후 이른바 비전통적 금융정책으로 그 모습을 드러낸다. 비전통적인 금융정책은 정책 금리를 매우 낮은 수준으로 유지하는 것과 상업은행이 보유하고 있는 유가증권을 중앙은행이 현금으로 사준다는 데에 핵심이 있다. 버냉키는 은행시스템에 유동성을 넘쳐나게 하면 이자율이 하락하여 기업 보유의 자산가치가 늘어날 것이라고 설명함으로써 비전통적 금융정책의 효과가 자산가치 상승에 있음을 명확히 한 바 있다. 결국 최후의 마켓 메이커 기능에 바탕을 둔 비전통적 금융정책은 금융기관의 손실을 흡수하는, 곧 손실을 사회화하는 중앙은행의 능력을 키우자는 것이다.

3. 자산금융의 한계와 생산금융

1) 자산가격 중시 금융의 한계

1980년대 이후 주요 나라들에서 금융자산이 지속적으로 팽창하면서 국가(중앙은행)의 정책도 대체로 자산계층에 우호적인 방향으로 수립되었다. 금융정책 책임자들은 금융자산 가격의 유지와 상승에 관심을 가졌고 금융위기 국면에서도 금융자산이 파괴되지 않도록 하는 데 주의를 기울였다. 그러나 자산가격 중시의 금융정책은 자산 불평등, 금융 불안정, 금융배제 심화라는 문제점들을 내포한다.

(1) 자산 불평등

금융자산 가격의 유지와 상승을 위한 정책은 자산 불평등 확대로 이어진다. 예컨대 금융위기 국면에서 자산가격의 하락을 막기 위해 여러 나라 중앙은행들이 편 자산 매입(이를 통한 화폐 공급량 증대) 정책의 효과를 살펴보면 그러한 사실을 알 수 있다. 맥킨지의 연구원들은 미국 중앙은행의 자산 매입에 따른 분배효과를 측정했는데, 그 결과는 이러한 정책이 자산 불평등 심화로 이어졌다는 사실을 보여준다.[19] 잉글랜드 은행은 중앙은행의 대규모 자산 매입이 부유층에 유리한 분배효과를 갖는다는 점에 대해 정책담당자들(중앙은행 정책담당자와 그 밖의 정책담당자) 사이에 공감대가 형성되어 있다고 평가했다.[20] 국제결제은행(BIS)의 연구자들은 비전통적인 금융정책이 기업의 투자 수요와 개인들의 소비 수요를 별로 자극하지 못하면서 정부나 비금융기업에만 혜택을 준다는 사실을 보였다.[21]

옐런(Jarnet L. Yellen)은 연준 의장일 때인 2014년, 한 컨퍼런스에서 미국은 지난 100년의 기간에서 현재가 자산과 소득의 불평등이 가장 심한 시기하고 말한 바 있다. 옐런에 따르면 상위 5%가 차지하는 부의 비중이 1989년의 54%에서 2010년에는 61%로, 그리고 연준의 자산매입 효과가 나타난 이후인 2013년에는 63%로 늘어났다. 하위 50%의 부는 1989년 3%에서 2013년에는 1%로 하락했고, 최하위 20%는 부를 전혀 보유하지 못했다. 금융자산만을 따로 떼어내서 봐도 전체 자산과 거의 유사한 모습을 보인다. 옐런은 금융자산 불평등 현상이 일어나는 원인을 명백히 설명하지는 않았지만 미국의 금융정책이 거기에 한몫했음을 부인할 수는 없을 것이다.[22]

(2) 금융자산의 가공성, 금융위기

금융자산은 어음, 채권, 주식, 수익증권 등 대부분 청구권 자산으로 이뤄져 있다. 이러한 청구권 자산은 실물자본의 이윤 창출을 전제로만 성립할 수 있다. 실물자본이 이윤을 창출하지 못하면 청구권 자산의 가격은 유지되기 어려우며, 그런 의미에서 금융자산은 가공성을 갖는다. 금융제도가 발달하면 동일한 청구권이 여러 사람들의 손을 거치면서 두 배, 세 배로 확장할 수 있다. 이러한 방식의 금융자산의 누적은 대중들의 삶과 별 관련이 없고 경제의 발전에도 기여를 하지 못할 수 있다.

비슷한 맥락에서 금융 혁신이 경제발전에 기여하는 측면도 과장해서는 안 된다. 미국 연준 의장을 지낸 볼커(P. Volker)는 현금자동지급기(ATM)의 발명이 최대의 금융혁신이라는 말로써 금융혁신의 성과가 과장되어 있다는 사실을 강조한다. 스티글리츠는 금융혁신이 경제발전에 도움이 될 수 있지만 금융 거품과 그에 따른 금융위기를 부를 가능성도 있음을 염려한다. 터너(Turner A.)는 최근에 번창한 일부 금융활동은 사회적으로 유용하지 못했다는 사실을 강조한다.[23] 이처럼 금융자산이 실물자본의 뒷받침 없이 과도하게 팽창하면 청구권의 이행 조건이 사라지는 순간 가공성이 드러나고 결국은 금융위기로 발전할 수 있다.

(3) 금융배제

금융정책이 자산가격 부양 중심으로 수립되고 화폐자본의 더 많은 부분이 자산시장으로 흘러가면 그 이면에서 특정한 계층이나 중소기업이 금융에서 배제되는 현상이 나타나는 것은 필연이다. 실제로 1980년대 후반부터 세계 주요 나라들에서는 금융 접근에서 배제되는 그룹이 급격하게 증가하여 새로운 사회 문제로 자리 잡았다. 우리나라에서도 1997년 경제위기 이후 금융 구조조정을 거치면서 금융배제 계층이 급속히 증가했다.

2) 생산금융을 위한 금융정책의 방향

(1) 생산금융의 추구

주류 학계는 대체로 금융의 발전이 경제성장에 도움이 된다는 주장을 해왔다. 실제로 여러 나라들은 금융을 어떻게 하면 발전시킬 수 있을 것인가를 핵심적인 정책과제의 하나로 삼았다. 금융 발전을 추진하는 정책은 자산계층의 이해에 부합하는 것이기도 했기 때문에 사회 주류세력의 지지를 얻을 수도 있었다. 그리고 금융의 발전은 금융자산의 팽창과 동의어로 사용되었기 때문에 1980년대 이후 여러 나라들은 자산가격의 유지와 상승을 보장하는 것을 금융정책의 중심적인 역할로 간주했다.

그 과정에서 사회적으로 중요한 가치가 있는 일자리, 분배, 금융안정 등은 금융정책의 목표에서 뒷전으로 밀려났다. 이에 따라 금융자산의 불평등이 심해지고 금융 불안정성이 커지는 결과가 나타났다. 현재의 금융정책이 지속되는 한 이러한 추세는 더욱 심해질 것이다. 이제 가치의 생산과 관련이 없는 청구권 가격 부양에 초점을 맞춘 금융정책은 그 방향 전환을 모색해야 한다. 금융정책의 목표에 가치 생산, 일자리 창출, 분배 개선을 앞자리에 두어야 한다. 한마디로 자금이 부가가치 생산으로 흐르도록 해야 한다(생산금융).

(2) 자산가격 부양 중시의 금융정책 재검토

자산가격을 상승시키는 데서 일정한 역할을 해온 중앙은행 독립성이나 인플레이션 타깃팅 정책은 재검토해야 한다. 예컨대 중앙은행 독립성이라 하더라도 그것은 시장과 소통하는, 곧 자산가 계층과 소통하는 협소한 내용이 아니라 사회 다수의 이해를 대변하는 내용을 담는 개념이어야 한다. 중앙은행 문제의 권위자이고 미국 연준 부의장을 지낸 블라인더(Alan S. Blinder)는 중앙은행과 금융시장의 부적절한 소통은 위험한 투기를 조장할 수 있기 때문에 전자가 후자의 영향력에서 독립하는 것이 훨씬 더 중요하다는, 귀담아들을 점을 강조한다.

금융위기가 닥칠 경우 금융자산을 공공의 기금으로 보호하는 금융구제 제도의 개선이 필요하다. 적절한 금융자산의 축적은 경제에 이로운 면이 있을 수 있지만 과잉 팽창한 금융자산은 경제가 숨 쉴 공간을 억누르는 역할을 하기도 한다. 그런 면에서 공공자금을 통한 금융자산 가격 파괴의 회피가 꼭 바람직한 것인가는 따져보아야 한다. 자산가격이 하락한다고 해서 반드시 실물자본이 영향을 받는 것은 아니므로 자산가격 보호를 위한 공적자금을 일자리와 대중 삶의 개선에 사용하는 것이 사회적으로 훨씬 바람직한 결과를 낳을 수 있다.

(3) 금융배제 문제의 해결

자산 계층의 이해를 보호하는 과정에서 부산물로 탄생한 금융배제 문제에 대해 정부(중앙은행)는 적극적으로 해결하려는 의지를 보여야 한다. 중소기업들이 금융에서 배제된다는 것은 이들이 영업에서 어려움을 겪거나 탈락한다는 것, 곧 사회의 일자리가 줄어든다는 것을 의미한다. 사회의 특정한 계층, 곧 미래의 노동력인 청년, 현재의 노동력인 비정규직, 잠재적인 노동력인 실업자 등이 금융에서 배제된다는 것은 노동력의 손실을 의미한다. 따라서 장기적인 경제의 발전을 위해서는 금융배제 문제의 해결이 필수적이다. 모든 계층이 일정한 범위 안에서는 금융을 조건 없이 이용할 수 있게 하는 제도적인 장치의 마련을 검토해야 한다.

4. 맺음말

금융자산의 팽창은 실물자본의 팽창을 반영하는 면도 있지만 다른 한편 금융자산 계층에 유리하게 펴온 금융정책의 결과이기도 하다. 금융이 실물경제를 반영하지 못한 채 자율적으로 과잉 팽창하는 것은 불평등과 금융배제를 심화시키고 금융 불안정성을 높인다는 점에서 결코 바람직한 현상이 아니다.

그런 면에서 지금까지 자산가격 유지에 초점을 둔 금융정책은 한계를 가질 수밖에 없으며, 따라서 대안을 모색해야 한다. 대안은 크게 보면 금융정책의 우선순위에 청구권 거래가 아니라 생산금융을 두는 것, 금융배제 문제를 해결하여 보편적 금융을 실현하는 것 등을 포함할 수 있을 것이다.

제14장

·········

지역 균등발전을 향한
지역화폐 정책

김병조(경기연구원)

- 지역화폐는 코로나19 시기 사회·경제·보건적 위기 상황에도 다양한 기제를 통해 사회경제적 재난을 완화하는 주요한 정책수단 역할을 수행

- 지역화폐는 지역 불균등 완화를 위한 사회·경제·복지정책이자, 소상공인 지원, 지역경제 활성화, 지역공동체 강화 등 다양한 정책 목표 추구 가능

- 지역화폐 운동은 지역민과 지자체가 결합한 주민자치 운동으로 상승·발전하여야 하며, 이는 공정하고 지속가능한 경제구조 구축에 기여

역사적으로 화폐는 생산물의 교환과 거래를 체현하는 사회적 산물로서 '사회적 언어'이자 '사회적 관계의 총체'라고 할 수 있다. 지역화폐는 '지역 내, 지역 간 불균등[1]'을 완화시켜 지역균등을 추구하

며, 지역의 문제를 주체적으로 해결하는 중요한 기제로 작동할 수 있다. 지역 내, 지역 간 불균등발전의 해소는 단순한 균형으로의 회귀가 아니라, 지역주민의 생활과 삶의 영역에 깊이 연계된 우리 사회의 공정과 지속가능성과 맥락을 같이하는 중차대한 사안이라고 할 수 있다.

본 연구에서는 지역화폐를 한국 경제의 불균등발전을 지양하고 균등사회 및 지역자치, 주민참여를 지향하기 위한 연대에 바탕한 융·복합적인 정책기제로 규정한다. 이를 통해 구체적으로는 지역화폐의 정책적 효과(분수 효과, 복지 향상, 공정경제, 고용 확장, 내수시장 확장, 질적 성장)를 포괄할 수 있는 네 가지 정책 사례들을 검토하고, 지역화폐의 미래 정책으로 세 가지 가능성을 모색해보고자 한다.

1. 지역, 지역발전, 지역화폐의 과제

1) 한국의 지역화폐

현존하는 모든 화폐는 지역화폐이다. 역사 이래 모든 화폐는 사실상 한정된 지역에서 교환되는 지역화폐로 출발하였다. 또한 현재 각 국가가 채택하고 있는 중앙화폐·법정화폐도 국가(국경)라는 통화영역 안에서 유통되는 '국가 단위 지역화폐'라고 할 수 있다. 협의의 의미로서 지역화폐는 '특정한 지역에 한정하여 통용되는 지불수단으로서의 화폐'를 의미한다.[2] 다른 한편으로는 '공동체 회원 간에 상호 교환할 수 있는 화폐',[3] '재화·서비스를 연결하는 물물교환—

신용 네트워크'4를 의미하기도 한다.

경제적 측면을 강조하는 '상품권형 지역화폐'의 관점에서 재정의하면, '① 한정된 지역, ② 일정한 조건 아래, ③ 다양한 유형으로, ④ 특정한 목적과 취지에 따라, ⑤ 상품과 서비스로 교환 가능한 ⑥ 지불의 표준이 되는 결제수단'5이라고 할 수 있다.6

한국 지역화폐의 역사에 있어 1997년은 현대적 출발점이자 분기점이라고 할 수 있다. 한국은 개발독재기 압축성장을 거치며 두 자릿수 경제성장률을 구가하였다. 한편으로 그동안 기층민중과 결합된 민주화운동의 성과로 1988년 지방자치법이 제정되었다. 이후 1991년 기초 및 광역의회 의원을 선출하는 지방의회 선거가 추진되었고, 1995년 전국 동시 지방선거로 지자체 장과 지방의원을 선출하게 되었다. 두 차례의 지방선거를 거치며 그동안 억눌린 지역발전·지역자치에 대한 욕구가 분출하게 되었다.

이러한 와중에 1997년 한국 자본주의의 대내외적 재생산위기를 가져왔던 소위 'IMF 경제위기'가 발생하게 되었다. 지역화폐는 이러한 배경 속에서 상품권형 지역화폐와 공동체형 지역화폐라는 두 가지 유형7이 독자적으로 출발하게 되었다.

첫째, 지자체가 주관하는 상품권형 지역화폐(괴산군, 화천군)는 지역 소득유출 완화 및 역외 소비유입 촉진을 목표로 하거나 외부로부터 파급된 경제적 충격으로부터 지역경제를 보호하기 위한 목적으로 출시되었다. 대표적으로 괴산군에서는 '내고장 물품애용권'이라는 이름으로 출시(1996년 4월)되었으며, 같은 시기에 화천사랑상품권도 출시되었다. 오늘날 '상품권형 지역화폐'의 출발이라고 할 수 있다.

최초(1997년)의 상품권형 지역화폐 괴산사랑상
품권의 현재 모습(괴산군청 제공)

공동체 지역화폐 한밭레츠의 500두루
(한밭레츠 누리집, 검색일: 2020. 7. 22.)

둘째, 자생적 주민자치의 공동체 지역화폐(한밭레츠)는 1997년 『녹색평론』에 지역화폐가 소개되었고, 1999년에 한밭레츠가 대전광역시에서 출발한 것이 계기가 되었다. 지역주민 주도의 자구·자조운동으로, 경제위기 시 회원들(소생산자 및 판매자와 소비자들) 간의 자구책의 일환으로 각종의 쿠폰 커뮤니티가 우클라드(Uklad)[8]를 형성하면서 다양한 실천들이 전개되었다.

2) 경기도형 지역화폐 정책의 의미

경기도형 지역화폐 정책은 한국 지역화폐 역사에 있어 새로운 이정표를 제시하였다. 기존의 지역화폐는 2000년대 중반까지 대개 공동체형 지역화폐를 의미하는 것이었고, 현재 빠른 속도로 정착하고 있는 지역경제 활성화형 지역화폐는 당초에는 '상품권'에 지나지 않았다.[9] 그러나 2007~2017년 경기도 성남시에서의 정책 실험[10]을 거쳐, 2019년 경기도에서 본격적으로 지역화폐 정책을 실행함으로써 지역화폐는 오늘날의 '정책적 시민권'을 확보할 수 있게 되었다.

2019년 4월 1일 경기도 31개 시군이 전격적으로 지역화폐를 발행함과 동시에 청년기본소득을 신설하여 복지수당을 지역화폐로 지급하였다. 이로써 청년 수급자들과 소상공인들로부터 호응을 불러일으켰으며, 지역경제에 새로운 활력을 북돋울 수 있었다.

경기도에서 지역화폐 정책이 비교적 짧은 시기에 신속하게 안착할 수 있었던 것은 청년기본소득을 지역화폐로 지급함(정책발행)으로써 발행액이 안정적으로 확보되었고, 인센티브를 활용(일반발행)하여 지역화폐 구입과 소비를 촉진함으로써 효과를 극대화시켰기에 가능한 것이었다. 이러한 지자체(2020년 243개 지자체 중 229개 지자체. 채택률 94%)가 채택하기에 이르렀고, 경기도 지역화폐가 한국 지역화폐 정책의 표준이자 원칙이 되는 데 크게 기여하였다고 평가된다.

3) 경제-사회-복지의 융·복합 정책으로서의 지역화폐

지역화폐는 정책적으로 다양한 변주와 응용이 가능한 매우 탄력적이고 기동성 있는 정책기제라고 할 수 있다. 지역화폐는 지역경제 활성화라는 경제적 측면 외에 지역공동체 강화, 주민자치의 지역화, 디지털 기술의 발전에 대응하는 사회적 관계의 총체라고 할 수 있다(〈표 14-1〉 참조). 이는 본래 화폐가 사람 및 사물 간의 관계를 맺어주는 호환과 교류의 징표이기에 가능한 역할이라고 할 수 있다.

지역화폐 정책은 기초지자체, 소상공인·자영업자(골목상권·전통시장), 지역주민 등 사용주체의 이해관계와 창의성에 따라 다양한 정책적 대안들을 제공해줄 수 있다. 특히 한국 경제의 가장 심각한 지역 소멸 및 지역 불균등발전 문제를 완화하는 데 지역화폐는 주요한 역할을 할 수 있다.

<표 14-1> 지역화폐의 경제사회적 영역

	디지털 기술의 발전					
지역공동체 강화	신뢰	핀테크	블록체인	암호화폐	플랫폼	자립
	호혜					자치
	배려		지역화폐			다양성
	복지					탈중앙
	연대					지역소비
	회복탄성력	소상공인	자영업자	전통시장	골목상권	자본순환
	지역경제 활성화					

주: 주민자치지역화 (오른쪽 세로)

자료: 김병조(2020a). 「지역화폐 연계형 '재난극복 기본소득' 실행방안 검토」, 경기연구원(2020. 3. 18)을 참고하여 재구조화.

이미 한국 사회는 선진국형 저출생·고령화, 저성장·장기침체가 구조화되었다. 이로 인해 발생하는 지역 공동화 및 불균등발전에 따른 현안을 해결하기 위한 대안으로 〈표 14-2〉는 지역화폐 정책을 상정하고, 정책실행 과정을 거쳐 경제정책 효과를 달성할 수 있음을 보여준다.

2. 지역 불균등 완화를 위한 지역화폐 정책

최근 코로나19 국면에서 지역화폐는 재난 수준의 사회경제적 피해 격차를 완화하는 사회–경제–복지 정책의 주요 기제로 나름의 역할을 하였다.[11] 이하에서는 지역 간, 지역 내 불균등발전을 완화하는 주요 정책기제로서 기초지자체 단위에서 창의적으로 활용된

〈표 14-2〉 지역화폐를 통한 거시경제정책 효과 실현 경로

⑦ 정책 효과	경제의 질적 성장		
사회적 긍정 효과	분수 효과	복지 향상	공정경제
거시경제 효과	고용 증가	내수시장 확장	질적 성장
지역경제 효과	지역 내 소득유출 완화	소상공인·자영업자 성장	지역 현안 공동해결
	지역외 소비유입 촉진	전통시장·골목상권 성장	경제공동체성 형성

↑

⑥ 정책 목표	균등발전	지역자치	주민참여

↑

⑤ 정책 과제	지역경제 활성화	소상공인 지원	지역공동체 강화

↑

④ 정책 주체	지역주민(5섹터)		
주체의 양태	경제생활인 (+소상공인·자영업자 등)	복지수급자	지역주민

↑

③ 정책 실행	지역화폐		
정책 유형	일반발행	정책발행	공동체형
정책 기제	인센티브율, 유통기한	각종 복지수당	공동체 의식

↑

② 정책 설계			
정책 단위	중앙정부	지지체(광역, 기초)	지역공동체

↑

① 지역 현안			
지역 문제	지역 간 불균등발전	지역 내 불균등발전	지역공동체 파괴
지역 현상	지역 공동화	소(小)지역 간 경쟁·대립	지역주민 간 유대 약화

지역화폐의 역할과 사례를 검토해본다.

1) 소득유출 완화와 소비유입 촉진

(1) 지역축제와 군장병 우대로 지역경제 활성화 추구: 화천군

강원도 화천군의 경우 지역화폐의 역사에 있어 매우 주목할 만한 지역이다. 화천군은 괴산군과 함께 1996년 한국 최초로 고향사랑상품권을 발행한 지자체이다. 화천군은 접경지역이자 군부대 주둔지로서 개발과 경제활동에 많은 제약을 받고 있었다. 그러나 화천군은 군 관련 서비스 강화를 통해 지역 내 군장병 관련 소득유출을 방지하고, 향토 축제를 통해 지역 내 소비유입을 촉진한 매우 주목할 만한 지자체이다.

첫째, 지역 외부로부터의 소비유입 촉진. 화천군은 2006년부터 지역 산천어 축제, 체험 프로그램, 주차장 이용료의 일부를 관광객들에게 지역화폐로 제공함으로써 지역축제를 방문한 관광객들의 추가 소비를 촉진[12]시켰다.

둘째, 지역 내로부터의 소득유출 완화. 화천군은 교통·통신의 발달로 군장병 등의 수도권으로의 외출·외박이 발생하면서 상권이 쇠퇴하는 등 많은 경제적 곤란을 겪어왔다. 2020년 코로나19로 인해 지역경제의 침체가 더욱 가속화되자 화천군은 '군장병 우대업소 육성 및 인센티브 지원사업'을 전개하였다. 이는 장병들에게 30%의 할인을 제공함으로써 지역 내 소비를 강화하고, 환급받은 상품권은 다시 지역에서 재소비·환류하게 함으로써 지역 내 소비순환의 가속화와 누적률을 강화시킬 수 있었다.[13]

화천군의 사례는 지역 내 특화산업 및 유력기업도 없는 상태에서, 상대적으로 격오지 불균등 지역인 지자체가 지역 내 소득유출 완화, 지역 외 소비유입 촉진을 추구한 것으로 취약지역이 취할 수 있는 효과적인 발전전략이라고 할 수 있다.

2) 사회경제적 재난과 다양한 지역화폐 정책

(1) 피해 집중지역에 대한 표적 맞춤 지원: 성북구 장·석·월 지역화폐

지역화폐는 사회경제적 위기 시에 특정 지역 맞춤형 표적지원이 집중적으로 가능하다. 성북구에서 시도된 장·석·월 지역화폐(장위 1·2·3동, 석관동, 월곡 1·2동)는 피해지역을 한정하여 집중 지원함으로써 기초지자체가 지역자치의 행정력을 발휘하여 좁은 특정 지역의 사회경제적 불균등성을 회복하고자 하는 시도였다.[14]

성북구는 지역의 사회경제적 재난 상황 극복을 위해 지역자치 취지에 맞춰 지역을 관할하는 행정단위를 세부적으로 구체화하였다. 성북구는 재난구역을 동(洞) 단위까지 특정하고, 지역화폐의 구역 유통 범주를 두 차례에 걸쳐 재구조화했다. 코로나19 및 사랑제일교회와 관련된 지역의 피해 복구를 위한 '피해지역 맞춤형' 특별 지원책이라고 할 수 있다. 이는 기존의 군산시, 포항시 사례와 같이 전(全) 행정구역 규모에서 시행하였던 활용 방식과 달리, 지역을 세분화하여 집중지원을 하였다는 점에서 새로운 사례로 주목할 만하다.

(2) 사전 매출 확보로 소상공인 경영 안정화: 서울시 선결제 캠페인

지역화폐와 연계된 선(善)결제 캠페인은 서울시가 지역화폐 할인

에 따른 업종별 소비편중을 보완하고 매출을 선확보하기 위한 제로
페이[15] 활용 정책이다. "서울특별시 내 제로페이 가맹점 중 소비자
에게 10% 할인되어 발행되는 '선(善)결제 서울사랑상품권'의 사용처
가 되는 동시에, 가맹점도 해당 상품권으로 결제하는 소비자에게
자발적으로 10% 이상의 추가 적립 또는 할인 등의 혜택을 제공하
는 가맹점 참여형 캠페인"[16]이다. 이와 유사하게 경기도에서도 추석
명절 기간을 앞두고 지역화폐를 활용한 소비지원금 정책이 시행되
었다.

중요한 점은 코로나19로 영업에 심대한 타격을 받고 있는 소상
공인들 중 특히 집합금지 업종 및 영업제한 업종 사업장에 한정하
여 업종별로 표적 지원되었다. 가맹점에게 선결제로 사전 매출을
예약·확보하고 코로나19로 영업제한 등의 조처가 끝나면 선결제
상품권을 활용하도록 하는 것이다. 예를 들면 노래연습장, 실내체
육시설, 식당·카페, 목욕장업, PC방, 이미용업, 독서실·스터디 카
페 등이 해당된다.

서울사랑상품권의 '선결제 캠페인' 방식은 세 가지 특징을 보여준
다. 첫째, 지자체 지원의 인세티브 외에 가맹점의 자발적인 적립 또
는 할인을 유도하여 정책효과를 극대화한다는 점, 둘째, 지역화폐
를 통해 업종별 제한과 지원을 적절하게 선택하고 있다는 점, 세째,
유통결제기한을 한 달 이내(2020년 12월 28일~2021년 1월 31일)로 한정
하여 신속한 소비를 촉진시켜 위기의 소상공인에게 직접적이고 신
속한 매출 확보를 보장한다는 점이다.

선결제 캠페인은 제로페이 시스템에 지역화폐를 탑재함으로써
소상공인의 매출 보전에 탄력적이고 기동성 있게 대응할 수 있음

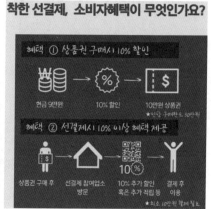

자료: 서울시청 누리집(https://www.seoul.go.kr/main/index.jsp. 검색일: 2020. 12. 31)

을 보여준다. 이로써 기존의 재난지원금 등으로 형성된 업종별 소비편중 효과를 완화하여 다소나마 불균형을 바로잡는 데 기여하였다고 할 수 있다.

3) 사회정의와 지역화폐 정책의 결합

(1) 플랫폼 생태계의 불균등 개선 및 소상공인 주권 찾기: 경기 공공배달 앱 '배달특급'

배달특급은 소비자(지역주민), 노동자(라이더), 가맹점(소상공인·자영업자)의 상생구조를 확보하고, 앱 생태계의 불균등성을 완화하며, 공정한 디지털 플랫폼 경쟁시스템 구축을 추진하였다는 점에서 지역화폐와 연계된 모범적인 활용정책 사례로 평가할 수 있다.

최근 배달앱 생태계 시장은 급속한 신장세를 보이면서 과포화,
독과점 및 각종의 갑질 횡포까지 발생하는 등 사회문제화[17]되었다.
이에 대한 대안으로 배달특급은 지역화폐 가맹점에게는 광고료 무
료, 기존의 수수료를 1%까지 낮추고, 소비자에게는 지역화폐 사용
시 최대 15%의 인센티브를 제공하였다.[18] 배달특급의 장점은 지역
화폐를 온라인 구매에까지 연결했다는 점이며, 지역화폐를 활용하
여 소상공인에게 매출을 연결시켰다.[19] 이를 통해 기존 독과점 상태
에 가까웠던 배달앱 생태계에 강력한 대안체로 등장하였다.

지역화폐는 화폐의 기능을 통해 다양한 사회적 관계망에 걸쳐져
있으며, 이러한 관계성을 활용하여 사회적 문제에 개입하고 대안을
제시할 수 있다.

3. 균등경제를 향한 지역화폐의 미래 정책

지역화폐는 미래의 지역사회의 불균등 문제를 해결하는 또 다른
대안으로서 활용될 수 있다. 앞서 소개한 실행된 사회경제적 정책
으로서만이 아니라, 향후 다양한 정책적 기제들의 조합을 통해 사
회적 관계를 새롭게 기획해냄으로써 사회적 의제들을 제시해 나아
갈 수 있을 것이다. 예를 들면 운용범역의 다양화, 남북한 경제력
격차의 완화를 위한 메가리전 내에서의 통용화폐, 지역(-화폐)은행
등을 구상해볼 수 있다.

〈그림 14-3〉 경기도 공공배달앱 '배달특급'

자료: 경기도 공공배달앱 누리집(https://www.specialdelivery.co.kr/#4thPage, 검색일: 2020. 12. 23)

1) 불균등 완화를 위한 운용범역 다양화: 6가지 모델

지역화폐를 통해 지역 간 및 지역 내 불균등을 개선하기 위해 지자체 간의 상생과 연대에 바탕한 지역화폐 운용범역(유통)의 조합들을 구상해볼 수 있다. 운용범역은 지역의 정치·사회·경제·행정·문화·지리적 요건 등 총합적인 사항들을 감안하여 결정하여야 한다. 여기서 간략하게 소개할 내용은 실험적인 가안(假案)의 6가지 운용유형 사례이다.[20]

첫째 중역형은 운용범역을 인접한 2~5개 지자체 간으로 묶은 것이다. 소비자는 지역화폐 사용 시 선택의 다양성을 누릴 수 있으며, 소상공인은 다수의 소비자를 유치할 수 있는 장점이 있다.

둘째, 중층형은 주거지(A)에 상대적으로 높은 인센티브를 인정하되, 동일 광역단위 내 인접 시·군(B, C, D… 등)에서는 낮은 인센티브를 인정하여 상호 사용이 가능하도록 하는 것이다. 소비자는 선택

〈그림 14-4〉 지역화폐 운용범역 유형

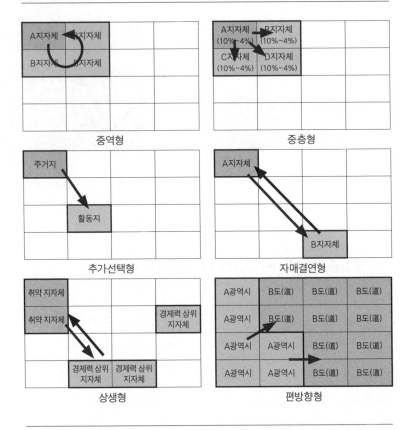

자료: 김병조·남춘호(2021). 「경기도 지역화폐의 적정 운용모형」; 유영성. 『뉴머니 지역화폐의 현재와 미래』, 180-212쪽.

의 다양성을 누릴 수 있으며 소상공인은 다수 고객을 유치할 수 있다. 중역형과 중층형의 차이점은 단순한 지역 확대(중역형), 자기 지자체 중심의 인접 지자체 포괄(중층형)인가의 차이이다. 인천광역시는 중층형의 대표적인 사례라고 할 수 있다.

셋째, 추가선택형(또는 소비자 2선택형)은 소비자가 주거지 외에 1개

280

의 자신의 주 활동지 지자체를 선택하는 것이다. 소비자 입장에서는 선택 다양성·편의성이 향상되고, 소상공인은 다수의 소비자를 유치할 수 있다.

넷째, 자매결연형(지자체간 협정형)은 상호 보완효과가 있는 자기 지역(A)과 타 지역(B) 간에 지역 간·산업 간 자매결연을 맺어 운용 범역을 확장하는 것이다.

다섯째, 상생형은 지자체를 일정한 기준으로 구분하여 상급 지자체가 취약 지자체를 지원 및 상생하는 것이다. 지자체 간·산업 간 상생 연계가 가능하며, 착한 소비 실천, 다수 소비자 고정 유치 가능성 등이 있다.

여섯째, 편(偏)방향형은 상대적으로 경제 여건이 우세한 A광역시(市)의 지역화폐를 인접한 취약 지자체인 B도(道) 지역에서도 사용이 가능하도록 함으로써 A광역시의 소득이 B도로 이전이 가능할 수 있도록 유도하는 것이다. 이로써 A광역시는 B도에 대한 전략적 지원이 가능하며, 소비자의 착한 소비를 유도할 수 있으며, 산업·업종에 따라 지역 외 다수 고객을 유치할 수 있는 장점이 있다.

이상의 6가지 지역화폐 유형은 운용유형 변화를 통해 지역 간·지역 내 불균등을 완화하고, 지역 간 상생과 연대를 추구할 수 있으며, 소비자의 선택권 및 편의성의 확장이 가능함을 보여준다.

2) 남북한 통일지향의 지역화폐: '통일로'

지역화폐는 분단된 남북한을 통일을 지향하는 '메가리전(Mega Region)'[21]으로 전환할 수 있는 또 다른 기제가 될 수 있다. 2019년 기준 남북한의 사회경제지표를 비교해보면, 북한 대비 남한의 인구는 2.05배(북한 2,525만 명, 남한 5,171만 명), 실질경제성장률은 5배(0.4% : 2.0%), 1인당 국민총소득은 26.6배(140.8: 3,743.5만 원), 국내총생산은 5.44배(35조 3,000억: 1,919조 원)를 보여주고 있다(〈그림 14-5〉 참조).[22] 이러한 남북 간의 지역 간 불균등(경제력 격차)을 유지한 채로 평화와 통일을 기대하기는 어렵다.

남북 간의 지역공동체를 추구한다면 적대적 의존관계에서 벗어나 평화와 공존의 원칙 아래 북한 경제의 연착륙을 통해 남북 간 불균등 완화를 추구할 수 있을 것이다. 이러한 상황에서 지역화폐는 남북의 경제·사회·문화·인적 측면에서의 교류를 이끌어내는

〈그림 14-5〉 남북한 사회경제지표 비교

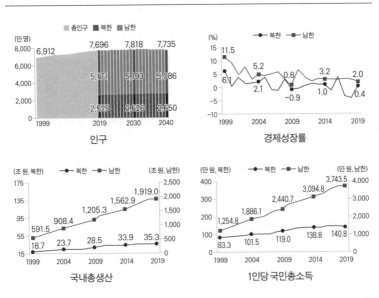

자료: 통계청(2020). 「2020 북한의 주요 통계지표」.

데 주요한 역할을 할 수 있다.

남북한의 합의에 따라 남북경제협력사업의 일환으로 개성시 봉동리 일대에 조성된 개성공업지구를 평화와 민족교류의 주요한 계기와 공간으로 삼을 수 있다. 개성공단 내에서만 사용가능한 남북한 공용 지역화폐를 구상해볼 수 있다. 가칭 남북한 통일지역화폐 '통일로'는 달러화를 기준으로 교환되는 남북 간의 결제수단을 달러나 남북한의 화폐단위로부터 독립된 독자적인 결제수단으로 기능할 것이다.

우선적으로 남북한 경제협력지대의 대금 결제, 근로자의 급료, 생활필수품의 구입과 판매 시에 '통일로'를 공식 화폐로 지정하고, 차츰 남북한의 공식 민간 범위까지 확대하는 방안을 강구할 수 있

〈그림 14-6〉 한반도 메가리전

자료: 이정훈 외(2020). 「한반도 메가리전 발전 구상: 경기만 남북 초광역 도시경제권 비전과 전략」, 경기연구원.

을 것이다.

'통일로'가 북한에게 필요한 이유는 북한이 내부적으로 가속화되고 있는 달러라이제이션(자국 통화 대신 달러가 통용되는 현상)으로 인한 미국의 달러체제에 편입되어 화폐주권을 완전히 상실하기보다는 남북한 협력을 통해 일정한 주도권을 유지하는 것이 유리할 것이다.[23]

이러한 과정을 통해 남북 경제교류 활성화를 위한 통일금융의 발전적 추진이 요구된다.[24] 결국 남북한 간의 실질적인 통일 과정에서 화폐통합은 가장 어려운 난제가 될 것이다. 남북한 지역화폐 '통일로'를 통해 남북 간 정치경제적 갈등 완화, 통화 공동관리, 경제통합의 문제까지 구상해볼 수 있을 것이다. '화폐통합은 경제통합의 가장 마지막 단계로 자신의 통화주권을 양도'하는 강력한 통합이라고 할 수 있다.

마지막으로 '통일로'는 단순한 민족 내부의 거래 결제수단에 한정되는 것이 아니라, 미국-중국-러시아-일본 등 주변 강대국의 정치경제적 간섭을 제어하고, 지역 간·체제 간 불균등 격차를 민족 내 거래로 완충시키며, 남북 간의 평화와 공존을 지속가능하게 하는 유력한 방안이 될 것이다.

3) 실질적 분권화와 지역자치: 지역(-화폐)은행

실질적인 지역 분권화와 지역자치의 실행을 위해서는 지역(-화폐)은행의 설립이 필요하다. 지역(-화폐)은행을 통해 지역화폐를 관장하고 지역의 자치적인 화폐·금융·재정 정책을 수행할 수 있다. 이를 통해 지역화폐는 지역금융의 주요 계기를 마련할 수 있다. "지역

금융의 발전이 지역경제 성장에 중요하며, 지역별 금융발전의 정도가 달라 지역경제 성장의 정도도 다르게 나타난다."[25] 따라서 지역화폐 은행은 해당 지역의 경제적 발전을 가늠하는 주요한 정책수단이 된다.

지역화폐 은행을 통해 지역화폐 발행, 유통량 조정, 인센티브 조정, 가맹점 기준 조정, 지역 기업 및 지역민 대출 등의 기준을 제시하여야 한다. B2B, B2C 간의 결제를 확장하고, 지역재정 확보를 통한 지역 내 대규모 민원 사업 등을 실행할 수 있다. 지역화폐 은행은 중앙정부 및 지방정부의 정치로부터 독립하여 지역화폐의 운영에 대한 독자적인 책임을 가지는 지자체의 재정·금융기관으로서

〈표 14-3〉 지역(-화폐)은행의 역할

정책목표	중간목표	정책수단	사례	최종 정책목표
지역경제 성장	금융기능 활성화	관계금융, 호혜금융, 지원정책	대규모 공공사업 추진	지역공동체성 회복 (신뢰·베풂·나눔·연대의 지역 문화 형성)
지역 고용 증대	생산적 금융 증대	정보생산·공유, 보증, 컨설팅, 생산적 신용, 소자본 창업 지원 등	기업 및 사회적 기업 지원	
건전한 지역금융	금융기관 건전성 및 지역 기여	건전성 및 지역 재투자 평가 활용	지역기업 신용 대출	
대안 금융	빈곤 완화	금융소외 계층 지원	마이크로 대출	
환경 개선	금융환경 개선	사회환경 성과 고려하는 대출	고이율 사금융 대출 전환	

자료: 조복현(2020). 「지역공동체 경제와 지역화폐: 사회적 경제 활성화를 위한 지역화폐 시스템」, 『2020년 봄 학술대회 자료집』, 한국사회경제학회, 22쪽을 참조하여 재구성.

의 역할을 모색할 수 있다.

지역화폐 은행은 지역 재정을 활용하여 금융적인 측면에서는 '관계금융의 강화, 호혜금융, 공공 지역은행' 등의 역할을 하여야 한다.[26] 구체적으로는 지역사회 대규모 민원 공공사업 실행, 사회적 기업 지원, 지역기업 신용대출, 취약계층 마이크로 대출 등의 독자적인 구제금융기관의 역할을 추구할 수 있다(〈표 14-3〉 참조).

지역화폐 은행을 통해 지역 외부로부터의 경제의 불확실성을 완화하고, 지역 고유의 독자적인 발전을 추구하며(주민자치 지역화), 지역공동체 강화, 지역경제 활성화, 4차 산업혁명과 디지털 기술의 발전을 추구해 나아갈 수 있다. 결론적으로 지역의 금융재정을 자치적으로 활용할 수 있는 지자체별 지역(-화폐)은행을 설립함으로써 지역 불균등을 완화하고 지역분권화와 지역자치를 실현할 수 있다.

4. 결론: 정책적 시사점

한국 경제의 지역 불균등 문제는 압축성장기 동안 개발독재, 재벌주도, 수출지향형 경제구조로 인해 고착화되었다. 동서 간 지역 격차와 수도권과 지방간의 격차는 외형상 자본의 지역배치 문제에 기반한 것이었으나, 결과적으로는 지역 간 불균등발전, 즉 지역 양극화를 배태하였다. 이러한 과정에서 폭압적 총자본에 대항하는 민주화 운동의 성과로서 지역자치제가 시행되면서 지자체 주도형 지역화폐와 주민자치 공동체형 지역화폐가 등장하게 되었다.

화폐 정책은 지역균등 발전을 위한 정책적 시도로써 1997년 소위 IMF 위기 시에 지자체 시군(市郡) 단위에서 시도되었다. 이렇게 태동한 한국의 지역화폐는 현재의 지역 불균등 완화 및 다양한 사회 현안들에 접근하여 정책적 변주들을 통해 사회적 순기능을 강화할 수 있다는 점에서 매우 유익한 정책적 수단이라고 할 수 있다.

먼저 역내 소득유출 완화 및 역외 소비유입 촉진을 추구한 사례로 강원도 화천군을 들 수 있다. 화천군은 격오지, 접경지역, 군 주둔지, 농촌지역으로 많은 불리한 여건들을 안고 있으면서도 지역축제를 통한 외부 소비유입과 군장병 할인을 통한 소득유출 완화를 추구함으로써 지역의 자치적 발전을 전략적으로 도모하고 있다.

지역화폐는 사회경제적 재난 상황에서 다양한 정책적 활용이 가능하다. 서울시 성북구의 장·석·월 지역화폐는 재개발 철거, 코로나19 집단감염에 따른 지역재난 상황에서 유통지역, 인센티브, 유통기한을 활용하여 매우 짧은 시기에 집중적 지원을 추구하였다. 서울시 선결제 시스템은 코로나19 시기 업종별 소비편중을 보완하기 위한 방안으로 집합금지 업종과 영업제한 업종에 선결제 상품권을 활용하였다. 또한 '배달특급' 공공앱 출시는 98%가 특정 업체의 독과점에 지배당한 배달앱 시장에 공정과 지속가능한 사회경제구조의 안착을 위한 방안으로, 기존의 시장지배적 독과점 배달앱의 폐해를 견제할 수 있었다.

오늘날 지역화폐는 균등경제를 위한 미래지향적 정책수단으로 활용 가능하다. 지역 불균등 완화를 운용 유형(중역형, 중층형, 추가선택형, 자매결연형, 상생형, 편방향형) 실험을 통해 다양한 지역적 조합들을 모색할 수 있다. 또한 남북 간 평화·화해·교류를 위한 지역 간 평화공동지역을 메가리전이라는 개념으로 포착하여 메가리전 내

〈표 14-4〉 지속가능한 지역경제를 위한 지역화폐의 정책 목표 및 실현가능 정책

정책 성격	정책 명칭	정책 요소	정책 취지 및 시사점
① 적극적 경제-복지 정책	강원도 화천군 지역화폐	지역 축제, 군장병 인센티브, 페이백	역내 소득유출 완화 및 역외 소비유입 촉진
② 지역경제 및 재난상황 정책적 활용	서울시 성북구 장석월	유통 범위 및 기간 조정, 인센티브	피해 집중지역에 대한 맞춤 표적지원형
② 지역경제 및 재난상황 정책적 활용	서울시 선결제 캠페인	지역 재구성, 인센티브, 페이백, 유통기간	사전 매출 확보로 위기의 소상공인 경영안정화
③ 사회문제와 지역화폐 정책의 결합	경기 공공배달앱 '배달특급'	유통 공간 확대 (온라인 결제), 인센티브	플랫폼 생태계 불균등 개선, 소상공인 주권 찾기
④ 균등경제 지향을 향한 지역화폐의 '미래'정책	운용 범역 유형 확대	운용범역 다양화, 인센티브, 지역 간 연대·상생	지역 간 불균등 완화를 위한 다양한 지역화폐 운용범역 유형
④ 균등경제 지향을 향한 지역화폐의 '미래'정책	통일지역화폐 '통일로'	개성공단내 교환 수단	남북한 경제력 격차 완화 및 통일 지향
④ 균등경제 지향을 향한 지역화폐의 '미래'정책	지역(-화폐) 은행	지역금융·지역자치	외부 경제충격 완화 및 지역자치 재정 금융정책 추구

자료: 자체 작성

에서 지역화폐 '통일로'를 활용하여 임금, 교환 등에 사용하게 함으로써 북한 경제의 연착륙 및 남북한 통일을 지향할 수 있을 것이다. 지역(-화폐)은행은 실질적 지역분권화와 지역자치의 실행수단으로 정치와 중앙정부로부터 독립하여 지역의 독자적인 금융·재정정책을 운용할 수 있는 자기완결적인 금융기관으로서의 역할을 모색할 수 있을 것이다.

한국 자본주의의 지역 간, 지역 내 불균등발전을 완화하기 위한

그동안의 지역화폐의 역할은 시사하는 바가 크다. 이제 지역화폐 정책은 풀뿌리 지역운동에 바탕하여 지역민과 지자체가 결합된 주민자치 운동으로 상승·발전해 나아가야 할 것이다. 그러기 위해서는 지역 자체를 전변하는 5섹터[27] 지역자치 운동과 결합되어야 한다. 지역화폐를 기반으로 지역의 서민대중과 지자체가 지역균등을 향한 주체로 나설 때 공정하고 지속가능한 사회로의 진전이 가능할 것이다.

제4부

·

지속가능한
공정경제 패러다임

제15장

·········

공정한 사회와
지속가능한 경제발전[1]

주병기(서울대학교)

- 우리 사회의 불평등과 양극화가 빠르게 악화되었으며, 특히 교육 격차와 기회 불평등이 지속성장의 인적 기반을 약화시킴
- 정부의 재분배 기능과 사회 안전망을 대폭 강화하고 공정경제 질서를 확립할 필요가 있음
- 교육과 시장의 계층사다리 기능 회복을 위한 교육정책과 청년 일자리 및 금융지원을 위한 정책방안을 모색해야 함

경제발전을 위해 불평등은 피할 수 없는 것인가? 얼마만큼의 불평등이 적정한가? 공정과 경제발전을 모두 달성할 수는 없는가? 본 장에서는 이 질문에 대한 주류경제학계의 오랜 사조, 현대 자

본주의의 역사적 경험, 그리고 최근 학계에 자리 잡은 주요 이론과 가설들에 대해 소개하고 공정과 경제발전의 관점에서 한국의 현실을 진단하며 지속가능한 경제발전을 위한 방안을 모색할 것이다.

19세기 노동자들의 빈곤, 부의 양극화와 극심한 불평등의 문제가 자본주의의 지속가능성에 대한 심각한 회의를 불러일으켰다. 존 스튜어트 밀, 헨리 조지, 칼 마르크스, 조셉 슘페터 등을 비롯한 많은 경제학자들이 이 문제를 고민하였고 자본주의 개혁론(밀, 조지)과 체제전환론(마르크스, 슘페터)을 제시한 바 있다. 이런 고민과 노력으로 20세기 민주적 복지국가 자본주의가 만들어졌다. 자본주의 선진국은 강력한 국가의 개입과 복지제도를 통해 노동계급의 빈곤과 불평등이란 자본주의의 오랜 문제를 극복했다.

초고속 성장으로 선진국 수준의 경제발전을 이룬 한국은 선발 자본주의의 불평등과 양극화 역시 초고속으로 경험하고 있다. 경제의 양적 성장보다 국민 삶의 질의 개선은 더딜 수밖에 없었다. 수출주도형 경제성장의 그늘에서 불공정한 시장질서가 뿌리내렸고 경제적 불평등과 양극화는 급격히 심화됐다. 공정한 사회와 경제발전이라는 두 가지 목표가 조화를 이루어야 한다는 요구가 커지고 있다. 지속적인 경제발전을 위해 국가는 어떤 역할을 해야 하는가? 진정한 발전이란 무엇이고 공정한 사회란 무엇인가? 이런 질문들이 한국 경제와 한국 자본주의를 향해 제기되고 있다. 이 글은 지속가능한 경제발전을 위해 정부와 공공부문의 역할, 그리고 바람직한 정책 방향에 대해 논의할 것이다.

1. 경제성장, 불평등 그리고 재분배

1) 분배와 성장에 대한 경제학

전통적으로 경제학자들은 분배적 형평성과 효율성 간에 상충관계를 강조해왔다. 혁신과 투자의 동기를 유발하기 위해 불평등은 불가피하다는 인식이 팽배했다.[2] 일찍이 니콜라스 칼도어(Nicholas Kaldor) 같은 경제학자는 불평등이 저축과 투자를 유발하고 이것이 경제발전을 촉진한다고 보았다.[3] 로버트 배로(Robert Barro)도 불평등이 오히려 자본축적과 교육 투자에 유리한 환경을 제공하여 경제개발에 긍정적인 영향을 미칠 수 있다고 보았다.[4] 경제개발 초기 단계에 이러한 불평등과 성장률 간의 긍정적인 상관관계는 실증연구들을 통해 확인되기도 했다.[5] 한편 정부에 의한 소득 재분배와 시장 개입이 가격기구를 교란하고 비효율성을 야기하여 경제에 해롭다는 인식도 강했다. 대표적으로 과세가 투자와 근로의욕을 저하시키는 문제를 본격적으로 다루는 최적과세이론이 있다.[6] 조세와 정부 개입의 이러한 비효율성 역시 다수의 실증연구에서 확인되었다.[7]

그러나 불평등과 경제성장의 관계, 그리고 정부의 소득 재분배가 야기하는 비효율성의 문제는 그렇게 간단하게 결론내릴 수 있는 것은 아니었다. 왜냐하면 과세로 인한 비효율성을 인정하더라도 정부 지출의 생산적 효과 역시 존재할 수 있기 때문이다. 어떤 영향이 큰가에 따라 과세는 사회적 잉여를 낮출 수도, 높일 수도 있는 것이다. 정부의 소득 재분배로 인해 발생하는 비효율성과 경제성장에 미치는 부정적인 영향이 일부 실증연구에서 확인되지만 그 결론의 신뢰성은 그리 높지 않다.[8] 아울러 세율 인상처럼 재분배 기능을 강화하는 것이 단기적으로 경제성장에 해롭다고 하더라도 이런 부정적인 영향이 장기적으로 지속된다고 보기 어렵고, '장기적' 영향에 대한 실증연구는 찾아보기 어렵다.

정부의 소득 재분배 기능은 교육과 건강에 대한 투자와 인적자본의 축적과 같은 생산적인 역할을 한다. 그러나 이런 긍정적인 효과보다는 부정적인 효과가 더 크다는 실증연구들이 갖는 가장 큰 맹점은 조세부담을 정부의 재분배 기능을 측정하는 척도로 사용한다는 점이다. 조세부담이 높아도 소득 재분배와 관계없이 조세수입이 사용된다면 소득 재분배 효과는 커질 수 없다. 보다 직접적으로 소득 재분배 기능을 나타내야만 정확한 효과를 파악할 수 있다.

한국은 필리핀 보다 열악한 여건에서 경제개발을 시작했지만 경제발전을 지속하여 선진국 진입에 성공했고, 필리핀은 아직도 개발도상국 수준을 벗어나지 못하고 있다. 개발경제학자들은 이러한 차이를 불평등과 교육에서 찾았다. 경제개발을 시작할 당시 한국의 불평등도는 낮았고 필리핀은 높았다. 한국은 교육을 통한 인적자본 축적을 지속했지만 필리핀은 달랐다.[9] 마찬가지로 한국, 대만, 일본 등 동아시아의 성공적인 경제개발 경험과 중남미의 사례가 대비된다. 동아시아의 낮은 불평등, 높은 계층이동성과 기회평등, 그리고 높은 교육열과 인적자본 축적이 경제발전을 지속한 원동력이 되었고 중남미의 높은 불평등과 사회계층화, 그리고 구조적 부패는 경제발전의 걸림돌이 되었다.

이러한 개발경제학계의 통설은 불평등과 경제성장의 관계에 대한 실증연구들에서도 확인되었다. 윌리엄 이스터리(Easterly)에 따르

<〈그림 15-1〉 과거 30년간의 불평등도(평균 지니계수, 가로축)와 현재(2002년) 일인당 소득
(세로축)의 관계>

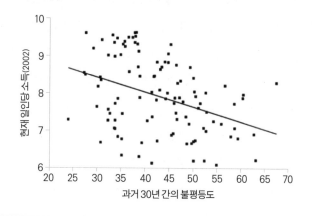

자료: Easterly, W.(2007). "Inequality does cause underdevelopment: Insights from a new
instrument", *Journal of Development Economics*, Vol.84, pp.755-776.

면 오랜 기간 지속되어 온 불평등(지니 불평등도의 30년 평균값)이 현재
의 경제발전의 수준(일인당 국민소득)에 부정적인 영향을 미쳐 과거
불평등한 나라일수록 현재 일인당 국민소득이 낮아진다(〈그림 15-1〉
참조).[10]

이처럼 불평등이 경제발전에 걸림돌이 된다 하더라도 경제발전
을 위해 정부의 재분배 기능이 강화되어야 한다는 결론을 내릴 수
있는 것은 아니다. 왜냐하면 이런 정부의 개입 자체가 야기하는 비
효율과 사회적 비용을 감안해야 하기 때문이다. 이를 감안하더라
도 정부의 개입으로 불평등이 완화되면 경제발전에 긍정적인 효과
가 있다는 것을 확인할 필요가 있는 것이다. 그러려면 선진국과 후
진국을 포괄하여 오랜 기간에 걸쳐 정부의 재분배 기능을 나타내
는 자료가 필요한데 이런 자료는 2009년에 이르러서야 구축될 수

있었다.[11] Ostry et al.의 연구는 정부의 재분배 기능을 시장소득 불평등도와 순소득(net income) 불평등도의 격차로 나타내었다.[12, 13] 경제발전의 지표로는 단기 경제성장률이 아니라 얼마나 오랫동안 경제성장을 지속할 수 있는가를 나타내는 '미래 10년 평균성장률'과 '성장지속(growth spell)기간'을 고려했다.[14] 〈그림 15-2〉의 우하향하는 추세선은 (순소득)불평등도가 높은 나라일수록 미래 10년 평균경제성장률이 낮다는 것을 말해준다. 성장지속기간에 대해서도 마찬가지 결론을 얻었다. 불평등할수록 성장지속기간은 짧아진다는 것이다. 이들이 밝혀낸 더 중요한 사실은 정부의 재분배 기능과 경제발전의 관계이다. 정부의 재분배 기능이 강력한 나라일수록 〈그림 15-2〉처럼 미래 10년 평균성장률이 더 높아진다는 것이다.[15]

〈그림 15-2〉 정부의 소득 재분배 기능(시장소득지니계수-순소득지니계수)과 미래 10년 평균성장률

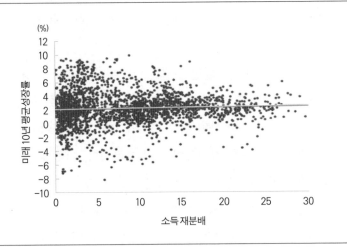

자료: Ostry, J. D., A. Berg and C. G. Tsangarides(2014). "Redistribution, Inequality and Growth", IMF Staff Discussion Note.

모든 불평등이 나쁜 것은 아니다. 불평등은 노력과 능력의 차이에서 발생하기도 한다. 이런 불평등은 적정한 수준이라면 공정하다고 볼 수 있다. 그러나 불공정한 기회의 격차 때문에 불평등이 발생하기도 한다. 사회계층 간 교육기회의 격차, 계층 상승의 장벽, 그리고 성, 인종, 지역 간 차별 등으로 발생하는 불평등이 그것이다. 이를 기회 불평등이라고 한다. 이런 불평등은 최소화되어야 한다는 데 반대할 사람은 없을 것이다.

Aiyar and Ebeke의 연구는 '세대 간 계층이동'이 어려운 기회 불평등한 사회일수록 불평등이 경제성장에 미치는 부정적인 영향은 커지고, 반대로 기회 평등한 사회일수록 이런 부작용은 작아진다는 것을 확인하고 있다.[16] 교육과 인적자본에 대한 투자의 동기를 강화하려면 이러한 투자를 통한 계층상승의 기회가 충분히 보장되어야 한다. 그렇지 않은 기회 불평등한 사회에서는 이런 투자가 일어나기 어렵고 경제성장이 위축될 수밖에 없다는 것이다. 이처럼 기회 불평등의 영향을 추가한다면 불평등과 경제성장의 관계는 더 명확해질 것이다.

경제협력개발기구(OECD)는 2014년과 2015년 보고서에서 불평등이 경제성장에 미치는 부정적인 영향, 특히 교육과 인적자본 축적에 미치는 부정적인 영향을 강조하며, 불평등이 완화될 수 있도록 정부의 재분배 기능이 강화되어야 한다고 제안했다.[17] 국제통화기구(IMF)와 세계은행도 정부의 재분배 기능을 강화하는 이른바 '포용적 성장(inclusive growth)'을 적극적으로 제안하고 나섰다.

소득 불평등이 어떻게 경제성장을 저해하는가? 경제학자들이 제시하는 경로는 다양하다. 대표적으로 인적자본 축적과 관련된 경로이다. 소득 불평등이 높아질수록 하위소득 계층의 건강·교육에 대한 적정한 투자가 이루어지지 못하여 인적자본 축적, 그리고 경제성장을 저해하게 된다.[18] 한편 불평등이 심할수록 정치·사회적 불안정도 커져 경제발전을 견인할 수 있는 적정한 투자가 이루어지기 어렵게 된다.[19]

안정적인 국내 수요기반은 기술 투자의 위험을 낮춰서 국내 기업들이 혁신적 투자에 나설 수 있는 환경으로 작용한다. 불평등이 심화되면 소비 성향이 낮은 부자들의 소득이 차지하는 비중이 높아지고 소비 성향이 높은 중산층 혹은 빈자들의 소득이 차지하는 비중은 낮아져서 국내 수요기반이 위축된다. 결과적으로 적정한 기술투자가 어려워지고 이것이 경제발전을 저해하는 원인이 될 수 있다.[20]

1997년 외환위기는 한국 경제가 지금까지 겪었던 가장 큰 경제위기로 기억된다. 당시 전 국민적인 금 모으기 운동은 한국 사회의 연대와 통합의 힘을 잘 보여주는 사건이었고, 이런 국민적 연대와 협력이 당시 경제위기를 극복하는 원동력이 되었다. 2020년 코로나19 대유행 속에서도 이런 사회적 연대와 협력은 성공적 방역과 경제위기 극복의 가장 중요한 힘이 되었다. 이처럼 연대와 통합은 국가경제의 위기를 극복하여 경제발전을 지속할 수 있게 하는 중요한 사회적 자원이다. 불평등은 이런 사회적 연대와 통합을 약화시켜 지속적 경제발전을 어렵게 할 수 있다.[21] 당연하겠지만 불평등과 사회계층 간 기회 불평등은 뚜렷한 상관관계를 가지는 것으로 알려져 있다. 불평등이 심화될수록 기회 불평등도 심화되어 어려운 집안에서 출세하는 사람이 나오기 어려워진다. 이렇게 세대 간 계층

이동성이 낮으면 열심히 교육받고 열심히 일할 동기도 없어지게 되어 결국 경제발전에 해롭다.

정부의 소득 재분배가 경제성장에 미치는 긍정적인 영향을 말해주는 다양한 전달 경로들도 존재한다. 무엇보다도 정부는 시장의 실패를 보완하여 자원배분의 효율성을 높이는 중요한 역할을 한다는 점을 빼놓을 수 없다. 특히 누진세 수입으로 이루어지는 공공투자의 경우 소득 재분배 효과도 달성하면서 시장을 통해 이루어지기 어려운 공공투자의 효율성을 모든 경제주체들이 누릴 수 있게 하는 두 가지 성과를 달성한다.[22] 또 다른 예로 사회보험, 교육과 의료 지원을 통한 재분배를 들 수 있다. 특히 교육과 인적자본에 대한 투자는 경제성장의 중요한 동력이 된다. 아울러 노동시장, 금융과 자본시장의 불완전성을 보완하는 정부의 역할은 효율적인 투자를 통해 경제성장에 긍정적인 역할을 한다.[23] 이렇게 정부의 소득 재분배가 경제성장에 미치는 직접적인 경로뿐만 아니라, 불평등 완화를 통해 경제성장을 촉진하는 간접적인 효과 또한 존재한다.

불평등과 정부의 소득 재분배, 그리고 경제성장은 매우 복잡한 방식으로 상호 간에 영향을 미친다. 이러한 인과관계에 대한 경제학자들의 이해는 아직 초보 단계라 할 수 있다. 각국의 역사적·문화적·지역적 특수성에 따라 다양한 인과 기제(機制)들의 작동 방향과 크기가 달라질 수밖에 없다. 지속적 경제발전을 위해 어떤 정책적 접근이 적합한가는 앞으로도 다양한 국가별 경험과 자료의 축적, 정책 실험을 통한 시행착오가 거듭되어야 알 수 있을 것이다.

지금까지 대부분의 선진국들이 경제발전에 따라 국가의 재분배 기능도 지속적으로 강화해왔다. 이러한 선진국들의 경험으로부터 국가의 강력한 재분배 기능을 통해 복지정책과 사회안전망을 확충하고 이를 통해 불평등을 적절히 관리하면서도 경제발전은 지속할 수 있는 경로가 일관되게 확인되었다. 공정한 사회제도의 기본원칙을 구현하면서도 지속적인 경제발전이 가능하다는 것이다. 이에 반해 국가의 개입을 최소화하고 자유로운 시장질서에 따라 형성된 불평등한 질서 속에서 경제발전을 지속했던 사례는 찾아보기 힘들다. 따라서 OECD, IMF, 세계은행 등과 같은 주요 국제기구들이 강조해온 포용적 경제성장(inclusive growth)은 세계 각국의 경제발전의 역사적 경험, 그리고 불평등과 경제성장에 대한 경제학계의 축적된 지혜로부터 얻어진 현실적이면서 합리적인 정책 방향이다. 최근 한국 정부의 이른바 소득주도 성장정책은 이러한 국제기구들의 제안을 담은 한국판 포용적 성장정책이라 할 수 있다. 낮은 가계소득, 극심한 양극화와 불평등, 재벌 중심의 불공정한 시장질서 등 한국 경제의 특수성을 반영한 것이다.

2. 한국의 현실과 문제점

한국의 기적적인 경제성장의 원동력은 낮은 불평등, 높은 교육열과 인적자본 축적에 있었다. 앞으로의 지속적 경제발전에 있어서도 이 사실은 변함이 없을 것이다. 그러나 2000년대 이후 이런 조건들이 크게 훼손되기 시작했고 경제발전을 어렵게 하는 단계에까지 이르렀다.

1) 삶의 질과 부패

(정부이전지출 포함) 가계지출이 국내총생산에서 차지하는 비중은 2015년 기준 57.2%로 OECD 평균인 69%와 큰 격차가 있다. OECD 회원국 중 최하위권에 있다. 양적인 경제성장에 비해 가계지출의 성장은 더디었던 것이다. 그만큼 삶의 질도 뒤처질 수밖에 없다.

OECD는 2017년 건강, 교육, 주거, 노동시간, 직무부담, 여가, 안전, 환경 등 삶의 질을 결정하는 다양한 요소들을 집계하여 삶의 질을 기준으로 회원국들에 대한 평가결과를 발표했다.[24] 한국은 국내총생산은 OECD 회원국 평균에 근접했지만 가계의 물질적 조건(가구소득, 부, 주거 등)과 삶의 질(일-여가 균형, 건강, 교육, 환경, 안전, 삶의 만족도 등)은 중위 값에 못 미치는 낮은 수준이다. 특히 삶의 질은 중위 값에 크게 못 미쳐 동유럽 국가들과 유사한 수준이다. 국민소득에 비해 상대적으로 낮은 가계소득, 높은 가계부채, 그리고 장시간 근로(평균 노동시간 OECD 회원국 중 2위)와 높은 직무부담으로 인한 스트레스, 열악한 근로환경과 낮은 산업안전도(산업재해 사망률 1위) 등이 삶의 질을 낮추는 주요인이다.

정부에 대한 신뢰와 부패인식 역시 경제발전 단계에 비해 낮은 수준이다. 최근 발간된 OECD 자료에서 한국 국민 중 30%만 정부를 신뢰하고 있는 것으로 나타났다.[25] 이는 OECD 평균 43%와 큰 격차가 있고 매우 낮은 수준이라 할 수 있다. 같은 자료에서 우리 국민 다섯 중 네 명에 가까운 79%가 부패가 만연하다고 인식하는 것으로 나타났다. OECD 평균인 43%와 비교할 때 매우 높은 수준이다. 이처럼 높은 수준의 부패인식은 국제투명성기구(Transparency International)의 조사에서도 나타난다. 이 조사에서 우리나라의 2017년 부패인식도는 100점 만점에 54점으로, 전체 180개 조사국 중 51위를 기록했다. OECD 회원국 중에서 최하위권일 뿐만 아니라 중국, 남미 국가들과 비견될 만한 수준이었다. 다행히 최근 3년간 부패인식도는 꾸준히 개선되어 2020년 평가에서 39위로 올라섰다. 그러나 여전히 OECD 회원국 중에서는 최하위권이다.

이처럼 낮은 사회적 신뢰와 높은 부패인식의 배경에는 공공부문과 사회 전반에 만연한 권력형 부패와 재벌 중심의 불공정한 시장질서가 있다. 고위관료들이 피감기관 혹은 관련 민간부문에 재취업하고 법조계와 금융권 등에서는 전관예우를 통해 권력기관에 영향력을 행사하는 관행이 일상화되었다. 이런 권력형 부패로 공공부문의 감시·감독 체계는 정상적으로 작동하지 못한다. 공정거래, 금융감독, 산업안전, 노동감독 등 각 부문에서 허술한 감시체계의 문제가 끊임없이 드러나고 있다.

이처럼 부패한 관행을 근절하는 제도개혁을 통해 공공부문이 정상화되어야 비로소 투명하고 공정한 시장질서가 자리 잡을 수 있다. 재벌과 대기업의 친족 경영과 구시대적 경영권 세습 풍토에 최적화된 기업 지배구조의 문제가 근본적으로 해결될 필요가 있다. 그래야 정상적이고 혁신적인 시장질서가 만들어지고 한국 경제의 잠재력도 높일 수 있다.

2) 불평등과 양극화

우리 사회는 1990년대 중반 이후로 경제성장 만큼이나 빠르게 소득분배가 악화되었다. (가처분)소득 불평등도를 기준으로 1990년대 중반에 OECD 회원국 평균보다 낮은 평등한 사회에서 2017년에는 여섯 번째로 높은 0.355의 지니계수 값을 기록한 매우 불평등한 사회가 된 것이다.[26] 〈그림 15-3〉은 이러한 소득 불평등도의 변화를 지니계수와 상위1% 소득 집중도, 두 가지 지표로 나타낸 자료이다. 이 그림의 화살표의 길이는 소득 불평등의 변화 속도를 나타내는데, 다른 OECD 회원국들과 비교하여 우리나라에서 가장 빠르게 소득 불평등도가 변화한 것을 볼 수 있다.

〈그림 15-3〉 가구소득 불평등도의 변화, 1990년대 중엽과 현재

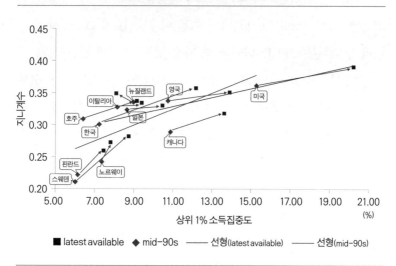

자료: OECD Statistics 최신년, World Ineqaulity Database, 한국 1990년대 중엽 - 김낙년 (2013). 「한국의 부의 불평등, 2000-2013: 상속세 자료에 의한 접근」, 현재 - 통계청. 「가계금융복지조사」.

소득 격차를 나타내는 다양한 지표들도 매우 높은 수준을 나타낸다. 중위소득과 최하위 10% 소득 간의 비율의 경우 OECD 회원국 중에서 가장 높은 값을 가진다. 소득수준이 빈곤선(중위소득의 50%) 미만인 사람들의 비율을 나타내는 빈곤율은 17.4%로 OECD 회원국 중에서 세 번째로 높고, 특히 노인 빈곤율은 43.8%로 가장 높다. 임금 격차 역시 과거 20여 년간 지속적으로 나빴던 것을 알 수 있다. 저임금(중위임금 2/3 미만) 노동자 비율과 상위임금(P90)과 하위임금(P10)의 비율을 나타내는 백분율을 이용하면 둘 다 OECD 회원국 최상위권으로 나타난다.

이처럼 소득분배가 빠르게 악화된 것은 경제성장과 노령화가 진행됨에 따라 시장소득의 불평등도는 높아졌지만 정부의 소득 재분배 기능에는 큰 변화가 없었기 때문이다. 정부의 소득 재분배 기능을 시장소득 불평등도와 가처분소득 불평등도의 차이로 측정할 수 있는데 〈그림 15-4〉의 세로축이 이를 나타낸다. 이 그림에서 우리나라의 위치는 OECD 회원국 중 가장 낮은 수준에 있는 것을 볼 수 있다. 이 그림의 화살표는 국가별로 시장소득 불평등도가, 정부의 소득 재분배를 통해 가처분소득 불평등도로 낮아지는 것을 보여준다. 북유럽 선진국들의 긴 화살표는 불평등도를 낮추는 데 정부의 역할이 얼마나 큰가를 보여주고 한국의 짧은 화살표는 정반대로 정부의 역할이 작다는 것을 보여준다.

정부의 소득재분기능을 강화하려면 아직도 OECD 평균에 못 미치는 조세부담률을 높이고, 정부의 공공사회복지 지출의 GDP 대비 비율을 끌어올리는 방향으로 조세와 재정의 혁신적 변화가 필요하다.

<그림 15-4> 시장소득 Gini 계수와 가처분소득 Gini 계수, 국가 간 정부의 소득 재분배 기능 비교

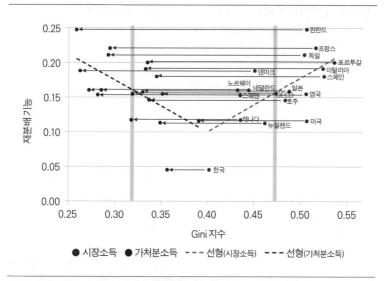

자료: OECD Statistics 최신년. 한국은 통계청(2017). 「가계금융복지조사」.

    소득의 가장 큰 비중을 차지하는 근로소득의 양극화를 완화하려면 노동시장의 이중구조와 정규직−비정규직 임금 격차, 그리고 대기업과 중소기업의 임금 격차를 줄여야 하고 낮은 서비스부문 생산성을 높여야 한다. 앞서 살펴봤듯이 저임금근로자 비율과 임금 격차를 기준으로 볼 때 우리나라의 노동시장 양극화는 심각한 수준이다. 무엇보다도 재벌과 대기업이 지배하는 불공정한 시장질서 속에서 일어나는 현상이라는 데 주목할 필요가 있다. 원청기업의 하청기업에 대한 부당한 압력행사와 사익편취가 높은 임금 격차를 만든다. 이런 근본적인 문제가 해결되어 공정한 시장질서가 정착되도록 하는 것이 해결책이 되어야 한다.

    이런 근본적인 개혁과 함께 노동자들의 권리와 안전의 버팀목으로서 정부가 나서야 한다. 관련 법과 제도도 실질적인 효력을 점검하고 강화되어야 한다. 최저임금제도와 근로장려세제 등을 통한 개입도 적절히 활용해야 한다.

3) 소득과 교육의 기회 불평등

가구환경, 인종, 성, 지역 등 출신배경과 무관하게 누구나 노력하면 성공할 수 있는 기회가 균등하게 주어질 때 기회 평등이 이루어진다. 높은 교육열과 인적자본 축적은 우리 경제가 고도성장을 지속할 수 있었던 가장 중요한 원동력이었다. 이처럼 교육과 인적자본 축적이 가능했던 것은 누구나 사회경제적 지위와 무관하게 출세할 수 있다는 믿음이 있었기 때문이다. 한국전쟁과 농지개혁으로 자산 불평등은 낮았고 사회계층의 장벽도 높지 않았기 때문에 이러한 기회 평등에 대한 믿음이 있을 수 있었다.

경제발전이 선진국 수준에 접어들고 있는 현 단계에서도 지속적인 경제발전을 위해 교육과 인적자본의 축적이 여전히 중대한 성장동력이라는 것을 부인하기 어렵다. 4차 산업혁명, 인공지능과 빅데이터에 기반한 미래 기술 발전은 교육과 인적자본을 더 필요로 한다고 볼 수 있다. 그래서 아직도 교육의 계층사다리가 작동할 수 있는 기회 평등한 사회를 만드는 것이 중요하다. 기회평등은 공정한 사회를 위해서도 필요하지만 지속가능한 경제발전을 위해서도 꼭 필요한 것이다.

앞 절에서 살펴본 바와 같이 우리나라는 1990년대 중반 이후로 OECD 회원국들 중에서 가장 급격한 소득 불평등의 악화를 경험했다. 노동소득 양극화 또한 매우 심각한 수준으로 진행되었고, 부동산과 금융 자산가치 상승으로 부의 불평등 또한 매우 높은 수준에 이르렀다. 부의 대물림 현상이 갈수록 심해지고 세대 간 계층 이동은 어려워져 기회 불평등한 사회로 변질되고 있다. 이런 변화를 여실히 보여주는 것이 통계청 「사회조사」이다. '우리 사회에서 현재의 본인세대에 비해 다음 세대인 자식세대의 사회경제적 지위가 높아질 가능성은 어느 정도라고 생각하십니까?'라는 질문에 대해, 1999년 10%가량이 부정적으로 응답했지만 2015년 이후 50% 이상이 부정적으로 응답한 것으로 나타났다. 15년 남짓한 기간에 계층 상승에 대한 비관적 인식이 5배 이상 높아진 것이다.

(1) 소득 기회 불평등

아무리 사회복지가 발달한 나라에서도 좋은 가정환경과 부모의 지원을 받을 수 있는 사람들이 그렇지 못한 사람들보다 사회적으로 성공할 가능성은 더 클 수밖에 없다. 따라서 완전한 기회 평등을 달성하기는 매우 힘들다. 유럽과 미국의 가구소득 자료를 이용한 연구(Le Franc et al., 2008)에서 놀랍게도 스웨덴과 노르웨이와 같은 나라는 이런 이상적인 기회 평등이 달성되고 있는 것으로 분석되었다. 다른 선진국들의 경우 독일과 같이 기회 불평등도가 낮은 나라도 있고 미국, 이탈리아와 같이 기회 불평등도가 높은 나라도 있었다.

한국의 경우 미국, 이탈리아 등과 같이 출신 가구의 사회경제적 지위에 따라 기회 불평등이 뚜렷하게 존재하는 것으로 나타났다.[27] 신지섭·주병기의 연구는 한국노동패널 자료(KLIPS)와 가계동향조

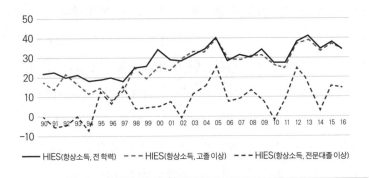

〈그림 15-5〉 부친의 학력환경 하 개천용기회 불평등 지수 장기추이

─── HIES(항상소득, 전 학력)　　--- HIES(항상소득, 고졸 이상)　　--- HIES(항상소득, 전문대졸 이상)

자료: 신지섭·주병기(2021). 「한국노동패널과 가계동향조사를 이용한 소득기회 불평등의 장기추세에 대한 연구」, 『경제학연구』.

사 자료(HIES)를 활용하여 가구주의 항상(가구)소득을 추정하고 이를 바탕으로 경제적 기회 불평등의 장기추이를 분석했다.[28] 〈그림 15-5〉의 검은색 실선은 1990년 이후 항상(가구)소득의 개천용기회 불평등지수 값의 추이를 나타낸 것이다. 개천용기회불평등지수란 충분한 능력과 노력이 있더라도 열악한 사회경제적 배경 때문에 성공하지 못할 확률을 나타낸다. 개천용기회불평등도는 1997년 외환위기 이전 4년 평균 17.96%에서 2013년에서 2016년까지의 4년 평균 39.52%로 약 2배 상승하는 추이를 보였다.[29] 앞서 언급했던 통계청의 사회조사에서 계층 상승의 가능성에 대해 비관적인 응답이 늘어난 것을 실제 소득 자료로 설명해주는 결과이다.

　고졸 혹은 전문대졸 이상의 학력을 가진 사람들로 분석대상을 제한하여 기회 불평등도의 추이를 나타낸 것이 〈그림 15-5〉의 두 점선이다. 고졸 이상의 학력을 가지는 경우(그림의 위쪽 회색 점선) 기회 불평등도에 큰 변화가 나타나지 않으나 전문대졸 이상의 학력을 가지는 경우(아래쪽 빨간색 점선) 기회 불평등도가 크게는 50% 이상 줄어드는 것을 확인할 수 있다. 이는 고등교육을 통해 기회 불평등을 상당 수준 극복할 수 있다는 가능성을 보여준다. 교육격차 해소가 경제적 기회 불평등을 완화하는 데 도움이 될 수 있음을 나타낸다.[30]

성별 기회 불평등도는 부모의 사회경제적 배경에 따른 기회 불평등보다 절대적으로 매우 높게 나타났다. 주병기의 연구에 따르면, 능력이 있어도 여성이라는 이유로 성공하지 못할 확률을 나타내는 성별 개천용기회 불평등지수 값이 노동소득과 (시간당)임금에서 각각 66%와 50%에 가까운 높은 값이 2000년대 초반 이후로 최근까지 지속되었다.[31] 이러한 성별 기회 불평등도의 경우에는 전문대졸 이상의 학력을 가진 사람들로 제한하더라도 결과는 크게 달라지지 않는다. 이는 고등교육이 성별 기회 불평등을 극복하는 데 별 도움이 되지 않음을 말해준다. 취업에 있어서의 남녀 차별, 출산과 혼인으로 인한 경력단절의 문제 등 여성이 노동시장에서 겪는 이런 차별이 근본적으로 없어지지 않는 한 성별 기회 불평등을 줄이기는 어려울 것이다.

(2) 교육 기회 불평등

교육의 세대 간 계층사다리 기능도 최근 크게 쇠퇴하였다. 교육부의 2017년 설문조사에 따르면 응답자의 93.9%가 계층 간 교육격차가 크다고 응답하였고, 87%가 과거에 비해 교육격차가 커졌다고 인식하는 것으로 나타났다.[32] 이러한 교육 격차의 가장 중요한 원인으로 67.7%가 교육비 투자 차이를 들고 있는데, 통계청의 가계동향조사에 따르면 월소득 600만 원 이상 가정과 100만 원 미만 가정의 교육비 지출 격차가 2016년 10.2배에 이르고 사교육비의 경우 그 격차가 12.7배에 이르는 것으로 나타났다.

초중등 학업성취도와 대학입학수학능력평가에서 이런 기회 불평등의 실태가 확인되었다. 많은 연구들이 교육적 성취와 가구의 사회경제적 지위 사이의 높은 상관관계를 보고하고 있다.[33] 김영철의 연구에 따르면, 학생의 출신배경이 직간접적으로 성적에 50% 이상의 영향력을 가진다.[34] 2005년과 2011년 대입수학능력평가 자료를 이용한 오성재 외의 분석에서, 과목 성적의 개천용기회불평등도가 외국어(영어)영역에서 70%, 언어(국어)영역에서 50%에 이르는 것으로 나타났다.[35] 이처럼 높은 기회 불평등도는 가구의 사회경제적 배경에 따라 사교육비 지출액과 학생들의 자기주도 학습시간의 절대적인 차이 때문에 발생한다. 가구환경이 좋은 학생들일수록 사교육비를 더 많이 지출하고 자기주도학습 시간도 더 길기 때문이다. 자기주도학습 시간이 가장 긴 학생들만을 대상으로 하면 기회 불평등도가 현저하게 하락한다.

최근 한국고용정보원 자료를 이용한 오성재·주병기의 분석에서도 최상위 5개 대학과 의약학계 전공으로 명문대를 정의하고 이런 명문대 진학의 개천용기회불평등도가 70%에 가까운 것으로 나타났다.[36] 가구환경이 열악한 학생은 타고난 능력과 노력에도 불구하고 명문대 진학에 70% 실패한다는 것이다.

3. 지속가능한 포용국가 전략

우리 경제가 빠르게 성장할 수 있었던 원동력은 높은 교육열과 고도의 인적자본 축적에 있었다. 교육을 통한 계층 상승의 기회가 폭넓게 주어졌고 국민들의 높은 교육열 때문에 가능한 일이었다. 그러나 높아진 불평등, 기회 불평등 그리고 사회 양극화로 이런 성장동력이 심각하게 훼손되고 있다. 4차 산업혁명, 인공지능, 디지털 경제 그리고 탈화석연료와 에너지 전환 등 앞으로 펼쳐질 기술 전환이란 전망 속에서 창의적이고 혁신적 인적자원의 중요성을 더욱 커지고 있다. 지속적 경제발전을 위해서는 불평등과 사회 양극화를 해소하고 사람에 대한 투자, 교육과 인적 역량을 강화해야만 할 때이다.

우선 정부의 소득 재분배 기능이 OECD 최하위권을 벗어나 적어도 중위권 수준으로 강화되어야 한다. 불공정한 시장질서로 인한 소득 격차와 양극화로 상대적으로 열악한 국민 삶의 질은 사회복지와 안전망으로 끌어올려야 한다. 현재의 낮은 사회복지 지출 비중을 OECD 회원국 평균 수준까지 끌어올려야 한다. 복지시스템도 개선하여 복지사각지대를 최소화해야 한다. 특히 고용관계의 급격한 변화에 따른 고용보험의 사각지대 문제가 시급하다.

노동시장의 이중구조와 경제적 양극화의 문제는 근본적으로 공정한 시장질서가 확립되어야 해결될 수 있다. 재벌과 대기업의 부당한 지대추구 행위를 엄격히 감독하고 처벌을 강화하는 법과 제도의 과감한 개혁이 필요하다. 중소기업들이 공정하게 성과를 보상받을 수 있어야 이들이 고용하는 대다수의 노동자들에게도 적절한 보상이 이루어지고 임금 격차와 양극화도 해소할 수 있다. 공정한 시장을 관리하는 감시체계와 감독기구가 정상적으로 작동하려면 관료사회의 도덕적 해이와 부패한 관행의 청산과 대대적인 개혁이 있어야 한다.

포용적 교육 투자와 고도의 혁신적 인적자본 축적이 이루어지도록 하는 것이 한국 경제가 지속 발전하고 선도형 경제로 전환하기 위해 시급한 과제이다.

정부의 재정지출에서 사람에 대한 투자를 확충하고 효율화해야 한다. 영유아 보육과 초기 아동기 교육 투자는 기회 형평성 개선, 저출산 문제 해결, 여성 경제활동 참여율 제고, 인적자본 투자 등 주요 정책목표와 밀접하게 결부되어 있다. 조기개입이 갖는 장점을 최대한 살리려면 이에 대한 공공부문의 역할을 강화해야 하고, 다른 선진국처럼 아동수당과 같은 현금지원을 확충해야 하고 서비스 지원의 질 역시 높여야 한다.

중등교육과 대학입시제도 역시 계층 간, 지역 간 교육 격차 해소, 기회 형평성과 청소년 삶의 질의 관점에서 상당한 개선이 요구된다. 이를 위해 초등학교와 중학교 단계에서 소모적인 고등학교 입시 경쟁을 최소화하고 대학입시에서도 기회 형평성을 높이는 방안을 시급히 마련해야 한다.

대학은 학부 교육과 한국 경제의 혁신을 선도하는 연구 중심이라는 두 가지 중요한 역할이 있다. 첫 번째 역할은 우수한 인재를 발굴하고 교육을 통해 이들의 잠재력이 극대화될 수 있도록 하는 것이다. 지금처럼 상위권 대학들이 부유층 자녀들을 집중적으로 선발하는 방식으로는 이런 역할이 제대로 이루어질 수 없다. 우수 인재는 모든 계층에 존재함에도 불구하고 부유층이 아닌 우수 인재들을 배제하기 때문이다. 우수 대학의 학부 입학생의 계층별 다양성이 훨씬 더 확대되도록 정부의 대학지원예산을 이용한 당근과 채찍을 만들어야 한다. 부처별로 쪼개지고 유치원, 초중등, 고등교육으로 쪼개진 예산을 통폐합하고 조정하면 충분히 가능하다. 대학의 두 번째 역할은 대학원 연구역량을 강화하는 연구지원이 확충되어야 가능하다. 우수 대학들의 학부생 선발 다양성을 평가하고 이를 연구지원 확충의 조건 혹은 기준으로 활용한다면 우수 대학들의 연구역량 강화와 학부생 선발의 기회 불평등 개선이라는 두 가지 목적을 달성할 수 있는 데 유용할 것이다.

또한 공공부문과 공기업을 중심으로 지역 인재 채용을 확대하고 지역거점대학을 육성하는 것도 고등교육의 기회 형평성 개선에 효과적일 것이다. 지역거점대학이 기술혁신의 거점으로서 지역경제에 이바지할 수 있고 대학의 수도권 집중화 문제 역시 해소될 수 있다.

포용적 국가발전은 국민 삶의 질을 높일 뿐만 아니라 보다 지속적인 경제발전과 성장을 위해서도 필요하다는 것이 이 장의 결론이다. 포용적 국가는 복지와 사회안전망의 확충, 정부의 강력한 소득재분배 기능, 그리고 공정한 시장질서를 필요로 한다. 이러한 포용적 국가에서 이루어지는 사람에 대한 투자는 우리 경제의 근간이라 할 수 있는 인적자본의 양적·질적 공급 확대로 이어지고, 공정한 시장은 혁신적인 중소기업과 대기업이 상생 협력하는 선진적인 시장질서의 정착으로 이어질 것이다.

제16장

한국 경제민주주의 모델

김호균(명지대학교)

- 경제민주주의의 발상지인 독일에서 경제민주주의는 공동결정제의 형태로 실행되면서 독일의 노사협력과 국가경쟁력을 뒷받침하고 있음
- 한국에서는 헌법에 규정된 경제민주화가 그동안의 논쟁과 정책 실행을 거치면서 재벌개혁으로 전환되었지만 실효성 있는 변화를 가져오지 못함
- 헌법에 보장된 사회적 시장경제의 원칙에 부합되는 다층적인 정책을 실행함으로써 한국 경제의 공정한 성장과 지속가능성을 담보해야 함

한국 경제에서 경제민주화 과제는 대선국면에서 쟁점이 되고 새로운 정부가 들어서면 그다지 길지 않은 기간 동안 국정과제로서 추진되는 듯한 양상을 보이다가 결국 실종되는 '비운'의 역사를 반

복해왔다. 여야 정권교체에도 불구하고 경제민주화 과제의 실현은 거의 진전을 이루지 못하고 오히려 왜곡된 경제 현실의 내성만 더욱 키워준 결과를 초래하고 있는 것으로 보인다. 그사이 경제민주화 과제 하나하나가 한국 경제에서 거래 관행처럼 자리 잡았고 '암세포'가 마치 정상 세포인 것처럼 오인되고 있다. 헌법 제119조 ②항이 '경제민주화 조항'으로 명명될 만큼 비중 있는 과제임에도 그것이 가지는 현실 규정력은 갈수록 미약해지고 있다. 그러나 한국 경제가 불평등과 양극화를 극복하고 혁신적이고 지속가능한 시장경제로 자리매김하려면 경제민주화의 과제가 해결되어야 한다.

이 글에서는 먼저 경제민주주의가 소련형 사회주의와 차별화되는 사회경제 모델로서 태동하게 된 배경과 변천 과정을 살펴보고자 한다. 이 과정은 1920년대 독일 현대사의 격동기에 '경제민주주의'로 시작된 총체적인 사회경제 개혁 프로그램이 제2차 세계대전과 동서독 분단을 거치면서 '공동결정제'로 축소되는 과정이었다. 비록 축소되기는 했지만 독일의 사회적 동반자 관계는 독일 사회경제의 안정적 발전에 결정적으로 기여한 제도이자 관행으로 평가되고 있다(제2절). 한국에서 흔히 '87년 체제'로 불리는 민주화 시대를 뒷받침하는 현행 헌법 제119조 ②항에 명시되어 있는 '경제민주화'는 독일 경제민주주의와 명칭의 유사성에도 불구하고 한국적 맥락에서는 '독과점(재벌) 규제'로 해석되고 있기 때문에 경제적 이해관계가 가장 첨예하게 대립하는 영역이다.

경제민주화를 위한 구체적인 과제는 제119조는 물론 여타 경제 관련 조항을 시장경제 유형론과 결합하여 3단계로 나누어 서술하고자 한다. 시장경제 유형론에 의거하여 시장경제를 자유시장경제와 사회적 시장경제로 구분할 때 헌법 제119조 ①항은 시장경제 일반에 대한 규정이며 ②항에서 비로소 어떤 유형의 시장경제인지가 분간된다는 의미이다. 다시 말하자면 ①항에 규정된 '자유와 창의'는 한국 경제가 계획경제가 아니라 시장경제라는 근거가 되는 조항이 된다. 경제주체의 '자유와 창의'는 자유시장경제뿐만 아니라 사회적 시장경제에서도 동일하게 보장되기 때문이다. 제119조 ②항에 규정된 '경제민주화' 등 국가의 '규제와 조정'이 비로소 대한민국의 경제질서를 사회적 시장경제로 규정하는 조항이다. 그러므로 경제민주화를 위한 과제는 시장경제 일반을 위한 과제와 사회적 시장경제를 위한 과제로 구분될 수 있다. 그리고 이에 덧붙여 시장경제 외적인 과제로 보완된다면 한국 경제에서 경제민주화를 위한 개혁과제는 총괄될 수 있을 것이다.

1. 경제민주주의의 기원

경제민주주의에 관한 이론과 실천은 독일 노동운동의 자본주의 대안 찾기에서 유래한다. 1917년 러시아 볼셰비키 혁명과 뒤이은 1918년 독일 혁명의 실패, 1919년 바이마르 공화국의 수립, 제1차 세계대전에서의 패배로 이어지는 급변하는 정국은 독일 노동운동은 물론 노동운동과 직접 연계된 진보정치에서 엄청난 혼란과 분열을 초래했다. 1933년 히틀러 나치가 선거를 통해 집권할 때까지 바이마르 공화국은 '정치적 혼란'의 대명사가 되었다. 특히 사회민주당 계열과 공산당 계열의 노동운동과 진보정치의 분열과 대립은 나치 정권의 수립을 사실상 방조하는 역사적 과오를 범했다.

볼셰비키 혁명을 통해 수립된 소비에트 정권은 국가 소유에 기초한 계획경제를 실행하여 내전과 제1차 세계대전이 가져다준 피해를 극복했다. 그렇지만 소비에트 권력의 존재는 유럽의 사회주의 운동의 통합보다는 분열을 촉진했다. 크게 보아 공산당 계열과 사회민주주의 계열로 양분된 진보적 정치세력은 보수세력과의 차별화보다 오히려 상호 적대관계의 해소에 실패했다. 사회민주당은 바이마르 공화국의 집권당으로서 제1차 세계대전의 참전을 지지했고 의회민주주의를 선택했다. 반면 공산당은 전쟁에 반대하면서 혁명을 통한 소비에트공화국의 수립을 목표로 했다. 이들의 차이는 당시 소련체제에 대한 찬성과 반대에서 극명하게 엇갈렸다. 사회민주당이 소련식 사회주의에 대해 반대 입장을 처음부터 분명히 한 이유는 정치와 경제 모든 분야에서 민주주의와 자유의 결여 때문이었다. 공산당은 프롤레타리아 혁명을 통한 '프롤레타리아 독재'(카를 마르크)를 '부르주아 독재'에 대한 대안으로서 추구했다. 점진적으로나마 정치적 민주화의 진전에도 불구하고 '독재' 개념의 경직적인 고수는 대중의 지지를 얻는 데 불리한 요인으로 작용했음에도 불구하고 마르크스의 '무오류성'에 대한 맹신은 마르크스주의의 현대적 응용을 가로막았다. 반면 사회민주당은 '프롤레타리아 독재'를 일찌감치 포기하고 의회민주주의를 수용함으로써 사회주의로의 평화적인 이행을 추구했다.

사회주의 혁명전략을 둘러싼 확연한 대립과는 달리 사회주의 경제이론에서는 공산당과 사회민주당 사이에 차이가 일견 그다지 크지 않은 것처럼 보였다. 하지만 소련식 사회주의가 국가소유제와 계획경제를 양대 축으로 삼았다면 사회민주주의는 '경제민주주의'를 '사회주의'로 가는 이행기로 설정했다는 점에서 차이가 있다. 구체적으로 경제민주주의는 원래 공동결정제는 물론 경제정책 결정 과정에 대한 노동자 및 노조의 참여 내지 민주적 정당성이 있는 경제를 구축하기 위한 모든 현대적 경제질서 구성방안을 포괄했다.

제2차 세계대전 후 서독 노동조합은 1949년 채택된 '뮌헨강령'에서 경제민주주의 구상을 수용함으로써 자본주의와 공산주의 사이의 '제3의 길'을 선택했다.[1] 경제민주주의 주창자들은 경제민주주의가 없으면 '형식적인 정치적 민주주의'는 불충분하므로 '경제민주화에 의해 보완되어야' 한다고 주장했다. 그래서 이들이 생산수단의 사회화 및 공동결정에 대한 요구와 함께 표방한 구호가 '경제민주주의'와 '경제시민(Wirtschaftsbürger)'이다. 사회민주당이 공산당의 '프롤레타리아 독재'와 '일당 독재'에 맞서 노동자들의 직간접적 참여에 의해 운용되는 경제민주주의를 강조하고 주체로서 프롤레타리아를 '시민'으로 대체한 것은 개별 노동자의 교육에 기초한 능동적 참여가 생산역량의 강화는 물론 주체적인 노력이 사회주의 건설에 더 효과적이라는 판단에 입각한 것이다.

전후 경제민주주의 구상은 바이마르 시대의 구상을 계승했지만 이후 시간이 흐르면서 경제민주주의에 관한 프로그램 중에서 공동결정제만이 유일하게 현실적인 요구사항으로 인정됨에 따라 공동결정제와 동일시되는 경향이 나타났다. 오늘날에는 독일 헌법재판소가 공동결정제를 합헌으로 판결한 것도 공동결정제의 안정적 운용에 기여했다. 공동결정제의 전면적인 확대·도입을 규정한 '공동결정법'에 맞서 사용자 단체가 1976년 위헌소송을 제기했지만 헌법

재판소는 '사회적 정당성'을 이유로 합헌판결을 내렸다. 공동결정제의 경제적 효과에 대해서는 많은 논란이 있지만 독일 정부가 두 차례에 걸쳐 구성한 평가위원회의 판정이 적어도 부정적이지 않다. 보수적인 기독교민주당 출신의 메르켈 총리마저 공동결정제를 '사회적 시장경제의 위대한 업적'으로 칭송한 것도 공동결정제의 정당성을 강화하고 있다. 최근에는 4차 산업혁명의 진전과 함께 '공동결정제 4.0'에 관한 논의가 활발해지고 있다. 여기에서 노조는 공동결정제의 강화를 요구하는 반면 사용자 측은 '유연한 적응'을 주장하고 있다.

2. 한국 경제민주화에 대한 관점

1) 경제민주화 논쟁사

한국에서 '경제민주화'는 헌법에 규정된 국가의 책무이다.[2] 그럼에도 이에 대한 사회적 관심과 논의는 그리 오래지 않다. 흔히 '87년 체제'로 불리는 민주화 시대를 뒷받침하는 현행 헌법의 제119조 ②항에 포함되어 있기는 하지만 오랫동안 이론적·실천적 관심을 끌지 못했다. 한국 사회에서 헌법이 가지는 현실 규정력이 크지 않은 이유도 있겠지만 한국 경제학은 물론 헌법학에서도 경제헌법에 대한 관심이 매우 희소했던 것도 '경제민주화 조항'이 사실상 사문화되고 있었던 이유이기도 하다. 2012년 대선국면에 다분히 정치적 의도에서 시작된 '경제민주화' 논쟁과 더불어 새삼 한국 경제학의 척박한 민낯이 드러났다. 논객이나 논지가 한국 경제에서 재벌들의 지배적인 지위를 고수해야 한다는 목표에 과도하게 집착했다. 이 과정에서 경제민주화는 구체적인 헌법 규정과는 별개로 '재벌개혁'과 동일시되는 경향이 자리를 잡았다.

경제민주화 개념이 비록 사회적 공론화 과정이 없이 1987년 헌법에 의해 도입되었다고 할지라도 당시의 사회경제적 조건이 반영되었을 것이다. 그것은 1980년대가 한국 현대사에서 현실적으로뿐만 아니라 이념적으로도 격동의 시기였다는 사실이다. 광주민주화운동을 계기로 이루어진 미국 내지 한미관계에 대한 재인식, 자유민주주의 '반독재 민주화운동'의 한계에 대한 인식, 급속한 산업화에 따른 자본주의 기본모순의 현재화 등이 민주화를 넘어서는 체제변혁에 대한 관심과 논의를 불러일으켰다고 할 수 있다. 1980년대 중반 이후 한동안 격렬하게 전개되었던 '사회구성체 논쟁'은 경제민주화 논쟁의 서곡이었던 셈이다.

'사구체 논쟁'의 핵심에는 '계급모순'과 '민족모순'의 연관성, 그리고 그것을 규정하는 '제국주의의 규정성'과 '한국 사회경제의 자율적 발전 정도'가 자리 잡고 있었다. 사회구성체 논쟁은 1989년 소연방의 해체와 더불어 그 방법론적 토대인 마르크스주의가 퇴조하면서 초기 확산 속도보다 더 빠른 속도로 소멸했다. 이 논쟁은 식민지와는 다른 차원의 대외 종속성과 독점자본의 종속적 성장을 확인하는 수준에 머물렀다. 국가의 자율성은 대외적으로뿐만 아니라 대내적으로도 재벌에 대해 제한되고 있다. 결국 재벌개혁에 관한 논의는 '경제민주화 논쟁'으로 넘겨진 셈이다.

2) 경제민주화의 필요성

헌법상의 경제민주화는 국가에 의한 '규제와 조정'의 목표로 설정되어 있다. 오늘날 경제민주화는 재벌개혁과 사실상 등치되고 있다. 경제민주화 화두나 입법에 재벌들이 가장 예민한 반응을 보이는 이유도 직접적인 이해관계가 걸려 있기 때문이다. 여기에서 경제민주화가 왜 재벌개혁과 동일시되는지를 이해하기 위해서는 한국 재벌의 특징과 함께 그들에 의해 야기되는 다양한 병폐를 살펴볼 필요가 있다.

첫째, 경제와 기업이 성장할수록 철저하게 가족 중심적인 재벌의 지배구조가 흔들리면서 재벌체제의 부작용이 두드러지고 있다. 1997년 경제위기는 재벌체제의 취약성을 여실히 보여주었고 결국 상호 출자는 물론 순환 출자도 금지되기에 이르렀다. 세대에 걸친 경영권 승계를 위해서는 비자금, 차명계좌, 차명주식 등을 이용한 횡령과 탈세는 물론 재벌들이 설립한 공익법인에 의한 계열사 주식 보유 등 갖은 편법과 불법행위를 동원하여 재벌 일가의 지배력을 강화하고 있다. 이로 인해 '소유한 만큼 지배한다'는 자본주의 시장 경제의 기본원칙이 흔들리고 법치주의가 위협받고 있다.

둘째, 한국의 재벌들은 수십 개의 계열사로 구성되어 있으며 이들은 가치 창출의 관점에서 비관련 다각화를 특징으로 한다. 계열사는 주식보유를 통해 재벌그룹 회장의 '경영권'의 안정을 도모할 뿐만 아니라 '일감 몰아주기'를 통한 사익 편취를 위한 수단으로도 활용되고 있다. 이는 소액주주와 노동자의 이익을 침해한다. 이울러 재벌은 중소기업과의 거래에서 납품단가 후려치기, 기술탈취,

제품 밀어내기, 전속거래 등 다양한 불공정 거래행위를 통해 부당이익을 편취함으로써 중소기업의 성장을 저해할 뿐만 아니라 경제적 불평등을 심화시키고 있다.

셋째, 재벌은 정부주도의 산업화 과정에서 국유은행을 통해 기업 설립자금이나 수출을 위한 특혜금융을 제공받았을 뿐만 아니라 세제상의 각종 특혜를 받으며 사실상 '육성'되었다. 이러한 재벌 중심의 경제성장은 부의 불평등하고 불공정한 분배를 초래했다. 더욱이 탈세, 횡령 등의 범죄를 저질러도 '경제성장에 기여한 공로'를 이유로 경미한 처벌이 내려지거나 대통령의 사면을 받아 모두 일찌감치 석방되고 있다. 한국 사회에서 '유전무죄 무전유죄'의 신화가 창조되었다.

넷째, 정부주도 성장 과정에서 정부와 재벌들 사이에 밀접한 협력관계가 형성되면서 '정경유착'이 뿌리를 내렸다. 재벌들의 이해관계를 중심으로 정책목표가 설정될 뿐만 아니라 이들의 요구를 법제화하고 정부 정책으로 실행하는 것을 국가의 역할로 간주하는 관행이 반세기 이상 지속되었다. 최근에는 퇴직하는 고위공직자가 재벌들과 이해관계가 있는 기관이나 기업에 재취업하면서 정경유착이 '이익공동체'의 형성, '정경일체'로 나아가는 양상마저 나타나고 있다(관피아). 정부 정책의 혜택이 재벌에 집중되고 그에 따른 '낙수효과'가 극히 제한적으로 나타나면서 불평등의 심화를 제어할 수 있는 장치가 결여된 지 오래되었다.

다섯째, 재벌들은 국내시장에서는 독과점적 시장구조를 확립하여 시장지배력을 남용하고 있을 뿐만 아니라 지속적으로 다른 산업으로까지 시장지배력을 확장하고 있다. 재벌들은 한국의 시장경제를 왜곡시키는 핵심 세력으로 그 힘을 더해가고 있다. 어느 나라에도 없는 재벌규제는 어느 나라에도 없는 재벌 때문이다.

나아가 경제권력의 집중은 정치권력의 권위주의화는 물론 문화권력의 집중 및 경제권력과의 유착을 수반하고 있으며 이들의 유착이 한국 사회경제의 구조와 과정을 각인하고 있다. 한국 사회에서 신분제적 경향이 갈수록 두드러지고 있다. 정치적 민주화가 정치권력의 분산으로 이어지는 데 반해 경제영역에서는 경제민주화가 없어 재벌 중심의 경제권력 집중이 심화되면서 재벌의 견제가 갈수록 어려워질 뿐만 아니라 오히려 재벌이 입법부, 행정부, 사법부를 포섭하는 정도가 심해지고 있다. 한국 경제가 사회적 시장경제로서 효율성과 형평성을 동시에 달성하면서 한국 사회의 전반적인 실질적 민주화에도 기여하려면 경제민주화, 재벌개혁이 반드시 필요하다.

3. 한국 경제민주주의 모델과 과제

시장경제를 자유시장경제와 사회적 시장경제로 구분할 때 한국의 경제질서는 후자에 속한다. 자유시장경제는 주주자본주의, 사회적 시장경제는 이해관계자 자본주의와 등치되기도 한다. 사회적 시장경제도 시장경제의 한 유형이므로 자유시장경제와 마찬가지로 사유재산과 경제적 자유가 충분히 보장된다. 다만 사회적 시장경제의 관점에서는 경제적 자유와 자유경쟁의 기반이 개인의 생산성이나 실적(능률)이어야 한다는 것이다. 경제적 관계에 일체의 '권력'이 개입해서는 안 된다는 것이다. 그러므로 헌법 제119조 ①항의 "개인과 기업의 경제상의 자유와 창의"는 자유시장경제뿐만 아니라 사회적 시장경제에서도 보장된다. ①항은 시장경제 일반을 규정할 뿐 자유시장경제인지 사회적 시장경제인지는 (아직) 말해주지 않는다. 경제에 대한 국가의 '규제와 조정'을 규정하고 있는 ②항이 대한민국 경제질서가 시장경제 중에서 사회적 시장경제임을 말해주고 있다. 사회적 시장경제가 시장경제의 한 유형이고 경제민주화가 사회적 시장경제의 구성요소라면 경제민주화에 앞서서 시장경제 일반에 적용되는 기본원칙이 먼저 고찰될 필요가 있다.

1) 시장경제 일반 차원의 시장개혁

시장경제를 자유시장경제와 사회적 시장경제로 구분할 때 시장경제 일반의 기본원리는 양자에서 모두 적용되는 원리이다. 가령 독과점적 시장지배력 행사의 금지, 납품단가 후려치기의 금지, 전속거래의 금지, 밀어내기(가령 우유 강매)의 금지, 일감 몰아주기의 엄격 제한, 기술탈취의 금지, '경영권'의 재정립은 사유재산권의 보호, 자유경쟁 모두 시장경제 일반의 과제로 분류될 수 있을 것이다. 아울러 재벌 대기업의 지배구조 개혁은 한국 경제가 재벌총수와 특수관계인의 과도한 대표성을 제한함으로써 주주이익의 침해를 방지하기 위한 과제이다. 대법원이 창조해서 판결에 적용하고 있는 '경영권' 개념은 주주가치를 지향하는 자유시장경제의 원리에도 반할 뿐만 아니라 헌법체계에도 부합되지 않는 이질적 개념이므로 재해석이 필요하다. 이에 비해 노동이사제(공동결정제)는 '노동 3권'의 현실적 무력화를 보완하기 위한 이해관계자 자본주의 차원의 과제이다. 사회책임경영은 이해관계자 자본주의인 사회적 시장경제 차원의 과제이다. 끝으로 경제력 집중의 억제와 이익공유제는 자본주의 시장경제의 기본원리를 넘어서는 것처럼 보이지만 시장질서의 왜곡이 심각한 한국 경제의 현실에서는 의미 있는 제도로 평가될 수 있을 것이다.

사회적 시장경제 차원의 과제는 자유시장경제 차원의 과제를 대부분 포괄하지만 한 가지 과제와 충돌할 수 있다. 주주자본주의는 주주이익(주주가치) 극대화를 목표로 하므로 주주뿐만 아니라 노동자, 협력업체, 지역사회 등의 이익을 고려하는 이해관계자 자본주의와 분명한 차이를 보이기 때문이다. '총수자본주의'의 특징이 갈수록 강하게 각인되고 있는 한국 경제의 관점에서 본다면 주주뿐만 아니라 이해관계자에게도 경제주체로서 합당한 지위를 부여하면서 경제민주화를 품은 자유롭고 공정한 시장경제로 나아가는 규제와 조정이 필요할 것이다.

(1) 독과점적 시장지배력 행사의 금지

흔히 담합으로 불리는 '공동행위'는 모든 시장경제에서 가장 오래된 시장지배력 남용행위이다. 경제원론에서 설명되는 바와 같이 독점기업은 이윤극대화를 목적으로 대체로 가격은 높이고 공급량은 줄임으로써 소비자후생을 잠식한다. 하지만 현실에서는 하나의 기업이 시장을 지배하는 경우보다 복수의 기업이 시장을 분할해서 지배하는 경우가 더 빈번하다. 이 경우에 해당 시장에서는 치열한 경쟁이 벌어지기보다 이들 기업들이 협력해서 마치 하나의 기업처럼 행동하는 경우가 많다. 이 경우에 나타나는 행위가 공동행위, 담합이다. 이 또한 소비자 후생을 침해하기 때문에 모든 나라에서 법에 의해 금지되고 있다. 이 공동행위는 내부고발자에 의하지 않고서는 적발하기 어렵기 때문에 한국을 비롯한 많은 나라에서 '리니언시 제도'를 활용하고 있다. 문제는 이들 담합기업에게 부과되는 과징금이 매출액의 10%를 넘지 않기 때문에 실효성이 없다는 사실이다. 담합은 국민에게 피해를 입히는 행위이므로 담합에 대해서도 미국처럼 징벌적 손해배상제도가 도입되어야 할 것이다.

최근 한국 경제에서는 지난 10여 년 사이에 해외 대기업들이 시장지배적 지위를 차지함에도 불구하고 이에 대한 적절한 규제가 이루어지지 않고 있다. 국내기업들이 구글, 애플, 페이스북, 넷플릭스 등 글로벌 거대기업들과 공정하게 경쟁하는 환경을 구축하기 위해서는 공평 과세, 소비자 정보보호, 국가안보, 독과점 규제 등의 분야에서 '디지털 주권'을 확보하는 것이 시급하다. 아울러 개인의 데이터 소유권을 개인에게 귀속시켜 '데이터 주권'을 확립할 수 있는 제도적 장치가 마련되어야 국내외 대기업에 의한 개인 데이터의 오남용을 규제할 수 있을 것이다.

(2) 납품단가 후려치기의 금지

납품단가 후려치기는 주로 제조업 분야에서 발생하는 오래된 불공정행위이다. 원청 대기업의 주문을 받아 부품, 중간재를 납품하는 중소 하청·재하청 업체(수급기업)들이 납품단가 후려치기로 인해 존립마저 위태로워지는 경영난과 고용불안을 겪고 있다. 국내 산업계에서 공공연하게 발생하고 있지만 원하청기업들 사이의 '갑을관계'로 인해 대체로 하청업체가 일방적으로 감내하고 있는 실정이다.

이로 인한 손해를 배상받으려면 공정거래위원회 조정을 거친 다음 민사소송을 거쳐야 한다. 절차도 복잡하지만 최종판결까지 시간이 너무 오래 걸린다. 피해기업이 법적 절차로 인해 '2차 피해'를 당하지 않도록 하는 제도 마련이 시급하다.

(3) 과도한 수직계열화와 일감 몰아주기의 제한

한국 재벌체제에서 경제력이 집중되는 가장 전형적인 방식은 수직계열화이다. 수직계열화는 출자를 통해 지배구조를 공고화하는 한편 내부거래를 통해 부당이익을 추구하는 체제이다. 수직계열화를 통한 일감 몰아주기는 총수 일가의 사익을 극대화할 수 있도록 모기업이 계열사에 일감을 몰아주어 계열사가 '땅 짚고 헤엄칠' 수 있도록 하는 것이다. 전환사채 발행을 통한 '경영권 승계'가 어려워지자 재벌들이 승계에 필요한 자금을 마련하기 위해 선택한 방식이 일감 몰아주기이다. 이를 통해 수취한 부당이익으로 계열사 주식을 취득함으로써 지분율을 높이고 있다.

일감 몰아주기는 시장경쟁을 원천적으로 배제함으로써 혁신을 저해하므로 정부는 '공정거래법'과 별도의 '일감 몰아주기 규제법'을 2014년부터 시행하고 있지만 정부와 재벌의 숨바꼭질은 계속되고 있다. 일감몰아주기는 사익편취 이외에 다른 목적이 있을 수 없으므로 보다 엄격하게 규제될 필요가 있다. 총수 지배체제의 유지와 사익편취를 목적으로 하는 과도한 수직계열화는 2009년 폐지된 출자총액제한제도를 다시 도입함으로써 규제할 필요가 있다.

(4) 기술탈취와 전속거래의 금지

부품이나 소재를 생산하는 하청기업들에 대해 재벌기업들이 빈번하게 자행하는 불법행위가 기술탈취이다. 특히 신제품을 개발하여 납품하려는 중소기업에게 설계도면을 요구하면서 시작되는 경우가 많다. 재벌기업은 기왕에 거래하던 다른 하청기업에게 모조품을 제작하여 저렴하게 납품하도록 함으로써 부당이익을 챙기는 수법이다. 이러한 기술탈취가 법원에서 불법행위로 인정되고 손해배상 판결이 내려져도 근절되지 않는 이유는 일단 재벌기업에게 가해지는 처벌이 미약하고 피해 중소기업에 대한 보상이 충분하지 않기 때문이다. 실손보상이 이루어지다 2018년부터 3배 징벌적 손해배상으로 강화되었지만 여전히 실효성이 부족하므로 10배로 인상해야 한다는 대안이 제기되고 있다. 게다가 소송이 장시간에 걸쳐 진행되다 보니 피해 기업은 경영을 유지하지 못하고 파산에 이르는 경우마저 있다.

중소기업이 기술탈취로 겪는 피해와 부작용은 해당 사안에 국한되지 않는다. 중장기적으로 기술탈취는 중소기업의 기술혁신 노력을 저해하고 역량을 약화시킬 뿐만 아니라 존망을 좌우한다. 기술탈취로 인해 대기업과 중소기업 간 연구개발비는 물론 연구인력의 평균임금에서도 격차가 확대되고 있다. 혁신 생태계의 이러한 왜곡은 대학에까지 전파되어 대학생의 창업 열기를 잠재우고 우수 인력이 안정적인 일자리만을 선호하는 경향을 낳고 있다.

더욱이 기술탈취가 사실상 묵인되는 생태계에서 중소기업들은 납품단가 인하 요구에 노출되기 쉬울 뿐만 아니라 '전속거래관계'에 강요당하기도 쉽다. 중소기업에게 전속거래는 안정적인 거래선의 확보라는 장점을 가지지만 갑작스런 거래 중단에 의한 존립의 위협이라는 치명적인 단점을 수반한다. '수요독점'과 유사한 시장 상황에서 재벌들과의 전속거래를 거부할 정도로 협상력이 있는 중소기업은 드물다. 2019년 일본의 도발로 반도체 소재를 둘러싼 경제전쟁이 발발하자 정부가 중소기업에 소재·부품 개발을 촉구했을 때 해당 기업들이 제기한 요구사항이 전속거래의 금지였을 정도로 전속거래는 중소기업에게 커다란 리스크이다.

국내 중소기업에 대해서는 기술탈취를 자행하는 재벌기업들이 해외 중소기업에 대해서는 종속관계에 놓이는 경우가 적지 않다. 여기에는 재벌기업들 스스로 국내 중소기업이 개발·생산한 제품을 기피하는 풍조도 한몫했다. 일본이 한국에게 경제전쟁을 도발할 수 있었던 배경에는 바로 반도체를 생산하는 재벌기업들이 소재·부품 조달에서 대일 의존이 심각했다는 사실이 작용했다. 정부도 장기적인 경상수지 흑자에 가려진 만성적·구조적 대일무역 적자에 대응하지 않았다. 결국 재벌기업들의 기술적 대외종속은 한국 경제에 리스크가 된다는 사실이 드러났다. 다행히 혁신적 중소기업의 적극적인 대응으로 2019년 위기는 전화위복으로 기록되고 있지만 일본이 쥐고 있는 한국 경제의 약점은 반도체 생산에 그치지 않으므로 방심해서는 안 될 것이다. 기술탈취는 재벌기업에 의한 중소기업의 갈취에 그치지 않고 일본과의 무역전쟁처럼 국민경제의 대외적 리스크로 발전할 수 있음에 주목해야 할 것이다.

(5) 지배구조 개혁

한국 경제의 대외신인도 평가에서 '총수 리스크'는 언제나 위험

요인에 속한다. 2020년 정기 국회에 상정된 상법 개정안에 포함된 지배구조 개혁안은 감사위원 1인을 이사와 분리해서 선임하되 최대주주와 특수관계인의 의결권을 3%로 제한하는 방안('3% 룰'), 모회사의 주주가 회사에 손해를 끼친 자회사 이사에게 책임을 추궁할 수 있는 다중대표 소송 등을 담고 있었다. 소위 '공정경제 3법'은 당초 '재벌총수 전횡 규제법'이었다. 이사회가 경영진을 효과적으로 견제하고, 회사 자금은 총수의 사익을 위해 사용되지 않도록 해야 한다는 점에서 이들 법안은 총수 등 특정인의 사익편취를 막고, 기업을 모든 주주의 의사에 부합되도록 성장·발전시키는 법안이었다. 그럼에도 총수 전횡을 규제할 수 있는 조항들은 모두 삭제된 채 국회를 통과했다.

재벌들이 스스로 설립한 공익재단에 면세로 주식을 증여하고 이를 총수 일가의 지분처럼 활용하거나 계열사 인수·합병을 통해 편법으로 지분을 확보하여 '경영권'을 확보하는 행위는 총수 일가의 사익을 위해서 기업의 장래를 위태롭게 하거나 다수의 소액주주의 이익을 침해하는 행위이다. 총수지배체제를 뒷받침하기 위해 공익법인이 남용되는 상황도 근절되어야 한다.

'총수 리스크'를 줄일 뿐만 아니라 계열사의 비용부담을 절감하기 위해서도 지배주주의 겸직은 제한되어야 한다. 임직원에게는 엄격하게 금지되어 있는 겸직이 총수 일가에게만 허용되는 현실은 경제적 불평등을 심화시키는 불공정한 관행이다. 복수의 계열사에서 배당을 받는 것은 재산권(주주권)에서 파생되는 결실이지만 경영활동을 수행하는 임원으로서 보수를 받는 계열사의 수에 제한을 두지 않는 것은 지배주주에게만 겸직 금지를 면제하는 특권을 인정하는 불합리한 관행이기도 하다. 복수의 계열사에서 임원으로서 활동하는 것이 허용되려면 각각의 계열사에서 파트타임으로 경영 활동을 수행하는 것으로 간주되어야 할 것이다. 겸직하는 계열사의 수가 많아질수록 총수의 활동이 개별 기업의 경영에 기여하는 정도도 감소할 것이다.

(6) '경영권'의 재해석

한국 경제에서 '경영권'은 재벌기업들이 불리한 의사결정을 저지하고 유리한 결정을 끌어내는 데 결정적인 수단으로 동원하는 '전가의 보도'이다. '경영권' 개념이 한국 사회경제 현실을 심각하게 왜곡하고 있음에도 불구하고 경제학계는 물론 법학계에서도 별다른 논쟁의 대상이 되지 않는 현실이 기이하다. 문재인 정부가 출범한 직후 2017년 11월 서울대 법학연구소와 노동법연구회가 공동으로 '노동법 신화 2-경영권'이라는 제목의 학술대회를 개최한 것이 이례적이었다. 이 학회에서 이철수 교수는 헌법에 명시적 근거가 없는 경영권이 노동3권을 제압하면서 탄생하는 역사적 과정을 설명했다.[3] 그에 따르면 1998년 IMF 외환위기 국면에서 발생한 대우자동차 판매 사건을 시작으로 2001년 현대자동차 사건을 거쳐 2002년 조폐공사 파업 사건에 이르면서 '경영권의 불가침성'이 선언되었다.

"고도의 경영상 결단에 속하는 사안은 단체교섭의 대상이 될 수 없다"거나 "(경영상 결정으로)노동조건의 변경이 필연적으로 수반되더라도 이를 반대하는 쟁의행위는 목적의 정당성을 인정할 수 없다"는 판례 법리도 이때 만들어졌다. 이처럼 경영권의 불가침성을 강화하던 대법원은 2003년 가스공사 사건에서 마침내 경영권을 헌법상 '기본권'으로 격상시켰다. 그 근거로 당시 대법원은 헌법 제23조 ①항의 재산권 보장, 제119조 ①항의 경제상의 자유와 창의의 존중, 제15조의 직업선택의 자유를 제시했다. 대법원은 경영권과 노동3권이 충돌할 경우 법 해석 원칙에 대해 "기업의 경쟁력을 강화하기 위한 경영상 결정은 원칙적으로 노동쟁의 대상이 될 수 없는 방향으로 해석돼야 한다"며 경영권의 '신화'를 완성하게 됐다. 한 걸음 더 나아가 '경영권'에 도전하는 것으로 해석되는 노동자들의 파업은 대량해고는 물론 막대한 손해배상을 각오해야 하는 상황으로 이어지면서 파업 자체가 죄악시되었다. 대법원은 헌법 제15조 직업선택의 자유, 제23조 재산권 조항, 제119조 경제질서 조항을 논리적으로 무리하게 짜 맞추면서 '경영권'을 기본권 차원으로 끌어올렸다. 이로써 헌법 제32조의 노동3권과 제119조 ②항의 '경제주체 간의 조화'에 관한 규정에 입각해서 정착될 수도 있었을 협력적 노사관계는 대법원에 의해 창조된 '경영권'에 의해 정반대로 갈등적이고 대립적인 노사관계로 변질되었다.

나아가 '경영권'이 기업에 관한 특정한 결정권으로서 인정된다고 할지라도 그것은 재산권에서 파생된 권리일 뿐이다. '소유와 경영의 일치'가 충분히 이루어진 기업에서는 재산권과 분리된 '경영권'이 별도로 창조될 필요가 없다. 미국처럼 전문경영인이 보편화된 사회에서는 '경영권'이 재산권에서 파생된 권한에 지나지 않으며, 따라서 언제든지 재산권자가 회수할 수 있다는 사실이 자명하다. 한국 재벌들이 대법원 판결에 의해 '경영권'이 보장된 이후에도 불법적인 수단을 동원하면서까지 지분 확보를 위한 노력을 하는 근본적인 이유는 재산권에 기반을 두지 않는 경영권 안정은 불가능하기 때문이다. 경영권은 재산권에 독립해서 존재할 수 없을 뿐만 아니라 재산권의 종속범주임은 총수들의 행태가 직접 증명하고 있다. 재벌 총수일가는 '일감 몰아주기'와 같은 다양한 편법을 동원하여 '사익편취'를 극대화함으로써 특히 상속인의 '종잣돈'을 확충하고자 한다. '총수'의 이익과 기업의 이익 사이의 커지는 괴리를 '총수'에게 유리하게 해소하기 위한 수단으로 '경영권'이 남용되고 있다. 그리하여 '경영권'은 실제로는 대주주와 계열사의 지분(재산권)에 뿌리를 두고 있음에도 불구하고 마치 재산권과 무관하게 주장될 수 있는 권리처럼 우상화되고 있다. 현시점에서는 이 '경영권'을 제자리에 돌려놓아 총수의 전횡을 제어하는 것이 한국의 재벌개혁, 경제민주화의 핵심 과제이다.

(7) 노동권의 회복과 강화

'경영권'이 헌법에 의해 보장된 '노동권'을 배제하기 위해 창조된 개념이므로 헌법적 권리로서의 지위에서 내려와 다수의 주주에 의해 위임된 권한으로 재해석된다면 단결권, 단체교섭권, 단체행동권 등 노동 3권은 다시 '노동기본권'으로서 자연스럽게 회복될 수 있을 것이다. 이러한 회복은 한국 노사관계가 협력적 노사관계로 나아가기 위한 중요한 디딤돌이 될 수 있다. 단체행동권이 기본권으로서 정상화되면 현재 노동자와 노조의 단체행동을 옥죄고 있는 '손배가압류'는 지금과는 전혀 다른 의미를 갖게 될 것이다.

노동3권의 정상화에 단기적으로 접근할 수 있는 방안으로서 노동경찰제를 도입할 필요가 있다. 고용노동부에 소속된 근로감독관은 2,400명 정도이다. 근로감독관 한 명이 900여 개 사업장을 담당하고 있다. 이들은 주로 대규모 사업장을 근로감독하기 때문에 소규모 사업장 노동자의 임금체불, 산업재해, 성희롱 등을 적시에 감독하기 어렵다. 그러므로 근로감독관제를 지자체 차원에서 보완할 수 있는 제도로서 노동경찰제를 도입할 필요가 있다. 근로감독관 활동의 사각지대에 놓여 있는 소규모 사업장에서 산재가 집중적으로 발생한다는 점을 감안한다면 그 시급성은 더욱 크다 할 것이다. 노동권의 전반적인 정상화와 강화는 한국에서 '경제주체 간의 조화를 통한 경제민주화'(헌법 제119조 ②항)를 달성하기 위한 핵심 과제이다.

2) 사회적 시장경제 차원의 과제

(1) 노동이사제

노동이사제는 노동자 대표가 이사회의 이사로서 기업의 의사결정에 참여하는 제도이다. 이 제도는 지자체 산하 공공기관에서는 이미 널리 시행되고 있다. 21대 국회 첫 번째 회기에 제출된 「공공기관운영에 관한 법률(공운법)」 개정안에는 공공기관 노동이사제 도입이 담겨있어 통과될 가능성이 크다. 노동의 대표성은 나라마다 차이는 있지만 제도 자체는 유럽 19개국이 법률에 근거해 운용하고 있을 정도로 보편적이다. 이 제도는 원래 독일의 공동결정제에서 유래하는 제도로서 기업이 주주의 이익뿐만 아니라 노동자, 소비자, 하청업체, 지역사회 등 다양한 이해관계자의 이익을 반영하려는 제도이다.

노동이사제 도입은 노동 배제가 고착화되어 있는 한국 현실에서는 협력적 노사관계로 나아가기 위해 정부가 선도적인 담당할 수 있는 역할이다. 정부가 선도해야 하는 이유는 1960년대 이후 노동 배제의 관행을 주도했고 지금도 광범위하게 이 관행을 지탱하고 있는 주체가 정부(행정부, 입법부, 사법부)이기 때문이다. 입법 절차상의 토론회나 공청회에서 자본의 의견은 존중되고 반영되는 반면 노동의 의견은 경청되기보다 경시되어 온 관행을 교정할 필요가 있다.

나아가 노동의 대표성을 사회적으로 강화하고자 한다면 정부 부처는 물론 공공기관에 민관협력의 명목으로 설치되어 있는 각종 위원회, 민관협의회 등에서 사용자의 과잉 대표성을 지양하고 노동의 대표성을 비례해서 정상화하는 노력도 필요하다. 정부 차원의 선도적 노력에 노동은 당연히 '학습효과'를 극대화하면서 제자리를 찾아가는 과정을 거쳐야 할 것이다.

(2) 사회책임경영

한국 경제에서 재산권은 '법률에 따라 보장'(제23조 ①항)되지만 "재산권의 행사는 공공복리에 적합하도록 하여야 한다"(동조 ②항). 사유재산권이 마치 천부인권인 것처럼 오해되는 경향이 최근 강해졌지만 기업에게 '사회책임경영'은 헌법상의 책무인 셈이다. 중소기업과의 상생발전, 지역균형발전에의 기여, 인적자본 형성에의 기여 등은 이미 거부할 수 없는 공감대가 형성된 과제이다. 현대적 관점에서 해석한다면 '사회책임경영'은 지속가능한 발전을 담보하는 경영일 것이다. 이와 관련하여 '2050년 탄소중립'은 장기적인 전 지구적 과제이다. 따라서 지금 당장의 노력에 소홀하고 탄소배출 감축의 책임을 미래로 넘기려는 유혹에 빠지기 쉽다. 그렇지만 미국이

정권교체와 더불어 '파리협약'에 복귀하면 이행에 속도가 붙을 것으로 예상된다. '탄소배출'이 새로운 무역장벽으로 부상할 가능성이 크다. 한국도 이제는 자기 몫을 다하는 나라가 되어야 할 것이고, 특히 탄소배출이 심각한 설비를 대다수 보유한 재벌기업들의 노력이 시급하다. 최근 미국 다국적 기업들이 중심이 되어 추진되고 있는 'RE(재생에너지) 100'에 동참하는 수출 대기업들이 증가하는 것은 불가피한 현상이다. 하지만 재생에너지 비중이 낮은 한국에서 대기업들에 의한 재생에너지 선점이 중소기업의 운신의 폭을 좁히지 않도록 배려되어야 할 것이다.

3) 시장경제외적 과제

(1) 경제력 집중의 완화

헌법 제119조 ②항은 "…경제력의 남용을 방지하(기) 위해 경제에 관한 규제와 조정을 할 수 있다"고 규정하고 있다. 시장경제의 현실에서 '경제력의 남용'이 발생하려면 경제력이 불균등하게 분포되어 있어야 한다. 경제력의 격차가 권력관계로 현실화하지 못하도록 '방지'하는 것이 헌법 제119조 ②항에 기초한 경제정책의 과제인 셈이다. 나아가 권력관계가 현실화하기 이전에 권력관계의 생성 자체를 억제하기 위해서는 경제(권)력 집중이 저지되어야 한다.

경제력의 집중을 억제하기 위한 정책수단으로서 '골목상권 보호'와 '중소기업 적합업종 지정'은 유지할 필요가 있다. 재벌기업에 대해서는 '계열분리명령'을 도입하여 금산복합의 리스크를 낮추고 경제력 집중을 완화하거나 반전시켜야 한다. 재벌들의 자기자본이나 차입이 아니라 '계열사에 의한 출자'라는 가공자본의 창출이 허용되는 한에서는 재벌 대기업과 중소기업 사이의 경쟁에서 '공정성'을 보장하기 위해서는 경쟁제한 조치가 필요하다.

아울러 재벌기업에 의한 심각한 부동산투기가 억제되어야 한다. 특히 토지자산 투기는 재벌기업들이 생산활동보다 투기를 통해 수취한 불로소득이 더 크고 한국 사회에서 소득 불평등보다 자산 불평등이 훨씬 심각해진 주요 원인이 되고 있다. 2019년 기준 피케티지수(국민총자산/국민순소득)가 미국 4.8, 일본 6.1에 비해 훨씬 높은 8.6으로 나타났다. 이는 2010년에 7.6에 비해서도 높아진 수준이다. 아파트 공급 확대만으로는 해결할 수 없는 잠재적 '체제불안 요인'이다.

한국 경제에서 경제력 집중을 적어도 심화시키기 않기 위해서는 금산 분리를 유지해야 한다. 산업자본과 금융자본의 유착은 내부통제장치가 결여된 채 위험을 확대 재생산하면서 '체제위험(systemic risk)'을 초래할 가능성이 크다. 그뿐만 아니라 2009년 글로벌 금융위기에서 볼 수 있듯이 금융자본의 무제한적 이윤 추구는 세계 경제마저 위험에 빠뜨릴 수 있으므로 금융상품의 개발 단계에서부터 적절한 규제가 필요하다. 혁신으로 포장된 금융시장의 투기성은 이제 안정성으로 대체되어야 하고 '키코'는 물론 라임, 옵티머스 사건과 같은 '수탈금융'은 근절되어야 한다.

4차 산업혁명의 진전과 더불어 고용형태의 다양화에 대응하는 주체가 갈수록 개인으로 분산되면서 이를 뒷받침하는 제도로서 '사회상속제' 도입을 검토할 필요가 있다. 이는 4차 산업혁명으로 인해 초래될 자산 불평등의 심화를 사전에 개인의 역량 강화를 통해 부분적으로나마 완화하려는 구상으로서 적지 않은 유럽 나라들에서 이미 '개인취업계좌' 형태로 시행하고 있는 제도이다. 노동시장에 신규로 진입하는 청소년이 취업역량을 더욱 강화하고 취업과 재취업의 기회를 개척하는 데 필요한 교육 및 재교육에 참여할 수 있도록 일정 금액을 지원하는 제도이다. 경제활동에서 은퇴할 때까지 취업과 관련된 용도에만 사용할 수 있도록 개인취업계좌 형태로 운영된다. 자산 불평등으로 인해 가족 내에서는 이루어질 수 없는 자산상속을 국가의 정책적 노력으로 대신하려는 구상이다. 한국에서도 갈수록 심화되고 있는 자산 불평등을 일부나마 완화할 뿐만 아니라 4차 산업혁명의 시대에 핵심 자산으로 자리 잡고 있는 '인적자본'의 불평등한 축적을 완화하기 위해서도 사회상속제는 상징적인 제도가 될 수 있을 것이다. 고등학교 졸업과 동시에 계좌를 개설해주고 입금해준다면 대학에서 취업 준비를 위해서도 활용할 수도 있고 졸업과 동시에 취업한 청년은 추후에 재취업을 위해서도 사용할 수 있을 것이다.

(2) 이익공유제

헌법에 제123조 ③항에 규정된 '중소기업의 보호·육성'은 이론적으로 3단계로 구분될 수 있다. 첫째는 중소기업이 스스로 창출한 가치가 중소기업에게 귀속되도록 보호하는 것이다. 납품단가 후려치기, 기술탈취와 같은 불공정거래에 휘말리지 않도록 하는 것이다. 둘째는 대기업과의 거래에서 발생한 '협력잉여'를 공유하는 방안이다. 성과공유제나 이익공유제의 취지가 여기에 있다. 마지막으로는 중소기업에 대한 정부 지원이다. 기술 개발, 시장 개척, 인력

양성, 자금 지원처럼 중소기업의 자체적인 노력으로는 부족한 활동에 정부가 지원하는 방안이다.

당초 이익공유제는 대·중소기업 간 거래에 적용하고자 구상되고 있었으나 최근에는 공기업과 민간중소기업 사이를 거쳐 공항이나 태양광 발전단지와 같은 지역개발사업으로까지 확산되고 있다. 이익공유제의 원조는 성과공유제라 할 수 있다. 성과공유제란 대기업이 자사에 제품이나 서비스를 공급하는 중소기업과 공동으로 혁신활동을 펼쳐 발생한 성과를 사전에 합의된 방법에 따라 공유하는 제도이다. 성과공유제는 대기업과 중소기업 모두의 경쟁력 제고에 도움이 되는 측면이 있음에도 불구하고, 아직 국내에서는 활성화가 되지 않고 있다. 그 이유는 무엇보다도 기존에 만연해 있는 대기업과 중소기업 간 불신 때문이다. 대기업은 교섭력 약화와 협력 중소업체의 기회주의적 행동을 우려하고 있으며, 협력 중소업체는 모기업의 불공정한 성과 배분 및 자사 핵심 정보의 유출을 우려하여 성과공유제 도입을 꺼리는 것으로 보인다. 분배 방식에서도 대기업들은 현금 보상을 선호하는 반면 협력사들은 물량 확대나 신규사업 기회 제공 등 장기적인 거래관계의 형성을 선호하는 것으로 나타났다. 대·중소기업 상생협력의 성과가 일단 중소기업에서 발생하고, 이 성과의 일부가 대기업에게 배분되는 절차를 거치게 되므로 공유 방식에 대한 사전 합의가 중요하다.

이익공유제는 대기업이 해마다 설정한 목표이익치를 초과하는 이익이 발생했을 때 협력 중소기업과 초과이윤을 나누는 제도이다. 그러나 대기업들은 초과이익공유제보다 성과공유제를 선호하는 것은 당연하다. 이익공유제는 대기업이 시장거래를 통해 실현한

이익을 하청 중소기업과 일부 공유하는 방식이므로 이익이 흐르는 방향이 성과공유제와 반대이다. 그러므로 성과공유제에는 긍정적인 대기업들도 이익공유제에 대해서는 목표 이익 설정 및 기여도 평가 불가, 기업혁신 유인 약화, 주주 재산권 침해 등을 이유로 반대하고 있다.

2020년 6월 여당은 대기업의 반대에도 불구하고 협력이익공유제 법안을 제출해놓은 상태이다. 하청업체의 태만을 불러와 기술혁신이 지체되거나 품질을 저하시킬 우려도 제기되고 있다. 하지만 협력관계가 장기화할수록 하청기업에게도 혁신은 1차적으로 자기생존의 문제이므로 무임승차에는 시장의 제재가 뒤따를 것이다. 협력이익공유제는 납품단가 후려치기, 전속거래, 제품 밀어내기, 일감 몰아주기를 통한 기회 박탈 등 한국 경제의 고질병으로 지적되어 온 대·중소기업 간 불공정한 거래관계를 조목조목 따지지 않고 일괄 타결할 수 있는 '묘책'이 될 수도 있다. 왜곡된 한국의 자본주의 시장경제를 정상화하기 위해서는 시장경제외적인 수단의 활용이 불가피하다.

제17장

....

새로운 경제질서를 향한 공정 뉴딜

정태인(경기연구원)

• 정부는 코로나19 대응과 미래 경제구조 재편을 위해 '한국판 뉴딜'이라는 대
  전환을 표방했지만, 목표와 수단이 뚜렷하지 않은 한계를 보임
• 한국의 불평등은 자산 불평등과 소득 불평등, 그리고 그 저변에 재벌체제라
  는 산업 불평등이 존재하고 있음
• 심각한 자산 불평등, 특히 부동산 소유 문제를 해결하기 위해 종부세의 대폭
  상향 등 과감한 정책이 필요함

현재 세계는 바이러스 위기에 허덕이고 있다. 또한 세계는 나라
별로 차이는 있지만 불평등 위기를 겪고 있고 또 머지않아 기후위
기를 맞게 될 것이다. 한국은 세계 최고 수준의 불평등 위기에 처

해 있으며 기후위기에 대한 대책도 아직 마련하지 못하고 있다. 어떤 정부라도 당장 이 쌍둥이 위기를 막아야 한다.

이러한 문제를 해결하기 위한 우리의 원칙은 공정 뉴딜이다. 여기서 공정이란 곧 정의를 말한다.[1] 정의란 시민이 자신의 능력을 펼치기 위해 필요한 물질적·정신적·사회적 조건을 갖춘다는 것을 의미한다. 이는 재산과 소득이 평등하다는 의미에서의 경제적 정의, 개인 발전의 조건에서 차별을 받지 않아야 한다는 의미에서의 사회적 정의, 미래 세대가 현재 세대로 인해 피해를 입지 않는다는 의미에서의 세대 간 정의를 의미한다. 즉 정의는 지속가능성을 필수 속성으로 한다.

새로운 경제질서는 기본적으로 생태 면과 사회 면에서 지속가능한 복지국가를 추구하지만 첫째, 이러한 사회는 기성 질서의 '거대한 전환'을 전제로 하며 이는 노동자와 시민이 적극적으로 참여하지 않으면 불가능하다. 이것이 '뉴딜', 즉 새로운 사회계약의 핵심 내용이다. 둘째, 시장경제와 공공경제, 그리고 사회적 경제의 조화를 꾀해야 한다는 것을 뜻한다.[2] 시장경제는 효율(efficiency)을, 공공경제는 평등(equality)을, 사회적 경제는 연대(solidarity)를, 그리고 생태경제는 지속가능성(sustainability)이라는 가치를 각각 추구한다. 우리는 이들 영역에서 고유의 가치가 실현될 수 있도록 하는 동시에 전체적으로 이들 가치를 조화시켜야 한다. 즉 공정 뉴딜이 추구하는 새로운 질서는 우리 사회가 지향해야 할 가치를[3] 시민들이 숙의 민주주의[4]에 의해 결정하고 정부가 시민참여 거버넌스를 통해 실현한다는 것을 의미한다.

새로운 사회계약(뉴딜)은 공정한 사회를 둘러싼 시민의 숙의 민주주의를 전제로 한다. 공공가치 혹은 공공성은 숙의 민주주의가 결정한다. 특정 재화나 서비스의 공공성을 판단하는 것은, 예컨대 모든 국민이 치료받을 수 있다는 권리 등을 '의료공공성'으로 정의한 후(公), 해당 재화 및 서비스의 배제성 및 경합성을 따져서 재화의 성격을 결정한 후(새뮤얼슨-오스트롬 분류), 산업의 구조(주로 독점성이 문제가 된다) 등을 따져서 공동(共)으로 그 공공성 목표를 달성해야 한다는 것을 의미한다. 불평등 위기와 기후위기의 해결은 물론 모두가 혜택을 본다는 점에서 가장 탁월한 공공성 실현의 예가 된다.

이 장에서는 먼저 문재인 정부가 추구한 '한국판 뉴딜'의 내용을 정리하고, 이것이 우리가 제시한 '공정 뉴딜'의 기준을 충족시켰는가를 살펴본다. 다음으로는 진정한 공정 뉴딜은 어떠한 모습을 지닐 것인가에 관해 기술할 것이다.

1. 한국판 뉴딜과 한계

1) '한국판 뉴딜'의 내용

(1) 문재인 정부 초기 소득주도 성장전략과 좌절

문재인 정부는 2017년 7월 25일, 정부 출범 후 약 2개월 만에 '경제정책 방향'을 발표했다. 이 발표의 부제는 '경제 패러다임의 전환'이었다. 한국의 경제정책 기조는 박정희 시대부터 지금까지 민주당이 정권을 잡든, 아니면 보수정권이 들어서든 50여 년 동안 일관되게 수출주도-부채주도 성장이었다.

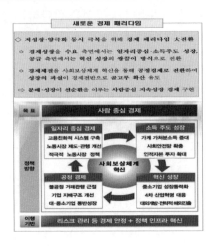

자료: 관계부처합동(2017). 「새 정부 경제정책 방향」, 4쪽.

정부는 현재 한국 경제가 '저성장 고착화·양극화 심화'로 인한 '구조적·복합적 위기 상황'[5]에 빠졌다고 평가했다. 이에 대한 답은 '경제성장을 수요 측면에서는 일자리 중심·소득주도 성장, 공급 측면에서는 혁신성장의 쌍끌이 방식으로 전환'하여 '분배·성장이 선순환을 이루는 사람 중심 지속성장 경제[를] 구현'[6]하는 것이다.

〈그림 17-1〉은 문재인 정부의 초기 정책 방향을 요약하고 있다. 저성장·양극화는 지금도 경제의 고질적인 문제다. '압축성장'이라고 표현할 정도로 고도성장을 이룬 경제는 1990년대 중반부터 성장률이 저하하면서 두 세대 만에 피케티 β값을 기준으로 세계 최고 수준의 불평등에 도달하는 '압축 불평등'도 겪었다. 정부는 이제 '물적자본 투자'를 중심으로 하는' 모방·추격형 성장전략'이 유효성을 상실했다고 판단하고 '정책기조 전환'을 추구했다. '일자리 중심·

소득주도 성장'은 시장 내에서의 분배를 개선하여 수요를 자극하고 '혁신성장'은 공급 측면에서 혁신을 이루겠다는 것이고, '공정경제' 는 "성장의 과실이 경제전반으로 골고루 확산"되도록 하여 "분배와 성장이 선순환"하는 경제를 의미한다.

　문재인 정부 초기의 경제정책은 소득주도 성장을 중심으로 전개 됐다. 그러나 여느 정책과 마찬가지로 이 정책 역시 구체적 현실에 맞춰 여러 보완책을 마련해야 했다. 우선 가계의 소득이 성장을 부 추기려면 여러 조건이 필요하다. 가계부채 규모가 GDP에 육박한 나라에서는 최저임금 인상 등으로 소득이 늘어난다 하더라도 최근 의 가계 저축률이 높아진 데서 알 수 있듯이 빚 갚는 데 우선 사용 될 수 있다. 또한 부동산가격이 급등하는 상황에서는 하층의 소득 은 쉽사리 임대료로 흡수될 것이다. 둘째로 중소기업 네트워크의 형성은 이상적인 방향이지만 오랜 시간 동안 제도와 규범이 만들 어져야 하며 세계적 성공 사례도 그리 많지 않으며, 예컨대 대만의 성공처럼 경제구조의 현격한 차이를 반영했다는 점을 염두에 두어 야 한다. 따라서 소득주도 성장정책은 정부의 공공 투자정책으로 보완되어야 했다. 그것이 바로 훗날 그린 뉴딜로 불린, 녹색 인프라 투자이다. 하지만 당시에는 이런 정책들의 부재로 소득주도 성장정 책은 금방 혁신경제, 일자리 경제를 내세운 재벌 위주의 투자정책 지원에 자리를 내주고 말았다.

　'새 정부 경제정책 방향'이 발표된 지 불과 4개월밖에 지나지 않 은 2017년 12월 27일에 '2018년 경제정책 방향'이 발표됐는데, 여기 서는 일자리 소득, 혁신성장, 공정경제라는 3대 전략이 제시되었고 '소득주도 성장'은 사라졌다(〈상자 1〉 참조). 2년 후 '2020년 경제정책

〈상자 1〉 문재인 정부 경제정책 방향의 변천

매년 12월 말에 발표하는 새해 경제정책을 요약하는 그림을 모아놓으면 정부의 경제정책이 어떻게 변화해 나가는지 알 수 있다. 2017년 12월 말에 발표된 '2018년 경제정책 기본방향'은 다음과 같은 표를 제시하고 있다.[7] 〈그림 17-1〉과 비교해보면 소득주도성장 상자가 사라진 것을 바로 알 수 있다.

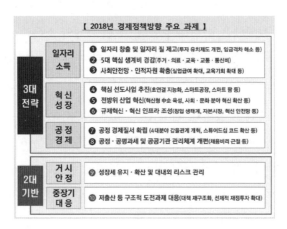

2018년 12월 27일에 발표된 '2019년 경제정책 방향'을 보면 비전·전략은 '소득주도 성장+혁신경제+공정경제'로 되어 있지만 아래 발췌한 주요 정책 방향의 네 상자는 '경제·사회의 포용성 강화'를 빼고는 세 개의 상자가 경제활력 강화와 혁신경제, 활력 제고 등 성장 담론으로 채워져 있다는 것을 알 수 있다.[8]

전방위적 경제활력 제고	경제 체질개선 및 구조개혁
·투자활력 제고 ·창업-성장-회수-재도전 지원 ·소비·관광 활성화 ·수출 경쟁력 강화 ·거시경제 안정적 관리	·핵심규제 혁신 ·주력산업 경쟁력·생산성 제고 ·신기술·신산업 창출 지원 강화 ·서비스산업 획기적 육성 ·지속가능한 고용 모델 구축
경제·사회의 포용성 강화	미래 대비 투자 및 준비
·자영업자 등 취약계층 일자리·소득 지원 ·삶의 질 개선을 위한 기반투자 확대 ·사회안전망 강화 ·최저임금, 탄력근로 제도 보완	·4차 산업혁명 대비 ·저출산·고령화 대응 ·남북경협 준비 본격화 ·중장기 비전과 전략 제시
시장경제의 공정성 강화를 위한 인프라 구축 (엄정한 법집행 + 경제민주화 입법 추진 + 대·중소 상생협력)	

다음 해에 발표된 '2020년 경제정책 방향'은 성장 위주 정책기조로 기울었음을 더 확실하게 보여준다.[9]

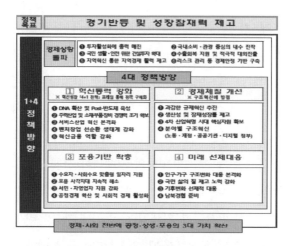

정책목표부터 '경기반등 및 성장잠재력 제고'이며 4대 정책 방향에서도 3. 포용기반 확충을 빼고는 혁신동력 강화와 미래 선제 대응, 그리고 경제체질 개선에 맞춰져서 신자유주의 고유의 구조조정 및 대기업 투자 지원 정책으로 채워졌다는 것을 알 수 있다.

결국 2017년 7월 새 경제 패러다임을 선언했지만 문재인 정부는 1년을 채우지 못하고 이병박, 박근혜 정부의 대기업 위주 성장정책으로 회귀했다.

방향'은 정책목표로 '경기반등 및 성장잠재력 제고'를 제시했고 네 개의 전략 중 세 개를 구조조정과 혁신(대기업 투자지원)으로 채웠다.

(2) 한국판 뉴딜의 등장

이른바 한국판 뉴딜은 〈상자 1〉에서 보듯이 '성장정책으로의 회귀'라는 정책환경에서 등장했다. 예측할 수 없었던 바이러스 감염으로 전 세계 경제가 마비된 상태에서, 각국이 대대적인 재정정책에 나서자 '균형재정'에 집착하던 한국 정부도 경제회복에 방점이 찍힌 한국판 뉴딜을 제시했다.

2020년 제5차 비상경제대책회의(4. 22)에서 처음 모습을 드러낸 '한국판 뉴딜'은 "① 디지털 인프라 구축, ② 비대면 산업 육성, ③ SOC 디지털화"로 구성되어 있었다. 주로 디지털 산업을 중심으로 한 대규모 투자 지원 프로젝트였고, 그린 뉴딜은 들어 있지 않았다. 그러나 바이러스 위기는 생태위기의 일부라는 인식이 확산되고, 2019년의 호주 들불, 2020년의 시베리아 산불 등 기후위기의 징후가 뚜렷해졌으며, 툰베리의 유엔정상회의 연설과 청소년들의 시위 등 시민사회의 요구가 거세졌다. 마침내 제7차 비상경제회의(7. 14)의 '한국판 뉴딜 종합계획'에 그린 뉴딜이 등장했다. 이 계획에

〈그림 17-2〉 한국판 뉴딜의 구조

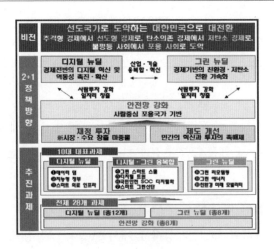

자료: 관계부처합동(2020). 「한국판 뉴딜」 종합계획」, 5쪽.

따르면 안전망 강화라는 토대 위에 디지털 뉴딜과 그린 뉴딜이라는 두 기둥을 세워 사람에 대한 투자를 강화하고 일자리를 창출하는 것으로 구성되어 있다. 정부가 제시한 '한국판 뉴딜의 구조'는 〈그림 17-2〉와 같다.[10]

앞에서 살펴 본 문재인 정부 경제정책과 비교해볼 때, 그래도 마지막까지 명맥을 유지하던 공정경제 항목이 안전망 강화로 축약되어 전략으로서의 의미를 잃어버린 것을 알 수 있다. 한국에서 공정경제라면 당연히 떠올릴 '재벌개혁'은 디지털 뉴딜과 디지털·그린 융복합, 그린 에너지, 친환경 미래 모빌리티의 항목에서 '재벌지원'으로 둔갑했다.

특히 한국 불평등의 상징이라고 할 수 있는 부동산 문제 등 자산거품 문제는 경제정책의 시야에서 완전히 사라졌고 국토부에서 2020년 11월까지 24번의 부동산 대책을 발표했지만 수도권 아파트 중심으로 부동산가격은 폭등했다. 부동산 문제는 한국 불평등 위기의 핵심으로서 정부 경제정책의 핵심 전략의 일환으로 예컨대 '공정경제'에서 다룰 문제였다. 뒤에 보듯이 부동산가격 앙등은 피케티 β값의 급상승을 주도했다.

2) 한국판 뉴딜의 한계: 그린과 사회계약의 부재

정부는 '선도 국가로 도약하는 대한민국 대전환' 전략으로 '한국판 뉴딜'을 제시했다(〈그림 17-2〉 참조). 대통령은 시민사회의 요구를 수용해서 "그린 뉴딜은 우리가 갈 길"이라고 밝혔지만 그 내용은 매우 실망스러웠다. 2020년 바이러스 위기와 미국의 대통령 선거를

계기로 속속 발표된 '그린 뉴딜' 구상은 첫 번째 항목에 2050년 '넷
제로'라는 목표를 제시했다. 하지만 한국의 그린 뉴딜은 '탄소중립
을 지향'할 뿐 달성해야 할 목표를 내걸지 않았다. 뒤에서 보겠지만
2050년 넷제로는 $1.5^\circ C$ 기온 상승을 막기 위해 세계가 합의한 목표
이다.[11]

그린 뉴딜은 지난 200년(한국은 100여 년) 자본주의 역사를 이끌어
온 탄소기반 경제를 환골탈태해야 한다. 따라서 인프라 투자는 필
수적이며 모든 에너지원을 전기화하고 여기에 사용될 전기를 재생
가능 발전으로 생산하는 것이 그린 뉴딜의 핵심 방향이다. 그러나
발표문의 '저탄소·분산형 에너지 확산' 항목을 보면 구체적인 수치
가 제시되지 않았다. 스마트 그리드를 확대하고, 섬 지방의 디젤엔
진 발전을 재생에너지 발전으로 전환하며, 대규모 해상풍력단지를
조성하거나 주민참여형 태양광발전을 늘리겠다는 방향은 옳다. 하
지만 언제까지 어떻게 달성할 것인지에 관한 실행방침이 없다. 전기
차·수소차 항목에서 자동차 대수와 충전기 숫자까지 밝힌 것과는
사뭇 대조적이다.

2020년 8월 유럽의 에너지 분야 컨설팅업체인 '에너데이터'는 한
국의 2019년 재생에너지 발전 비중이 4.8%로 전체 평균 26.6%에
비해 매우 낮다고 발표했다. 조사 대상국 44개국 중 40위이며 한국
보다 순위가 뒤진 나라 중 세 나라는 중동의 산유국이었다. 아시아
8개국의 평균도 우리보다 훨씬 높은 23.7%일 뿐 아니라, 한국의 재
생에너지 발전 비중은 10년 동안 3.1%p 오른 반면 아시아 평균은
15%p 올라서 증가 속도에서도 뒤처진다. '기후악당'이라는 비난을
들어 마땅하고 명백히 '무임승차자' 노릇을 하고 있다.

전체적으로 그린 뉴딜에서도 정부의 목표는 성장(과 고용)에 맞춰져 있고, 어떻게 하면 '4차 산업'을 위한 규제완화를 할 것인지, 그리고 재벌의 투자를 최대한 보조하겠다는 것이다. 정부는 재생가능 에너지에 의한 수소 생산 계획도 없이 수소차의 보급에만 신경을 쓰고 진의가 의심스러운 원격의료와 내용이 불분명한 '비대면 산업'을 전면에 내세웠다. 현재 상태로는 그린 뉴딜에 '그린'이 없고, 사회 전체와 합의하는 뉴딜이 아니라 재벌과 유착한 '노딜(no deal)'이라는 비판을 받는 것도 무리가 아니다.

또한 한국의 불공정을 주도하는 자산가격 거품에 대해서도 거시경제의 안정에서 다룰 뿐 한 번도 정부의 핵심 과제로 다룬 적이 없다. 우리는 '평평한 운동장'에서의 경쟁을 위해서, 즉 기회의 평등을 위해서, 또 진정한 의미의 기술혁신을 위해서도 피케티의 β값을 최소한 반으로 낮추어야 한다고 생각한다.

우리는 서론에서 뉴딜의 의미가 '새로운 사회적 계약'이며, 이는 두 가지 위기 극복을 위해서는 우리 모두가 추구해야 할 공공성을 정의하고 실천방안을 숙의민주주의로 합의하는 것이라고 정의했다. 이 정부의 정책 결정에서 숙의라고 할 만한 것은 신구 재벌의 관심 분야인 플랫폼 산업, 수소경제, 그리고 비메모리 반도체 산업의 의견 수렴뿐이었다. 물론 정부의 대화 노력이 없었던 것은 아니었으나 주로 고용 문제를 다루기 위해 제안된 노사정 대화는 민주노총의 거부로 불발되었다.

2. 공정 뉴딜의 정책기조

1) 불평등 위기와 종합부동산세(국토보유세)

피케티의 '21세기 자본'은 어느 누구도 쉽게 부정할 수 없는 장기 통계, 즉 움직일 수 없는 역사적 사실을 제시해서 현재 세계의 불평등이 자본주의 역사상 가장 심각하다고 주장했다. 그는 $β=W/Y$(W는 민간 순자산, Y는 국민순소득), 즉 어떤 시점의 한 나라 순자산[12]을 그해의 국민소득으로 나눈 값에 초점을 맞췄다. 예컨대 한국의 2020년 민간이 가지고 있는 부(순자산)는 그해 국민소득의 몇 배나 될까를 계산한 수치이다. $β$에 평균 자산수익률을 곱하면 그 해 자산 소유자들에게 돌아간 소득, 즉 '자본소득'이 될 것이다($α=rβ$).

2014년 5월 14일 한국은행과 통계청은 최초로 「국민대차대조표

〈그림 17-3〉 자본소득분배율($α$)의 국제비교

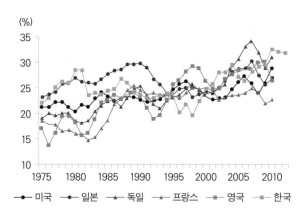

자료: 주상영(2015), 「피케티 이론으로 본 한국의 분배문제」, 『경제발전연구』, V21, N1, 32쪽.

공동개발 결과(잠정)」를 발표했다. 이 보고서는 2012년 "우리나라의 국민순자산(국부)은 1경 630.6조 원으로 국내총생산(1,377.5조 원)의 7.7배"에 달한다고 밝혔다. 이 수치는 피케티 β값의 근사치이다.[13] 대차대조표와 국민계정을 이용해서 피케티 비율을 구할 때 어느 항목을 사용하고 어떤 방식으로 변형시키느냐에 따라 이 수치는 상당한 차이를 보일 수 있는데, 국내 연구자들의 연구와 세계불평 등자료실(WID, 피케티가 세계의 불평등 지표를 모아놓은 사이트)의 수치는 대체로 일치한다. 또한 한국은행의 국민순자산/국내총생산의 크기 와 추세도 비슷하다.

주상영의 연구는 한국의 자본 몫(피케티의 α. 즉 전체 국민소득에서 자 산소유자가 가져가는 몫)이 1980년대와 1990년대 초까지 감소하는 경 향을 보이다가 1996년 외환위기를 기점으로 매우 빠른 속도로 증 가했다는 사실을 보여주었다.[14, 15] 노동과 자산 간 분배의 악화는 수학적으로 실질생산성과 실질임금 증가율의 차이에서 도출할 수 있다. 전 세계적으로는 1970년대 중반부터 실질임금 증가율이 생 산성 증가율을 하회하게 되는데, 한국에서는 1990년대 중반의 외 환위기가 기점이 되었다. 〈그림 17-4〉는 2005년에서 2012년까지 한국의 기능별 분배가 세계에서 가장 빠른 속도로 악화되었다는 것을 보여준다. α=rβ이므로 피케티가 실증한 대로 r=0.05 정도로 일정하다면[16] β역시 세계에서 가장 빠른 속도로 증가했을 것이다.

이를 확인하기 위해 최근 한국은행의 대차대조표를 들여다보자. 2020년 7월에 발표된 국민대차대조표는 2019년 말 현재 우리나라 의 국민순자산은 1경 6,621.5조 원이며 국내총생산 1,919조 원의 8.7배에 달한다고 발표했다. 앞에서 본 대로 2012년 말의 국민순자

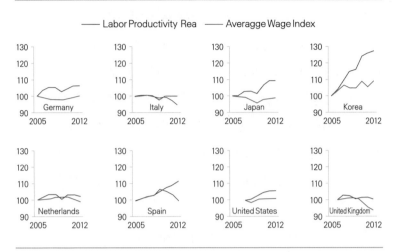

〈그림 17-4〉 각국의 노동생산성과 실질임금의 증가율 추이

—— Labor Productivity Rea　—— Averagge Wage Index

자료: IMF(2015). "Causes and Consequences of Income Inequality: A Global Perspective", Staff Discussion Notes No.15/13.

산은 1경 630.6조 원으로 당시 국내총생산(1,377.5조 원)의 7.7배였으므로 7년 만에 우리나라 자산의 가치는 약 60% 증가한 반면 이 기간 동안 소득은 40% 늘어났다. 또 소득 안에서 노동소득의 몫은 더욱 더디게 증가했다. 이제 땀 흘려 일하는 것만으로 남부럽지 않게 산다는 건 불가능에 가깝다.

국민대차대조표상의 국민순자산/국민총생산 비율과 피케티의 β는 2002년을 기점으로 2009년 각각 7.7과 8.3으로 치솟았으며 2010년 이후에도 꾸준히 상승해서 현재 8.5 부근까지 올라갔다.

피케티의 β값은 자본주의 역사상 가장 불평등했던 19세기 말(마르크스가 살던 시대이고 동시에 '레미제라블'의 시대였다)에 약 7이었다. 부동산 거품이 터지기 직전 일본의 수치도 7에 근접했다. 반면 1945년에서 1975년까지('자본주의의 황금기'라고 불리며 독일의 '라인강의 기적', 프랑스의 '영광의 30년'이 이 시기에 속한다) 약 30년 동안 이 수치는 2~3 정도였다. 불행히도 두 번의 세계전쟁과 대공황이라는 어마어마한 격변을 겪은 뒤에 비로소 β값이 3분의 1로 줄어들 수 있었던 것이다. 이는 평시의 정책으로는 현재의 불평등을 시정하기 매우 어렵다는 것을 의미한다. 현재의 불평등 수준에서 사회는 지속 불가능하며 위기 경보가 여기저기서 울리고 있다. 유럽과 미국의 극우 포퓰리즘이 성행하는 것도 그중 하나이다.

하지만 한국이 원래 불평등한 나라는 아니었다. 1960년대의 한국은 자산분배와 소득분배 모두 세계에서 가장 평등한 나라에 속했다.[17] 해방 후 북한의 토지개혁에 자극을 받아 농지개혁을 한 데다 연이은 한국전쟁으로 지주계급이 거의 소멸했기 때문이다. 이러한 농지개혁은 동북아시아 국가들의 특징으로서, 이들 국가가 중남미나 동남아 국가들을 모두 제친 결정적 이유가 되었다. 1970~80년대의 높은 경제성장률은 피케티의 β값을 어느 정도 제한하는 역할을 했을 것이다. 하지만 외환위기 이후 다른 나라에 비해 더 빠른 속도로 불평등이 심화되고 있다. 실질임금 증가율이 생산성 증가율을 하회해서 자산가들이 가져가는 소득 몫이 큰데, 이 소득은 실물투자가 아니라 부동산 등 자산 구입에 쓰이므로 자산 불평등으로 이어지고 있다. 압축성장으로 유명한 한국 경제는 이제 소득과 자산 양면에서 모두 '압축 불평등'을 겪는 중이다.

IMF의 〈그림 17-4〉는 이렇게 한국의 불평등이 세계에서도 손꼽힐 만큼 심해진 것이 기본적으로 국민소득 중 자산 몫과 노동 몫의 격차가 커졌기 때문이라는 사실을 보여주고 있다. 이러한 기능별 분배(노동과 자본 간의 분배)상의 불평등은 계층별 분배(국민 계층 간의 분

〈그림 17-5〉 한국 상위 10%가 전체 자산과 소득에서 차지하는 비중

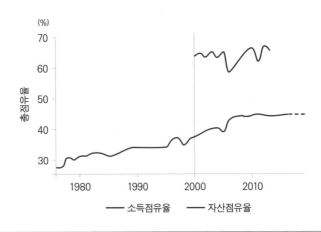

자료: WID, Korea, Top 10% Share, Wealth & Income

배)상의 불평등과 동시에 진행되고 있다.[18]

〈그림 17-5〉에서 보는 바와 같이, 상위 10%가 자산에서 차지하는 비중은 60% 중반대, 소득에서 차지하는 비중은 약 45%로 한국의 계층별 불평등도 세계 최고 수준에 이르렀다는 것을 알 수 있다. 더구나 모든 불평등에 관한 그래프는 기능별 불평등과 계층별 불평등 모두 1990년대 중반, 즉 외환위기 이후 빠른 속도로 심화되어 세계 최고 수준에 도달했다는 사실을 보여준다.

따라서 세대별 경험은 거의 극과 극의 대조를 보였고, 청년층의 무력감이 극에 달하게 되었다. β값은 자산과 소득의 변화를 동시에 보여주므로 β값을 줄이는 것은 자산과 소득의 동시 불평등 완화가 될 것이다. 그동안 한국 정부의 정책에서 소득주도 성장은 β의 분모를 평등하게 증가시키는 것이며(기능적 소득분배와 노동소득 내 분배의 개선), 종부세(또는 국토보유세)는 분자를 감소시키는 것이다. 즉 우리

는 β로 표시된 한국 불평등 문제를 개선하기 위해 소득주도 성장[19]과 부동산가격 인하라는 구체적인 정책목표를 추구해야 한다. 임금주도 경제에서는 임금 몫을 늘리면 성장률도 올라간다.

하지만 소득주도 성장은 정의당을 제외한 거의 모든 정파의 공격을 받았고 2018년 홍장표 전 청와대 경제수석이 물러나면서 사실상 좌절했다. 2017년 최저임금 16.4% 인상은 이후 7개월 동안 550여만 명의 월급을 10만 원 끌어 올려서 이들의 소득은 연간 약 7조 원 증가했다. 재계와 보수언론, 그리고 일부 학자들은 이 정도로 한국 경제가 위기에 빠질 거라며 짐짓 영세 자영업자와 중소기업을 걱정했다.

실증적 근거는 전혀 없지만 결과적으로 정책 혼선이 나타난 것은 사실이다. 무엇이 문제였는지 앞에서 본 '새 정부 정책 방향'(《그림 17-1》)을 다시 들여다보자. 소득주도 성장의 첫 번째 정책, '가계의 실질 가처분소득 증대'의 첫 항목이 최저임금이다. 그다음 줄에는 '영세 상공인 부담 완화를 위한 일자리안정자금 지원, 카드 수수료 인하, 공정질서 확립'이 나온다. 하지만 지금까지 금융위원회는 카드 수수료를 인하하지 않았고 공정위는 편의점의 수익 비율을 높인다거나 하청단가를 조정하지 않았으며 노동자를 위한 임대료 규제(국토부)와 주거급여의 확대(복지부)도 당시까지 시행되지 않았다. 즉 문재인 정부가 새로운 패러다임의 핵심 정책기조로 내걸어서 많은 논란을 불러일으킨 소득주도 성장정책이 관련 부처의 보완정책 없이 추진되었다는 것을 의미한다. 정책 패러다임의 변화가 아니라 청와대 경제수석실이 직접 관여한 정책만 변화를 보였다.

β의 분자를 줄이는 부동산가격 안정정책은 더 참담한 실패를 낳

았다. 문재인 정부는 2020년 11월의 공시지가 현실화에 이르기까지 무려 24번의 부동산가격 안정화 정책을 내놓았지만 수도권의 중위 아파트 가격은 50%가량 상승했다.

참여정부에서 시행착오를 겪으면서 찾아낸 정책수단은 종부세 등의 보유세 강화와 LTV 등의 주택금융 대출규제였다. 둘 다 주택 수요곡선이 오른쪽으로 이동하는 것을 막아 고정시키는 정책들이다. 부동산시장은 가격 상승의 기대에 의해 수요곡선이 빠르게 이동하려는 성향(즉 투기 성향)을 지니고 있으며, 저금리와 대출규제 완화는 자금을 대서 그 이동 성향을 실현시킨다. 참여정부 초기 광교의 대규모 주택 공급이 발표됐지만 오히려 이 지역의 부동산가격이 올라간 것도 공급곡선의 이동보다 수요곡선이 더 빨리 이동했기 때문이다. 따라서 공급정책은 수요곡선이 고정된다는 조건 하에서 가격을 안정 또는 하락시킬 수 있으며, 그러한 조건이 갖춰지지 않은 상태에서의 공급정책은 오히려 정부가 부동산 안정정책을 포기했다는 신호로 해석될 수 있다. 만일 다주택 소유자가 보유한 주택이 풀려나온다면 그린벨트를 풀면서까지 공급을 증가시킬 유인은 대폭 줄어들 것이다.

대체로 진보적인 경제전문가들은 수요 억제를 강조하고 시장주의 쪽 전문가들은 공급 확대를 지지했다. 문재인 정부가 출범했을 당시의 부동산시장은 약간의 신호만으로도 투기가 일어날 조건을 갖추고 있었다. 2008년 금융위기 이후 천문학적 양적 완화 정책으로 저금리가 오랫동안 지속되었고 자산버블에 의해 경제를 유지시켰고, 이를 시정하기 위한 테이퍼링(tapering)[20]과 보유자산 축소는 서서히 진행됐다. 한국의 박근혜 정부는 경기를 부양하기 위해 금리를 인하하고 LTV를 완화시킴으로써 부동산 수요곡선을 움직이기 시작했다. 2017년 실효세율 1%까지 올리도록 계획한 종부세는 이명박 정부와 박근혜 정부를 거치면서 실효세율이 0.16%로 떨어졌다. 박근혜 정부는 부동산투기에 의해 경기를 부양하겠다는 신호를 분명히 보낸 상태였다.

따라서 문재인 정부가 해야 할 일은 종부세의 강화와 LTV 강화 등을 발표하여 임기 동안 수요곡선의 이동을 엄금하겠다는 신호를 보내야 했다. 그러나 24번의 부동산 정책은 언제나 뒷북을 치는 것이었고 또한 핀셋으로 거위 털을 뽑는다는 표현이 나올 정도로 미온적이었다. 정부 정책의 거듭된 실패는 멈칫하던 수요곡선을 빠르게 이동시키는 역할을 했다. 다주택 보유 청와대 비서진에게 집을 팔라고 했으나 그들은 미적댔고, 고위공무원과 민주당 의원들의 강남 다주택 보유도 정책 의지를 의심하도록 만들었다.[21]

결정적으로 문재인 정부의 핵심 세력인 586 수도권 국회의원들은 종부세 트라우마를 지니고 있다. 2004년 노무현 대통령 탄핵 사태로 40대의 나이에 대거 국회로 진출했던 이들은 2008년 총선에서 대부분 낙선을 경험했다. 당시 수도권 대부분의 지역구에서 여야 거대 정당은 똑같이 특목고와 뉴타운 유치를 내걸었다. 학력과 부동산이라는 자산 세습의 두 원천을 내건 경쟁에서 종부세 강화를 약속한 정부에 속한 정당은 불리했다. 이들은 2012년 대선의 실패도 문재인 선대본부의 진보적 경제학자들이 종부세 강화 등 비현실적 정책을 내걸었기 때문이라고 믿었다. 실제로 2020년 4월의 총선을 앞둔 586 후보들은 임기 내내 종부세 인상을 가로막았고, 선거과정에서는 대표까지 나서서 종부세를 완화하겠다는 약속까지 했고, 2021년 서울과 부산 시장 보궐선거 패배 후에도 마찬가지 행태를 보였다.

이런 상황에서 민간 임대업자에게 여러 가지 특혜를 부여한 것은 결정적인 정책 오류였다. 금융 조건이 완화되어 있는 상태에서 임대업을 목적으로 한 주택 수요가 치솟았다. 임대업자를 등록시켜 전월세 주택 공급을 늘리겠다는 의도는 부동산가격 상승을 촉발했고 이에 따라 (균형 상태에서의) 임대료 상승을 불러일으켰다. 정부의 미온적인 수요 억제정책과 잘못된 임대주택 공급정책은 정부의 의도와는 정반대의 신호를 시장에 보냈고, 결국 이른바 '갭 투자' 수요는 물론 '영끌(영혼까지 끌어모으다)'에 의한 청장년 주택 수요까지 부추겼다.

작금의 부동산가격 폭등은 세계 경제의 상황, 전임 정권의 부동산 정책, 그리고 임대업 특혜 정책의 오류, 그리고 무시할 수 없는 요인인 정치권의 종부세 트라우마 등이 겹쳐서 일어났는데 정부는 계속 뒤를 쫓아다니면서 찔끔찔끔 미온적인 정책을 내놓아서 결과적으로 의지와 능력의 부족을 증명했다. 이제 어떤 정책을 내놓아도 시장은 그저 관망하는 상태가 되었다. 11월 24일의 공시지가 현실화와 종부세 인상을 3년 전에 내걸어 수요곡선을 고정시켰다면 다주택자의 보유분이 시장에 나왔을 것이고 토지임대부, 환매조건부 공공주택을 공급하는 정도로 부동산시장을 안정시킬 수 있었을 것이다.

물론 대학입시제도와 사교육 등 한국의 불평등을 악화시키는 중요한 요인이 여러 가지 존재한다. 현재의 자산 불평등이 사회적 갈등을 야기할 뿐 아니라 경제성장과 혁신을 가로막고 출산율 저하에까지 결정적인 영향을 미친다면 피케티의 β값을 낮추는 정책을 명확하게 제시할 필요가 있을 것이다. 만일 부동산값이 하락한다면 종부세가 아니라 다른 자산의 보유세가 인상되어야 할 것이다. 현재 8.5에 이른 이 수치를 얼마나 낮출 것인가는 물론 사회적 합의를 거쳐야 한다. 다만 성장률도 높고 분배 상황도 개선됐던 1945년에서 1970년대 중반까지의 '자본주의 황금기'에 이 수치가 2~3이었다는 것을 기억한다면 앞으로 10년간 이 수치를 반으로 내리는 목표부터 논의할 필요가 있을 것이다.

2) 기후위기와 탄소세, 그리고 산업의 전환

불평등 위기에 대한 대책은 피케티의 β가 중요한 정책 목표가 될 수 있는지, 또 얼마나 내려야 할지에 관한 사회적 합의, 즉 뉴딜이 절실하게 필요하다. 반면 또 다른 위기인 기후위기는 목표가 확실하다. 온실가스 배출을 2030년까지 2010년 대비 45% 이상 줄이고 2050년에 넷제로를 선언하는 것이다. 우리는 앞에서 종합부동산세(또는 국토보유세)가 한국의 불평등 위기를 해결하기 위한 핵심 정책 수단이라고 밝혔는데 기후위기에 대해서는 탄소세가 그러한 위치를 차지한다고 생각한다.

우리는 성장과 탄소배출을 분리시키는 것(탈동조화)이 불가능하다고 생각하지 않는다. 이를 위해서는 빠른 기술혁신과 강력한 정부 정책, 시민들의 적극적 참여가 필요하다. 녹색산업 정책의 주창자인 알텐버그와 로드릭(Altenburg and Rodrik)은 성장과 탄소배출의 "'절대적 탈동조'는 불가능하지 않다. 자원 효율성의 엄청난 비약은

〈그림 17-6〉 석유위기 때의 탄소 배출량과 경제성장률

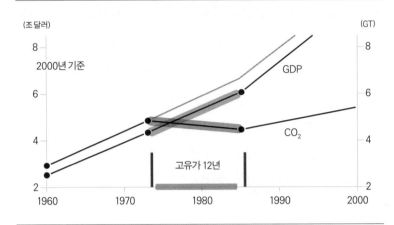

자료: Cramton, P., Ockenfels, A. and Stoft, S.(2017). "Global Carbon Pricing", *Global Carbon Pricing*, ch.7, p.48.

기술적으로 가능하다. 재생에너지로 갈아타기, 똑똑한 정보(smart information)의 사용, 통신기술체제, 에너지 절약적 기술의 사용, 마지막으로 그러나 중요한 것으로 소비자 행동의 변화가 필요하다"고 말한다.[22]

경제가 성장하면서도 탄소 배출 증가량이 줄어들었던 역사적 시기의 경험도 탈동조화의 가능성을 보여준다.

〈그림 17-6〉에서 보듯이 1973년에서 1985년까지 고유가가 이어진 12년 동안 미국은 반도체 등 에너지 절약기술에 투자해서 탄소 배출량을 줄이는 데 성공했는데 이 기간의 평균 경제성장률은 여전했다. 결국 'IT 혁명'으로 이어진 이런 기술혁신은 매우 심각한 위기의식 속에서 시민들이 일치해서 노력했기 때문에 가능했다. 현재의 생태전환이 이러한 예외적인 혁신을 이뤄내기 위해서는 스티글리츠의 말처럼 "전쟁터에 나가듯이 행동해야 한다".[23]

그린 뉴딜의 기본 정책수단은 탄소세에 의한 시장의 변화 유도, 녹색산업 정책, 그리고 정부가 주도하는 기술혁신과 인프라 투자이다. "잘 설계된 탄소 가격은 효율적인 방식으로 배출을 줄이는 전략에서 필요불가결하다."[24] 탄소에 가격을 매기는 또 하나의 방법인 배출권 거래제도는 그 시장 가격이 정부 목표에 어울리는 수준으로 결정될 것인지 불확실하다.[25] 우리의 목표는 경제 행위자들에게 탄소가격이 계속 올라갈 것이므로 탄소배출을 줄이지 않으면 안된다는 명확한 신호를 보내는 것이다.

그러므로 여기에서는 탄소세를 중심으로 논의할 것이다. 최종 소비 단계의 이산화탄소 배출을 줄이려면 전기화(electrification)와 각종 전기 기기의 에너지 효율화를 달성해야 한다. 이를 위해 재생에너지의 발전 비율을 최대로 높이는 시장경제에서 가격은 모든 시장 참여자의 행동을 결정하는 신호를 보낸다. 시장의 힘은 혁신에 있다. 산업혁명 이래 자본주의는 이 끝없이 새로운 생산방식을 찾아내서 생산성을 향상시켰다. 또 그동안 사람들은 시장에서 벌어진 결과를 받아들이는 성향을 보였다. 사람들은 시장가격에 적응하기 위해 경쟁했고 특별히 독점이라거나 국가의 편애가 없었다면 그 결과에도 수긍하는 편이다. 이는 정부 정책에 대한 불만과 비교해보면 의아할 정도이다.

시장 자체로는 할 수 없는 일도 많다. 시장은 기본적으로 한계적인 변화에 적응하는 메커니즘이지 '전환(transformation)'이라는 역사적 격변기에는 작동을 멈추거나 이상 현상을 보였다. 즉 가격이 널뛰고 행위자들은 떼로 몰려다니거나 아예 시장을 벗어나려고 했다. 첫 번째 자본주의로의 전환(폴라니의 '거대한 전환')이나 두 번째 전환(사회주의 국가들의 '시장화') 모두 국가의 역할은 지대했고 가격을 적절히 통제하고 현명한 산업정책을 사용한 국가들이 그래도 순조롭게 전환에 성공했다.

이 두 역사적 사례보다 우리는 더 거대한 '녹색 전환'을 거쳐야 한다. 2018년 IPCC는 1.5°C 상승 밑에서 '지구 위기'를 막으려면(즉 티핑 포인트를 넘어가지 않으려면) 2050년까지 온실가스 순배출 제로를 달성해야 하고, 이를 위해서는 2030년까지 45% 이상 감축해야 한다고 밝혔다.

물론 시장이 가진 힘, 즉 민간이 창의적으로 혁신적 방법으로 적응하게 하는 힘을 이용하기 위해서 탄소(온실가스) 가격을 '인위적'으로[26] 설정하고 또한 계속 높여가야 한다. 일단 탄소배출을 줄이려면 에너지원으로 전기를 쓰면 된다. 하지만 그 전기는 어떻게 만들 것인가? 탄소세란 이산화탄소 배출량에 따라 세금을 매기는 것이다. 석탄발전이 가장 많은 세금을 낼 것이고 전기료 또한 그만큼 높아질 것이다.

작년 8월 영국 기업에너지산업전략부가 발표한 국제 비교를 보면 한국의 가정용 전기요금은 Kwh 당 8.47펜스(약 125원)으로 OECD 국가 중 최저 수준이다(2019년 국회 예산정책처의 발표로는 3위). 거대한 유전을 보유하고 수력발전으로 대부분의 전기를 충당하는 노르웨이보다도 낮다.

한편 산업용 전기요금은 7.65펜스(약 113원)로 중간 수준이었다. 우리나라의 철강, 석유화학, 자동차, 반도체 등 에너지 다소비형 산업의 경쟁력 중 상당한 부분은 이러한 전기 보조금이 유지시키고 있다. 기후위기는 산업의 경쟁력보다 훨씬 절박하고 포괄적인 문제이

366

다. 어차피 모두 맞거나 맞지 않을 위기이니 내 이속부터 차리면 된다고 생각하면 우리는 바로 죄수의 딜레마에 빠진 것이다. 이를 극복하기 위해서는 모든 국가가 공통의 탄소가격에 적응하면 된다. 가장 간단하고 확실한 방법은 이 목적을 달성하는 데 걸맞은 탄소세를 매기는 것이다. 반대로 내셔널 챔피언을 지키겠다고 에너지 가격을 현재 수준에 묶어둔다고 이 산업부문의 경쟁력이 보장되는 것도 아니다. 밑에서 중국이 무서운 속도로 거의 다 쫓아왔기 때문이다. 반대로 위에서는 지금 유럽 등 선진국가들이 도입하고 있는 Re 100이나 탄소관세 등 탄소배출이 많은 기업에 불리한 제도로 인해 손해를 보게 될 가능성이 점점 더 커지고 있다.

누구나 제조업 최강국으로 꼽는 독일과 일본의 산업용 전기료는 우리보다 45%와 65% 더 높다(가정용은 215%와 107%). 독일과 일본의 제조업은 비싼 에너지 가격을 상쇄하기 위해 기술혁신을 해야 했다. 1,000달러의 부가가치당 한국의 에너지 투입은 0.314TOE로 독일의 두 배(0.160TOE), 일본의 세 배(0.095TOE)가량 많다. 전기료 인상을 기술혁신으로 돌파할 수 있는 기업은 독일이나 일본 기업처럼 중국과의 경쟁에서도 살아남을 가능성이 높다. 값싼 전기료에 의존해서 기술혁신을 뒤로 미루다가는 우리 대기업마저 조만간 사라질지도 모른다.

재생에너지 발전 비율도 전기료가 높을수록 빨리 높아질 것이다. 에너지 효율을 높이는 한편 절대적 에너지 투입(가정은 소비)도 줄여야 한다. 예컨대 에너지 효율이 매년 7~8% 향상된다면 10년 동안 100% 전기료 인상도 견뎌낼 수 있다. 만일 그 5%씩밖에 향상시키지 못한다면 나머지 2~3%씩은 투입(소비)의 감소로 충당해야 한다.

<표 17-1> 탄소세가 에너지 가격에 미치는 영향(2030년)

국가	석탄		천연가스		전기		가솔린	
	기준 가격 ($/GJ)	가격 증가 (%)	기준 가격 ($/GJ)	가격 증가 (%)	기준 가격 ($/GJ)	가격 증가 (%)	기준 가격 ($/GJ)	가격 증가 (%)
$75/Ton Carbon Tax								
아르헨티나	3.0	297	3.0	133	0.10	48	1.4	13
호주	3.0	263	9.6	44	0.11	75	1.3	15
브라질	3.0	224	3.0	131	0.12	7	1.4	13
캐나다	3.0	251	3.0	128	0.10	11	1.1	17
중국	3.0	238	9.6	41	0.09	64	1.2	13
프랑스	5.0	123	8.3	49	0.12	2	1.8	9
독일	5.2	132	8.4	52	0.12	18	1.8	8
인도	3.0	230	9.6	25	0.09	83	1.3	13
인도네시아	3.0	239	9.6	36	0.12	63	0.6	32
이탈리아	5.3	134	8.3	50	0.14	18	2.0	9
일본	3.0	230	9.6	48	0.13	42	1.4	11
한국	3.0	220	9.6	47	0.16	42	1.5	6
멕시코	3.0	226	3.0	132	0.10	74	1.0	18
러시아	3.0	169	7.0	54	0.14	25	0.9	12
사우디 아라비아	3.0	234	7.0	56	0.22	40	0.6	28
남아공	3.0	205	7.0	23	0.08	89	1.2	16
터키	3.0	232	7.0	59	0.09	40	1.5	9
영국	6.1	157	8.3	51	0.13	16	1.7	8
미국	3.0	254	3.0	135	0.08	53	0.8	20
	3.5	214	7.0	68	0.12	43	1.3	14
$50/Ton Carbon Tax								
Simple average	3.5	142	7.0	45	0.1	32	1.3	9
$25/Ton Carbon Tax								
Simple average	3.5	71	7.0	23	0.1	19	1.3	5

자료: Stern and Stiglitz(2017). "Report of the High Level Commission on Carbon Pricing", Paper of the Carbon Pricing Leadership Coalition of the World Bank Group. p.9.

이렇게 우리의 정책 목표는 1.5°C 상승 이내의 수준에서 경제를 지속시키는 것이다. 탄소세는 한편으로 화석연료 산업을 구조조정하고 재생에너지 산업의 기술혁신을 촉진하는 한편 에너지 소비를 줄이는 유인으로 작용한다. 그렇다면 우리의 목표를 달성하기 위해 탄소의 톤당 가격은 얼마여야 할까?

스턴과 스티글리츠는 당시까지 제출된 시나리오들을 종합해서 파리 목표(2°C 한계)와 일치하는 탄소가격 수준은 (보완정책이 시행되는 경우) 2020년까지 적어도 40~80달러/tCO2, 2030년에는 50~100달러여야 한다고 추정했다.[27] IPCC의 2019년 제안(1.5°C)을 지키려면 이보다 더 높은 가격이 필요할 것이다. 우리는 이러한 추정에 근거해서 2030년까지 톤당 75달러,[28] 2050년까지 톤당 125달러까지 탄소세를 올려야 한다고 생각한다.

2030년 탄소세 75달러는 전기료를 얼마나 인상시킬까? 〈표 17-1〉은 IMF가 탄소세가 각국의 전기료 인상에 미칠 영향을 추정한 자료이다.[29] 이 표에 따르면 2030년 한국에 75달러의 탄소세를 부과하면 전기요금은 42%, 석탄가격은 220%, 천연가스 가격은 47%, 가솔린 가격은 6% 상승한다.

10년간 전기요금을 약 50% 인상하려면 매년 4% 남짓 올라야 한다.[30] 만일 에너지 효율이 같은 속도로 상승한다면 전기 소비를 줄이지 않아도 될 테지만 그에 미치지 못한다면 그 차이만큼 가격 표시 총에너지 소비는 줄어들어야 한다. 즉 제본스 효과를 막으려면 에너지 효율화의 속도가 전기요금 인상 속도보다 빠르면 된다.[31]

한편 화석연료에 대한 현재의 보조금은 전액 삭감해야 한다. 이 조건 하에서 전기요금 인상은 재생에너지 발전의 수익성을 제고해

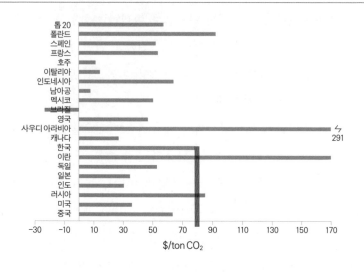

자료: Parry, I.(2017). "Reflections on the International Coordination of Carbon Pricing",
Global Carbon Pricing, ch.3, p.19.

서 발전량을 늘리고 기술혁신을 촉진할 것이다.

하지만 2020년 톤당 50달러에서 시작해서 2030년 75달러에 이르는 탄소가격[32]이 이 기간 동안 국민의 후생을 심각하게 훼손한다면 이런 정책을 채택하기는 힘들 것이다. 지금까지의 논의는 직접 계산할 수 있는 탄소 배출비용을 기준으로 이루어졌는데, 보통의 경제학 분석처럼 탄소가격 수준에 따른 편익 측면도 고려할 수 있을 것이다. 물론 탄소 배출량 감축이 가져올 편익, 예컨대 국민 건강, 기후 정의의 촉진, 기후의 안정화, 생물 종 다양성의 유지, 산호초 백화 현상의 방지 등을 한국에 국한해서 화폐로 환산하는 것은 어떤 가정을 취하느냐에 따라 매우 변동폭이 클 수 있다.

여기서는 대표적인 자유주의 국제기구인 IMF의 연구만 소개하기로 한다. 결론부터 말한다면 비용편익을 고려하는 경우에도 75달러일 때 한국의 후생이 최고 수준에 이른다는 것이다.

이들의 추정을 믿는다면 한국은 이산화탄소 가격이 70달러 후반일 때 가장 효율성이 높다. 즉 현재 한국은 탄소의 과다배출로 국민 건강이나 산업경쟁력 등에서 매우 많은 피해를 입고 있어서 탄소가격이 높아질 경우 비용편익 분석에 따른 후생이 극대화된다.[33]

기후위기를 막기 위한 공통의 탄소가격과 한국의 효율적 탄소가격이 일치한 건 분명히 우연이다. 하지만 이 분석들을 믿을 수 있다면 그것은 행운이기도 하다. 지구 전체를 위한 의무 이행이 곧 국가의 효율성도 최고로 높인다는 것을 의미하기 때문이다.

우리는 기존 문헌을 이용해서 적정 탄소세 수준을 추정했을 뿐이다. 탄소세의 인상에 따라 어떤 경로로 산업과 국민생활에 어떤 충격이 미칠지 연구는 매우 부족하다.[34]

'생태전환'은 화석연료에 기반한 자본주의 자체의 성격을 바꾸는 일이다. 자본주의의 역사는 어떠한 구조 전환에서도 산업정책이 매우 중요한 역할을 한다는 사실을 보여준다. 알텐버그와 로드릭(Altenburg and Rodrik)은 생태전환을 위한 산업정책은 "구조전환정책(structural transformation policies) 또는 생산적 발전 정책(productive development policies)이 더 적합할지도 모르지만"[35] 전통적 용어인 '산업정책'을 사용한다면서 이 정책은 제조업뿐 아니라 전 경제를 망라하는 정책이라고 강조한다.[36]

재생에너지 산업, 전기자동차, 건물 효율화 산업은 대부분 초기단계의 유치산업이며 (글로벌) 생산시스템도 아직 갖춰지지 않았다. 또 이 산업이 의존해야 하는 다른 부분 시스템이 생태친화적이지 않은 경우도 많다.[37] 예컨대 태양광발전소를 짓는 데 들어가는 철강이 탄소를 많이 배출하는 방법으로 생산될 수 있다. 또한 이 산업이 뿌리를 내려야 할(embedded) 사회시스템, 법과 제도가 새로운 기술산업에 걸맞지 않은 경우가 많다. 자동차 도로나 주유소가 가솔린이나 디젤 자동차에 맞게 설계되어 있으며 건물의 에너지 효율 등급도 과거의 상황을 반영하고 있다. 전환기의 산업정책은 이러한 문제를 모두 망라해야 한다.

생태전환은 전 사회를 환골탈태시키는 것이므로 2030년까지 전환기 10년의 재정은 직간접적으로 모두 전환에 사용될 것이다. 특히 탄소세는 전적으로 전환의 용도로 사용될 수 있을 것이다.[38] 〈표 17-1〉의 추정에 따르면 75달러 탄소세는 약 28조 원의 세수를 보장한다. 이는 현재 에너지 관련 세금 합계(약 22조 7,000억)보다 5조 원가량 많다.[39] 즉 에너지 관련 세제를 탄소세로 일원화하면 중립적이나 마찬가지인 소폭 증세로 세입의 내부구성만 변화시킨다. 만일 50달러 탄소세(2020년)를 부과할 때 중립적 세금을 매긴다면 이후 10년 동안은 세수가 어느 정도 증가할 수도 있다(탄소 배출의 가격 탄력성이 얼마나 되는지가 세수의 양을 결정한다). 여기에 각종 화석연료 보조금을 줄이면 직접적인 전환 예산이 될 것이다.

최근 바이러스의 창궐로 각국의 중앙은행은 비전통적인 양적 완화에 의존해서 경쟁적으로 금리를 내리고 있다. 뒤에서 보듯이 바이러스 위기와 경제위기는 상호 상승작용을 일으키므로 바닥이 넓은 U자형 또는 L자형 경제를 보일 가능성이 높다. 이런 시기에 자본은 절대적으로 안전자산을 추구한다. 그러므로 국채 발행은 값싸게 부동자금의 수요를 충족시키는 수단이 된다.

전환 예산은 우선 구조전환 비용을 감당해야 한다. 석탄과 화력발전, 철강, 석유화학, 알루미늄, 펄프와 제지, 유리 산업은 탄소세 부과로 확실한 영향을 받을 것이다. 철강과 석유화학 등 대기업이 지배하는 산업은 스스로 보유하거나 개발한 기술로 가격 상승분을 흡수해야 한다. 하지만 중소기업들과 이들이 자리 잡은 지역의 경제를 위한 산업정책이 별도로 필요하다. 자동차의 경우에는 부품이 반으로 줄어들 때 일어날 하청업체의 문제, 그 기업들이 집중적으로 자리 잡은 지역(대구부터 창원까지의 동남벨트) 경제 문제도 다뤄야 한다. 앞으로 10년(2020~2030) + 20년(2030~2050) = 30년의 탄소세의 인상 속도와 규모는 이미 예고되어 있으므로 각 지역과 노동자들은 스스로 이 변화에 대응해야 하지만 이때 발생하는 전환비용은 정부가 일부 보조해야 한다. 특히 노동자들의 이동을 위해 적극적 노동시장정책(재교육 및 재배치)과 소극적 노동시장정책(실업수당 등 고용 관련 복지)을 미리 강화해야 한다.

구조조정에서 정책의 우선순위는 매우 중요하다. 전기료를 인상하기 위해서는 저소득층 주택의 에너지 효율화부터 해야 한다. 그린 뉴딜에 건물의 에너지 효율화는 필수적이며 초기에 먼저 실행해야 한다. 마찬가지로 노동자들의 대이동이 일어나야 하므로 노동시장 정책을 먼저 강화해야 한다. 일반적으로 정책의 혜택이 크고 광범위한 것부터 실행해야 한다.

생태 인프라 투자는 정부가 선도할 수밖에 없다. 예컨대 전기자동차가 달리려면 충분한 충전소가 있어야 한다. 또한 핵심 부품인 배터리가 충분히 생태적인지도 점검해야 한다. 인프라 자체에 대해서는 기득권 집단도 반대할 명분이 없으나 주로 재정적자를 문제

삼을 것이다. 장기 인내자금은 산업은행이 담당해야 하는데 이스라엘과 핀란드의 혁신 펀드 운용을 참고할 수 있을 것이다. 앞에서 본 것처럼 앞으로 10여년은 국채 발행에 유리할 것이므로 그린본드의 발행을 훨씬 앞당길 수도 있을 것이다.[40]

국가는 생태 기술혁신을 촉진하여 "시장을 창조해야 한다".[41] 혁신 펀드를 사용할 때는 정부 투자량만큼 지분을 확보하여 성공한 경우 수익을 재투자하는 방안을 적극적으로 고려한다. 또한 생태 기술혁신의 빠른 전파를 위해 재투자용 수익을 확보한 이후에는 지적재산권을 완화하는 정책도 고려해야 한다. 동아시아 탈탄소클럽과 같은 국제 제도가 이러한 정책을 요구한다면 정책 실행이 용이해질 것이다.

특히 우리는 재생에너지 발전에서 시·군·구 단위 지역공동체의 역할, 즉 사회적경제의 역할에 주목한다. 지난 10여 년에 걸쳐 눈부신 발전을 거듭한 사회적 경제의 가장 큰 소득은 시·군·구에 사회적경제 조직이 만들어졌다는 점이다. 이들 조직을 기초로 해서 자기 지역에 걸맞은 에너지 믹스를 결정한 후 이에 걸맞게 발전 시설을 갖춘다. 구 또는 시 단위로 지역 스마트그리드 송배전망을 건설한다. 지역의 수요를 넘는 전기는 기간망에 판매하거나 저장한다. 이 사업에서 나오는 수익은 일부는 지역주민의 소득으로 분배하고 일부는 재투자한다. 현재 태양광발전소의 건립과 관련해서 빈번하게 일어나는 말썽은 대부분 주민참여형이 아니기 때문이다.

재생에너지 생산에 참여한 지역 조직은 동시에 역내 노후 주택의 에너지 효율화를 도모하는 사업에도 참여할 수 있을 것이다. 녹색마을 만들기와 같은 운동이 전국적으로 일어난다면 지역의 일자리도 대규모로 창출할 수 있을 것이며 지역 단위의 민주주의 발전에도 기여하게 될 것이다.

중앙정부와 지방정부는 이러한 사업에 기술지원과 함께 재정지원을 할 수 있다. 예컨대 지역주민이 사업을 확정하고 스스로의 자금을 모으면 시·군·구가 이 프로젝트를 심사하여 보강한 후 1:1 매칭 투자를 하고 도 단위와 중앙정부 단위에서 차례로 1:1 투자를 하면 최초 주민 자금의 8배까지 투자할 수 있을 것이다. 이들 자금은 공동체 발전기금으로 축적할 수 있을 것이다. 사회적경제의 활성화를 위해 모색했던 여러 정책이 그린 뉴딜에도 활용될 수 있을 것이다.

이렇게 생태전환은 청년들에게 일자리를 제공하게 될 것이다. 중소 혁신기업을 중심으로 한 연구개발사업, 생태산업의 태동이 만들어내는 그린 스타트업, 공동체 에너지 전환사업, 건물 에너지 효율화 사업 등 각 부문, 각 지역에서 청년 주체가 형성되어 일자리뿐 아니라 마을도 만들어낼 수 있다. 앞에서 보았듯이 그린 뉴딜은 미래 세대가 주체가 될 때 가장 효과적으로 실행될 것이다.

생태전환정책은 장기 전략일 수밖에 없고 기존 이익집단의 저항을 뚫고 나아가야 한다. 이를 위해서는 일단 화석연료산업 바깥에 재생에너지산업을 빠른 속도로 발전시켜야 한다. 예컨대 화력발전소를 없애기 위해서는 더 빠른 속도로 태양광발전소가 늘어나야 한다. 이 새로운 산업을 추진하는 청년이 곧 '생태시민(eco-citizen)'이라는 새로운 세력이 될 것이다. 시민들의 생태동맹 없이는 효과적인 정책을 입안하는 것조차 불가능할 것이다. 이를 위한 생태시민 교육은 무엇보다도 중요하다. 즉 현행 교육의 내용과 방법도 크게 바뀌어야 한다.

3) 공정경제와 국제질서

우리가 불평등 위기와 기후위기를 미·중 마찰이라는 환경 속에서 극복해야 한다는 것은 매우 불행한 일이다. 앨리슨(Allison, G)은 2017년『운명적 전쟁: 미국과 중국은 투키디데스 함정을 벗어날 수 있는가』를 펴냈다. 투키디데스 함정이란 기존 강국(스파르타)의 공포와 신흥강국(아테네)의 불만이 상호 불신의 강화로 이어져서 보복의 악순환을 거듭한 끝에 결국 대규모 전쟁(펠로폰네소스)으로 이어진 현상을 말한다. 물론 고대의 아테네와 스파르타는 현재의 중국과 미국에 해당한다. 앨리슨과 나이(J. Nye)는 이러한 '세력전이'가 지난 500년 동안 16번 발생했는데, 그중 12번 전쟁이 벌어졌다고 주장한다. 앨리슨은 당사국이나 정치인의 의도와 관계없는 '구조적 압력 (structural stress)' 때문에 이런 함정에 빠진다(즉 '투키디데스 동학')고 거듭 강조한다.

2000년대에 접어들면서 중국과 미국 사이의 불신과 대립은 점점 심해졌고 트럼프 대통령 시기에 정점에 달했다. 트럼프 대통령은 2017년부터 본격적으로 대중 무역전쟁에 돌입했다. 전 세계를 뒤흔들고 있는 바이러스 위기의 와중에서도 두 강대국은 국제적 협력을 팽개친 채 바이러스의 진원지를 놓고 다투고 있으며 미국 대통령은 세계보건기구(WHO)마저 무력하게 만들었다. 25% 관세로 겨우 미봉했던 2018년의 미·중 전쟁은 곧이어 5G의 주도권 싸움으로 번졌고 급기야 복잡다단하게 연결되어 있는 글로벌 생산사슬에서 중국을 제외하자는 주장까지 나왔다. 이제 '신냉전'은 일부 국제 관계학자들이나 호사가들한테만 익숙한 용어가 아니다. 미국은 안보 쪽으로는 '쿼드'로, 경제 쪽으로는 '경제·번영 네트워크(EPN)'라는 중국 포위망을 동아시아의 동맹국들에게 요구하고 있다.

중국에 인접한 한국은 이 두 포위망의 핵심 구성원이다. 불행하게도 우리는 사드 배치 때문에 겪은 홍역을 이제 경제와 안보 양 쪽에서 수시로 치러야 한다. 국제관계이론은 '이럭저럭 버티기 (muddling through)' 또는 어떻게든 '보험 들기(hedging)'를 답으로 내놓았지만 어떤 쪽이든 원칙을 세워야 한다. 먼저 미국이나 중국의 직접적 요구에는 '현실주의'적 답을 내놓아야 한다. 화웨이 봉쇄라는 미국의 요구에 어떻게 응해야 할까? 화웨이 장비에 대한 수요 쪽 압력에 대해서는 현재 LG유플러스가 도입한 화웨이 설비가 한국의 안보나 기술 쪽 스파이 행위에 얼마나 연관되어 있는지, 그 우려의 비용이 저렴한 화웨이 설비라는 이익을 초과하는지를 명확히 밝혀야 한다. '국익'이 우리의 단기 결정의 기준이다. 한편 화웨이에 대한 반도체나 설비의 공급 쪽을 보면, 예컨대 삼성의 대중국 반도체 수출에 대한 미국의 2차 금융제재(secondary boycott)가 국제통상의 규범에 맞는지를 따져야 한다. 이 점은 한국 기업뿐 아니라 유럽이나 일본 기업은 물론 미국 기업에도 해당하므로 국제적 공론화가 중요하다. 즉 우리는 단기적으로 현실주의를, 그리고 중장기적으로 '구성주의'를 앞세워야 할 것이다.

미국이 신냉전이라는 그랜드 전략에 기울고 있는 것은 비현실적이지만 압력은 지극히 현실적이다. 이에 대해 과거 신흥독립국들이 '제3세계' 운동을 일으킨 것처럼 우리는 '제3지대'라는 구상을 할 필요가 있다. 모든 나라가 미·중 사이에 끼어 있다. 유럽연합(EU) 같은 국가연합도 마찬가지로 미국과 중국 사이에서 고민을 해야 한다. 50년대에 비동맹 운동, 제3세계 운동이 일어날 당시와 비교해보면 '제3지대'는 훨씬 더 유리한 국제 지형에서 펼쳐질 수 있다. 미국은 중국의 '권위주의'를 비판하지만 소련 공산주의 비판에 비해서는 강도가 약할 수밖에 없다. 미국과 소련은 냉전기 동안 1년에 20억 달러가량의 교역을 했지만 지금 미·중은 매일 20억 달러의 거래를 한다. 1945년 종전 후에 미국과 소련의 GDP는 세계 전체의 70%에 달했지만 지금 미국과 중국의 GDP는 합쳐서 40%를 넘지 못한다. 이런 현실에서 제3의 나라들이 한목소리를 낸다면 미국과 중국 어느 쪽도 함부로 무시할 수 없다. 즉 '제3지대'가 실리와 명분 양쪽에서 한 방향을 제시할 수 있다면, 전쟁을 예방하고 무엇보다도 기후위기를 막을 수 있을 것이다. 한국은 이러한 제3지대를 선도할 만큼 충분히 강해진 나라이다.

제3지대 국가들은 두 나라의 근접전을 피하고 양국이 공존할 수 있는 새로운 국제질서를 제시해야 한다.[42] 1940년대 유엔과 브레턴우즈체제에 버금가는 국제제도가 다시 설립되어야 한다. 당시의 케인스 초안처럼 경상수지 흑자국과 적자국이 동시에 불균형의 부담을 지는 국제금융제도(스티글리츠 등)와 복수의 국제통화가 공존하는 체제(아이켄그린 등)를 논의해야 한다. 불확실성을 높이고 각종 불평등을 심화시키는 자본이동을 제한해야 하고(로드릭 등), 인류 공동의 지식 커먼즈에 대한 '제2의 인클로저 운동'인 지적재산권의 강화를 막아야 하며(벵클러 등), 임박한 생태 위기에 대한 긴밀한 협력 체제를 당장 만들어야 한다. 제3지대는 이런 요구를 해결하는 주체가 될 수 있다.

3. 맺음말

우리는 이 장에서 새로운 경제질서를 만들기 위한 '공정 뉴딜'을 다뤘다. 한국 사회가 맞은 양대 위기인 불평등위기와 기후위기를 사회적 합의의 방식으로 극복하자는 전략이다. 이를 위해 유종일의 '전환적 뉴딜'과 문재인 정부의 '한국판 뉴딜'을 살펴보았다.

우리는 한국 불평등의 원인이 국민소득에서 노동 몫이 줄어드는 한편, 증가된 자산 몫이 다시 부동산 등 자산의 매입에 사용되는 데 있다고 진단했다. 특히 부동산가격의 앙등으로 지난 20여 년 동안 피케티의 β값은 8.5까지 세계 최고 수준으로 치솟았다. 역사에 비춰보면 이 정도의 β값은 혁명이나 전쟁과 같은 격렬한 사회 갈등, 그리고 대공황과 같은 경제위기를 낳았다. 현재의 상황에서도 이런 불평등은 각종 사회적 갈등을 극까지 부추길 뿐 아니라 혁신을 저해하여 장기적 저성장을 낳을 것이다.

우리는 β의 분모에 해당하는 국민순소득을 늘리는 방법으로 문재인 정부 초기에 시행했던 소득주도 성장을 되살려야 한다고 생각한다. 이 방식은 노동 몫 내부의 불평등도 완화할 것이다. 한편 분자의 순자산을 감소시키는 방법으로는 종부세 등 보유세의 강화를 제시했다. 분모를 늘리는 동시에 분자를 줄일 수 있다면 10년 안에 새로운 희망이 생겨날 수 있을 것이다.

기후위기에 대해서는 2050년 탄소중립을 정책목표로 삼고, 탄소세의 인상을 핵심적인 정책수단으로 제시했다. 현재까지 우리가 지닌 지식으로는 2020년 50달러, 2030년 75달러, 2050년 125달러까지 탄소세를 인상해야 한다.

최근 금융위기를 극복하기 위한 정책들은 위기의 원인인 불평등을 더욱 심화시켰고, 기후위기를 조금도 완화시키지 못했다. 이러한 재난자본주의의 논리를 거꾸로 세울 수 있다. 즉 위기 극복을 위한 대대적 공공투자를 생태 혁신과 불평등 완화에 사용한다면 그야말로 위기를 기회로 전환시킬 수 있을 것이다. 이러한 전환은 뚜렷한 비전에 대한 사회적 합의, 즉 뉴딜을 통하지 않고서는 달성할 수 없다. 공정 뉴딜이란 위기 극복의 결과가 더 정의로운 사회로 나타나는 것을 의미한다.

바이러스 위기로 촉발된 위기의식은 우리 내부의 협동을 촉진했고 우리는 지금까지 K-방역으로 불릴 만큼 훌륭한 성과를 거뒀다. 이제 이런 에너지를 불평등 위기와 기후위기 극복에 사용할 때가 되었다. 전환적 지도자의 리더십은 이러한 변화에 필수적이다.

제1장 우리 시대의 경제가치, 공정성과 지속가능성

1　"[창간기획—여론조사]시민 10명 중 6명 "한국은 불공정 사회"…'공정'에 대한 갈증 여전", 『경향신문』, 2020. 10. 6.

2　서울시문(2020. 12. 28일자 온라인판), '51% "코로나로 직장 잃었다"'. https://www.seoul.co.kr/news/newsView.php?id=20201229008026&wlog_tag3=naver

3　Rawls, J., 황경식 옮김(2003). 『정의론』, 이학사(*A Theory of Justice*, Revised Edition, Harvard University Press, 1999).

4　기본적 자유는 투표권, 언론의 자유, 집회·결사의 자유, 양심의 자유, 사유재산권 등 정치적 자유를 의미한다.

5　이를 '최소 극대화(maximin)의 원칙'이라 부른다.

6　자유, 권리, 기회, 소득, 부, 자존감의 사회적 기초 등 사람들이 자신의 목적을 성취할 수 있게 도와주는 일반적인 수단들을 의미한다.

7　Sen, A., 이규원 옮김(2019). 『정의의 아이디어』, 지식의날개(*The Idea of Justice*, Penguin Books, 2009).

8　기회의 공정성과 분배의 공정성은 개인뿐만 아니라 기업에도 적용된다. 기업 간 공정한 경쟁과 공정한 거래가 이에 해당할 것이다.

9　사실 각 개인의 노력과 기여에 따른 분배의 기준 자체도 큰 논쟁거리이다. 주류경제학(신고전학파 종합) 교과서는 자유경쟁시장에서 개인의 효용 극대화를 반영한 노동공급과 기업의 이윤 극대화(혹은 비용 극소화)를 반영한 노

동수요가 만나는 점에서 임금 및 고용 수준이 결정되고, 노동자와 자본가는 각자가 생산에 기여한 만큼 분배를 받는다고 기술한다. 따라서 시장이 자유경쟁 상태에 있는 경우 수요와 공급에 의해 결정된 (소득)분배는 생산에 참여한 주체의 기여도를 온전히 반영하므로 그 자체로 공정하다는 견해이다. 따라서 주류경제학에서는 실질적으로 분배이론 자체가 존재하지 않는다. 반면 비주류경제학자들은 노동자와 자본가 간 (소득)분배는 기본적으로 계급투쟁에 의해 결정된다고 본다. 이들은 주류경제학의 최적화(극대화) 이론은 논리적으로 성립하지 않을 뿐 아니라 현실을 반영하지도 않으며, 소득분배(임금 몫 혹은 이윤 몫)는 어느 계급의 힘이 센가에 따라 주로 결정된다고 주장한다. 그리고 거시적으로 결정되는 계급 간 분배 몫은 미시적 분배(기업 혹은 개인 단위) 결정에서 중요한 기준이 된다. 계급 간 상대적 힘의 세기는 역사적으로 변화하고 이는 명시적 혹은 암묵적 제도나 규범의 형태로 발현되므로, 개인의 노력과 기여에 따른 공정한 분배의 몫에 대한 사회적 인식도 절대적 기준이 아닌 사회적으로 받아들여지는 수준에 의존한다고 볼 수 있다.

10 기회의 공정성이 반드시 분배의 공정성을 보장하는 것은 아니며, 분배의 공정성이 기회의 공정성을 반드시 보장하는 것도 아니다.

11 모든 사람에게 경제적 기회를 획득할 여건을 보장하는 것은 '경제적 기본권'의 개념으로 이해할 수 있다.

12 인적 개발은 개인의 노력이 반드시 필요하지만, 인적 개발을 위한 여건 확충을 개인 혹은 가족의 책임으로만 돌리는 것은 실질적인 기회의 공정성에 부합하지 않고, 사회적으로 바람직한 수준의 인적 개발을 저해한다.

13 유종일(2012). 『유종일의 진보 경제학: 철학, 역사 그리고 대안』, 모티브북.

14 소득분배와 경제성장 사이의 관계에 관해서는 이 책의 제15장을 참조하라.

15 Lindert, P. H.(2004). *Growing Public: Social Spending and Economic Growth since the Eighteenth Century*, Volume 1, Cambridge University Press.

16 Wilkinson, R. and K. Pickett. 이은경 옮김(2019). 『불평등 트라우마』, 생각이음(*The Inner Level*, Penguin Books, 2018).

17 경제민주화에 관해서는 이 책의 제16장을 참조하라.

18 United Nations(1987). *Report of the World Commission on Environment and Development: Our Common Future.* 자세한 내용은 이 책의 제4장을 참조하라.

19 Purvis, B., Y. Mao and D. Robinson(2019). "Three pillars of sustainability: in search of conceptual origins", *Sustainability Science,* Vol.14, 681-695.

20 지속가능성은 경제영역, 사회영역, 생태영역이 상호 결합된 회복력(resilience) 개념을 포함한다.

21 Raworth, K., 홍기빈 옮김(2018). 『도넛경제학』, 학고재(*Doughnut Economics: Seven Ways to Think Like a 21st-Century Economist,* Chelsea Green Publishing, 2017).

22 Raworth, K., 홍기빈 옮김(2018). 『도넛경제학』, 학고재(*Doughnut Economics: Seven Ways to Think Like a 21st-Century Economist,* Chelsea Green Publishing, 2017).

23 황경식(2018). 『존 롤스 정의론: 공정한 세상을 만드는 원칙』, 쌤앤파커스.

24 Wilkinson, R. and K. Pickett. 이은경 옮김(2019). 『불평등 트라우마』, 생각이음, 364쪽(*The Inner Level,* Penguin Books, 2018).

25 공정성은 그 시대의 제도·규칙과 관련한다는 측면에서 매우 중요한 보편적 가치임에도 불구하고 일정 기간 다소 정태적인 개념으로 이해할 수 있다. 한편 지속가능성은 우리 사회의 현재와 미래를 위한 영속적 발전과 관련한다는 측면에서 동태적인 개념이다.

26 가계동향조사 자료를 이용하여 분석한 송상윤(2021)의 분석에 따르면, 가구소득 하위 10% 대비 중위소득 배율이 2019년 2~4분기에는 평균 5.1배였으나, 코로나19 확산 시기인 2020년 2~4분기에는 평균 5.9배로 상승하여 바이러스 확산의 부정적 영향이 하위소득 계층에서 크게 나타났다. 이처럼 가구소득 불평등의 확대는 코로나 19로 인한 고용충격(실업 및 비경제활동인구 증가)과 소득충격(저소득 취업가구의 소득 감소)이 하위소득계층에게 더 크게 나타났기 때문이다. 송상윤(2021). 「코로나19가 가구소득 불평등에 미친 영향」, 『BOK 이슈노트』 제2021-9호, 한국은행.

27 '자본주의 황금기(Golden Age of Capitalism)'는 케인스적 복지국가체제를 확립

했던 제2차 세계대전 종전부터 1970년대 초까지의 기간을 지칭한다. 이 기간 세계자본주의는 유래를 찾아보기 힘들 정도로 높은 경제성장률과 생산성을 달성했고, 소득 불평등 축소와 함께 사회복지가 크게 확대했다.

28 Keynes, John Maynard (1926). 'The End of Laissez−Faire' in *The Collected Writings of John Maynard Keynes*, Vol.IX, Palgrave MacMillan, 1978, p.291.

제2장 세계자본주의의 혼돈과 무질서

1 이 글은 세계자본주의의 변하지 않는 것과 변한 것을 가려내고 이를 한데 모아 따져보려 한다. 이 접근방법은 다음의 소동파의 『적벽부』에 나오는 한 구절에서 영감을 얻었다.

"변한다는 관점에서 보면, 세상천지 어느 것도 일순간도 변하지 않는 것이 없소. 변하지 않는다는 관점에서 보면, 세상 모든 것과 나는 끝없이 영원하니 무엇이 부럽겠소."

2 제국주의 시대와 겹쳐지는 '제1차 세계화' 시기와 1980년대 이후 '제2차 세계화' 시기에는 다른 시기에 비해 한 나라를 넘어서는 활동이 강했다(Hirst, P. and G. Thompson(1996). *Globalization in Question*, Polity Press).

3 백준봉(2001). 「세계화와 자본주의의 구조 변화: R. 브와이예의 논의를 중심으로」, 『사회경제평론』, 제16호, 한국사회경제학회.

4 조용범·박현채 감수(1988). 『경제학사전』, 풀빛. 불균등발전(uneven development)에 대해서는 다음을 참고하라. 최병두(2015). 「닐 스미스의 불균등발전론과 자본주의의 지리학」, 『공간과사회』 제25권 제4호, 한국공간사회학회; 장시복(2012). 「세계자본주의의 불균등발전과 초국적 자본가계급의 구성」, 『마르크스주의연구』 제9권 제2호, 경상대학교 사회과학연구원.

5 UNCTAD(2020). *World Investment Report*. United Nations Conference on Trade and Development.

6 경제성장률의 장기하락 추세는 1970년대 이전 자본주의 황금기(golden age)와 견줘보면 더 뚜렷하다. 예를 들어 미국에서 1961~1969년 실질 경제성

장률은 4.7퍼센트였지만 1970~1979년 3.4퍼센트, 1980~1990년 2.3퍼센트로 장기 하락했다(BEA Web Site).

7 Weeks, J.(1999). "The Expansion of Capital and Uneven Development on a World Scale", CDPR Discussion Paper 0999, SOAS.

8 가공금융(fictitious finance)이란 개념은 '가공자본(fictitious capital)'을 금융 전체와 연관 지어 만든 것이다. 가공자본은 '미래 소득흐름에 대한 자본화'와 관련이 있으며, 이는 실물자본에서 나오는 미래 소득의 청구권을 대표해 실물자본의 가치와 다르게 가치를 결정하는 과정을 뜻한다. 이 뜻을 염두에 두면 가공금융은 금융 영역에서 가공자본을 거래하고, 이를 통해 금융수익을 얻는 금융 활동을 뜻한다(장시복·박관석(2018). 「1980년대 이후 미국 경제의 가공금융의 성장」, 『마르크스주의연구』 제15권 제2호, 경상대학교 사회과학연구원).

9 장시복·박관석(2018). 「1980년대 이후 미국 경제의 가공금융의 성장」, 『마르크스주의연구』 제15권 제2호, 경상대학교 사회과학연구원.

10 Crotty, J.(2002). "The Neoliberal Paradox: The Impact of Destructive Product Market Competition and 'Modern'Financial Markets on Nonfinancial Corporation Performance in the Neoliberal Era", In Epstein, G.(ed.)(2005). *Financialization and the World Economy*, Edward Elgar.

11 예를 들면 1980년 제너럴일렉트릭의 총판매에서 생산부문인 'GE Industrial'이 차지하는 비중은 96.4퍼센트였고, 금융부문인 'GE Capital'의 비중은 3.63퍼센트였다. 그런데 2005년 'GE Industrial'의 판매 비중은 60.4퍼센트, 'GE Capital'은 39.6퍼센트였다(장시복(2008). 「1980년대 이후 초국적기업의 유연화와 금융화」, 서울대학교 경제학과 박사학위논문).

12 정성진의 연구는 이를 이렇게 평가한다. "은행의 주된 영업영역이 산업자본 대출이 아니라 소비자 금융, 다시 말해 노동자와 서민 대중에 대한 대출로 이동했다. 은행은 이윤의 많은 부분을 점차 산업자본의 잉여가치가 아니라 노동자의 임금에서 얻게 됐다."(정성진(2010). 「2007~2009년 세계경제위기와 마르크스주의 분석」, 『경제와 사회』 제87호, 한국비판사회학회)

13 Mason, P.(2009). *Meltdown: The End of the Age of Greed*, Verso.

14 장시복(2013). "세계경제 위기의 원인과 전망: 마르크스주의적 분석", 제6회 맑스코뮤날레 발표문. 2008년 세계대공황은 20세기 이후 가장 심각한 세 번째 대공황이자 21세기 최초의 대공황이었다. 2008년 세계대공황의 원인과 관련해서는 다양한 해석이 있다. 가장 흔한 해석은 부동산시장과 연동된 금융시장의 무분별한 투자행위가 공황을 폭발시켰다는 것이다(Financial Crisis Inquiry Commission (2011). The Financial Crisis Inquiry Report. Public Affairs). 이와 달리 자본주의의 장기불황과 이에 따른 대응으로 나타난 금융화가 2008년 세계대공황을 낳았다는 주장도 있다(정성진(2008). "21세기 세계대공황", 『21세기대공황과 마르크스주의』. 책갈피).

15 Jacques, M.(2009). *When China Rules the World*, Penguin Books.

16 5대 투자은행 가운데 골드만삭스와 모건스탠리는 은행지주회사로 전환했다. 메릴린치는 뱅크오브아메리카에, 베어스턴스는 제이피모건체이스에 인수되었다. 리먼브라더스는 파산한 뒤 바클레이스와 노무라에 부분 인수되었다. 또한 뱅크오브아메리카는 워싱턴뮤츄얼을, 제이피모건체이스는 컨트리와이드파이낸셜을 인수했고, 에이아이지는 미국 정부로부터 구제 금융을 받았고 겨우 회생했으며, 패니메이와 프레디맥은 공적 자금을 투입해 국유화했다.

17 Felkerson, J.(2011). "$29,000,000,000,000: A Detailed Look at the Fed's Bailout by Funding Facility and Recipient", Working Paper No.698, Levy Economics Institute.

18 "시장주의자 루카스 '금융규제 강화할 필요성은 인정'", 『조선일보』. 2009. 9. 19.

19 '뉴노멀(New Normal)'은 채권투자회사인 핌코(PIMCO)의 최고경영자, 모하메드 엘에리언(Mohamed El-Erian)이 처음 말했다. 그에 따르면 '뉴노멀'은 2008년 세계대공황 이후의 비정상 상태를 표현하며 이 비정상이 정상으로 작동하는 비정상의 정상화를 뜻한다. 장시복(2016). 「'뉴노멀'이 한국 사회에 던지는 경고」, 『리터』 창간호. 민음사.

20 Johns Hopkins Univ. COVID-19 Map. https://coronavirus.jhu.edu/

map.html/.

21 중국은 이 상황에서 예외로 보인다. 중국은 초기 우한에서 코로나 바이러스가 창궐하면서 환자가 급증했지만, 2020년 4월 6일 현재 코로나 바이러스 환자 수가 10만 1,901명이었다. 이와 달리 2020년 1사분기 −9.7퍼센트, 2사분기 11.6퍼센트, 3사분기 3.0퍼센트를 기록했다. 이 수치만 놓고 보면 중국은 다른 나라에 비해 '코로나19 팬데믹'을 빨리 이겨내고 경제성장에 박차를 가하고 있다. 그렇지만 중국에서 코로나 바이러스가 창궐한 다음에 경제성장률이 −9.7퍼센트까지 떨어졌다는 사실은 '코로나19 팬데믹'과 경제성장의 상충관계를 잘 보여준다.

22 한국은행(2020), 「코로나19 관련 거시경제 주요 이슈에 대한 논의 및 시사점」, 『BOK 이슈노트』 제2020−8호, 한국은행.

제3장 한국 경제의 뉴노멀 그리고 도전

1 뉴노멀(영어: New Normal)은 경제, 사업 용어로 2007~08년 세계 금융위기와 2008년부터 2012년까지 이어진 경제침체 기간 동안 만들어진 새로운 경제적 기준을 말한다. 저성장, 저금리, 저물가가 지속되는 것이 특징으로 꼽힌다. 이 단어는 미국의 벤처 투자가 R. McNamee가 저성장, 저소득, 저수익률, 고위험을 특징으로 하는 새로운 경제적 기준으로 제시하여 쓰였다. 이후 널리 쓰이게 된 건 2008년에 채권운용사 Pimco의 경영자 M. E. Erian이 사용하면서부터다. 뉴노멀은 경제부문에서 쓰였으나 다른 분야에서도 쓰인다. 이전에는 비정상적인 것으로 보였던 현상과 표준이 점차 아주 흔한 표준이 되어가고 있다는 것을 의미한다. 클리셰라는 용어로 묘사되기도 한다(출처: 한국어 위키피디아).

2 Bayoumi et al.(2014), "Monetary Policy in the New Normal", *IMF Staff Discussion Note*, IMF.

3 자연 산출량과 실제 산출량 간의 격차를 의미하며, 실업률이 늘수록 GDP 갭 또한 늘어난다.

4   한국은행(2021). 「새로운 정책 여건 변화에 대응한 한국은행의 역할 재정립 방안」, 국회 기획재정위원회.

5   '중소기업기본법 시행령'에서 업종별 매출액 기준의 중소기업을 의미한다.

6   무점포 소매는 인터넷쇼핑, 홈쇼핑, 방문 및 배달쇼핑을 통칭한다.

7   남인순 의원실 보도자료(2020)에 따르면, 대한민국 공공의료기관 비율은 5.7%, 공공병상 비율은 10.0% 비율로 나타났다. 이는 주요 OECD 해외 선진국보다 낮은 비율이다. 가령 영국의 공공의료 병상 비율은 100%, 호주 69.5%, 프랑스 62.5%, 독일 40.6%, 일본 26.4%, 미국 24.9%이다.

8   유영성·김병조·마주영(2019). 「경기도 청년기본소득, 청년의 반응과 시사점」, 『이슈앤진단』 제384호, 경기연구원.

9   '위기를 맞아 잘못됨을 바로잡고 나라를 바로 세운다'의 사자성어이다.

10 ESG 투자는 투자 결정 과정에서 재무적 요소와 더불어 환경(Environment), 사회적 가치(Social) 및 이해당사자간의 협치(Governance)를 고려하는 투자를 의미한다.

제4장 인간과 환경의 공생경제

1   기상청(2019). "최근 10년간 기상재해 현황"

2   Daly, H. and Farley, J.(2011). *Ecological Economics: Principles and Applications*(2nd Edition). Island Press, Washington D.C.

3   Daly, H. and Farley, J.(2011). *Ecological Economics: Principles and Applications*(2nd Edition). Island Press, Washington D.C.

4   Loiseau, E. et al.(2016). "Green Economy and Related Concepts: An Overview", *Journal of Cleaner Production*, 139, pp.361-371.

5   김현노 외(2019). 「녹색경제 활성화를 위한 환경규제 개선방안」, KEI.

6   "[김종서의 환경경제 이야기] 생태발자국, 물발자국 그리고 탄소발자국", 『브릿지경제』, 2019. 10. 7.

7   서울시(2018). 『서울시 친환경 무상급식 성과백서』.

8 환경부 환경통계포털. 통계로 본 환경정책, "생태관광으로 환경보전과 지역 활성화를 동시에"(http://stat.me.go.kr/nesis/mesp/info/statPolicyBudget2.do)

9 WEF(2012). *Global Risks 2012*(7th edition).

10 현대경제연구원(2004). "지속가능경영의 도입 프레임워크"

11 Allen, Patricia(Editor)(1993). Food for the Future: *Conditions and Contradictions of Sustainability*, p344.

12 지속가능발전포털(http://ncsd.go.kr/)

13 환경부 지속가능발전위원회(2020). 「국가 지속가능발전목표 수립 보고서 2019」.

14 "정부, 국가 지속가능발전을 위한 기본계획 수립", 환경부 보도자료(2016. 1. 12).

15 지속가능발전을 위한 실용적인 해법을 촉진하기 위한 목적으로 SDSN가 2012년부터 운영되어 경제, 사회, 환경의 상호 연관성 문제를 고려하는 통합 접근법을 장려하고, 2030 의제에 관한 교육을 제공하고 있다.

16 환경부·한국환경정책평가연구원(2019). 「지속가능발전목표(SDGs) 국제적 이행평가 체계분석 연구」.

17 SDSN의 지속가능발전 보고서가 UN 공식 지속가능발전 평가인 것은 아니므로 결과를 SDSN의 국가별 분석 결과를 인용 시에는 주의가 필요하다.

18 SDSN(2020). *Sustainable development Report 2020*.

19 SDSN(2020). *Sustainable development Report 2020*.

20 STEEP은 Social(사회), Technological(기술), Economic(경제), Environmental(환경), Political(정치) 주요 요인들을 구분하는 분류 방법이다.

21 일본의 논농업 직불제, 중산간 지역 직불제 등 생태계 서비스에 대한 이용 요금 지불제도.

제5장 사회연대경제와 결합한 완전고용 보장

1 이 법칙은 종종 '총수요와 총공급은 항상 일치하게 되어 있다'는 명제로 오해되어 왔다. 하지만 이는 레옹 발라(Leon Walras)의 일반균형 이론이지 세

(Jean Baptiste Say) 본인의 이론이 아니다. 열렬한 공화주의자였던 세는 모든 이들이 평등하게 일정한 토지와 자산을 가진 소생산자들인 상태를 전제로 생산활동은 반드시 그에 상응하는 수요를 창출하게 되어 있다고 말한 것이다.

2 이렇게 경제행위를 '사회적 필요의 조달'로 보는 관점은 미국의 옛 제도주의 학파(Institutionalist School)의 전형적인 관점이다. 이들은 맹목적인 '부의 생산'을 경제 행위의 목표로 보는 고전파 경제학의 관점이나 개인적 차원에서의 '쾌락의 극대화'로 보는 신고전파 경제학의 관점을 모두 기각하고 경제 행위의 목적인 욕구도 또 그것을 조달하기 위한 '수단과 방법'도 모두 사회적 차원에서 조직되는 문화적 제도적인 것임을 분명히 하였다. 또 여기에서 궁극적인 가치가 되는 것은 부나 쾌락의 극대화라는 쾌락주의(hedonism)의 철학적 기초 대신 인간의 발전과 사회의 안녕을 뜻하든 '좋은 삶'을 경제 행위의 궁극적 목표로 보는 아리스토텔레스 이래의 에우다이모니아(eudaimonia)의 프래그머티즘 철학의 관점을 취하였다.

3 이러한 시장경제 조직 원리의 조건을 처음으로 분명히 밝혀낸 저작은 칼 마르크스가 1844년 작성한 이른바 『파리 초고』, 즉 『경제학−철학 수고』라고 할 것이다. 여기에서 마르크스는 시장경제가 기본적으로 인간의 집단적 활동인 노동 생산물을 개인의 것으로 전유하여 이것을 양도(Entaeusserung)하는 것을 원리로 삼고 있으며, 이에 따라서 노동 활동에 따라오는 여러 인간적 사회적 특징들은 소외(Entfremdung) 당한다는 것을 주된 주장으로 내세우고 있다. 즉 상품의 양도 행위는 그 궁극적 목적으로 더 많은 이윤을 추구하게 되어 있으므로 이 두 가지 측면은 불가분으로 결합되어 있음을 철학적 논리로 제시한 것이다.

4 국가/공공부문의 역사적 기원은 전쟁 조직으로서의 근대국가(modern state)의 출현 과정과 긴밀하게 연결되어 있다. 국가의 전쟁 능력의 향상이라는 것을 궁극적 목표로 하여 여기에 도움이 되는 것을 국익(national interest)이라고 정의하며, 거기에 필요한 것을 조달하는 조직으로서 발전해온 것이 국가/공공부문의 역사적 기원이라는 것이다. 세금의 징수와 지출이 정당화되는 것도 이러한 '국익'의 논리에 한해서 가능하며, 이를 추인하는 조직인 각

급 의회의 논의틀도 그러한 논리에서 마련된다. 그리고 이를 수행하는 조직으로서 관료적 합리성에 의해 조직되는 근대 관료제가 발달하게 되었다는 것이다. 이러한 과정을 일관되게 설명한 가장 대표적인 연구는 막스 베버의 저작이라고 볼 수 있다.

5 사회적 경제(social economy)라는 용어가 상당 기간 사용되어 왔으나, 최근 들어 이 사회연대경제(social and solidarity economy)라는 용어가 많은 이들의 지지를 얻고 있다.

6 이를 칼 폴라니(Karl Polanyi)와 칼 윌리엄 캅(Karl William Kapp)은 '실질적 의미의 경제(substantive economy)'라고 불렀다. 객관적인 수치로 계산되는 바의 부를 최소한의 비용으로 최대량을 창출한다는 의미의 '형식적 의미의 경제(fomal economy)'와 구별된다는 의미에서이다. 폴라니와 캅 모두 이러한 구별을 최초로 명시화한 이로서 오스트리아 학파의 비조인 칼 멩거(Carl Menger)를 들었다.

7 특히 우리나라에서 지난 15년간 진행되어 온 사회적 경제의 창출 과정에 대해 반성해볼 필요가 있다. 국가 및 지자체의 주도로 '위에서 아래'의 방식이 주종을 이루어온 우리의 사회적 경제 창출 과정은 이러한 사회연대경제의 특징인 아래로부터의 자발적인 연대라는 추동력을 결과적으로 잠식하는 측면이 컸고, 이에 사회적 경제가 국가·공공부문의 부수물이거나 아니면 독자적인 경쟁력과 지속가능성을 결여한 채 보조와 지원에 의지하고 있는 상태라는 비판을 받고 있는 상황이다. 이러한 비판이 항상 온당한 것은 아니지만, 현재 우리의 사회적 경제가 과연 이렇게 독자적으로 사회적 필요를 발견하고 사회적 가치를 스스로 창출할 수 있도록 독자적인 조직 능력을 가지고 있는가라는 질문에 대해서도 선뜻 긍정적인 답을 하기 힘든 상태라는 것도 분명하다.

8 시장경제가 중장기적으로 총수요와 총공급을 일치시키는 균형 메커니즘을 가지고 있다는 (신)고전파 경제학의 명제를 부인하고, 생산활동의 조직이 투자자/고용주의 이윤이라는 동기에 좌우되는 '화폐적 생산(monetary production)'이라는 것이 자본주의 경제의 특징임을 분명히 밝힌 이들 중 가

장 대표적인 이가 존 메이너드 케인스(John Maynard Keynes)라고 할 수 있다. 나아가 그는 이러한 투자자/고용주의 이윤 전망이라는 것이 합리적인 계산이나 예측에 의한 것이 아니라 비합리적인 심리학적인 문제이므로 이것이 사회 전체가 필요로 하는 고용량과 일치할 것이라는 보장이 존재하지 않는다는 것을 강조하였다. 그렇다면 이러한 자본주의 경제의 문제를 해결하고 투자의 부족으로 인한 불황과 실업의 발생을 해결할 수 있는 방법은 무엇일까? 여기에서 케인스 본인과 칼레츠키(Michal Kalecki) 등의 해법과 이른바 '상업적 케인스주의(commercial Keynesianism)'의 해법은 크게 달라진다. 후자의 경우 자본가들의 투자 심리를 자극하는 방법으로 재정 정책과 금융 정책을 활용하여 경기를 부양하는 방법을 제시하였고, 이것이 제2차 세계대전 이후 대부분의 산업국가에서 주된 경제정책의 내용을 이루게 된다. 하지만 전자의 경우 이보다 국가의 전면적 개입과 확장을 통해 '투자의 사회화'를 더욱 주된 방법으로 내세운다. 경기 부양의 방법은 투자자/자본가들의 변덕을 맞추는 데에 실패할 가능성이 높고 또 인플레이션을 야기할 수 있으므로 결함이 많으며, 대신 국가의 직접적인 투자와 경제 계획을 통해 완전고용을 달성해나가야 한다는 것이다. 이점에서 볼 때, 고용보장제는 '상업적 케인스주의'가 아닌 케인스 본인과 칼레츠키의 전통 위에 서 있다고 볼 수 있다.

9 이는 영국에서 실제로 벌어졌던 바이기도 하다. 영란은행의 은행권 발행을 엄격하게 그 금 보유고와 2주 단위에 맞추도록 한다는 필 은행법(Peel's Bank Act of 1844)이 시행된 이후로 런던 금융가는 계속해서 현금 공급의 상한선에 대한 공포를 안게 되었고, 이것이 집단적인 불안으로 나타날 경우 은행 쇄도가 벌어지고 금융가 전체가 마비되는 금융 공황(panic)이 벌어지곤 하였다. 1847년, 1857년, 1867년의 경우가 모두 그러한 경우였다. 이때마다 영란은행은 긴급조치를 취하여 필 은행법을 일시 중지하고 현금이 필요한 금융 기관들에게 모두 필요한 만큼의 유동성을 공급하겠다는 약속을 행하였고, 그때마다 은행 쇄도를 포함한 금융 공황 전체가 삽시간에 해소되는 일이 반복되었다. 이에 『이코노미스트』지의 2대 편집장이었던 존 베이지홋

(John Bagehot)은 아예 이를 '최종 대부자'의 원칙으로 명시화하기도 하였다. 즉 금융시스템 전체에 유동성 수요가 공급을 초과할 때에는 '무제한으로, 하지만 높은 금리로(lending freely, rate highly)'의 원칙으로 대응하라는 것이었다. 이는 현대의 중앙은행 제도가 나타나는 데에 있어서 결정적인 계기가 된다. 굿하트(C. G. E. Goodhart) 등은 이를 통해 중앙은행은 인위적으로 만들어진 제도가 아니라 금융시스템의 속성상 자연스럽게 '진화'된 제도라고 주장하기도 한다.

10 '자연실업률(NAIRU)'의 개념은 이른바 필립스 곡선을 전제로 하여 성립한다는 것은 주지의 사실이다. 하지만 필립스 곡선이 과연 존재하는지의 여부조차 그동안 지속적으로 의문에 처해왔으며, 과연 이러한 상태를 금리정책 등으로 미세조정의 방법으로 달성할 수 있는지의 여부는 더더욱 의심을 받아왔다. 2020년 9월 미국 연준의 파웰 의장은 연설을 통해 당분간 미국 연준은 자연실업률이라는 개념을 금리정책에 있어서 고려하지 않겠다고 언급한 바 있다.

11 이 개념을 최초로 제기한 이는 1940년대 아바 러너(Abba Lerner)이다. 그는 균형 재정의 개념을 과감히 버리고, 국가 재정의 중심 목표가 경기 순환을 완화하는 것이라고 보아 불황이 지속되는 한 계속해서 적자 재정을 편성하여 총수요를 자극할 것이며, 호황기에는 반대로 계속해서 흑자 재정을 편성하여 경기의 과열을 막아야 한다고 보았다. 당시에는 이러한 견해가 많은 이들의 호응을 얻었으며, 심지어 밀턴 프리드먼 같은 이도 이에 찬성하였다고 한다.

12 최근 미국 노동시장에 대해 있었던 한 연구는 설문 사를 통해 미국의 고용주들이 취업 지원자가 실업 기간이 9개월 이상일 경우 2년 이상 실업 상태에 있었던 것과 똑같이 본다고 보고한 바 있다.

13 영국의 존 홉슨(John A. Hobson)과 G. D. H. 콜(Cole) 등이 이러한 의미로 이 용어를 사용하고 있다.

14 칼 윌리엄 캅은 그의 '사회적 비용(social costs)'의 개념에서 이를 분명히 밝힌다. 영리 기업의 여러 활동에서 발생하는 이윤은 그 상당 부분이 사회에다

환경 파괴, 노동자의 심신 약화 등 여러 비용을 전가한 결과이며, 이러한 사회적 비용은 궁극에 가면 국가의 재정 지출 등 사회의 화폐적 비용으로 전환하게 된다는 것이다. 따라서 이러한 사회적 비용을 줄이고 사회적 가치를 창출하는 행위는 그러한 화폐적으로 전환된 사회적 비용에 따라 보상받는 것이 마땅하다는 명제가 도출된다. 이 지점에서 캅은 사회적 가치 개념을 놓고 존 클라크와 흥미로운 토론을 벌이기도 했다.

15 1930년대 이래로 지금까지 발전해온 국민 계정은 어디까지나 화폐적 가치로 계산된 생산물의 가치를 파악하는 것에 근간하고 있다. 하지만 극심한 불평등 및 사회 위기, 그리고 막중한 생태 위기가 다가오고 있는 오늘날 그러한 '화폐적 가치'에 근거한 회계만으로는 우리의 '실체적 경제'의 계산을 만족스럽게 수행할 수 없다는 합의가 곳곳에서 이루어지고 있다. 무료로 제공되고 있는 위키피디아의 편익은 어떻게 계산할 것인가? 북극과 빙하의 소멸이 가져오는 고통은 어떤 방법으로 계산할 것인가? 범죄율과 자살률의 증가가 초래하는 고통은 또 어떻게 계산해야 하는가? 따라서 화폐적 가치의 부기에 근거하는 것이 아니라 인간적 사회적 자연적 사실들을 보다 다양한 방식으로 계량화하고 그 '증감'을 계산하는 보다 폭넓은 사회적 자연적 회계가 개발되어야 한다는 것이다.

16 스웨덴의 방역 정책에 대해서는 무척 많은 논란이 있지만, 코로나로 인한 누적 사망자가 미국에 육박하도록 높은 수준이며, 이른바 '집단 면역'은 전혀 형성되지 못했고, 경제 또한 주변의 북유럽 나라들보다 더 나쁘게 되었다는 점들은 분명하다. 2020년 2/4분기 성장률은 핀란드가 −3.1%였지만 스웨덴은 −8.2%였다.

17 이러한 두 가지 신화를 분명히 거부하고 새로운 관점으로 산업 체제를 구축했던 선례가 1930년대 스웨덴 사회민주당을 이끌었던 재무장관 에른스트 비그포르스였다.

제6장 새로운 경제·사회체제의 기반, 기본소득

1 김낙년(2018). 「한국의 소득집중도: 업데이트, 1933–2016」, 한국의 장기통계 발간 기념 심포지엄, 낙성대경제연구소.

2 이는 올해 코로나19 쇼크를 반영하지 않은 수치라는 점을 감안해야 한다.

3 코로나19는 이를 더 악화시키는 데 불을 붙인 격이다.

4 양극화는 기본적으로 중산층이 소멸되고 빈곤이 증대되는 현상에 관심을 가지면서 형성된 개념으로서 기존의 소득분배의 불평등 심화 현상과는 개념과 문제의식이 다르다고 할 수 있다. 그렇지만 대체로 소득격차나 소득 불평등 현상에 대해 많이 사용되고 있는 실정이다. 변양규의 연구에 의하면 1990년~2011년 기간 동안 약 5~8회 소득 불평등과 소득양극화가 서로 역방향으로 나타나기도 한다(변양규 외(2012). 「양극화 논쟁, 그 오해와 진실」, 『정책연구 2012–01』, 한국 경제연구원). 반면 백웅기의 연구에 따르면, 1883~2010년 기간 동안 소득 불평등만 악화되는 경우는 6회에 불과하고 둘 다 동시 악화하거나 개선되는 경우가 17회에 해당한다. 대체로 둘 다 동일한 방향으로 나타나는 것에 주목하여 본고에서도 특별히 구분해야만 할 필요가 없는 한 혼용해서 사용하고자 한다(백웅기(2012). 「경제양극화 완화를 위한 경제정책 방향」, 한국금융연구원).

5 "하위 10% 소득 최대폭 감소. 최저–최고층 소득 양극화 최악", 『중앙일보』, 2018. 12. 10.

6 Wolfson 양극화 지수는 Wolfson(1994)에서 제시된 지수로 중위소득을 기준으로 양극화를 표현한다. 즉 0~1 사이의 값으로 나타내는데 중위소득 그룹의 상대적 크기를 측정한다. 수식으로는 아래와 같이 표현된다.

$$W = 4 \times \left(0.5 - \text{하위 } 50\%\text{의 전체소득에서 차지하는 비율} - \frac{\text{지니계수}}{2} \times \left(\frac{\text{중위소득}}{\text{평균소득}} \right) \right)$$

7 김진욱 외(2019). 「중하위 소득가구의 구성과 실태 분석」, 서강대학교 산학협력단.

8 2018년 가계금융복지조사 균등화 가처분소득 기준.

9 2018년 가계금융복지조사.

10 투자의 고용 유발(10억 원당 명): 22.5(2000) → 16.7(2005) → 13.7(2010) → 13.2(2014)

수출의 고용 유발(10억 원당 명): 15.7(2000) → 10.8(2005) → 8.3(2010) → 8.1(2014)

11 포용성장(포용적 성장)은 신자유주의의 병폐를 극복하고자 하는 차원에서 전 세계적으로 널리 언급되어온 용어이다.

12 이우진(2018). 「포용적 성장과 사회정책 연구」, 한국재정학회.

13 추장민(2018), 「녹색포용사회로의 지속가능한 발전 전략」, 『내 삶을 바꾸는 혁신적 포용국가』, Inclusive Korea 2018.

14 소득주도성장은 균형성장과 같은 범주에 해당하는 것으로 보인다.

15 문재인 정부의 경제 패러다임에는 녹색성장이 명시적으로 포함되어 있지 않다. 경제영역과 사회영역에만 국한하여 다루려는 의도가 담겨 있지 않았을까 추측된다. 추후 2020년에 들어서 '녹색 뉴딜'이 주요 정책 패러다임으로 부각된다. 본고도 비록 지속가능발전을 언급하고 있지만 경제 패러다임에 관한 한, 주로 경제영역과 사회영역에 한정하여 논의를 전개하고자 한다.

16 경제활동인구(15~64세) 고용률: 2016년 66.1% → 2019년 66.8%(+0.7%p)

15세 이상 고용률: 2016년 60.6% → 2019년 60.9%(+0.3%p)

17 소득주도성장특별위원회(2020). "소득주도성장, 3년의 성과와 2년의 과제", 「소득주도성장특별위원회 정책보고서」.

18 소득주도성장특별위원회(2020). 「한국 경제의 위기 국면에서의 정책대응과 소득분배 비교」, 『이슈브리프 10』, 2020. 8. 25.

19 소득주도성장특별위원회(2020). 「한국 경제의 위기 국면에서의 정책대응과 소득분배 비교」, 『이슈브리프 10』, 2020. 8. 25.

20 소득주도성장특별위원회(2020). 「한국 경제의 위기 국면에서의 정책대응과 소득분배 비교」, 『이슈브리프 10』, 2020. 8. 25.

21 소득주도성장특별위원회(2020). "소득주도성장, 3년의 성과와 2년의 과제", 「소득주도성장특별위원회 정책보고서」.

22 강남훈(2019). 『기본소득의 경제학』, 박종철출판사.

23 Fitzpatrick, T.(1999). *Freedom and Security: An Introduction to the Basic Income Debate*, Palgrave Macmillan.

24 Wilkinson, R. and Pickett, K.(2012, 2019). The Inner Level: *How More Equal Societies Reduce Stress, Restore Sanity and Improve Everyone's Well-Being*, Penguin Random House.

25 이건민(2020). 「기본소득의 생태적·사회적 효과에 대한 리뷰」, 『SDGs&BI 포럼』, 경기연구원.

제7장 경제통합을 지향하는 한반도공동체

1 남북정상은 판문점과 평양에서의 세 차례 만남을 통해 「판문점선언」과 「평양선언」을 도출하였다. 「판문점 선언」에서 한반도의 완전한 비핵화와 양국 간의 사실상 종전을 약속하였으며, 기존 남북공동 선언에 대한 이행을 약속함으로써 항구적인 평화체제 구축을 위한 기초를 마련하였다. 또한 적대관계를 지속하였던 북미 양국도 역사적인 첫 정상회담을 통해 양국 간 관계개선 및 신뢰 구축 등의 포괄적 합의가 담긴 「싱가포르 공동선언」을 채택하였으나, 이후 북미 관계는 비록 베트남 하노이에서의 두 번째 만남의 결과가 만족스럽게 도출되지 못해 교착국면이 길어지면서 이제는 새로이 미국 46대 바이든 정부와의 협상을 준비해야하는 형국이다.

2 「남북기본합의서」 전문에는 "… 쌍방 사이의 관계가 나라와 나라 사이의 관계가 아닌 통일을 지향하는 과정에서 잠정적으로 형성되는 특수관계라는 것을 인정하고…"라고 명시하고 있다.

3 우리 정부의 공식 통일방안인 '민족공동체통일방안'의 입안자인 이홍구 전 총리는 삼국시대의 고구려, 백제, 신라는 하나의 민족이면서 동시에 세 개의 국가 공동체로 존재하였던 점에 착안하여 한반도 분단의 해결책으로서 '한민족공동체통일방안'이 나오게 된 배경을 설명하였다. 즉 '한민족공동체통일방안'은 현실적으로 남북을 하나의 민족 공동체와 두 개의 국가체제

로 유지하고, 서로 대화를 통해 평화적으로 협력해가면서 통일을 도모하자는 취지였다고 밝혔다. '민족공동체통일방안'은 3단계(화해협력-남북연합-단일국가)로 구성되는데, 두 번째 단계인 '남북연합' 역시 사실상 남한과 북한 두 개의 국가로 인정하는 맥락으로 해석이 가능한 대목이다. 유럽 연합체의 경우도 공동으로 협력하지만 엄연히 독립국가의 형태로 존재한다는 점을 강조하면서 한반도도 코리안 유니언을 형성하여 공동 번영으로 나아가는 방안이 합리적이라고 밝혔다(통일부·통일연구원(2019). "한민족공동체통일방안 30주년 의의와 과제", 이홍구 전 국무총리 특별강연, 2019. 9. 9).

4   정유석(2019). 「신한반도체제 구현을 위한 평화경제 단계별 추진전략」, 한국수출입은행.

5   북핵 문제·미사일 실험 등 안보 불안 요인은 우리나라의 신용등급에 제약 요인으로 작용하여 이는 국내외 투자·생산 감소, 외화 유출 등 경제 전반에 부정적인 영향을 주게 된다. 우리나라 기업의 주가가 비슷한 수준의 외국 기업의 주가에 비해 낮게 형성되어 있는 현상의 '코리아 디스카운트'의 원인으로는 남북관계로 인한 지정학적 불안 요인, 지배구조 및 회계의 불투명성, 노동시장의 경직성 등이다.

6   정유석(2019). 「신한반도체제 구현을 위한 평화경제 단계별 추진전략」, 한국수출입은행.

7   Jonathan Goodhand(2004). "From War Economy to Peace Economy? Reconstruction and State Building in Afghanistan", Journal of International Affairs, 58(1), pp.155-157.

8   Isard, W.(1994) "Peace Economics: A Topical Perspective." *Peace Economics, Peace Science, and Public Policy*, Vol.1, No.2, pp.6-9.

9   이와 관련한 대표적인 이론은 다음과 같다. 조민의 연구에 따르면 평화와 경제가 상호 선순환하면서 남북의 경제적인 유대감이 형성되고, 이는 곧 경제공동체 의식으로 발전되어 자연스럽게 남북경제공동체가 형성된다는 논리이다(조민(2006). "남북경제공동체 형성의 이론적 틀: 평화경제론", 통일연구원). 김연철의 연구는 기존의 한반도형 '평화경제'를 보다 심도있게 규명하여 남북관

계 속에서 정치와 경제의 상관관계는 물론이고 한반도를 둘러싼 국제질서를 포괄적으로 적용하여 이론화하였다(김연철(2006). 「한반도 평화경제론: 평화와 경제협력의 선순환」, 『북한연구학회보』, 제10권 제1호).

10 Ernst B. Haas는 『유럽통합(The Uniting of Europe)』에서 '유럽석탄철강공동체(ECSC)'는 당시 유럽 대부분 국가에서 전략적으로 중요하게 다루었던 석탄과 철강을 매개로한 통합이 이와 연관된 분야의 산업에서의 협력은 물론이고 궁극적으로 정치통합에까지 이를 것이라고 분석한다(Haas, Ernst B.(1958). *The Uniting of Europe* University of Notre Dame Press).

11 석탄과 철강 산업의 통합은 오랫동안 전쟁물자 생산에 사용되었던 이 지역들의 운명을 바꿀 것이며, 이제 탄생할 생산의 연대(solidaritéde production)는 프랑스와 독일이 장차 모든 전쟁을 생각할 수 없게 만들 뿐만 아니라 물리적으로도 불가능하게 만들 것이다(로베르트 쉬망(Robert Schuman) 당시 프랑스 외무장관, 1950. 5. 9).

12 유럽이사회(European Council), 유럽집행부(European Commission), 유럽의회(European Parliament), 유럽재판부(European Court of Justice), 단일통화(Euro), 유럽중앙은행(European central Bank)을 제도화하였다.

13 30년 동안 우리 통일정책의 근간이 되어오고 있는 '한민족공동체통일방안'은 당시 여야의 정당 대표들과 협의를 거쳐 내용을 확정했으며, 이후 국토통일원을 중심으로 여론조사는 물론이고 각 정당, 민간통일운동단체, 학생단체 등의 주장을 취합·분석한 토대 위에서 확정되었다. 그 과정에서 각계각층과 250여 회의 세미나와 간담회를 통해 의견을 폭넓게 수렴하였다.

14 경제발전경험공유사업(Knowledge Sharing Program: KSP)은 기술협력 사업의 한 형태로, 국제사회는 1980년대 동유럽과 사회주의 국가들에 대한 기술지원(technical assistance), 1990년대 중반 이후부터는 지식공유(knowledge sharing), 기술협력(technical cooperation)의 명칭으로 체제전환국과 개도국에 대한 시장경제 및 경제발전 지식과 경험을 전수하는 사업이다.

15 정유석(2020). 「남북경제공동체 형성을 위한 평화경제협력지대 추진전략」, 『Journal of North Korea Studies』, 고려대학교 공공정책연구소.

16 '한반도 메가리전' 구상에 관한 연구는 경기연구원에서 주도적으로 제안되어 왔다. '서해경제공동특구 구상', '한강하구의 평화적 활용방안' 등의 연구를 종합하여 '한반도 메가리전 구상'을 최초로 제안하였다. 주요 연구로는 김동성 외(2017). 「한강하구 평화적 활용을 위한 경기도 주요과제연구」, 이정훈 외(2019) 「한반도 신경제구상과 경기북부 발전전략」, 이정훈 외(2019). 「한반도 경제권의 중핵 서해경제공동특구」, 이정훈 외(2020). 「남북통합 신성장엔진 한반도 메가리전」 등이 있다.

17 정유석(2020). 「남북경제공동체 형성을 위한 평화경제협력지대 추진전략」, 『Journal of North Korea Studies』, 고려대학교 공공정책연구소.

18 나들섬 건설 계획은 경기도 강화군 교동도 한강 하구 퇴적지 일대에 조성되는 남북협력단지로, 면적은 여의도 10배에 달하는 900만 평 규모이다. 한반도 대운하의 길목 남한의 기술과 자본을 북한의 노동력과 결합해 북한의 개방을 돕자는 게 골자이다. 나들섬은 북한 근로자들이 출퇴근을 위해 자유롭게 드나들 수 있다는 의미에서 붙여졌다.

19 해외의 경우를 보아도 미국의 뉴욕만, 캘리포니아 연안, 중국의 주강 및 장강 델타 지역 등 세계적 경제 중심지들이 만과 연안에 조성되어 있다는 것을 알 수 있다. 또한 남부 캘리포니아와 국경을 접하고 있는 멕시코 북부 지역, 중국 광동성과 홍콩, 마카오 등은 국경지대의 이점을 살려 발전하고 있는 경우이다. 하구와 만 지역의 쾌적한 생태환경, 항구, 크루즈, 공항 등 우수한 대외개방형 공간과 인프라, 발달한 도시 등이 중요한 발전의 요소로 작동하고 있다(경기연구원(2019). 「트윈시티모델에 기반한 남북한 접경지역 분석과 발전 전망」).

20 한반도 메가리전에 관한 내용은 경기연구원의 연구보고서(2017~2020) 중 서해경제공동특구, 한강하구의 평화적 활용, 한반도 메가리전 등의 내용을 요약하였다.

21 한강하구와 경기만은 남북한의 접경지역이면서도 수도권과 평양권이라는 남북한 정치경제 중심지를 배후지로 두고 있다는 점에서 그 발전 잠재력이 높다. 또 북한의 남측 접경지역에는 전방으로서 도시와 산업을 발전시키지

않았던 점이 오히려 새로운 한반도시대의 거점을 구축하는 데 장점으로 작용할 수 있다.

22 경기연구원(2020). 「남북통합 신성장엔진 한반도 메가리전」에서 정리.

제8장 경제번영을 이끄는 재정의 역할

1 Keynes, J. M.(1936), 박만섭 옮김(2012). 『고용, 이자 및 화폐에 관한 일반이론』, 지식을만드는지식. 특히 제5책 제19장 '화폐임금의 변화'(167–173쪽)를 참고.

2 Mazzucato, M.(2018), 안진환 옮김(2020). 『가치의 모든 것』, 민음사. 특히 제8장 '공공 영역에 대한 가치 절하'(375–433쪽)를 참고.

3 Ostry, J. D., Loungani, P. and Furceri, F.(2016). "Neoliberalism: Oversold?", *Finance and Development*, 53(2), IMF, pp.38–41.

4 이와 같은 케인스의 통찰은 조안 로빈슨(Joan Robinson, 1903–1983), 니콜라스 칼도어(Nicholas Kaldor, 1908–1986), 하이먼 민스키(Hyman Minsky, 1919–1996), 폴 데이비슨(Paul Davidson, 1930–) 등으로 대표되는 포스트케인지언 학파의 경제학자들에 의해 오늘날까지 온전히 계승되고 있다. 포스트케인지언 경제학에 대한 포괄적인 개론서로는 다음 책을 참고. Lavoie, M.(2004), 김정훈 옮김(2016). 『포스트 케인스학파 경제학 입문』, 후마니타스.

5 단, 한국은행 차입과 재정증권 발행 규모의 합계는 국회가 결정한 기채 한도(2020년 기준 30조 원)를 넘어설 수 없으며, 이들은 또한 동일 회계연도 내에 상환되도록 제도화되어 있다.

6 재정정책과 관련해 자금수지 접근법을 응용하는 예로서는 다음 논문들을 참고. Arestis, P. and Sawyer, M.(2010). "The return of fiscal policy", *Journal of Post Keynesian Economics*, 32(3), pp.327–346; Sawyer, M.(2011). Progressive approaches to budget deficits, in: Niechoj, T., Onaran, O., Stockhammer, E., Truger, A. and van Treeck, T.(eds.). *Stabilising an Unequal Economy?*, Metropolis Verlag; Sawyer, M.(2019). Approaching

budget deficits, debts and money in a socially responsible manner, in: Arestis, P. and Sawyer, M.(eds.). *Frontiers of Heterodox Macroeconomics*, Palgrave macmillan, pp.45−87.

7 소비, 투자, 정부지출, 수출을 더하고 수입을 차감하면 국민소득과 크기가 같다는 거시경제학의 기본적인 관계식을 이용하면, 민간의 가처분소득에서 민간 지출을 뺀 것이 곧 민간 저축에서 투자를 뺀 것과 크기가 같음을 알 수 있다. 한편 해외부문, 즉 외국의 입장에서는 우리나라의 수출액만큼 자금이 유출되고 우리나라의 수입액만큼 자금이 유입되므로 우리나라의 순 수출(수출에서 수입을 뺀 것)만큼 자금이 순유출된다.

8 기업들은 회사채를 발행해 자금을 융통하는데, 이를테면 국민연금이 여유 자금을 회사채 시장에서 운용하는 것이 그런 하나의 사례라고 이해해도 좋다. 한편 민간의 자금수지가 흑자인 경우 민간은 여유 자금을 해외에 빌려 주고 외화 채권과 같은 해외 자산을 인수할 수도 있다. 이에 따라 민간의 자금수지 흑자는 자본수지 적자를 초래하기도 한다. 반대로 민간의 자금수지가 적자라면 민간은 부족한 자금을 해외 금융기관으로부터 빌려서 쓸 수도 있다. 그 경우에 자본수지는 흑자가 된다.

9 개별 경제주체를 따져 보면 민간부문 안에도 빚을 지는 사람이 있고 반대로 빌려주는 사람이 있다. 이에 따라 민간부문 전체로 자금수지가 흑자라도 민간 부채 자체는 늘어날 수 있다.

10 Keen, S.(2017). *Can We Avoid Another Financial Crisis?*, Polity Press. 특히 88쪽의 그림 15와 97쪽의 그림 17을 참고.

11 Mazzucato, M.(2016). 혁신, 국가 그리고 인내자본, 마이클 제이콥스·마리아나 마주카토 엮음, 정태인 옮김(2017). 『자본주의를 다시 생각한다』, 칼폴라니사회경제연구소, 142−168쪽. 공공투자가 민간 투자를 자극하는 효과가 있다는 사실은 최근에 실증 분석을 통해서도 확인된 바 있다. 다음 논문을 참고. Moretti, E., Steinwender, C. and Van Reenen, J.(2019). "The intellectual spoils of war? Defense R&D, productivity and international spillovers", NBER Working Paper No.2483.

12 Lerner, A.(1943). "Functional finance and the federal debt", *Social Research*, 10(1), pp.38-51.

13 Lerner, A.(1944). *The Economics of Control*, New York: Macmillan. 특히 chapter 24 'Interest, investment, and employment Ⅲ (Functional finance)'(pp.302-322)를 참고.

14 러너는 자신의 기능적 재정론이 케인스의 『일반이론』에서 자명하게 도출되는 결과라고 자부했다. 하지만 케인스 자신은 기능적 재정론에 대해 다소 소극적인 입장이었던 것으로 보인다. 그 이유에 대해서는 케인스가 기능적 재정론을 정치적으로 수용되기 쉽지 않은 견해로 판단했다는 해석이 유력하다. 이 해석에 대해서는 다음 논문을 참고. Aspromourgos, T.(2014). "Keynes, Lerner, and the question of public debt", *History of Political Economy*, 46(3), pp.409-433. 이와는 다른 해석은 케인스가 적어도 장기적으로는 재정수지 균형을 바람직하다고 봤다는 것이다. 이에 대해서는 다음 논문을 참고. Arestis, P., Filho, F. F. and Terra, F. H. B.(2018). Keynesian macroeconomic policy: Theoretical analysis and empirical evidence, *Panoeconomicus*, 65(1), pp.1-20.

15 정부 예산 제약이 문제가 되지 않는다는 필자의 주장은 증세가 필요하지 않다고 주장하려는 의도가 아니다. 증세가 쉽지 않기 때문에 지출도 통제되어야 한다는 식의 접근을 비판하는 것이다. 다만 증세를 통한 중부담 중복지 체제로의 순조로운 전환을 위해서는 이행기 동안 조세수입 외의 다른 지출 재원을 적극적으로 활용하는 편이 바람직하다고 볼 일이다.

제9장 혁신과 좋은 일자리를 위한 산업정책

1 UK Government(2021). "The Ten Point Plan for a Green Industrial Revolution".

2 연구개발의 노하우, 첨단공정개발 및 엔지니어링 스킬, 특수한 기술과 연관된 제조 역량 등으로 정의하고 혁신과 경쟁력의 기초(개리 피사노·윌리 시, 고영

훈 옮김(2019), 『왜 제조업 르네상스인가』, 지식노마드).

3 김계환·이원빈·강지현·나혜선·서정현(2018), 「글로벌화의 포용성 강화를 위한 산업정책 과제」, 산업연구원 연구보고서, 제3장 참고.

4 김계환·이원빈·강지현·나혜선·서정현(2018), 「글로벌화의 포용성 강화를 위한 산업정책 과제」, 산업연구원 연구보고서.

5 C. Perez는 기술·경제 패러다임 사이클을 Installation과 Deployment 로 크게 구분한다(C. Perez(2002), *Technological revolutions and financial capital: the dynamics of bubbles and golden age*, Edward Elgar).

6 개리 피사노·윌리 시, 고영훈 옮김(2019), 『왜 제조업 르네상스인가』, 지식노마드.

7 물건의 생산만이 아니라 서비스의 딜리버리까지 포함하는 넓은 의미의 생산.

8 J. Bessen(2015), *Learning by Doing: The real connection between innovation, wages, and wealth*, Yale University Press.

9 G. Colletis(2012), *L'Urgence industrielle*, Editions Le Bord de l'eau, p.22.

10 조지프 스티글리츠·브루스 그린왈드, 김민주·이엽 옮김(2015), 『창조적 학습 사회: 성장, 발전, 사회진보에 대한 새로운 접근』, 한국경제신문사.

제10장 노동의 미래와 노동권 보장

1 Bundesministerium fuer Arbeit und Sozialses(2016), *Weissbuch Arbeiten 4.0*, 경제사회발전노사정위원회 번역발행, 『노동 4.0 백서』 제1장 참고.

2 '제4차 산업혁명'은 클라우스 슈밥(Klaus Schwab)이 2015년 포린 어페어(Foreign Affairs)지에 기고한 글에서 최초로 사용한 이래, 2016년 1월 20일 스위스 다보스에서 열린 세계경제포럼에서 본격적으로 논의되면서 세계적으로 널리 사용되기 시작하였다.

3 한국 정부는, 문재인 대통령이 지난 10월 국회 시정연설에서 2050년 '탄소중립'을 선언함으로써 그간 국제사회에서 '기후악당'으로까지 비난받았던 우리의 기후위기 대응책을 획기적으로 강화할 것임을 천명하였다. '탄소

중립'이란 지구온난화/기후위기의 원인인 탄소배출을 최대한 줄이고 나머지 배출은 삼림 등 자연 흡수원을 통해 흡수해 대기 중 탄소 실제 배출량이 0인 상태를 뜻한다. (그린피스 한국어판 웹페이지(https://www.greenpeace.org/korea/update/15647/blog-ce-2050-carbon-neutrality/, 2020. 12. 2. 검색 결과) 참고).

4   고용을 유지하면서 원격으로 근무하는 것은 일자리 감소를 줄이면서 경제의 여러 기능을 유지할 뿐 아니라 국민의 안전을 보장할 수 있는 전략이다(저니 버그(Janine Berg)(2020). 「재택근무: 전 세계적 가능성 평가」, 「국제노동브리프」 2020년 11월호, 9-28쪽).

5   Klaus Schwab, 송경진 옮김(2016). 『클라우스 슈밥의 제4차 산업혁명』, 서울: 새로운 현재(The Fourth Industrial Revolution, 2016).

6   Klaus Schwab, 송경진 옮김(2016). 『클라우스 슈밥의 제4차 산업혁명』, 25쪽.

7   신동엽(2018). 「미래 조직을 위한 성찰: 미래 기업 조직과 시장은 어떻게 공진화할 것인가?」, 40-44쪽, 신동엽 외(2018). 『4차 산업혁명, 일과 경영을 바꾸다』, 삼성경제연구소. 35-77쪽.

8   최강식(2018). 「기술혁신이 일자리에 미치는 영향: 4차 산업혁명은 일자리를 어떻게 바꿔놓을 것인가?」, 83쪽; 신동엽 외(2018). 『4차 산업혁명, 일과 경영을 바꾸다』, 삼성경제연구소, 79-112쪽.

9   니콜라스 카, 최지향 옮김(2015). 『생각하지 않는 사람들: 인터넷이 우리의 뇌 구조를 바꾸고 있다』, 청림.

10 Frey, C. B. and M. A. Osborne(2013). "The Future of Employment: How Susceptible are Jobs to Computerization?", working paper Published by the Oxford Martin Programme on Technology and Employment(September 17, 2013).

11 World Economic Forum(2016). "The Future of Jobs-Employment, Skills and Workforce Strategy for the Fourth Industrial Revolution", Geneva, Switzland: World Economic Forum.

12 이민화(2016). 「인공지능과 일자리의 미래」, 한국노동연구원. 『국제노동브리

프」, Vol.14, 11-24쪽.

13 Bundesministerium fuer Arbeit und Sozialses(2016). *Weissbuch Arbeiten 4.0*, 경제사회발전노사정위원회 번역발행, 『노동 4.0 백서』, p.47.

14 최강식(2018). 「기술혁신이 일자리에 미치는 영향: 4차 산업혁명은 일자리를 어떻게 바꿔놓을 것인가?」, 86쪽, 신동엽 외(2018). 『4차 산업혁명, 일과 경영을 바꾸다』, 삼성경제연구소, 79-112쪽.

15 Bundesministerium fuer Arbeit und Sozialses(2016). *Weissbuch Arbeiten 4.0*, 경제사회발전노사정위원회 번역발행, 『노동 4.0백서』, p.47.

16 Autor, D., Levy F., and Murrnane, R. J.(2003). "The Skill Content of Recent Technological Change: An Empirical Exploration", *The Quarterly Journal of Economics*, Vol.118. No.4. pp.1279-1333.

17 최강식(2018). 「기술혁신이 일자리에 미치는 영향: 4차 산업혁명은 일자리를 어떻게 바꿔놓을 것인가?」, 신동엽 외(2018). 『4차 산업혁명, 일과 경영을 바꾸다』, 삼성경제연구소. 122-123쪽 참고.

18 Autor, D.(2015). "Why Are There Still So Many Jobs? The History and Future of Workplace Automation". *Journal of Economic Perspectives*. Vol.29, No.3, pp.3-30.

19 최강식(2018). 「기술혁신이 일자리에 미치는 영향: 4차 산업혁명은 일자리를 어떻게 바꿔놓을 것인가?」, 88-89쪽, 신동엽 외(2018). 『4차 산업혁명, 일과 경영을 바꾸다』, 삼성경제연구소, 79-112쪽.

20 Bundesministerium fuer Arbeit und Sozialses(2016). *Weissbuch Arbeiten 4.0*, 경제사회발전노사정위원회 번역발행, 『노동 4.0백서』, 50쪽.

21 양동훈(2018). 「미래 필요인력의 확보와 양성: 4차 산업혁명은 어떤 인재를 필요로 하는가?」, 124쪽, 신동엽 외(2018), 『4차 산업혁명, 일과 경영을 바꾸다』, 삼성경제연구소, 113-151쪽.

22 인터넷 기반 플랫폼은 네 가지로 구분된다. ① 소셜 커뮤니케이션 플랫폼(social communication platform), ② 디지털 마켓플레이스(digital marketplace), ③ 중개 플랫폼(intermediary platform), ④ 크라우드워킹 플랫폼(crowdworking

platform)이 그것이다(Bundesministerium fuer Arbeit und Sozialses(2016). *Weissbuch Arbeiten 4.0*, 경제사회발전노사정위원회 번역발행, 『노동 4.0백서』, p.56).

23 원래 긱(gig)이란 미국의 1920년대 공연장 주변에서 단기공연 계약을 맺은 재즈 연주자의 고용 노동 방식에서 유래한 용어로 일회성 이벤트나 일을 위한 단기 계약형 노동형태를 일컫는다.

24 박은정(2020). 「종속적 자영업자와 노동법」, 207–208쪽, 2020년 한국산업노동학회 가을 정기학술대회 자료집 『진정한 노동존중 사회를 어떻게 실현할 것인가?: 노동 주체의 형성과 과제』, 207–229쪽.

25 Bundesministerium fuer Arbeit und Sozialses(2016). *Weissbuch Arbeiten 4.0*, 경제사회발전노사정위원회 번역발행, 『노동 4.0백서』, pp.82–85.

26 신동엽(2018). 「미래 조직을 위한 성찰: 미래 기업조직과 시장은 어떻게 공진화할 것인가?」, 62쪽, 신동엽 외(2018). 『4차 산업혁명, 일과 경영을 바꾸다』, 삼성경제연구소, 35–77쪽.

27 Bundesministerium fuer Arbeit und Sozialses(2016). *Weissbuch Arbeiten 4.0*, 경제사회발전노사정위원회 번역발행, 『노동 4.0백서』, 85–87쪽.

28 황수경(2014). 「창조경제와 일자리 창출: 창의고용을 중심으로」, KDI 정책연구시리즈 2014–01.

29 ILO Global Commission on the Future of Work(2019). *Work for a brighter future*, 고용노동부(2019) 번역발행, 『더 나은 미래를 위한 일–ILO 일의 미래 보고서–』.

30 근로시간선택제법(Working Time Choice Act)을 통해 근로시간 및 장소와 관련해 근로자에게 더 많은 선택권을 부여하고 있는 독일의 사례는 참고할 만하다.

31 독일의 경우, 기술의 도입 등과 관련한 "기업의 행동 범위는 기술장비에 관한 집단적 공동결정권리(collective right to co–determination)에 의해 제한된다 (직장조직법(Works Constitution Act; Betriebsverfassungsgesetz) 제87조 제1항 제6호)(Bundesministerium fuer Arbeit und Sozialses(2016). *Weissbuch Arbeiten 4.0*, 경제사회발전노사정위원회 번역발행, 『노동 4.0백서』, 142쪽).

제11장 빈곤·불평등의 역사적 맥락과 과제

1   빈곤율은 경상소득이 최저생계비 미만인 절대빈곤율과 가처분소득이 중위
    소득의 50% 미만인 상대빈곤율로 구분된다. 절대빈곤율은 저개발국가에
    서 주로 사용하고, 상대빈곤율은 선진국과 국제비교에서 주로 사용하고 있
    다. 또한 빈곤율은 개인 단위의 인구빈곤율과 가구 단위의 가구빈곤율로
    구분되는데, 일반적으로 빈곤율이라고 할 때는 인구빈곤율을 지칭한다. 가
    구빈곤율이 인구빈곤율보다 높다. 그 이유는 1~2인 가구의 빈곤 확률이
    높기 때문이다.

2   서상목 외(1981). 「빈곤의 실태와 영세민 종합대책」, 한국개발연구원.

3   정복란·김미곤 외(1990). 「생활보호제도 개선방안에 관한 연구」, 한국보건사
    회연구원.

4   낙수효과란 어떤(선도 부문의) 성과가 다른 부문(후발 부문의) 성과에 긍정적
    인 영향을 미치는 효과를 말한다. 예컨대 경제성장의 결과가 복지 향상으
    로 이어지는 것을 들 수 있다. 아랫목이 따듯해지면 윗목도 따뜻해지는 것
    과 유사하다. '적하효과(滴河效果)'라고도 한다. 이와 반대의 경제적 현상으
    로, 경제성장의 원동력을 아래에서 위로 솟아오르게 하는 효과를 분수효
    과(Trickle up effect, fountain effect)라고 한다. 우리나라에서 최근 시행한 소득
    주도 성장은 분수효과를 기대한 정책이라고 볼 수 있다.

5   지니계수는 0과 1 사이의 값을 가지며, 그 값이 1에 가까워질수록 불평등
    도 심하다는 것을 의미한다.

6   OECD 평균 사회복지지출은 GDP의 21.0%(2016)이나, 한국의 경우
    10.4%(2016)이다.

7   우명숙(2011). 「한국 복지국가의 이론화와 점진적 변화 이론의 기여: 한국의
    작은 복지국가 경로의 이해」, 『한국사회정책』, Vol.18, 135-173쪽.

8   성경륭 외(2017). 『새로운 대한민국의 구상 포용국가』, 21세기북스.

9   Schmitz(1999). "Collective efficiency and increasing returns", *Cambridge
    Journal of Economics*, 23(4), p.478; 정준호(2014). 「경제산업구조와 발전주의 모
    델」에서 재인용.

10 Levy, B. and Kuo, W-J.(1991). "The Strategic Orientations of Firms and the Performance of Korea and Taiwan in Frontier Industries: Lessons from Comparative Case Studies of Keyboard and Personal Computer Assembly", World Development 19(4), pp.363-374.

11 정준호(2014) "경제산업구조와 발전주의 모델"; 여유진 외(2014). 『한국형 복지모형 구축』, 한국보건사회연구원에서 재인용

12 핫또리 타미오(2007). 『개발의 경제사회학』, 서울: 전통과 현대(유석춘·이사리 공역), p.248.

13 정준호(2014). "경제산업구조와 발전주의 모델"; 여유진 외(2014). 『한국형 복지모형 구축』, 한국보건사회연구원에서 재인용

14 1929년에 제정되고 1932년에 시행된 일본의 구빈법을 거의 그대로 도입한 「조선구호령」은 1946년 1월 26일 후생국보 제3호로 효력이 승계되었다가, 1961년 12월 31일 제정된 「생활보호법」의 부칙에 의해 폐지되었다.

15 이두호 외(1991). 『빈곤론』, 나남, 246쪽.

16 양재진(2004). 「한국의 산업화시기 숙련형성과 복지제도의 기원: 생산레짐 시각에서 본 1962~1986년의 재해석」, 『한국정치학회보』 38집, 5호.

17 소득인정액이 중위소득의 40% 미만인 인구가 73만명, 50%이하 인구가 131만명에 이르고 있다(2018년 기준).

18 이에 관한 개선모형 중의 하나는 다음을 참고 바랍니다. 김미곤(2011). 『공공부조의 한계와 대안』, 성균관대학교 출판부.

19 김미곤(2011). 『공공부조의 한계와 대안』, 성균관대학교 출판부.

20 여유진 외(2016). 「한국형 복지모형 구축: 복지레짐 비교를 통한 한국복지국가의 현 좌표」, 한국보건사회연구원.

21 구인회 외(2019). "노인 빈곤과 노후소득보장체계", 소득주도성장특별위원회 발표자료.

제12장 불평등 완화를 위한 부동산 투기세력 억제

1 국가자본은 각종 공사들(LH공사, 수자원공사, 한전, 한수원, 가스공사, 농어촌공사 등), 각종 연기금(국민연금기금, 공무원연금, 군인연금, 사학연금 등)을 포함한다. 또한 예금보험공사의 공적자금 투하, 한국은행의 환매채 발행에 의한 통화공급, 산업은행의 부실기업 지원 등도 국가자본의 영역이 확대되고 영향력이 강화되는 것은 포현한다. 국가 행정영역과 예산의 지속적인 팽창도 똑같은 성격을 갖는다.

2 국가자본주의가 한국 경제의 자본축적 과정에서 투기를 확산시켜서 경제위기를 초래하는 과정에 관한 일반적 논의는 별도의 지면(김진엽(2020), 「국가자본주의와 한국 경제의 자본축적구조: 공정경제 부문의 성장을 중심으로」, 시너지)에서 발표한 바 있다. 그 논의의 연속선상에 서서 이 글에서는 과잉축적을 일으키는 중심체를 국가자본으로 특정하고, 부동산투기를 그 축적의 매개로 파악했다.

3 이것은 국가자본의 과잉축적에 기생하는 새로운 유형의 지주계층을 가리킨다. 최근 전 국민의 분노를 폭발시킨 LH공사 직원들의 신도시 토지투기 사례가 그 단적인 표본이다.

4 寺西重郎(테라니시 시게로우)의 책은 민간부문과 정부부문 사이에서 중간적 경제영역이 발생하여 대중소비사회를 형성하며, 중산층이 그 소비주체로 등장한다는 주장을 제시했다. 이것은 제2차 세계대전 이후 일본, 한국, 중국에서 나타난 급속한 생산력의 발전과 공업화의 성공 원인, 나아가서는 그 한계를 잘 설명해준다(寺西重郎(2017), 『歷史としての大衆消費社會』, 慶應義塾大學出版會).

5 2020년 한국 경제학회가 경제학자 회원들을 대상으로 실시한 설문조사 결과에 따르면, 76%의 경제학자들이 수도권 주택가격 폭등의 주요 원인을 정부의 정책 실패라고 답했다. 이들 경제학자들은 장기간 지속된 초저금리와 늘어난 부동자금에서 근본 원인을 찾기도 했다. 이렇듯 금융권에서 비롯되는 투기 수요가 가장 근본적인 수요 측 원인임에도 불구하고, 금융권의 과도한 대출규제가 집값 상승의 도화선이 되었다는 주장까지 나왔다. 이 조

410

사 결과는 경제학자들이 얼마나 편파적인 생각을 하는지를 잘 보여준다. 반면 불로소득 환수가 정책의 목표가 되어야 하는가에는 단 한 명도 찬성하지 않았다.

6 그 대표적인 사례는 LH공사의 매입임대주택 사업이다. LH공사는 민간 주택시장에서 대량의 주택을 매입하여 시장의 주택 공급 물량을 축소시켰다. 그 공급 감소로 인해 주택가격이 상승하여 주거비 부담을 감당하지 못하는 빈곤계층에 대해서는 임대주택 공급으로 대응한다. 그 물량 증대를 위해서는 자본 증자나 재정투입 증대가 필요해진다. 부동산가격 상승은 조세부담을 강화하는 대책을 수립하여 조세수입을 늘릴 수 있기 때문에 기획재정부는 이 증자나 재정투입에 대해 적극적일 수밖에 없다.

7 그중 1~5위까지의 다주택자가 모두 더불어민주당 소속이다("용인시장 14채·화성시장 9채…입 벌어지는 다주택 지자체장들", 『한국경제』, 2020 .8. 20).

8 리카도가 주장한 지대 학설. 둘 이상의 같은 면적의 토지에서, 면적별로 같은 수량의 자본이 투입되어 만들어내는 농산물 사이의 차액은 자본가의 손에 들어가지 않고 땅 임자에게 지대로 지급되어야 한다는 것이다(표준국어대사전).

9 사모펀드는 일정 수 이하의 제한된 투자자들을 모집하여 비공개적으로 운영되는 펀드(두산백과)로, 국세청의 한 조사 결과는 사모펀드의 정체에 대해 잘 말해준다. 한 페이퍼 컴퍼니(유령회사)의 자본금은 100원이었다. 이 법인은 수십억 원을 조달해서 부동산 사모펀드에 투자하고, 이 펀드로부터 수십억 원대 배당수익을 받았다("자본금 100원 유령회사, 부동산투기로 수십억 챙겨", 『중앙일보』 2020. 9. 23).

10 2014년 국토부는 택지공급 지침을 변경하였다. 종래에는 조성원가×110% 수준이던 공공택지의 공급가격이 주변 시세인 감정평가액으로 변경되었다. 이로 인해 택지개발사업에서 거대한 독점이윤이 발생했다. 그에 따라 아파트 분양가격이 상승했고, 분양가 상승은 아파트 투기 수요를 자극했다. 아파트 투기는 더 한층의 아파트 가격 상승을, 아파트 가격의 상승은 토지가격 상승을 격화시켰다. 이 토지가격 상승은 다시 공공택지의 공급가격 상

승으로 악순환을 반복시켰다. 이렇듯 2015년부터 시작된 부동산가격 폭등의 가장 근본적인 원인은 공공택지의 공급가격 상승과 그로 인한 독점이윤의 확보에 있었다. 그런데도 정부는 아파트 투기를 억제하기 위해 3기 신도시 개발에 착수했고, 공공택지 개발을 대규모로 진행하고 있다. 그 결과는 위에 적은 부동산투기의 악순환을 더 큰 규모로 불러올 것이다.

11 한국의 가공자본의 축적을 관리하기 위해 국가자본주의가 더욱 강화할 가능성이 있다. '국가자본의 과잉축적'은 그 구체적 전개의 시도이다(김진엽 (2012), 「재생산과 신용에 관한 일본학계의 한 쟁점: 이토 타케시(伊藤武)의 토미즈카 료조(富塚良三) 비판을 중심으로」, 『마르크스주의 연구』, 경상대학교 사회과학연구원 제9권 제2호: 196).

12 사모펀드가 부동산투기의 서비스산업화를 주도한 대표적인 사례는 이지스자산운용이다. 이 사모펀드는 강남의 '삼성월드타워'아파트(46가구)를 420억 원에 통째로 매입했다. 새마을금고에서 270억 원을 대출받았는데, 그중 100억 원이 불법 대출되었다("사모펀드 강남아파트 통매입에 대출 잘못⋯즉시회수", 『중앙일보』, 2020. 7. 21).

13 국가자본의 과잉축적은 과다한 부채증가로 나타난다. 기획재정부의 「공공기관 중장기 재무관리계획」에 따르면, 2020년 132조 3,000억 원인 LH공사의 부채규모는 2024년에는 180조 4,000억 원으로 48조 원이 증가할 전망이다. 39개 주요 공공기관의 부채는 2017년 472조 3,000억 원에서 2022년 571조 원으로 100조 원 증가하고, 2024년까지는 143조 5,000억 원이 증가한다("나랏빛 400조 늘리는 문 정부, 공기업 빚도 100조 늘린다", 『중앙일보』, 2020. 9. 4).

14 우리나라에서 2015년 소득 상위 20%와 하위 20% 간 격차는 4.37배였다. 이것이 2019년에는 5.26배로 확대되었다("이재명 기본소득, 日 유력경제지 관심⋯ '한국서 도입 가능성 커'", 『아시아경제』, 2020. 9. 25). 이런 소득수준의 양극화는 중산층 해체의 명백한 현상적 증거이다. 주거비 부담의 증대는 중산층의 존립 기반이 약화되고 있음을 말해주는 지표이다. 문재인 정부 3년 동안 서울의 6억 원 이하 아파트는 67%에서 29%로 대폭 축소되었다("文정부 3년, 6억 이하 아파트 67.3% ⇒ 29.4% 급감", 김상훈 의원실 보도자료, 2020. 9. 21). 또한 서비스산업

의 위기는 중간 경제영역이 와해되고 있음을 보여준다. "4차 산업혁명의 흐름에 가장 민감하게 반응하는 업종은 서비스업이다…OECD 회원국 중 한국의 서비스업은 한계기업 비중이 터키에 이어 두 번째(38.1%)이다."("[서소문 포럼] 시장 역린", 『중앙일보』, 2020. 9. 2) 2020년 7월 현재의 자영업자 수는 554만 8,000명인데, 이것은 전년도 대비 12만 7,000명이 감소한 숫자이다("자영업자 12만 7천 명 줄었다…감소폭 작년의 약 5배", 연합뉴스, 2020. 9. 8).

15 **LH공사의 주요 경영지표**(단위: 백만 원)

	2014년	2015년	2016년	2017년	2018년
자본금	33,738,957	35,700,986	38,974,891	42,750,557	45,263,835
부채비율(%)	408.67	375.87	342.14	306.27	282.94
이익금	843,758	969,509	2,237,244	2,872,096	2,005,548
이익률(%)	2.5	2.7	5.7	6.7	4.4

16 전반적 임금상승의 구체적인 형태는 정규직과 비정규직 사이의 커다란 임금격차의 확대로 나타난다.

17 자영업이나 재래시장 및 대인 서비스사업 등의 몰락은 2020년의 코로나 19에 의해 격화된 것이지만, 그 진행 과정은 이미 2017년부터 본격화된 것이다. 그리고 2016년에 폭발한 촛불혁명도 대중소비사회의 근간을 이룬 중산층의 위기에서 발로된 것이라고 보아야 할 것이다.

18 『일본경제신문』은 부자독식의 불평등과 성장률 저하의 관계가 가져올 위기적 상황에 대해 이렇게 보도하고 있다. "인류의 불평등은 최근 악화일로를 걷고 있다. … 대립과 갈등이 계속되는 상황에서 경제성장의 여신은 설 자리를 잃었다. … 경제성장을 위해서 평등을 중요시해야 할 때가 왔다. 그렇게 위기를 넘겨야만 성장의 여신이 미래를 밝혀줄 것이다."("'성장의 여신'은 어디에…코로나 사태로 불평등만 커지는 세계 경제", 『중앙일보』, 2020. 9. 7)

19 이런 주장이 본격적으로 제기된 적은 아직까지 없다. 그러나 단서가 될만한 연구들은 찾아볼 수 있다. Chattopadhyay와 Calder의 연구 등이 그런 사례들이다. 영국, 프랑스, 독일 등은 2차 세계대전 종전 이후 국유화 방식에

의한 국가자본주의로 전환하였지만, 실패로 끝났다. 반면 미국은 트럼프
행정부에 이르러 오히려 국가자본주의가 강화되는 양상을 보이고 있다. 그
의 지지기반은 제조업에 뿌리를 둔 전통적 미국인들이다. 이들이 월가 중심
의 금융자본세력(민주당계)에 반대하고 있다는 것은 확실하다(Chattopadhyay,
P.(1994). *The Marxian Concept of Capital and The Soviet Experience*, Praeger Publishers. Calder, K.
E.(1988). *Crisis and Compensation*, Princeton University Press).

제13장 금융정책, 자산금융에서 생산금융으로

1 이 글에서 말하는 금융정책이란 주로 미국에서 형성되어 주요 나라들이 뒤
   따르는, 넓은 의미의 미시·거시 화폐정책과 금융시장 정책을 말한다.

2 하비(Harvey)는 토지도 그 가격의 움직임이 금융시장의 영향을 받으면 금융
   자산과 다름이 없어진다는 사실을 설명한다(Harvey, D.(1982). *Limits to Capital*, 최
   병두 옮김(2007). 『자본의 한계: 공간의 정치경제학』, 한울).

3 공적자금은 재정을 통해 마련된다는 점에서 재정정책의 범주로 분류할 수
   있지만 이 자금의 대부분이 금융부문에 투입된다는 점에서 금융정책의 성
   격을 갖는다.

4 Bank of England(2012). "The distributional effects of asset purchases",
   Quaterly Bulletin 2012. Q3; IMF(2015). "Causes and Consequences of
   Income Inequality: A Global Perspective", Staff Discussion Notes
   No.15/13; Borio, Claudio and Zabai, Anna(2016). "Unconventional
   monetary policies: a re-appraisal", *BIS Working Papers* No 570; Yellen,
   Jarnet(2014). "Perspective on Inequality and Opportunity from the
   Survey of Consumer Finances", Federal Reserve Bank of Boston.

5 1980년대 이후 저성장 국면에서 기업들 사이의 국제경쟁 압력이 심해졌음
   도 과잉의 자본은 투자 증대로 연결되지 않았다. 여러 실증연구들은 기업
   들이 내부 유보와 금융투자를 증대시켜왔음을 보여준다.

6 De Brunhoff, Suzanne. 신현준 옮김(1992). 『국가와 자본』(*The State, Capital and*

Economic Policy, 1978).

7 미국은 가계부채의 많은 부분을 저소득층이 가지고 있다. 따라서 은행대출의 증가를 소득 불평등으로 설명할 수 있다. 이에 비해 우리나라는 가계부채의 많은 부분을 고소득층이 가지고 있다. 이는 우리나라의 경우 은행이 소득이 부족한 저소득층에 대출을 늘린 탓에 금융자산이 팽창한 것이 아니라는 사실을 말해준다.

8 Chesnais, Francis. "금융세계화와 체계상 취약성", Francis Chesnais 엮음, 서익진 옮김(2002). 『금융의 세계화』.

9 자산 계층의 이러한 요구는 주류 경제학의 이론에 반영되어 들어온다. 정책의 '동태적 비일관성' 문제를 제기한 키드랜드·프레스콧(Kydland and Prescort)의 1977년 논문과 '평판' 문제를 제기한 배로·고든(Barro and Gordon)의 1983년 논문은 주류 이론에서 중앙은행 독립성을 체계화한 문헌으로 간주된다(Kydland, F. and Prescott E.(1977). "Rules rather than discretion: inconsistency of optimal plans", *Journal of Political Economy* 85; Robert J. Barro, David B. Gordon(1983). "Rules, Discretion and Reputation in a Model of Monetary Policy", NBER Working Paper No.1079).

10 이는 각각 주류 견해, 포스트 케인지언 견해, 마르크스주의 견해를 대표한다.

11 "1990년대 들어 통화정책은 명시적인 물가 목표만을 정하여 운용하면 된다라는 소위 '인플레이션 타깃팅'이 전 세계적인 통화정책의 모범 규준으로 자리 잡게 되었습니다. 이 과정에서 웬만한 국가의 중앙은행들은 물가목표를 정하였으며 물가목표를 명시적으로 정해놓지 않은 국가들도 묵시적으로 목표 수준을 정하고 통화정책을 수행해왔습니다."(이성태(2008). "한국 금융시장 진단과 전망", 국회 경제정책 포럼 세미나, 2008. 9.)

12 1990년대에 세계 시장 상품가격이 안정된 이유를 브레너(Brenner R.)는 첫째, 노동조합의 힘이 약해지면서 생산성 증가만큼 실질임금을 인상시키지 못함에 따라 가격 상승 압력이 낮아졌다는 점, 둘째, 주요 선진국들이 과잉설비, 과잉생산으로 고통을 받고 있는 가운데서도 중국, 인도, 동아시아 국가 등이 세계 시장에 새롭게 참가하면서 설비와 생산의 과잉 문제가 더

심각해졌다는 사실을 든다(Brenner, Robert, 정성진 옮김(2007). 『붐 앤 버블』, 아침이
슬, *Boom and the Bubble: the U.S. in the World Economy*, 2002).

13 Mishkin, Frederic(2017). *The Economics of, Money, Banking, and Financial Marke*,
이상규·이명훈·정지만 옮김(2017). 『미쉬킨의 화폐와 금융』, 퍼스트북.

14 Mishkin, Frederic, 이상규·이명훈·정지만 옮김(2017). 『미쉬킨의 화폐와
금융』, 퍼스트북(*The Economics of, Money, Banking, and Financial Market*, 2017).

15 그린스펀이 자산가격의 급격한 상승에 대해 '비이성적 과열(irrational
exuberance)'이라는 경고를 보낸 적이 있기는 하지만 그가 실제로 거품에 대
응하기 위해 구체적인 조치를 한 것은 아니다.

16 "시중은행 또한 심각한 곤경에 처했다. 저축대부조합도 더 큰 골칫거리였
다. 은행은 규모도 훨씬 크고 경제와 관련해서 좀 더 중요한 부문이었기 때
문이다. 1989년대 말은 대공황 이후 가장 최악의 시기였다. 중소 규모의 은
행들이 파산하고 시티뱅크나 체이스맨해튼 같은 거대 은행들도 위험한 지
경에 처했다. 저축대부조합과 마찬가지로 그들이 안고 있는 문제는 너무나
많은 투기성 대출이었다."(Greenspan, Alan, 현대경제연구원 옮김(2007). 『격동의 시
대』, 북@북스, *The Age of Turbulence*, 2007)

17 "중앙은행이 전통적인 최종대부자(Lender of Last Resort) 기능과 함께 개별 또
는 전체 금융시장에서 신용경색을 해결하는 최종 시장 조성자(Market Maker
of Last Resort: MMLR) 기능을 수행할 필요성도 커짐"(이성태(2010). 「글로벌 금융위
기: 중앙은행의 정책 대응 및 과제」, 『이성태 총재 연설문집』)

18 Willem, Buiter and Anne, Sibert(2007), "The Central Bank as the
Market-maker of Last Resort: from Lender of Last Resort to Market-
maker of Last Resort, in The First Global Financial Crisis of the 21st
Centry", CERP.

19 Dobbs R., Lund S., Tim Koller and A. Shwayder(2013). "QE and ultra-
low interest rates: Distributional effects and risks", Mckinsey Global
Institute.

20 Bank of England(2012). "The distributional effects of asset purchases",

416

Quaterly Bulletin 2012, Q3.

21 Borio, Claudio and Zabai, Anna(2016). "Unconventional monetary policies: a re-appraisal", *BIS Working Papers*, No.570.

22 "통화정책이 단순히 기술적인 문제라면 기술 관료에게 맡겨 버리면 그만이다. 그러나 현실은 그렇지 않다. 그로 인해 커다란 분배적인 결과가 나타난다. 실제로 중앙은행은 우리 사회의 불평등을 심화시키는 데 중요한 역할을 해왔을 것이다."(Stiglitz, Joseph, 박형준 옮김(2017). 『유로』, 열린책들(*The Euro*).)

23 Turner Adea. 우리금융연구소 옮김(2017). 『부채의 늪과 악마의 유혹 사이에서』, 해남(*Between debt and the Devil: Money, Credit and Fixing Global Finance.*)

제14장 지역 균등발전을 향한 지역화폐 정책

1 균형과 균등의 의미를 구분하여 사용하고자 한다. 균형(均衡)발전이란 지역 간의 수평적인 자원배분에 한정된 의미이며 중간·평균(Balance)으로서의 '형식적 형평성'과 같은 의미를 지니고 있다. 반면 균등(均等)발전은 개별 여건의 차이를 감안한 '실질적 평등'(Equality)의 의미를 내포하고 있다. 본 장의 취지는 '지역균등'의 용어가 더 적절하다고 판단된다.

2 김민정(2011). 「지역화폐운동의 성과와 한계: 한국 사례를 중심으로」, 『기억과 전망』 26호, 민주화운동기념사업회 한국민주주의연구소; 김현옥(2008). 「지역화폐 참여에 관한 연구: 송파품앗이와 한밭레츠를 중심으로」; 한성일(2013). 「지역화폐운동과 지역경제」, 『지역사회연구』 21(4), 한국지역사회학회; 지주형·조희정·김순영(2019). 「지역화폐 형성과정과 분권화에 대한 연구: 이념, 제도, 이익을 중심으로」, 『비교민주주의연구』 제15집 1호, 인제대학교 민주주의와 자치 연구소.

3 천경희(2014). 「지속가능한 발전을 위한 소비생활방식 연구: 공동체화폐운동을 중심으로」, 『소비자정책교육연구』 10권 3호.

4 지주형·조희정·김순영(2019). 「지역화폐 형성과정과 분권화에 대한 연구: 이념, 제도, 이익을 중심으로」, 『비교민주주의연구』 제15집 1호, 인제대학교

민주주의와 자치 연구소.

5   한정된 지역이란 특광역시도 및 군·구·동을 의미하는 특정한 행정구역이 거나 경제·사회·지리·문화적 공동체 공간을 의미한다. 일정한 조건은 사회적 조건(사회·경제·환경적 재난 등)이나 사용상의 제한(인센티브, 유통기한, 사용처 등)을 의미한다. 특정한 목적과 취지는 다양한 의미가 있다. 예를 들면 첫째, 경제정책적 목적으로 ① 지역 내 부의 순환, ② 지역 내 소득유출 방지(지역 외 소비유입 촉진), ③ 지역경제 활성화, ④ 지역의 경제적 자립 등을 들수 있으며, 둘째, 중소상공인 정책으로 ⑤ 소상공인·자영업자/골목상권·전통시장 등에 대한 집중적인 지원, 셋째, 사회적 측면에서 ⑥ 지역공동체 강화 등을 거론할 수 있다.

6   이한주·김병조(2017). 「지역경제 활성화를 위한 지역화폐 도입에 관한 연구: 기초연금을 중심으로」, 국회예산결산특별위원회, 23쪽.

7   현재 지역화폐는 두 가지 차원에서 구분된다. 첫째, 공동체형 지역화폐는 그동안 주민운동 차원에서 꾸준히 진행됐으며 노동력 교환형 지역화폐의 성격을 띠기도 한다. 대표적으로 노원(Nowon), 한밭레츠가 있다. 둘째, 상품권형 지역화폐의 공식적인 명칭은 '지역사랑상품권'으로. 현재의 행정안전부와 지자체 주관의 지역경제 활성화형 지역화폐를 의미한다(김병조(2018). 「기본소득(시민배당)−지역화폐 상품권」 활용을 통한 지역경제 활성화 방안연구: 기초지자체 성남시 사례를 중심으로」, 41쪽). 상품권형 지역화폐는 2020년 기준 13조 3,216억 원이 판매되었으며, 2021년에는 약 15조 원을 발행 예정이며(행정안전부(2021). "지역사랑상품권 발행판매액 관련 자료", 행안부지역금융과.), 추후 3조 원 정도가 증액될 가능성이 크다. 전국 243개 지자체 중 228개의 지자체가 상품권형 지역화폐 정책을 채택하여 운용(또는 예정) 중이다.

8   하나의 지배적인 생산양식 안에 다양한 우클라드(Uklad: 소규모 생산양식)가 존재한다. 지역화폐를 통해 생산−유통−소비−분배−재생산을 이루어내는 '지역자치 생활공동체 네트워크'형 우클라드를 구상해볼 수 있다.

9   다른 한편으로 공동체형 지역화폐 입장에서 상품권형 지역화폐에 대한 비판도 있다. "지역주민의 삶이 자율성을 박탈당하고 관청과 시장에 의해 근

본적으로 왜곡되고, '생활세계의 식민지화'가 너무 깊숙이 진행된 사회 속에서 살고 있다. 관과 주민사이에 오래전부터 내려온 수직적 위계질서를, 보살피고 나누는 선물경제에까지 깊이 관여시키는 것은 결코 바람직하지 않다."(조너선 크롤, 박용남 옮김(2003). 『레츠』, 이후, 210쪽). 공동체형과 상품권형 지역화폐는 각기 다른 상호보완적인 장단점을 가지고 있다. 따라서 두 가지 지역화폐 간의 관계에 있어 첫째, 현재의 상태를 유지한 채로 상호 병존·유지하는 방식, 둘째, 어느 하나가 주도하여 포괄하는 방식, 셋째, 전혀 다른 제3의 새로운 양태를 고안하는 방식 등 다양한 정책조합들을 구상해볼 수 있다. 여기서 우선할 점은 공동체형 지역화폐의 자생적 주민자치, 지역 내 순환, 다양성이라는 지역화폐의 핵심 명제를 지켜내야 한다는 점이다.

10 김병조(2018). 「'기본소득(시민배당)−지역화폐 상품권' 활용을 통한 지역경제 활성화 방안연구: 기초지자체 성남시 사례를 중심으로」.

11 코로나19에 따른 지역사회의 경제적 피해를 방지하기 위해 경기도에서는 비교적 초기인 2020년 2월부터 지역화폐를 연계한 지역경제 지원방안에 대한 신속한 대응이 이루어졌다. 이로써 경기도는 중앙정부(2020년 5월 1주차 지급) 및 다른 지자체보다 훨씬 앞서 경기도형 재난기본소득을 4월 1주차에 지급하였다(김병조(2020). 「지역화폐 연계형 '재난극복 기본소득' 실행방안 검토」, 경기연구원, 2020. 3. 18; 김병조(2020). 「코로나19로 인한 지역사회 경제위기와 지역화폐 정책: 경기도 사례를 중심으로」, 『예산과 정책』 통권 제32호; 김병조(2020). 「지역화폐 연계형 경기도 재난기본소득에 관한 몇 가지 소고」, 『공공정책』 2020년 5월호, 56−60쪽; 김병조(2020). 「코로나19 국면 경기도 소상공인 경제활력 촉진을 위한 지역화폐 활용방안」, 경기연구원 현안대응, 2020. 2. 24; 김병조·김정훈·이상훈(2020). 「지역화폐 연계형 '재난극복 기본소득' 검토안」, 코로나19 위기 극복을 위한 GRI 제언, 2020년 3월 경기도 확대간부회의 자료, 경기연구원, 2020. 3. 12). 경기도는 다른 지자체에 비해 전격적인 지역화폐 연계형 재난기본소득을 지급함으로써 지역경제의 위기와 피해정도가 비교적 낮은 수준을 보여주었다. 2021년도에는 경기도형 2차 재난기본소득이 지급되었다(김병조·김정훈·유영성(2020). 「코로나19 극복을 위한 경기도 2차 재난기본소득 지급안 검토」, 경기연구원 현안대응, 2020. 12. 5).

12 화천군이 시도한 산천어 축제는 "2019년 189만 명이 방문하여 직접경제유발효과는 1299억 원, 축제기간 방문고객 51%, 매출액 31.7%가 증가하였으며, 축제 관련 수입은 60억 원"의 경제적 효과를 달성한 것으로 추산된다 (강원대 산학협력단(2019). 「2019 화천산천어축제 평가 및 발전방안 연구보고」).

13 화천군의 군장병 우대업소 육성 및 인센티브 지원사업은 업소에서 화천사랑상품권을 선구입한 후 나라사랑카드로 결제한 금액의 30%를 상품권으로 환급받을 수 있다. 해당 업소의 환급액은 화천군청이 정산을 지원한다.

14 성북구의 장위2동 일대는 철거로 인한 주거인구 및 소비매출 감소에 더하여 사랑제일교회(장위동 소재)의 집회로 인해 대량의 감염 확진자가 급증함으로써 지역의 사회경제적 피해가 누적되었다. 성북구는 장·석·월에 한정된 지역화폐를 추석명절 기간 동안 "20% 할인하여, 1인당 70만 원, 유통기한 6개월 한정하여 제로페이 가맹점 2,785개를 대상으로 35억 원을 발행"(성북구청 누리집)하였다. 또한 추가적으로 장위동에 한정된 지역화폐를 발행 (2020년 11월 9일)하였다(성북구청 누리집(https://www.sb.go.kr/, 검색일: 2020. 12. 28).

15 제로페이(Zeropay)는 '소상공인의 결제 수수료 부담을 완화시키기 위해 민관이 합작해 만든 모바일 간편결제서비스'라고 할 수 있다. 제로페이는 소상공인 상시근로자 수 5인 미만, 연 매출액 8억 원 이하 결제수수료 0%(일반가맹점 최대 1.2%)로 제공한다. 그러나 소상공인에게는 수수료 절감이 상대적으로 낮았으며, 소비자에게는 별다른 혜택이 없음으로 인해 거의 소멸되어가는 정책이었다. 그러나 코로나19 시기 일부 지자체에서 재난지원금 등이 제로페이로 지급됨으로써 그동안 가장 큰 문제점이었던 활용 재원에 대한 문제가 다소나마 해결되었다.

제로페이는 사용 과정에서 외형적인 형태만으로 판단한다면 지역화폐와 매우 유사하다. 그러나 지역화폐는 지역 내 화폐의 유통순환을 강조한 행정자치부의 정책이라면, 제로페이는 소상공인의 카드결제 수수료를 지원하는 기능으로 중소벤처기업부의 소관이다. 소상공인 및 중소기업을 지원한다는 측면에서 지원대상의 공통점이 있으며, 현실 정책적인 측면에서는 지역화폐와 친화성이 크다고 할 수 있다.

16 제로페이 누리집(https://www.zeropay.or.kr/main.do, 검색일: 2020. 12. 28).

17 배달특급은 기존 배달앱인 배달의민족, 요기요, 배달통, 위메프오, 쿠팡이
츠 등이 장악하고 있는 시장지배적 플랫폼 생태계에 대한 대안적 역할을
시사하고 있다. 기존의 배달앱 생태계는 과다한 중개수수료율(5.2~12%), 시
장독점, 배당생태계의 지속가능성, 운영사와 가맹점 간의 공정성에 대한
문제가 제기되었다. 더군다나, 독일 기업 딜리버리히어로(DH)는 요기요(2위)
와 배달통(3위)을 소유한 업체로, 국내 1위 배달의민족(우아한 형제들)을 인
수·합병하여 배달앱 시장의 98%(사용자 약 1,100만 명)를 지배함으로써 독과
점 기업으로 대두하였다. 배달의민족은 이미 고가의 중개수수료(6.8%), 깃발
꽂기, 소비자 후기 조작, 가맹점 광고비 갑질 등으로 이미 시장 지배적 독과
점의 폐해가 사회문제로 등장하고 있었다.

18 배달특급 누리집(https://www.specialdelivery.co.kr/, 검색일: 2020. 12. 23).

19 경기도 주식회사의 '배달특급 마케팅 개선을 위한 고객 설문조사'(2020. 12.
7~17. 회원 1만 8,000명 중 응답자 수 2,125명)에 따르면, 사용자들은 배달특급 앱
다운로드 계기를 "지역화폐 때문(61%)"이며 더 구체적으로는 "지역화폐 할
인(37.6%), 지역화폐 모바일 사용(24%), 소상공인 수수료 절감 등 공익적 참
여(27.8%)" 등으로 답하였다.

20 이하 소개되는 운용범역 사례의 구체적인 내용은 김병조 외(2020), 『뉴머니,
지역화폐가 온다』, 다할미디어, 255-282쪽; 김병조·남춘호(2021), 「경기도
지역화폐의 적정 운용모형」, 유영성, 『뉴머니 지역화폐의 현재와 미래』, 80-
212쪽을 간략하게 요약·소개한 것임.

21 메가리전은 남북한을 국가 대(對) 국가의 개념이 아닌 지역 간의 문제로 포
착함으로써 국가 차원의 대결과 통일보다 메가리전 내에서의 평화와 교류
를 우선하는 새로운 시도라고 할 수 있다. 남북한 교류를 통해 개성공단을
중심으로 북한의 연안군-해주시-남포특별시-평양특별시와 남한의 경기
북부-인천광역시-서울특별시를 아우르는 '교류의 완충지대'를 메가리전
개념으로 포착할 수 있다(이정훈 외(2020), 「한반도 메가리전 발전 구상: 경기만 남북
초광역 도시경제권 비전과 전략」, 경기연구원).

22 통계청(2020). 「2020 북한의 주요 통계지표」.

23 황소희·임지현·류혜민(2019). 「남북 화폐 공동체에 대한 정치학적 상상: 블록체인 기술을 활용한 남북경협 화폐도입을 중심으로」, 『입법과 정책』, 국회입법조사처, 155쪽.

24 한용덕(2015). 「통일 전후 독일 금융기관의 역할과 한반도 통일금융에 대한 시사점」, 한국산업은행, 『산은조사월보』, 98쪽.

25 조복현(2020). 「지역공동체 경제와 지역화폐: 사회적 경제 활성화를 위한 지역화폐 시스템」, 『2020년 봄 학술대회 자료집』, 한국사회경제학회, 3쪽.

26 조복현(2020). "지역공동체 경제와 지역화폐: 사회적경제 활성화를 위한 지역화폐 시스템", 『2020년 봄 학술대회 자료집』, 한국사회경제학회, p.18; 김명록(2016). "한국 마이크로 파이낸스의 현황과 과제", 『산업혁신 연구』, 제32권 1호.

27 "5섹터는 1섹터(공공; 국가), 2섹터(민간; 기업), 3섹터(비정부기구, 비영리기구), 4섹터(사회적 경제)를 포괄하며, 지역의 주민, 노동자, 활동가, 전문가, 당사자, 이해관계자 등을 망라한 전 사회적 통합 네트워크"라고 할 수 있다(김병조(2017). 「지역경제 활성화를 위한 지역화폐 도입에 관한 연구」, 국회예산결산특별위원회, p.53).

제15장 공정한 사회와 지속가능한 경제발전

1 이 장은 한국 경제포럼 게재된 필자의 논문, 「공정한 사회와 지속가능한 경제발전: 우리의 현실과 바람직한 정책 방향」의 내용을 재편집하고 보완하여 작성되었다(주병기(2019). 「공정한 사회와 지속가능한 경제발전: 우리의 현실과 바람직한 정책 방향」, 『한국 경제포럼』 제12권, 제2호, 1-12쪽).

2 대표적인 연구로 Lazear, E. P. and S. Rosen(1981). "Rank-Order Tournaments as Optimum Labor Contracts", *Journal of Political Economy*, Vol.89, No.5, pp.841-64. 참고.

3 Kaldor, N.(1957). "A Model of Economic Growth", *The Economic Journal*,

Vol.67, No.268, pp.591-624.

4   Barro, R. J.(2000). "Government Spending in a Simple Model of Endogenous Growth", *Journal of Political Economy*, Vol.98, No.5, 1990, pp.103-25.

5   이에 대한 더 자세한 내용은 Benhabib(2003)를 참고할 것을 권한다 (Benhabib, J.(2003). "The Tradeoff Between Inequality and Growth", *Annals of Economics and Finance*, Vol.4, No.2, pp.491-507).

6   Mirrlees, J. A.(1971). "An Exploration in the Theory of Optimum Income Taxation", *Review of Economic Studies*, 38, pp.175-208; Okun, A. M.(1975). Equality and Efficiency: *the Big Trade-Off*, Washington: Brookings Institution Press.

7   Okun, A. M.(1975). Equality and Efficiency: the Big Trade-Off, Washington: Brookings Institution Press; Barro, R. J.(1990). "Government Spending in a Simple Model of Endogeneous Growth", *Journal of Political Economy*, Vol.98, No.5, pp.103-25; Jaimovich, N., and S. Rebelo(2012). "Non-Linear Effects of Taxation on Growth", NBER Working Paper No.18473(Cambridge, Mass.: National Bureau of Economic Research).

8   Tanzi, V. and H. Zee(199). "Fiscal policy and long-run growth". IMF Staff Papers, Vol.44, No.2, pp.179-209.

9   Benabou, R.(1996). "Inequality and Growth", *NBER Macroeconomics Annual*, Vol.11, pp.11-74; Todaro, M.(1997). *Economic Development*.

10 Easterly, W.(2007). "Inequality does cause underdevelopment: Insights from a new instrument", *Journal of Development Economics*, Vol 84, pp.755-776.

11 Solt, F.(2009). "Standardizing the world income inequality database", *Social Science Quarterly*, Vol.90(2), pp.231-242.

12 순소득(net income)은 시장소득에 조세와 정부의 이전지출을 반영하여 정부

의 재분배를 고려한 소득이다.

13 Ostry, J. D., A. Berg and C. G. Tsangarides(2014). "Redistribution, Inequality and Growth", IMF Staff Discussion Note. Berg et al.의 후속 연구도 이 같은 결과를 보고하고 있다(Berg, A., J.D. Ostry C.G. Tsangarides and Y. Yakhshilikov(2018). "Redistribution, inequality, and growth: new evidence", *Journal of Economic Growth*, Vol.23, 259–305).

14 성장지속기간이란 과거보다 평균적으로 2% 이상 성장했던 5년 이상의 기간을 말한다.

15 과거 반대의 관계를 보였던 대부분의 연구들이 정부의 재분배 기능을 측정하기 위해 대리변수인 조세부담률을 활용했던 데 반해 이들은 직적접인 척도인 시장소득 불평등도와 순소득 불평등도의 격차를 활용했다.

16 Aiyar, S. and C. Ebeke(2019). "Inequality of Opportunity, Inequality of Income and Economic Growth", IMF Working Paper, WP/19/34.

17 OECD(2014). OECD Framework for Inclusive Growth, OECD Publishing; OECD(2015). Is It Together: *Why Less Inequality Benefits All*. OECD Publishing.

18 Aghion, P., E. Caroli and C. Garcia-Penalosa(1999). "Inequality and Economic Growth: The Perspective of the New Growth Theories", *Journal of Economic Literature*, Vol.37, pp.1615–1660; Benhabib, J.(2003). "The Tradeoff Between Inequality and Growth", *Annals of Economics and Finance*, Vol.4, No.2, pp.491–507 등은 이를 경제성장 모형의 균형분석을 통해 설명하고 있다.

19 Alesina, A. and D. Rodrik(1994). "Distributive politics and economic growth", *Quarterly Journal of Economics*, Vol.108, pp.465–490; Alesina, A. and R. Perotti(1996). "Income Distribution, Political Instability, and Investment", *European Economic Review*, Vol.40, No.6.

20 Krueger, A.(2012). "The rise and consequences of inequality", Presentation made to the Center for American Progress, January 12th;

Bernstein, J.(2013). "The impact of inequality on growth", the Center for American Progress; Murphy, Kevin M., Andrei Shleifer and Robert W. Vishny(1989). "Industrialization and the Big Push", *Journal of Political Economy* 97(5): 1003–1026.

21 Rodrik, D.(1999). "Where Did All the Growth Go? External Shocks, Social Conflict, and Growth Collapses", *Journal of Economic Growth*, Vol.4, No.4, pp.385–412; Andrews, Dan and Andrew Leigh(2009). "More inequality, less social mobility." *Applied Economics Letters*, Vol.16, pp.1489–1492; Chetty, R., N. Hendren, O. Kline and E. Saez(2015). The Economic Impacts of Tax Expenditures: *Evidence from spatial variation across the US*, Mimeo.

22 누진세를 통한 공공투자의 장점에 대해서는 Behabou(2002), Alesina and Perotti(1996) 등을 참고하라(Behabou, R.(2002). "Tax and Education Policy in a Heterogeneous–Agent Economy: What Levels of Redistribution Maximize Growth and Efficiency?" *Econometrica*, Vol.70, No.2, pp.481–517; Alesina, A. and R. Perotti(1996). "Income Distribution, Political Instability, and Investment", *European Economic Review*, Vol.40, No.6).

23 Saint–Paul, G., and T. Verdier(1993). "Education, Democracy and Growth", *Journal of Development Economics*, Vol.42, No.2, pp.399–407; Saint–Paul, G., and T. Verdier(1997). "Power, Distributive Conflicts, and Multiple Growth Paths", *Journal of Economic Growth*, Vol.2, No.2, pp.155–68; Bleaney, M., N. Gemmell, and R. Kneller(2001). "Testing the Endogenous Growth Model: Public Expenditure, Taxation, and Growth Over the Long Run", *Canadian Journal of Economics*, Vol.34(1), pp.36–57.

24 OECD(2017). *How's life in 2017.*

25 OECD(2019). Society at a Glance: *OECD Social Indicators*, OECD Publishing, Paris.

26 OECD(2019). Income inequality(indicator). doi: 10.1787/459aa7f1-en.

27 오성재·주병기(2017), 「한국의 소득 기회 불평등에 관한 연구」, 『재정학연구』 제10권 제3집, pp.1-30; 신지섭·주병기(2021), 「한국노동패널과 가계동향조사를 이용한 소득기회 불평등의 장기추세에 대한 연구」, 『경제학연구』.

28 신지섭·주병기(2021), 「한국노동패널과 가계동향조사를 이용한 소득기회 불평등의 장기추세에 대한 연구」, 『경제학연구』.

29 신지섭·주병기(2021), 「한국노동패널과 가계동향조사를 이용한 소득기회 불평등의 장기추세에 대한 연구」, 『경제학연구』. 〈표 11〉 참고.

30 신지섭·주병기(2021), 「한국노동패널과 가계동향조사를 이용한 소득기회 불평등의 장기추세에 대한 연구」, 『경제학연구』.

31 주병기(2019), 「공정한 사회와 지속가능한 경제발전: 우리의 현실과 바람직한 정책 방향」, 『한국 경제포럼』 제12권, 제2호, 1-12쪽, 그림 14 참고.

32 교육부(2017), 「경제·사회 양극화에 대응한 교육복지 정책의 방향과 과제」.

33 김영철(2011), 「고등교육 진학단계에서의 기회형평성 제고방안」, KDI 정책연구시리즈 2011-06; 김희삼(2012), 「학업성취도 분석을 통한 초, 중등교육의 개선방향 연구」, KDI 연구보고서 2012-09 등.

34 김영철(2011), 「고등교육 진학단계에서의 기회형평성 제고방안」, KDI 정책연구시리즈 2011-06, 43쪽.

35 오성재·강창희·정혜원·주병기(2016), 「가구환경과 교육성취의 기회: 대학수학능력시험 성적을 이용한 연구」, 『재정학연구』 제9집 제4호, 1-32쪽.

36 오성재·주병기(2021), 「대학입학 성과에 나타난 교육 기회 불평등과 대입 전형에 대한 연구」, 서울대 경제연구소 분배정의연구센터 DP202105.

제16장 한국 경제민주주의 모델

1 제2차 세계대전 직후 서독에서 전개된 경제질서 논쟁에서 '제3의 길'은 좌우 모두 사용했다. 소련식 사회주의 계획경제를 지지하던 공산당 계열을 제외한 사회민주주의 진영은 자본주의와 소련식 사회주의 사이의 중간을 의

미했던 데 비해 우파인 기독교민주당은 '사회적 시장경제'를 '제3의 길'로 표현하면서 영미형의 자유시장경제와 중앙관리경제 사이의 중간을 의미했다. 여기에서 중앙관리경제는 소련식 계획경제뿐만 아니라 나치경제도 포괄하는 개념이다. 참고로 1990년대 영국 노동당과 독일 사회민주당이 관심을 보였던 '사회민주주의의 현대화'에 관한 논의에서는 신자유주의와 케인스주의의 종합으로서 '제3의 길' 개념이 사용되었다.

2 한국의 '경제민주화' 개념은 독일의 '경제민주주의'와 별다른 연관이 없다. 한국의 '경제민주화' 논쟁에서 독일 사례가 비교되거나 참조되는 경우도 없다. 또한 왜 헌법 조항에 '경제민주주의'가 아니라 '경제민주화'가 사용되었는지도 알려진 바 없다. 이 글에서는 일단 개념의 유사성에 주목하는 합편, 한국의 '경제민주화' 개념이 포괄하는 범위를 넓히기 위해 독일의 '경제민주주의'에 관해 간략하게 살펴보았다.

3 "노동법 학술대회⋯'대법원, 경영권을 숭배하는 종교의 신도가 됐다'", 『경향신문』, 2017. 11. 27.

제17장 새로운 경제질서를 향한 공정 뉴딜

1 지금 한국에서는 정의와 공정이 다른 의미로 쓰이고 있다. 하지만 여기서는 롤즈의 '공정으로서의 정의' 개념에 따라 공정을 정의와 바꿔 쓸 수 있는 개념으로 다룬다.

2 이들 경제의 구분과 작동 원리에 대해서는 정태인·이수연의 『협동의 경제학』을 참고하라. 이런 주장은 오스트롬의 다중심성 원리를 따르는 것이다 (정태인·이수연(2013). 『협동의 경제학』, 레디앙).

3 공공성은 시장 실패론과 사회적 딜레마, 그리고 정의론의 결합이다. 사회적 딜레마와 공공성에 관해서는 정태인·이수연(2013) 참고(정태인·이수연 (2013). 『협동의 경제학』, 레디앙).

4 여기서 자세히 논의하지는 않겠지만 우리는 기본적으로 롤즈와 센의 정의론, 하버마스의 공론장과 숙의민주주의론을 따른다.

5   관계부처합동(2017). "새 정부 경제정책 방향", 1쪽.

6   관계부처합동(2017). "새 정부 경제정책 방향", 4쪽.

7   관계부처합동(2017). 「2018년 경제정책 기본방향」.

8   관계부처합동(2018). 「2019년 경제정책 방향」, 6쪽.

9   관계부처합동(2019). 「2020년 경제정책 방향」, 7쪽.

10   관계부처합동(2020). 「'한국판 뉴딜'종합계획」, 5쪽.

11   이 정책이 발표된 지 4개월 후인 10월 28일 문재인 대통령은 국회 시정연설에서 2050년 넷제로를 선언했다. 중국이 2060년 넷제로를 선언하고 이어서 일본도 2050년 넷제로를 밝힌 이후이다. 하지만 2020년 말에 파리회의에 제출한 온실가스 배출 감축목표는 박근혜 정부와 사실 상 똑같았고 2021년 4월의 기후 정상회의에서 문재인 대통령은 똑같은 목표(절대량 환산 시 1% 감축)를 재확인해서 국제사회의 비난을 받았다.

12   영어로 asset에 해당하는데 피케티는 이것을 capital이라고 불렀다. 그리고 국민계정에서 '자본소득(자본 몫)'은 실제로 자산소득이다.

13   이 수치를 피케티의 비율로 바꾸려면, ① 분자의 국민순자산에서 정부의 자산을 빼서 민간 순자산을 계산하고 ② 분모의 국내총생산을 국민소득(국내총생산-감가상각+해외순수취소득)로 바꾸면 된다.

14   주상영(2015). 「피케티 이론으로 본 한국의 분배문제」, 『경제발전연구』, V21, N1.

15   김낙년의 연구는 개인별 분배에서도 한국의 소득분배 및 자산분배가 급격히 악화된다는 것을 보여주고 있다(김낙년(2014). 「한국의 소득 불평등, 1933~2012: 소득세자료에 의한 접근」, 『경제사학』; 김낙년(2015). 「한국에서의 부와 상속, 1970~2013」, 낙성대연구소 워킹페이퍼)

16   한국의 경우를 실제로 계산해보면 0.06 정도가 나온다.

17   우대형(2014). "한국 경제성장의 역사적 기원", 경제사학회 발표문.

18   기능별 분배가 악화되어도 모든 사람이 똑같은 집과 주식을 가지고 있다면 계층별 분배는 평등할 수 있다. 보통 자산계급이 상위 계층에 속하기 때문에 이런 일은 벌어지지 않는다.

19 임금소득 몫이 증가했을 때 경제성장률이 오를 것인가는, 그 나라의 경제 구조에 따라 결정된다. 예컨대 경제구조와 자산가들의 행동양식에 따라 설비투자가 활발하게 일어난다면 노동자의 소득 증가가 성장률을 떨어뜨 릴 수도 있을 것이다. 그동안의 연구결과에 따르면 한국은 노동소득 몫이 늘어나면 경제성장률도 올라가는 '임금주도 국가'에 속한다(Onaran,O. and Galanis, G.(2012). "Is Aggregate Demand Wage-led or Profit-led?", Conditions of Work and Employment Series No.13; 홍장표(2014). 「한국의 노동소득분배율이 총수요에 미치는 영향: 임금주도 성장모델의 적용 가능성」, 「사회경제평론」 43호; 홍장표(2014). 「한국 의 기능적 소득분배와 경제성장: 수요체제와 생산성체제 분석을 중심으로」, 지역사회연구소 워킹페이퍼 참고).

20 양적 완화를 위한 채권 매입 속도를 늦추는 것을 말한다.

21 서울, 부산 시장 보궐선거에서 패한 이후 당 대표 선거에서도 후보들은 경 쟁적으로 종부세 완화 등 부동산 규제 완화를 강조했다. 이는 민주당이 자 산 불평등 문제를 해결할 의지가 없다는 것을 명백하게 보여준다.

22 Altenburg, T. and Rodrik, D.(2017). "Green Industrial Policy: Accelerating Structural Change Towards Wealthy Green Economies", Green Industrial Policy, p5.

23 Stiglitz(2019). "Addressing climate change through price and non-price interventions", *European Economic Review*, V.119.

24 Stern and Stiglitz(2017). "Report of the High Level Commission on Carbon Pricing", Paper of the Carbon Pricing Leadership Coalition of the World Bank Group; Stiglitz(2019). "Addressing climate change through price and non-price interventions", *European Economic Review*, V.119.

25 알텐버그와 로드릭(Aletnburg and Rodrik)은 탄소세는 정부가 직접 부과하므 로 기업이 부담해야 할 추가 비용을 예측할 수 있고, 환경 충격을 줄일 뿐 아니라 자본의 세수를 늘리므로 '이중의 배당'을 창출한다는 장점을 지니 고 있다고 주장한다(Altenburg, T. and Rodrik, D.(2017). "Green Industrial Policy:

Accelerating Structural Change Towards Wealthy Green Economies", *Green Industrial Policy*, p.12).

26 탄소시장이 작동한다면 위기에 가까워질수록 '자연적' 탄소가격은 말 그대로 천정부지로 치솟을 것이다. 하지만 이 가격 폭등에 맞춰 기술혁신이 제때 일어나리라는 보장은 전혀 없다. 시장은 시행착오로 움직이는 제도인데, 위급한 상황은 시행착오를 허용하지 않는다. 예컨대 전쟁 사령부나 비행장의 관제탑은 시장 원리로 움직이지 않는다.

27 Stern and Stiglitz(2017). "Report of the High Level Commission on Carbon Pricing", Paper of the Carbon Pricing Leadership Coalition of the World Bank Group. 최근 발표된 정부의 "2050 장기 저탄소 발전전략"도 스턴과 스티글리츠의 이 계산을 "파리협정 이행을 위한 세계 탄소 가격"으로 예시하고 있다(p42).

28 IMF는 한국의 배출권 거래시장에서의 이산화탄소 가격이 22\$라고 추정했다. 따라서 2030년까지 우리는 약 73달러를 추가로 올려야 하며 이는 연평균 5달러씩 탄소세를 인상해야 한다.

29 IMF(2019). *How to Mitigate Climate Change, Fiscal Monitor.*

30 스웨덴은 30년 동안 전기요금을 지속적으로 인상했다. 전기요금 인상을 미룰수록 남은 기간 동안 빠르게 전기요금을 올려야 한다. 짧은 시간에 대폭 가격을 올리면 '쇼크 요법'과 마찬가지로 경제와 사회에 충격을 가할 것이다.

31 물론 전환기 10년을 지나면서 시민들은 새로운 규범에 따라 생태적 소비(ecolocgical consumption)를 하게 될 것이다. 이때는 에너지 효율화가 에너지 가격 상승보다 느리더라도 총에너지 소비는 감소할 것이다.

32 IMF는 탄소세가 공정하고 성장친화적 방식으로 부과될 경우 가장 강력하고 효율적인 기후위기 정책 수단이라고 밝히고 탄소 배출량이 큰 선진국은 2030년까지 75달러의 탄소세를 부과해야 한다고 주장했다(Gasper et al.(2019). "Fiscal Policies to Curb Climate Change"). IMF와 세계은행 등은 2016년경부터 탄소세를 강조했다.

33 그림에서 브라질의 효율적 탄소 가격이 마이너스인 것은 아마존 밀림의 존재 때문이며 산유국은 탄소가격이 높을수록 국가의 수입이 커지기 때문에 높은 가격으로 나타났다.

34 현재 세계적인 연구 수준도 매우 부족하다. 연구자들은 CGE 등 추상적인 모델을 통해서 적정 탄소세를 추정하고 있을 뿐, 현실의 전달 경로나 충격의 크기를 가늠하지 못하고 있다. 탄소세 부과의 역사가 매우 길고 충분한 세율에 도달한 스웨덴의 경험은 여러모로 시사하는 바가 클 것이다.

35 Altenburg, T. and Rodrik, D.(2017). "Green Industrial Policy: Accelerating Structural Change Towards Wealthy Green Economies", *Green Industrial Policy*, p.4.

36 삭스 등은 지속가능발전목표(SDGs)와 파리협약을 달성하기 위해서는 모든 나라에서 근본적 전환(deep transformation)을 해야 한다면서 다음 6개의 SDG 전환이 이러한 전환의 필수요소가 되어야 한다고 주장했다. ① 교육, 젠더 그리고 불평등, ② 건강, 안녕과 인구, ③ 에너지 탈탄소화와 지속가능한 산업, ④ 지속가능한 음식, 토지, 물 그리고 해양, ⑤ 지속가능한 도시와 공동체, ⑥ 지속가능한 발전을 위한 디지털 혁명이 그것이다. 즉 이번의 전환은 사회 전반의 변화와 함께 가야 한다는 주장이다(Sachs et al.(2019). "Importance of green finance for achieving sustainable development goals and energy security", *Handbook of Green Finance*).

37 예컨대 전기자동차가 EU 지역의 온실가스 배출을 늘린다는 보고도 있다(Manzetti, S., and Mariasiu, F.(2015). Electric Vehicle Battery Technology: From Present State to Future Systems, *Renewable and Sustainable Energy Reviews*, V51, pp.1004-1012). 자동차 배터리의 전자·화학 부품의 생산, 그리고 폐품 관리를 위해서는 상당한 투자와 재활용 기술이 필요하다.

38 그러나 세금 인상에 대한 대중의 저항, 화석기반 산업과 노동자의 문제를 희석시키기 위해 탄소배당 등 재분배 용도로 사용할 수도 있다.

39 홍순탁(2019). 「그린 뉴딜을 위한 에너지 세제개편」, 정의당 정책연구보고서.

40 반면 현 정부가 추진하고 있는 사모펀드 방식은 매우 위험하며 현재의 법률

과도 상충된다. 기본적으로 사모펀드 방식이 일정한 수익률을 보장할 수는 없으므로 결국 정부의 보조금을 전제로 한다.

41 Jacobs, M., and Mazzucato, M. ed., 정태인 옮김(2017). 『자본주의를 다시 생각한다』, 칼폴라니사회경제연구소(*Rethinking Capitalism*, 2016).

42 여기서 자세히 논의할 여유는 없지만 이러한 '제3지대'에 걸맞은 대북전략 은 '한반도 비핵지대화'이다.

이 책을 함께 준비한 사람들

이한주 ─────────────────────────

현 경기연구원장, 가천대학교 경제학과 교수. 새로운경기위원회 공동위원장, 대통령 직속 국정기획자문위원회 경제1분과 위원장 역임. 논문으로 'Estimation of the demand function of the information and communication construction business', 공역서로 『기본소득이란 무엇인가』(다니엘 라벤토스) 외 다수.

김정훈 ─────────────────────────

현 경기연구원 선임연구위원. 경제성장론, 경제발전론, 통화정책론 등 연구. 논문으로 'A two-sector model with target-return pricing in a stock-flow consistent framework', 역서로 『포스트 케인스학파 경제학 입문』(마크 라브와) 외 다수.

장시복 ─────────────────────────

현 목포대학교 경제학과 교수. 화폐금융론, 정치경제학 등 연구. 논문으로 「1980년대 이후 미국 경제의 가공금융의 성장」, 저서로 『모순으로 읽는 세계경제 이야기』 외 다수.

박원익 ─────────────────────────

현 경기연구원 전략정책부 연구원, 고려대학교 경제학과 박사과정. 화폐론, 소득분배론, 공정성 등 연구. 논문으로 'Impacts of Liquidity Preference on Loan-to-Deposit Ratio and Regional Economic Growth: A Post-Keynesian View', 저서로 『공정하지 않다』(공저) 외 다수.

김정인 ─────────────────────────

현 중앙대학교 경제학부 교수. 국무총리실 녹색성장위원회, 환경부 지속가능발전위원회, 중앙환경정책위원회, 국가기후환경회의, 탄소중립위원회 등에서 활동. 저서로 『물과 기후변화』(공저), 『물과 인권』(공저), 『녹색 성장 1.0』(공저), 『지속가능한 사회』(공저), 『그린 잡』(공저), 『전환기의 북한경제』(공저) 외 다수.

홍기빈 ─────────────────────────

현 경기연구원 초빙선임연구위원. 사회적 경제, 대안 경제학 등 연구. 저서로 『비그포르스, 잠정적 유토피아와 복지국가』, 『살림 살이 경제학을 위하여』, 역서로 『거대한 전환』(칼 폴라니), 『21세기 기본소득』(필리프 판 파레이스) 외 다수.

유영성 ─────────────────────────

현 경기연구원 선임연구위원, 기본소득연구단장. 기본소득, 지역화폐, 초연결사회, 미래 산업 등 연구. 공저로 『모두의 경제적 자유를 위한 기본소득』, 『답이 있는 기본소득, 국토보유세 설계와 세제개편』, 『For Everyone's Economic Freedom Basic Income』(엮음), 『뉴머니, 지역화폐의 현재와 미래』, 『초연결사회의 도래와 우리의 미래』 외 다수.

정유석 ──────────

현 IBK기업은행 경제연구소 연구위원. 남북경제협력, 북한경제특구 등 연구. 논문으로 「남북경제공동체 형성을 위한 평화경제협력지대 추진전략」, 「신한반도체제 구현을 위한 평화경제 단계별 추진방안」, 저서로 『한반도 평화와 개성공단의 미래』(공저), 『김정은식 경제특구 정책 평가와 남북협력방안』 외 다수.

나원준 ──────────

현 경북대학교 경제학과 교수. 소득주도성장특별위원회 위원, 대통령직속 국민경제자문회의 거시경제분과 위원 역임. 거시경제학, 화폐금융론 등 연구. 논문으로 "The role of autonomous demand growth in a neo-Kaleckian conflicting-claims framework", 저서로 『소득주도성장의 경제학』 외 다수.

김계환 ──────────

현 산업연구원 선임연구위원, 산업통상연구본부장. 산업 세계화, 경제발전론 등 연구. 저서로 『글로벌화의 포용성 강화를 위한 산업정책 과제』, 『통상환경 변화에 따른 글로벌 가치사슬 재편과 우리의 대응』 외 다수.

장홍근 ──────────

현 한국노동연구원 선임연구위원. 경제사회노동위원회 수석전문위원. 노동정책, 노사관계, 인적자원개발 등 연구. 논문으로 「훈련의 권리, 시장의 늪 – 실업자훈련의 시장주의적 재편에 대한 소고」, 저서로 『1987년 이후 30년 – 새로운 노동체제의 탐색』(공저) 외 다수.

김미곤 ──────────

현 한국노인인력개발원 원장. 빈곤론, 소득분배론, 사회보장론 등 연구. 논문으로 「우리나라 빈곤현황과 정책과제」, 저서로 『공공부조의 한계와 대안』, 『한국의 사회보장제도』(공저) 외 다수

김진엽 ──────────

현 경기연구원 초빙선임연구위원. 논문으로 「재생산과 신용에 관한 일본학계의 한 쟁점: 이토 다케시(伊藤武)의 도미즈카 료조(富塚良三) 비판을 중심으로」, 저서 및 공역서로 『국가자본주의와 한국경제의 자본축적구조』, 『금융자본론』(루돌프 힐퍼딩) 외 다수.

임수강 ──────────

현 경기연구원 초빙연구위원. 금융정책론, 외환정책론 등 연구. 논문으로 "Korea's Financial Reformation After the 1997 Asian Crisis", 「은행 지배구조 개선 방향」, 저서로 『5·18 30년, 새로운 민주주의의 모색』(공저) 외 다수.

김병조 ──────────

현 경기연구원 초빙선임연구위원. 지역화폐, (재난 및 장애인)기본소득, 이주노동자 등 연구. 연구보고서로 「지역화폐 연계형 '재난극복 기본소득' 검토안」(공동), 공저로 『뉴머니, 지역화폐의 현재와 미래』, 『뉴머니 지역화폐가 온다』, 『BASIC INCOME』, 『모두의 경제적 자유를 위한 기본

소득』 외 다수.

주병기

현 서울대학교 경제학부 교수, 서울대학교 경제연구소 분배정의연구센터장. 경제이론, 재정학, 정치경제학 등 연구. 논문으로 'Non-manipulable division rules in claims problems and generalizations', 저서로 『분배적 정의와 한국사회의 통합』(공저) 외 다수.

김호균

현 명지대학교 경영정보학과 명예교수, 경실련 경제정의연구소 이사장. 경제정책론, 정치경제학, 경제발전론 등 연구. 논문으로 「추상에서 구체로의 상승: '정치경제학 비판'의 서술방법」, 「독일의 '사회국가 4.0'에 관한 연구」, 저서로 『한국 신자유주의의 꼼수경제학 비판 – 경제민주화와 복지국가를 위하여』, 『독일의 사회적 시장경제』 외 다수.

정태인

현 경기연구원 초빙선임연구위원. 청와대 국민경제비서관, 대통령 직속 동북아경제중심 추진위원회 기조실장 역임. 사회적 경제, 생태경제, 북한경제 등 연구. 저서로 『협동의 경제학』, 『착한 것이 살아남는 경제의 숨겨진 법칙』 외 다수.

지속가능한 공정경제

2021년 8월 10일 1쇄 인쇄
2021년 8월 20일 1쇄 발행

지은이 | 이한주 외
발행인 | 윤호권, 박헌용
본부장 | 김경섭

발행처 | ㈜시공사
출판등록 | 1989년 5월 10일(제3-248호)

주소 | 서울시 성동구 상원1길 22, 7층(우편번호 04779)
전화 | 편집 (02)2046-2864 · 마케팅 (02)2046-2800
팩스 | 편집 · 마케팅 (02)585-1755
홈페이지 www.sigongsa.com

ISBN 979-11-6579-666-2 (04300)
세트 ISBN 979-11-6579-616-7 (04300)